给青少年的人文素养课丛书

给青少年的大师国史课

张荫麟
吕思勉 ◎著

中国友谊出版公司

图书在版编目（CIP）数据

给青少年的大师国史课 / 张荫麟, 吕思勉著. -- 北京 : 中国友谊出版公司, 2022.2

ISBN 978-7-5057-5395-2

Ⅰ. ①给… Ⅱ. ①张… ②吕… Ⅲ. ①中国历史 – 青少年读物 Ⅳ. ①K209

中国版本图书馆CIP数据核字（2022）第014280号

书名 给青少年的大师国史课
作者 张荫麟　吕思勉
出版 中国友谊出版公司
发行 中国友谊出版公司
经销 北京时代华语国际传媒股份有限公司　010-83670231
印刷 涿州市星河印刷有限公司
规格 690×980 毫米　16 开
22 印张　272 千字
版次 2022 年 2 月第 1 版
印次 2022 年 2 月第 1 次印刷
书号 ISBN 978-7-5057-5395-2
定价 49.80 元
地址 北京市朝阳区西坝河南里 17 号楼
邮编 100028
电话（010）64678009

出版说明

1900年2月10日，梁启超在《清议报》第35册发表了《少年中国说》一文，以激情澎湃的语言，呼唤一个气象一新的“少年中国”诞生。梁启超在文中说：少年智则国智，少年富则国富，少年强则国强，少年独立则国独立，少年自由则国自由，少年进步则国进步，少年胜于欧洲则国胜于欧洲，少年雄于地球则国雄于地球。

100多年后，在庆祝中国共产党成立100周年大会上，共青团员和少先队员代表集体献词，许下了青春的誓言：听党话、感党恩、跟党走！同心向党，奔赴远方！献词最后，他们连呼：“请党放心，强国有我！”八字誓词铿锵有力，这响亮的青春誓言在天安门广场上空久久回荡，这是今日青少年对党和祖国的庄严承诺！

在2021年全国两会期间，全国政协委员、江苏省锡山高级中学校长唐江澎说：学生没有分数，就过不了今天的高考，但孩子只有分数，恐怕也赢不了未来的大考。一个学校，没有升学率，就没有高考竞争力，但是我们的教育只关注升学率，国家恐怕也就没有核心竞争力。分数是重要的，但是分数不是教育的全部内容，更不是教育的根本目标。好的教育应该是培养终生运动者、责任担当者、问题解决者和优雅生活者，以孩子们健全而优秀的人格赢得未来的幸福，造福国家社会。今天孩子的全面素质，就是我们国家未来的整体实力，也就是我们社会的幸福程度。教育要培根、铸魂、启智、润心，这是习总书记在看望医卫教育界委员，和大家共商国是时所说的，这八个字道出了教育的真谛，深刻地揭示了教育的使命与价值。十四五发展规划纲要，已经把教育作为一个专章提出来了，它的标题应该成为我们社会各界的共识，那就是：提高国民素质，促进人的全面发展。

青少年作为祖国未来的栋梁，是全面建设社会主义现代化、实现中华民族伟大复兴的中坚力量，他们素质的好坏，他们学识的高低，他们能力的强弱，决定着现代化的质量，决定着中华民族的未来。为此，中共中央办公厅、国务院办公厅印发的“双减”意见指出：坚持以习近平新时代中国特色社会主义思想为指导，全面贯彻党的教育方针，落实立德树人根本任务，促进学生全面发展、健康成长。同时要求：科学利用课余时间，开展阅读和文艺活动，为学有余力的学生拓展学习空间，开展丰富多彩的科普、文体、艺术、劳动、阅读、兴趣小组及社团活动。

为落实“双减”意见要求，让青少年科学合理安排课余时间，帮助青少年构建自己的知识体系、提升人文素养，我们策划了这套《给青少年的人文素养课丛书》。该套图书选取了国史、国学、文学、文化、诗词、书画等领域的顶流大师的著作进行归集和整理，其中包括吕思勉、张荫麟、柳诒徵、郑昶、陈师曾、章太炎、陈柱、郑振铎、吴梅、朱自清、闻一多等，让青少年通过阅读，不但对中国的文化有多方面的认识，更可以体会跨界阅读的乐趣，构建自己的知识体系。

这套书适合12—25岁的青少年自主阅读。通过图文结合的形式，在配合相关课本的知识点的基础上，发散思维和各方面知识，巩固课堂所学知识点的同时，让读者了解更为丰富的中国历史知识与文化精髓。轻松简洁的语言，以及丰富经典的原典的引用和解析，满足了青少年读者在课堂上无法得到完全满足的好奇心和求知欲，这不但是对课堂知识的补充，更可以让读者从中体会更多道理。

本书主要讲述了从上古时代直到近代的中国历史，在述事的同时，重点讲述社会的变迁、思想的贡献和重要历史人物的性格，文笔洗练，又富有思想内涵和理论深度。其中第一讲至第九讲的内容选自张荫麟先生的著作，第十讲至第十六讲的内容选自吕思勉先生的著作。编辑过程中将吕著部分原文由章变节，几节又合为一讲，讲之题目为编者自拟；张著部分只是将章改讲，题目、内文未作变动。

张荫麟（1905—1942），号素痴，广东东莞人，著名学者。具有多方面的修养，除史学外，在哲学、社会学、政治学等方面均有建树，其涵盖面广，识见高明，富于现代批判精神。

吕思勉（1884—1957），字诚之，江苏常州人，著名史学家。他的史学研究通贯各时代，周瞻各领域，在中国通史、断代史和各种专史领域都做出了独到的贡献。

本书尽可能地选用最初的版本，以保留大家著作的原貌。鉴于当时的历史条件，原版本中尚存在一些错讹之处，对其中确系误写、错排的个别文字，参照其他版本和部分学者的研究成果，确有把握者，予以改正。其他一仍其旧，均未作变动。

书中对一些历史事件、历史人物的点评，在编辑出版过程中，除比较敏感处略作注释，其他均未作特别说明，望广大读者考虑到作品创作的历史背景，及各位先生独特的学术观点，在阅读过程中加以区分和正确解读。

由于编者水平有限，疏漏及错讹之处在所难免，敬请广大读者不吝指正。

目录

第一讲　中国史黎明期的大势

第一节　商代文化

商朝在最后的二百七十多年间，定都于殷，即今河南安阳，故此商朝又名殷朝。我们称这二百七十多年为商朝的后期，我们之所以确知商朝已有文字记录乃因为公元一八九九年以来殷都遗址——即所谓殷墟的发现和发掘。

殷墟出土的遗物，除了大批的铜器、陶器、骨器、石器外，最引史家注意的是无数刻有文字的龟甲和兽骨至少有十万片以上。这些甲骨差不多全是占卜所用的，乃王室卜人所保存的档案。原来商人要预测未来的吉凶或探问鬼神的意旨，便拿一块龟腹甲间有用背甲的或牛肩胛骨间有用肋骨的，在一面加以钻凿，却不令穿透，然后在钻凿处灼火，另一面便现出裂纹，这叫做“兆”。卜人看兆而断定鬼神或一种神妙的势力对于所问的反应。所问的事情，有时连日后的“应验”，就刻在兆的旁边，这可称为卜辞。卜辞的内容以关于祖先的祭祀的为最多，如卜祭祀的日期、用牲的种类、用牲的数目等；有关于气象的，如卜雨、晴、风、雪等；有关于岁收的丰歉的；有关于征伐、渔猎和出行涉川之利否的；有关于疾病、胎孕和梦征的；有所谓卜旬和卜夕的，即于一旬之末卜下一旬有无灾害，和于日间卜是夕有无灾害的。还有别的事项这里不能尽举。卜辞以外，甲骨文书中也有少数短短的记事，例如记颁发矛若干，某人取贝若干，某日某人入觐之类；又有田猎获兽的记录，刻在兽头骨上的。甲骨文书全是商朝后期的遗物。根据甲骨文书、甲骨文字的分析、商代的其他遗物遗迹和后人关于商朝的记载，我们可作商代的文化的速写如下。

商人是以农业为主要的生产方法。农作物有黍、稷、稻、麦、蚕桑。卜辞中“卜黍年”、“贞卜问我受黍年”、“贞其登黍”的记录很多，而此等处的黍字从未见有用别的植物名来替代的，可知黍为商人主要的农作物。帛、巾、幕等字和若干从糸的字的存在，证明丝织工艺的发达。有酒，以黍酿造。耕种全用人力。农具有耒耜。原始的耒耜，盖全以木为之。耒是一根拗曲的木棒，下端歧而为二，歧头上安一横木，以便脚踏。这是起土用的。耜和耒的分别是下端斜锐而不分歧，利于刺地而不利于起土，大约过于坚实的土，耒不能起便先用耜去刺松。耒当是利用树桠做成。商人是否已用铜做耒耜的下部，不得而确知。

渔猎和畜牧也是商人的盛大的生产副业。鱼的种类不见于卜辞。猎品，除野猪、鹿、狼、兕、兔、雉外，还有象。商王田猎的记录中，获鹿有一次三百八十四头的，获猪有一次一百十三头的，获狼有一次四十一头的。可见殷都附近的开辟程度。供食的家畜，除牛、羊、鸡、猪外，还有狗。牧畜业之盛从王室祭祀用牲之多可见，每有一次用牛羊三四百头的。驯役的动物除牛旱牛和水牛、马、犬外，还有象。至迟在商朝末年，商人还曾利用象去作战。

兽面纹提梁铜卣

商人已有铸造青铜铜锡合金器的工艺，铸造工场的遗物曾在殷墟找得，有可容铜液十二三公斤的陶制炼锅，有铜制的型范，有铜矿石，有炼渣。商人的兵器及工具大部分已用铜制，但也有一部分仍用石或骨角制。殷墟遗物中有铜制的戈头、矛头、瞿、箭镞、锛、小刀、针；石制的矛头、枪头、箭镞、刀、斧、粟凿；牛角或鹿角制的矛头、箭镞和骨锥。骨角制的兵器也许是仅作明器用的。

商人铸铜技术之最高的造就，乃在王宫和宗庙里所陈列的供饮食和盛载用的种种器皿，如尊、卣盛酒用、爵酌酒用、觚饮器、罍、𣪘食器、方彝、巨鼎盛食物用等等，都是具有很缛丽的花纹的。可惜写此段时，殷墟的铜器，作者尚无缘寓目。兹根据他人参观民国二十六年夏教育部第二次全国美术展会所陈列者的报告，略记二器，以见一斑。一为提梁卣：器分三层，上层为一盖，以练系于梁间，下层为卣的本体，中层搁上是一盖，取下来却是一觚，提梁的两端，各有一生动的兔形的兽头，全器周围是细致的花纹。一为盂形器：当中有一柱，柱顶成莲花形，其旁四龙拱绕，两龙锐角，两龙钝角，四龙相连，可以环柱为轴而旋转，盂身和柱周围也是细致的花纹。

此外，殷墟铜器之可注意的有盘、壶、铲、勺、漏勺、筷子等，还有战士戴的盔。

殷墟的陶器包括种类繁多的饮器、食器、盛器和烹饪器，其质地有灰色、红色的粗陶，黑色、白色的细陶和一种经高度烧加釉的陶；其纹饰多数是刻划的。细陶的纹饰极复杂，其母题有动物形、几何图案和图案化的动物形。

商人牙、骨、玉、石雕刻工艺在殷墟的遗迹也很丰富，举其特别可注意的：有镶嵌绿松石的象牙鸱尊；有一种雕纹的也有绘纹的骨制玩器，仿佛后世"如意"一类的东西，长形略曲，其花纹为龙、凤或蝉形，偶或嵌着绿松石；有各种式的佩玉，或作圆圈，或作半圆，或作长筒，或双龙相对成一圆形，或两鱼相对成一半圆，或状人物、人面、兽头、虎、兔、象、鸮、燕、鸽、鱼、蛙、蝉、长尾鸟、蝙蝠等；又有巨大的大理石的立体雕刻品，状人物、虎、龟、鸮、蟾、双兽等，以供陈设之用。

从状人物的雕刻品和其他遗物，我们知道商人是席地而坐的；知道当时一部分人的服装是交领、右衽、短衣、短裙、束带、其鞋翘尖；知道当时女人脸上涂朱；头饰极复杂，左右两鬓或额间的头巾上缀一绿松石砌成的圆形物；头发中间束一骨圈；发上戴雕纹嵌绿松石的象牙梳；又簪骨制或玉制的笄，小的一两枝，多的几十枝；笄头雕各式各样的现已发现四五十种兽头和花纹；头饰比头还高。

关于商人的居室，我们也有一些推想的根据。在殷墟曾发现版筑的遗迹，那是房屋的基址。有一处基址作长方形，四围有许多大石卵，其相互间的距离，大略相等。这些石卵大约就是柱础，原来上面是安柱的。有一基址长三十公尺，宽九公尺，石柱础之外，并有铜柱础十个。殷墟绝无砖瓦，房顶想必是用茅草编成的。古人所谓“茅茨土阶”，大约就是商朝宫殿的写照。又发现一座纯黄土筑成的大台基，面向正南，与罗盘所指的完全相合。台基前十几公尺，也有大石卵，排成弓背形。台基的四周，遗下好些整副的野猪骨，可见这建筑必是和祭祀有关的。又掘出若干长方的坎穴，有台阶可上下，中有破陶片牛骨狗骨之类。坎穴内周围用硬土筑成，铁一般坚固。有些坎穴之下又套一个坎穴。这些坎穴是否与上述版筑柱础同时，不能确定。但我们知道，远距商朝亡后三四百年，还有贵族的地下宫室记载见于《左传》，则商朝后期之有这种穴居是很可能的。殷墟又掘出一些商王的陵墓。从墓室的情形可以推知王宫内部的情形。墓室一律作亚字形，原是木构，木料已腐化无存，却剩下木构上所装的各种立体石雕，作兽头、双面、牛头，鸟、兽等形。又从墓中的遗迹推测，可知原来墙壁的内面是嵌镶着许多纹饰和涂着红色的。

商人的交通用具，有牛、马或象驾的车。除普通的车外，又有兵车，其形式大略是舆，作半圆形，由后升降，一辕驾四马，两服两骖，与后来周朝的兵车无多差异；这是从殷墟发现的铜质车饰推知的。据卜辞记载，商人出征有时远行至三四十日。

上面讲的是商人的“物质文明”。其次要讲他们的社会组织，可惜后者的资料远不如前者详晰。

商人是普遍地聚族而居的，而且每族自成为一社会单位。每族有一名号，即所谓“氏”。所以商朝亡后，新朝把商遗民分派给新封的诸侯都是整族整族地分派的：例如以条氏、徐氏、萧氏、索氏、长勺氏、尾勺氏等六族分给鲁国；以陶氏、施氏、繁氏、锜氏、樊氏、饥氏、终葵氏等七族分给卫国。卜辞记商人用兵，每有派某一族或某些族的人去作战的，例如“令斿族寇周”“令多众子族从犬侯寇周”“命五族伐羌”等。姓和氏的分别，商朝当已有之。姓是旧有的族号，氏是比较后起的族号。因为族人的繁衍，一族可以分成许多族，而散居异地。同源异流的众族保留其旧有共同的族号，谓之姓；同时各有其特殊的族号，谓之氏。姓字甲骨文及周金文皆作生，不从女。以生为姓者，溯生之所从来也。古人名与姓氏不并举，因为在比较原始的社会里，互相接触的人，以同姓氏为常，自无以姓氏冠其名上之必要。此种习惯直至春秋时代犹然。以姓氏冠名乃是有了五方杂处的大都市以后的事。

商民族以一个王室和它的都邑为核心。这都邑商人自称“天邑商”。在商朝六百年间，这“天邑商”曾经六次迁徙。最初是在亳，即今河南商丘北四十里；中间五迁皆不出今山东的南半和河南的东半；最后的二百七十余年是在殷，即安阳的殷墟。商王统属着许多部族的君长，即他的“诸侯”。原则上他们对商王的主要义务，是当他需要时，派兵去助他或替他征战，此外也许还有定期的贡献。这些诸侯的来源，大抵是本来独立部族的君长，为商王所征服的，或震于商朝的威势而自愿归服的；似乎还有一部分是商王把田邑分给自己的臣下或亲族而建立的。商王对各诸侯的控制能力并不一致，诸侯对商朝也叛服不常，他们彼此间也不永远是和平的友侣。卜辞里每有商王命这个诸侯去伐那个诸侯的记载。诸侯领土与王畿之间，民族和文化的关系疏密不一。有些诸侯所领的部族与王畿的人民是属同一民族，或原来虽不属同一民族，而已经与商人同化的，这些可以概称为商人；但也有些诸侯所领的部族在语言习惯上皆与商人相异，而始终对商人保存着“非我族类”之感的，例如当商朝末年居于泾渭流域的周人。

商朝王位的继承，自第二传以下，以兄终弟及为原则。王子无嫡庶之分，皆有继位的资格。至无弟可传，然后传子。但传末弟之子抑传其先兄之子，似无定制；多数是传末弟之子，但有不少例外。每因堂兄弟争位酿成王室的大乱。最后的四传皆是以子继父，似乎已鉴于旧制的不善而有意把它改革了。诸侯的继承法是否也以兄终弟及为原则，无从知道，但至少有例外，如“周侯”的继承，始终是以子继父的。

在商朝的势力范围以内和以外散布着许多文化远较商人落后的游牧民族，不时寇略商朝或其诸侯的领域。商朝后期的最大外敌是西北的鬼方其根据地盖在山西北部及陕西的北部和西部。历史上记载商王武丁曾对其用兵至三年之久。此外卜辞所记商人的外敌还有好些，但其中除羌人外都与后来的历史失了联络。卜辞所记商人对外战争，用兵至多不过四五千，俘虏至多不过十五六，但这些似乎不能作代表案例，因为卜辞曾记一次杀敌二千六百五十六人。

战争所获的俘虏，当有一部分是用作祭祀的牺牲，卜辞中屡有人祭的记录。但那不是常见的事。大多数俘虏当是用作奴隶。卜辞中有奴、奚、臣、仆等字皆是奴隶之称。奴隶除用作执贱役外，当亦用于战争，卜辞中有“呼多臣”伐某方的记录，似是其证。又有所谓“耤臣”和“小耤臣”，似是奴隶之用于耕作的。

商人的商业已发展到使用货币的阶段，他们的货币以一种咸水贝为之，小块的玉器似乎也用为货币。从殷墟的遗物可以推知殷都一带商业之盛。铜器、玉器和绿松石饰品的原料都非近地所有，占卜用的消费量甚大的龟也是异地所产，咸水贝也是如此。特别是玉和贝必定是从远方辗转贩运而来的。

关于商人的社会状况，我们所知仅此。其次要估量他们表现于生产方法以外的智力。

甲骨文书包涵单字约五千，可识的约一半。这些文字虽然形体上与今字大异，但已识的字都可依照一定规则译成今字。其意义及用法大体上与今字不殊，习惯的保守性真是可惊的。除形体外，甲骨文字与今字的差异有两点可注意。（一）带有图象性的字无论物体的写生或动作性态的喻示，每随意描写，但求肖似，没有定构。例如龟字，或画正面，或画侧面，或画尾，或不画尾，或画两足，或画一足。又如渔字：或画一鱼，一网，一手；或只画一鱼，一手；或画四鱼在水中；或画一鱼傍水。（二）在意义的分别上，有好些地方比今字更为详细。例如驾驭之驭，或从马，或从象，因所驭不同而异字。又如牧字，或从牛，或从羊，因所牧不同而异字。又如一兽的雌雄，各有异名：牝牡二字原指牛的两性，此外马、羊、豕、犬、鹿等，各于本字的偏旁或底下加七或土，以别雌雄。

现存商人的文书只有契刻的甲骨文书。但商人所有的文书不只此种。甲骨文书是先写而后刻的。这从甲骨上一些写而漏刻的朱墨迹可以推知。殷墟又发现一块白陶上写着字。从这些字迹可以推知毛笔的存在。又甲骨文中有册字，象竹简汇集之形。既有笔又有简册，可知当有写在简册上的文书。现存荟聚上古文件的《尚书》中，传说为商朝遗文的有五篇。其中比较可信为真出于商人手笔的是《盘庚》三篇，那是记商王盘庚迁都自奄，即今山东曲阜，迁殷前后对臣民三次训话的。

甲骨文

商周两代使用的文字之一，清末在河南安阳小屯村的殷墟被发现，因文字写、刻在龟甲兽骨上，故名甲骨文。

古代记载原有“商人尚鬼”的话，证以卜辞而知其确切。在商人看来，神鬼的世界是和有形的世界同样地实在，而且这两个世界关系极密切。鬼神充斥于他们的四周，预知他们自身及其环境的一切变动，操纵着他们的一切利害吉凶祸福，需要他们不断地馈飨和贿赂。他们在日常生活中每遇有可容犹豫的事情或不能解答的疑问，照例要听命于龟壳和牛骨。神鬼世界的主要成分是他们的祖先。王室对祖先的祭祀，其名目之众多，次数之频繁，供品之丰盛都非我们所能想象。用牲的数目有多至一次五十羊、三百牛，或四百牛的。用牲的方法，除置俎中蒸熟或当场生宰以供陈列外，也有以火焚烧，或沉于水中，或埋入土中的。祭祀的时日，用牲的种类、数目、方法，有时连牝牡、毛色，都要凭卜人预先向所祀的祖先请示。商人心目中死鬼与现世的关系，从盘庚迁都前对臣民的第二次训词即《盘庚》中篇所记很可以看出。兹将其中一段的大意，译白如下："我念着先王为你们的先人劳碌，就关心你们，要保育你们。我若有失政，先王就要重责我说：为什么虐待我的子民？你们若不知去求安乐的生活，不与我同心，先王便要责罚你们：为什么不和我的幼孙和好？……你们若立心不良，先王便要革了你们的先祖先父在天的职位。你们的先祖先父受了你们的牵累就要弃绝你们，不救你们的死亡了。我有了这样乱政的臣民，只得拿贝和玉去祈祷。你们的先祖先父便会告诉先王：惩罚我的子孙罢！于是先王便大大地降下不祥来了！"祖先而外，商人的神祇，以现在所知，有主土壤的社神，有山川之神，有风雨之神，有蚕神，还有主宰百神的"帝"，即上帝。风神就是上帝的使者，他是凤鸟。卜辞中风与凤同字。

商人不知有没有占星术，但他们已会观察天象而定历法。他们的历法大致与旧时的阴历相同：一年为十二月，月有大小，大月三十日，小月二十九日；有闰月，置于年终，称为十三月。

商人的乐器有磬、埙有石制、陶制、骨制三种、鼓、铙形如铃铎而无舌，持以敲击，大小三枚为一套、龢笙之小者。卜辞中又有从丝从木的樂字，可见琴瑟之类当时亦已存在。

商代文化的速写止此。

第二节　夏商大事及以前之传说

商朝从成汤创业以后，六百年间，可考的大事，除了六次迁都、对鬼方的大战、最后直接间接和亡国有关的打击外，便是五度由盛而衰的循环。所谓盛就是君主英武诸侯归服，所谓衰就是君主昏暗，或王室内乱，而诸侯叛离。前期第一度的盛衰牵涉到汤孙太甲商朝第四王和汤的开国功臣伊尹的关系。这有二说。一说太甲无道，"颠覆汤之典型"，伊尹把他放逐于桐。过了三年，伊尹见他悔过修德，又迎他复位。一说伊尹于商王仲壬死后，把法当嗣位的太甲放逐于桐，而自即王位；其后七年，太甲自桐潜出，杀伊尹。商朝后期的盘庚是一中兴之主。在他以后，惟他的侄子武丁曾一度中兴。武丁以降，商朝一直衰落下去。继位的君主皆生长安逸，“不知稼穑之艰难，惟耽乐之从”这是周朝开国元勋周公追数前朝衰亡的原因的话。他们以畋游荒宴代替了国政的烦劳。在商朝末年，一种叔世的颓废和放纵弥漫了整个商人社会。狂饮滥醉的风气普遍于君主、贵族和庶民。这是他们亡国的主因。

在叙述商朝灭亡的经过之前，让我们溯洄商朝所继承的历史线索。

商朝所替换的朝代是夏。关于夏朝，我们所知，远更模糊。例如夏朝有没有文字？有没有铜器？其农业发展到什么程度？其政治组织与商的异同如何？这些问题都无法回答。在后人关于夏朝的一切传说和追纪中，我们所能抽出比较可信的事实，大要如下。

夏朝历年约莫四百。其君位是父死子继而不是兄终弟及。其国都的迁徙比商朝更为频数。最初的君主禹历都阳城、晋阳、安邑，皆不出今山西的西南角阳城在翼城西，晋阳在临汾西，安邑在平陆东北。禹子启始渡河而南，居今新郑、密县间。以后除启孙后相因外患失国远窜外，夏主的迁徙，不出今河南的黄河以南，汝、颍以北。当夏朝为成汤所灭时，都于斟鄩，即今巩县西南。夏朝最大的事件是与外族有穷氏的斗争。有穷氏以钽今河南滑县东为根据地，当启子太康时，攻占了夏都时在斟鄩。以后统治了夏境至少有六七十年。太康逃居于外，有穷氏以次立其弟仲康及仲康子后相为傀儡。后相继被窜逐追杀。后来后相的遗腹子少康收聚夏朝的残余势力，乘有穷氏的衰弱，将其灭掉，恢复旧物。有穷氏是在夏境的东北，后来灭夏的成汤则来自东南，其先世亦发祥于东北。夏朝的外患盖常在东方。

成汤的先世累代为部族长。他的先十四代祖契与禹同时，以蕃今河北平山附近为根据地。契子昭明迁于砥石今河北砥水流域，继迁于商今河南商丘，“天邑商”，及商朝之得名由此。昭明子相土是一雄材大略的君长，曾大启疆宇，以相在今安阳西十五里为东都。可惜他的功业的记录只剩下他的后裔的两句颂诗：

相土烈烈，海外有截。

此时的海外说不定就是辽东或朝鲜。商朝亡后，王弟箕子能逃入朝鲜而历世君临其地，莫不是因为商人原先在那里有些根据？相土以后两三百年间，商人的事迹无考，也许这是他们的中衰时代传说相土发明以马驾车，又他的后裔王亥——也是成汤的先世——发明以牛驾车。到了成汤才复把商人带领到历史上，他从商北迁于亳，继灭了北方的若干邻族，然后向夏进攻，夏主桀兵败，被他放逐于南巢在今安徽巢县东北五里而死，夏朝于此终结。

我们若从夏朝再往上溯，则见历史的线索迷失于离奇的神话和理想化的传说中不可辨析了。凡此种种，本书自宜从略。但其中有一部分和后来历史的外表，颇有关系，应当附带叙及。

据说禹所继承的君主是舜，国号虞；舜所继承的是尧，国号唐。当尧舜之世，天下为公，而不是一家一姓所得私有的。尧怎样获得帝位，传说没有照顾到。舜本是历山在今山东的农夫，有一串故事这里从略表明他是一个理想的孝子和理想的贤兄，又有一串故事例如他在哪里耕种，哪里的农人便互相让界；他在哪里打鱼，哪里的渔人便互相让屋；他在哪里造陶器，哪里的陶工便不造劣器表明他是一个理想的领袖。帝尧闻得他的圣明，便把他召到朝廷里来，把两个女儿同时嫁给他，试他治家的能力；并拿重要的职位去试他施政的能力。他果然家庭雍睦，任事称职。尧老了，便告退，把帝位让给他。尧的时候有一场普遍于全“中国”的大水灾。禹父鲧，因治水无功，被处死刑，禹继承了他父

虞舜像

虞舜，三皇五帝之一，名重华，字都君。为四部落联盟首领，以受尧的“禅让”而称帝于天下，其国号为“有虞”，故号为“有虞氏帝舜”。

亲的任务终于把水患平定。禹治水的工作凡历十三年，在这期间，曾三次走过自己的家门，都没有进去，有一次还听到新产的儿子在呱呱地哭呢。后来舜照尧的旧例，把帝位推让给禹。禹在死前，也照例选定了益做自己的继承者。但禹死后，百姓不拥戴益，而拥戴禹的儿子启，于是启践登了帝位一说益和启争位，为启所杀。旧例一破便不再恢复了。这便是尧舜“禅让”的故事。

还有一位值得提到的传说中的重要人物，那就是黄帝。他所在的故事时代虽在尧舜之先，他的故事创造却似在尧舜之后。照传说的一种系谱《史记·五帝本纪》，他是尧的高祖，舜的八世祖，禹的高祖舜反比禹低三辈，这很奇怪，也是商周两朝王室的远祖，并且成了后来许多向化的外族的祖先。黄帝和他左右的一班人物还是许多文化成分的创造者，例如他发明舟、车、罗盘、阵法、占星术和许多的政治制度，他的妃嫘祖最初教人养蚕织丝，他的诸臣分别发明文字、算术、历法、甲子和种种乐器。总之，他不独是中国人的共祖，并且是中国文化的源头。他的功用是把中国古代史大大地简单化了。

第三节　周朝的兴起

现在让我们离开想象，回到事实。

当商朝最末的一百年间，在渭水流域，兴起了一个强国，号为周。周字的古文象田中有种植之形，表示这国族是以农业见长。周王室的始祖后稷姬姓，乃是一个著名的农师传说与禹同时，死后被周人奉为农神的。后稷的子孙辗转迁徙于泾渭一带；至古公亶父后来追称太王，原居于豳今陕西邠县附近，因受不了鬼方侵迫，率众迁居岐山在今陕西岐山县境之下。这一带土地盖特别肥沃，所以后来周人歌咏它道：

> 周原膴膴，堇荼如饴。

以一个擅长农业的民族，经过移民的选择，来到肥沃土地，而且饱经忧患，勤奋图存，故数十年间，便蔚为一个富强之国。到了古公子季历后来追称王季在位时，竟大败鬼方，俘其酋长二十人。古公在豳，还住地穴，其时周人的文化可想而知。迁岐之后，他们开始有宫室、宗庙和城郭了。季历及其子昌后来追称文王皆与商朝联姻，这促进了周人对商文化的接受，也即促进了周人的开化。

至少自古公以下，周为商朝的诸侯之一，故卜辞中有“令周侯”的纪录。旧载季历及昌皆受商命为“西伯”，即西方诸侯之长，当是可信。但卜辞中屡有“寇周”的记载，可见商与周的关系并不常是和谐的。旧载古公即有“翦商”的企图。盖周自强盛以来，即以东向发展为一贯之国策。古公和季历雄图的表现，于史无考，但西伯昌的远略尚可窥见一斑。他在逝世前九年，自称接受了天命，改元纪年。此后六年之间，他至少灭掉了四个商朝的诸侯国：

一、密　今甘肃灵台县西，

二、黎　今山西黎城县东北，

三、邘　今河南怀庆西北，

四、崇　今河南嵩县附近。

此外商诸侯不待征伐而归附他的当不少。又旧载西伯昌曾受商王纣命，管领江汉汝旁的诸侯，大约他的势力已及于这一带。后来周人说他“三分天下有其二”，若以商朝的势力范围为天下，恐怕竟去事实不远了。灭崇之后，西伯昌作新都于丰邑在今长安县境，自岐下东迁居之。他东进的意向是够彰明的了。

文王死后第四年的春初，他的嗣子武王发率领了若干诸侯及若干西北西南土族的选锋中有庸、蜀、羌、髳、微、卢、彭、濮等族类，其名字不尽见于以前和以后的历史，大举伐商；他的誓师词至今犹存，即《尚书》里的《牧誓》。凭一场胜仗，武王便把商朝灭掉。战场是牧野，离商王纣的行都朝歌今河南淇县不远。朝歌是他的离宫别馆所在，是他娱悦晚景的胜地。这时他至少已有六七十岁了。在享尽了畋游和酒色的快乐之后，他对第一次挫败的反应是回宫自焚而死。商兵溃散，武王等长驱入殷。商朝所以亡得这样快，照后来周人的解释是文王、武王累世积德行仁，民心归向，而商纣则荒淫残暴，民心离叛；所谓“汤武革命，应乎天而顺乎人”。这固然不能说没有一些事实的影子，但事实绝不如此简单。周人记载中无意泄露的关于商、周之际的消息，有两点可注意。一说“纣克东夷而殒其身”。可见商人在牧野之战以前，曾因征服东方的外族，而把国力大大损耗了；武王乃乘其疲敝而取胜的。一说“昔周饥，克殷而年丰”。可见牧野之战，也是周人掠夺粮食、竞争生存之战。武王是知道怎样利用饥饿的力量的。

殷都的陷落和商朝的覆亡，只是周人东向发展的初步成功。商朝旧诸侯的土地并不因此便为周人所有，而且许多旧诸侯并不因此就承认武王为新的宗主。此后武王、成王、康王之世，不断地把兄弟、子侄、姻戚、功臣分封于外，建立新国。这些新国大抵是取旧有的诸侯而代之，也许有的是开辟本来未开辟的土地。每一个这类新国的建立，便是周人的一次向外移殖，便是周人势力范围的一次扩展。

但当初武王攻陷殷都之后，并没有把殷都及殷王畿占据，却把纣子武庚、禄父封在这里，统治商遗民，而派自己的两个兄弟管叔和蔡叔去协助并监视他们。这不是武王的仁慈宽大。这一区域是民族意识特别深刻的“殷顽民”的植根地，而且在当时交通不便的情形之下，离周人的“本部”丰岐一带很远，显然是周人所不易统治的。故此武王乐得做一个人情。但这却种下后来一场大变的原因。武王克殷后二年而死，嗣子成王年幼，王叔周公旦以开国功臣的资格摄政。管、蔡二叔心怀不平，散布流言，说“周公将不利于孺子”。并鼓动武庚、禄父联结旧诸侯国奄今山东曲阜一带和淮水下游的外族淮夷，背叛周室。周公东征三年，才把这场大乱平定。用兵的经过不得而详，其为艰苦卓绝的事业，是可想象的。于是周公以成王命，把殷旧都及畿辅之地封给文王的少子康叔，国号卫；把商丘一带及一部分殷遗民封给纣的庶兄微子启，以存殷祀，国号宋；把奄国旧地封给周公子伯禽，国号鲁；又封功臣太公望姜姓的儿子于鲁之北，国号齐都今山东临淄，封功臣召公奭周同姓的儿子于齐之北，国号燕都今北平附近，都是取商朝旧有诸侯国而代之的。周公东征之后，周人的势力才达到他们的“远东”。就周人向外发展的步骤而论，周公的东征比武王的克殷更重要。这大事业不可没有一些艺术的点缀。旧传《诗经·豳风》里《东山》一篇就是周公东征归后所作，兹录其一章如下：

> 我徂东山，慆慆不归。我来自东，零雨其濛。鹳鸣于垤，妇叹于室。洒扫穹窒，我征聿至。有敦瓜苦，烝在栗薪，自我不见，于今三年。

假如传说不误，这位多才多艺的军事政治家，还是一个委婉的诗人呢！

先是武王克殷后，曾在丰邑以东不远，另造新都曰镐京仍在长安县境，迁居之，是为宗周。“远东”戡定后，在周人的新版图里，丰镐未免太偏处于西了。为加强周人在东方的控制力，周公在洛阳的地方建筑一个宏伟的东都，称为成周。成周既成，周公把一大部分“殷顽民”远迁到那里。从此周人在东方可以高枕无忧了。却不料他们未来的大患乃在西方！周公对被迁到成周的殷人的训词，至今还保存着，即《尚书》里的《多士》。

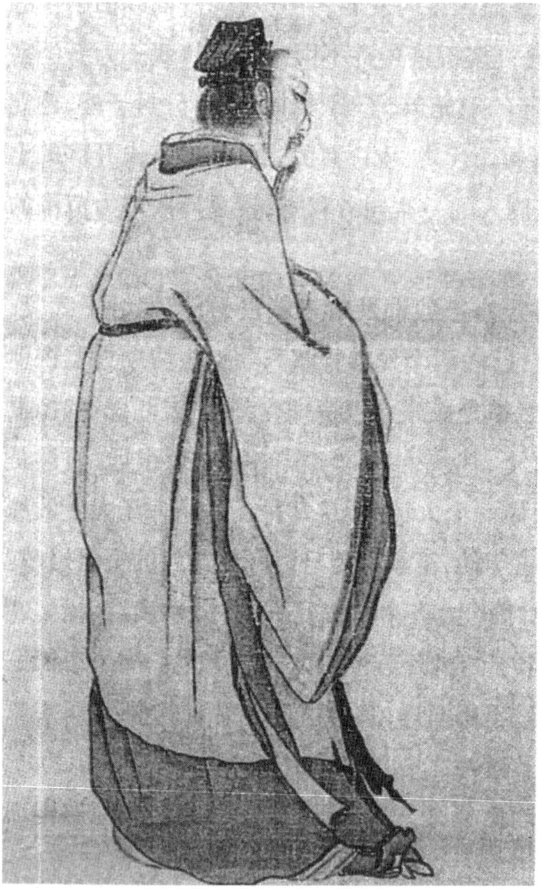

周武王像

周武王姬发，西周第一代帝王。公元前11世纪消灭殷商王朝，夺取全国政权，建立了西周王朝，成为中国历史上一代名君。

武王、成王两世，共封立了七十多个新国，其中与周同姓的有五十多国；但这七十余国而外，在当时黄河下游和大江以南，旧有国族之归附新朝或为新朝威力所不届的，大大小小，还不知凡几。在这区域内，周朝新建的和旧有的国，现在可考的有一百三十多。兹于现在可考的周初新建国中，除上面已提到的宋、卫、鲁、齐、燕外，择其可以表示周人势力的分布的十八国列表如下：

国名	姓	始祖与周之关系	国都今地
晋	姬	武王子叔虞	山西太原北
霍	姬	文王子叔处	山西霍县
邢	姬	周公子	河北邢台
芮	姬		陕西大荔县南
贾	姬		陕西蒲城西南
西虢	姬	文王弟虢叔	陕西宝鸡县东
滕	姬	文王子叔绣	山东滕县
郕	姬	文王子叔武	山东汶上县北
郜	姬	文王子	山东城武县东南
曹	姬	文王子叔铎	山东定陶县
东虢	姬	文王弟虢仲	河南汜水县
蔡	姬	文王子叔度	河南上蔡县(约在纪元前五三〇年左右迁于今新蔡）
蔡	姬	周公子	河南郑州东北
息	姬		河南息县
申	姜		河南南阳北
蒋	姬	周公子	河南固始县西北
随	姬		湖北随县
聃	姬	文王子季载	湖北荆门东南

本节叙周人的南徙至周朝的创业，本自成一段落。但为以下行文的方便起见，并将成王后康、昭、穆、共、懿、孝、夷、厉八世的若干大事附记于此。这时期的记载甚为缺略，连康、昭、共、懿、孝、夷六王在位的年数亦不可考成王在位的年数亦然。因此厉王以前的一切史事皆不能正确地追数为距今若干年。成、康二世为周朝的全盛时代，内则诸侯辑睦，外则四夷畏慑。穆王喜出外巡游，其踪迹所及，

不可确考，但有许多神话附着于他。夷王时周室始衰，诸侯多不来朝，且互相攻伐。厉王即位于公元前八七八年。他因为积久的暴虐，于即位第三十七年，为人民所废逐，居外十四年而死。在这期间，王位虚悬由两位大臣共掌朝政，史家称之为共和时代。厉王死后，其子继立，是为宣王。

第四节　周代与外族

夏、商、周三朝的递嬗，代表三个民族的移徙和发展。大体上说，夏人自西而东，商人自东而西，周人复自西而东，他们后先相交错，相覆叠，相同化，同时各把势力所及地方的土族同化，在一千数百年间，这参伍综错的同化作用抟结成一大民族，他们对于异族，自觉为一整体，自称为“诸夏”，有时也被称并自称为“华”。中华民国的“华”字起源于此。这自觉和自号很难说是哪一年哪一月开始，大约，至迟在公元前七七〇年“周室东迁”的前后当已存在。这划时代的大变，一会就要讲到。我们可用这时间做中心点，以叙述诸夏与若干影响重大的外族的关系。至于其他星罗棋布于河北、山东、河南、山西、陕西而与诸夏错居的许多游牧或非游牧的种族周人所泛称为夷或戎的以及他们不断与诸夏互相龉龁而渐渐为诸夏同化吸收的经过，这里不能详及，现在也不能尽考。

（一）商末、周初的鬼方后来周人称为猃狁，继称犬戎。此族在周初屡出没于在丰镐以西和以北。成王时曾伐鬼方，俘人至一万三千余，战争之剧烈可想。参加此役的盂国近岐山曾铸鼎刻铭以记其事，至今尚存。穆王时又大败此族，俘其五王，迁其部落若干于汾洮一带。至厉王末年，猃狁乘周室内乱，又复猖獗；以后四十余年间不时寇略西陲，甚至深入王畿，迫近镐京，终为宣王所攘逐。这期间出征猃狁的将士的写怀诗，至今还有留存即《诗经·小雅》的《采薇》《出车》《六月》《采芑》，兹示一斑《采薇》六章，录四章如下：

采薇采薇，薇亦作止。曰归曰归，岁亦暮止。靡室靡家，猃狁之故。不遑启居，猃狁之故。

采薇采薇，薇亦柔止。曰归曰归，心亦忧止。忧心烈烈，载饥载渴。我戍未定，靡使归聘。

采薇采薇，薇亦刚止。曰归曰归，岁亦阳止。王事靡盬，不遑启处。忧心孔疚，我行不来。中略

昔我往矣，杨柳依依。今我来思，雨雪霏霏。行道迟迟，载渴载饥。我心伤悲，莫知我哀。

宣王死，子幽王立。幽王因宠艳妃，废王后及太子宜臼。太子出奔皇后的外家，即申国。王欲杀太子，求之于申，不得，王伐申，申侯求助于犬戎。于是犬戎攻陷镐京，追杀幽王于骊山下。方镐京陷落之时，鲁侯、许公及申侯拥立宜臼于申公元前七七〇年，是为平王。及幽王既死，虢当是东虢公又立王子余臣于携当在东虢附近。两王并立了十一年，而余臣为晋文侯所杀，周室复一。平王因镐京及王畿的西半已为犬戎所据，定都于成周，后来王室一直留在这里。平王把沦陷区交托给一个护驾功臣、原来承袭西陲大夫世职的秦襄公，许他若果能克服犬戎，便领有其地。襄公果然完成了他的任务，在那里建立了秦国。而王畿的西半不复为王室所有了。经这次打击，王室日渐衰微，到后来只保存了一个共主的空名。史家称东迁以前的周朝为西周，以后的周朝为东周现存鲁国史记《春秋》包括东周第四十九年以下的二百四十二年，史家称这时代为春秋时代。

（二）入东周后，从公元前六六二至前五九五年间，为诸夏祸最烈的外族，是犬戎的同源异派，当时周人称为“狄”的。狄有赤白之别，又各分为许多部族。赤狄分布于今河北广平至山西潞城、屯留一带；白狄一部分在陕北延安一带，一部分在河北藁城、晋县一带。但这时期的记载并没有分别侵略者为赤为白，或其所属的特殊部族，只笼统称之为狄而已。大约来侵的狄人，赤狄占大多次数，东方的白狄占少数，而西方的白狄不预。在这期间齐受狄侵七次，卫六次，晋五次，鲁二次；邢、宋、温、郑、周各一次。卫受摧残最甚，被逼两次

迁都卫原都朝歌，在河南淇县东北；一迁楚邱，在河南滑县东，再迁帝丘，在河北濮阳，其国境大半沦陷，赖齐桓公之救始免于亡国。邢亦被迫迁都邢本都河北邢台，迁山东东昌，亦赖齐桓公之救始免于亡国。成周为狄攻陷，周襄王出奔于郑，赖晋文公之救始得复国。结束狄患的是晋国，它于公元前五九三至前五九二两年间，倾全国之力灭赤狄；继于前五三〇至前五二〇年间灭东方白狄的大部分。经这两役，广漠的狄土的邢、卫的沦陷地皆入于晋，晋境盖展拓了一倍以上。

（三）周代以前，中国历史的主要地盘是在山东、河南、山西，而旁及河北、陕西的一部分。其时长江下游包括湖北、安徽、江苏、浙江等地的历史，几乎完全埋在黑暗之中。到了周朝，这一区域里民族分布的情形才有鳞爪可见。周人的拓殖已达到湖北汉水的东北，其汉水以西南，直至大江，则为楚人的领域。安徽境内部族之可考者有群舒，在舒城至庐江间及六安、霍丘一带；有徐戎，在泗县以北一带。在江苏境内，江北有淮夷，以邳县一带为中心，其江南则为吴人的领域。吴地并跨浙江的浙西，其浙东则为越人的领域。越地并跨江西的鄱阳湖之东。

这些民族中，群舒的历史吾人所知最少，只知道他在鲁僖公公元前六五九至前六二七年时曾与鲁为敌，鲁人歌颂僖公，有“荆舒是惩”之语，它们自前六一五年以后陆续为楚所灭。

徐戎当周穆王之世，在徐偃王的统治之下，曾盛极一时；东方诸侯臣服于他的有三十六。他晚年力行仁义，不修武备；结果，楚人来伐，他一战败死，他的霸业也随之烟消云散。徐戎每与淮夷联合，以敌对诸夏，特别是鲁。周公子伯禽初就封于鲁时，这两族便并起与他为难。厉宣之际两族又乘机凭陵诸夏，至劳宣王亲征平定。《诗经》里《常武》《大雅》一篇即咏此事，中有云：

王奋厥武，如震如怒。进厥虎臣，阚如虓虎，铺敦淮濆，仍执丑虏。截彼淮浦，王师之所。王旅啴啴，如飞如翰；如江如汉，如山之苞，如川之流，绵绵翼翼，不测不克，濯征徐国。

后来鲁人歌颂僖公的成功也说他：

保有凫绎，遂荒徐宅；至于海邦，淮夷蛮貊。

淮夷受诸夏同化的程度，现在无征。徐戎至迟在东周时已采用了诸夏的文字。这有现存几件徐国铜器的铭文为证，举其一例如下：

隹唯正月初吉丁亥，徐王庚之淑子沇儿，择其吉金，自作和钟。中翰且扬，元鸣孔皇。孔喜元成，用盘乐也饮酒，和会百姓。淑于威仪，惠于明祀。𫍙吾以晏以喜，以乐嘉宾及我父兄庶士。皇皇熙熙，眉寿无期，子子孙孙，永保鼓之。

徐戎于公元前五一二年为吴所灭。淮夷自前五一五年以后不见于历史，其结局无考，大约非被灭于吴则被灭于越。

楚、吴、越三国有一重要的共同点：三国的王族都不是土著，而是从北方迁来的。传说楚王族的先祖季连，其长兄昆吾为夏朝诸侯之一，国于今河南许昌，其后嗣称昆吾氏。昆吾氏之国为成汤在伐桀之前灭掉。季连的事业无考。他的后裔衰微，散在中国和蛮夷。周文王时，有鬻熊，乃季连后裔之君长于楚地者，归附于文王。鬻熊的曾孙熊绎，当成王末年始受周封。吴国王族的始祖是王季之兄泰伯和仲雍兄弟相继，传说他们因为让国给王季而逃至吴地。越国王族的始祖相传是夏禹之后。这些南向远徙的殖民领袖，怎样犯难冒险去到目的地，怎样征服了土人而君临其上，现在都不得而知了。他们和他们的子孙既与本土隔绝，渐为当地蛮夷所同化。例如居吴越的便同土人一样断发诸夏束发，戎狄被发，吴越断发文身。但经过了长期的隔离之后，当这些国族的发展把他们带到诸夏的世界时，同化的方向都倒转了过来。楚和诸夏发生密切的关系最早，自西周初期以来，便是周室的劲敌；

吴次之，入东周一八五年公元前五八三年始与诸夏有使节往来；越则直待前四七三年灭吴以后，始有机会与诸夏接触。楚、吴、越的历史续详于第三讲。

第二讲 周代的封建社会

第一节 封建帝国的组织

武王所肇创、周公所奠定的“封建帝国”，维持了约莫七百年公元前十一世纪初至前五世纪末。这期间的社会概况便是本章所要描写的。自然在这期间，并非没有社会变迁，而各地域的情形也不一致。这纵横两方面的变异，虽然现在可能知道的很少，下文也将连带叙及。这个时期是我国社会史中第一个有详情可考的时期。周代的社会组织可以说是中国社会史的基础。从这散漫的封建的帝国到汉以后统一的郡县的帝国，从这阶级判分，特权固定的社会到汉以后政治上和法律上比较平等的社会，其间的历程，是我国社会史的中心问题之一。

上面所提到的“封建”一词常被滥用。严格地说封建社会的要素是这样：在一个王室的属下，有宝塔式的几级封君，每一个封君，虽然对于上级称臣，事实上是一个区域的世袭的统治者而兼地主；在这社会里，凡统治者皆是地主，凡地主皆是统治者，同时各级统治者属下的一切农民非农奴即佃客，他们不能私有或转卖所耕的土地。照这界说，周代的社会无疑地是封建社会。而且在中国史里只有周代的社会可以说是封建的社会。名义上这整个的帝国是“王土”，整个帝国里的人都是“王臣”，但事实上周王所直接统属的只是王畿之地。王畿是以镐京和洛邑为两个焦点，其范围现在不能确考，但可知其北不过黄河，南不到汉水流域，东不到淮水流域，西则镐京已接近边陲。王畿之地，在周人的估计中，是约莫一千里左右见方。王畿之外，周室先后至少封立了一百三十个以上确数不可考的诸侯国，诸侯对王室的义务不过按期纳贡朝觐，出兵助王征伐，及救济畿内的灾患而已。诸侯国的内政几乎完全自主。而王室开国初年的武威过去以后，诸侯对王室的义务也成了具文，尽不尽听凭诸侯的喜欢罢了。另一方面，周王在畿内，诸侯在国内，各把大部分的土地，分给许多小封君。每一小封君是其封区内政治上和经济上的世袭主人，人民对他纳租税，服力役和兵役，听凭他生杀予夺，不过他每年对诸侯或王室有纳贡的义务。

周朝的诸侯国，就其起源可分为四类。第一类是开国之初，王室把新征服或取得的土地，分给宗亲姻戚或功臣而建立的。第一讲所表列的国家皆属此类。第二类是开国许久之后，王室划分畿内的土地赐给子弟或功臣而建立，例如郑、秦。郑始祖为周厉王少子友，宣王时始封，在今陕西华县。幽王之乱，郑友寄家于郐及东虢，因而占夺其地，别建新国在今河南中部黄河以南新郑一带。第三类是拿商朝原有的土地封给商朝后裔的，属于此类的只有宋。第四类是商代原有的诸侯国或独立国，归附于周朝的，例如陈、杞等。旧说周朝诸侯，爵分五等，即公、侯、伯、子、男。此说曾有人怀疑。但现存东周的鲁国史记里确有这五等的分别。其中所称及的诸侯公爵的只有宋，男爵的只有许今河南许昌；属于第一类的多数为侯，亦有为伯的；属于第二类的秦、郑皆为伯；属于第四类的大抵为子。

王畿内的小封君殆全是王族。列国的小封君原初殆亦全是“公族”国君的同族；但至迟在前七世纪初这种清一色的局面已打破。齐桓公前六五一至前六四三年有名的贤臣管仲，和景公前五四七至前四九○年有名的贤臣晏婴都有封地，却非公族，并且晏婴据说是个东夷。晋国自从献公前六七六至前六五一年把公族几乎诛逐净尽，后来的贵族多属异姓，或来自别国。秦国自从它的政制有可稽考，自从穆公前六五九至前六二一年的时代，已大用“客卿”，公族始终在秦国没有抬过头。但鲁、郑和宋国，似乎终春秋之世不曾有过至少稀有非公族的小封君。这个差异是进取和保守的差异的背景，也是强弱的差异的背景。畿内小封君的情形，我们所知甚少，姑置不谈。列国的小封君统称为大夫。列国的大夫多数是在国君的朝廷里任职的，其辅助国君掌理一般国政的叫做卿。卿有上下或正副之别。大国的卿至多不过六位。大夫亦有上下的等级，但其数目没有限制。大夫的地位是世袭的，卿的地位却照例不是世袭的，虽然也有累代为卿的巨室。大夫的家族各有特殊的氏。有以开宗大夫的官职为氏的；有以封地的首邑为氏的；若开宗大夫为国君之子，则第三世以下用开宗大夫的别字为氏。下文为叙述的便利称大夫的世袭的家业为“氏室”，以别于诸侯的“公室”，和周王的“王室”周制：列国的卿，有一两位要由王朝任命，但此制实施之时间空间范围不详。

周王和大小的封君包括诸侯构成这封建社会的最上层，其次的一层是他们所禄养的官吏和武士，又其次的一层是以农民为主体的庶人，最下的一层是贵家所豢养的奴隶。

第二节　奴　隶

关于奴隶阶级的情形现在所知甚少。譬如在全国或某一地域奴隶和其他人中的比例是怎样呢？天子、诸侯或大夫所直接役属的奴隶各有多少呢？我们都不得而知。幸而当时周王和列国君主赏赐奴隶的数目常见于记录。最高的记录是晋景公前五九九至前五八一年以“狄臣”狄人做奴隶的一千家赏给他一个新立战功的大夫荀林父。其次是齐灵公前五八一至前五五四年以奴隶三百五十家赏给他的一个新受封的大夫。荀林父在这次受赐之前已做过两朝的执政，他家中原有的奴隶，至少当可以抵得过这一次的赏赐。可见是时一个大国的阔大夫所有的奴隶会在一万人以上。

这些奴隶的主要来源是战争。周初克殷和东征的大战，不用说了，此后诸夏对异族的征讨，和诸侯相互的攻伐，每次在战场内外所获的俘虏，除了极少数有时被用来“衅鼓”杀而取血涂鼓，以祓除不祥或用作祭祀的牺牲外，大部分是做了胜利者的奴隶。殷亡国以后，殷人被俘虏的一定很多，但究有若干，现在不可确考《逸周书》所载不可靠。此后俘数之可知者：对外的例如成王二十五年伐鬼方之役俘一万三千八十一人，又如上说赏给荀林父的“狄臣”一千家就是当时新获的俘虏的一部分。对内的例如前四八四年吴国、鲁国和王师伐齐，俘齐国甲车八百乘，甲士三千人。俘虏的利益有时竟成为侵伐的动机。诸侯对天子，或小国对大国时常有献俘的典礼。诸夏国互获的俘虏可以赎回。鲁国定规赎俘之费由国库负担。但有被赎的幸运的恐怕只是显贵的俘虏，而有时所费不赀。例如前六一一年，宋国向楚人赎那“睅其目、皤其腹”的华元，用兵车百乘，文马百驷但这些礼物还未交到一半他就逃脱回来了。奴隶的另一个来源是罪犯。犯罪的庶人和他的家属被没入贵家为奴的事虽然不见于记载，但我们知道，贵家因罪戾被废，或因互争被灭，其妻孥有被系或被俘而用作赏品的，其后裔有“降在皂隶”的。

奴隶做的是什么事？第一，自然是在贵人左右服役。这一类的奴隶包括“小臣”即侍役、婢妾和管宫室、管车驾的仆竖；还有照例用被刖的罪犯充当的“阍人”，和用被“宫”的罪犯充当的“寺人”。但这些只占小数。大部分的奴隶是被用于生产的工作。每一个贵家，自周王的以至大夫的，是一个自足的社会。谷米不用说是从采邑里来的。此外全家穿的衣服和用的东西，自家具以至车舆、兵器、乐器、祭器，多半是家中的奴隶制造的。这时代用车战，兵车以马驾，养马和管厩又是奴隶的事。此外山林川泽是由贵家专利的。樵、苏、渔、牧和煮盐又是奴隶的事。女奴也有分配到外边做工的；采桑养蚕的叫做蚕妾，做纺织或其他女红的叫做工妾。贵家设有一官专管工人。公室的工官普通叫做工正，惟楚国的叫做工尹。王室和公室的总工官之下还有分各业的工官；例如以现在所知，周室有所谓“陶正”者，大约是管制造陶器的；鲁国有所谓“匠师”者，大约是管木工的。有专长的奴隶每被用作礼物。例如前五八九年，鲁国向楚国求和，赂以执斫、执针、织纴各百人。又例如前五六二年，郑国向晋国讲和，所赂有美女和工妾共三十人，女乐二队每队八人。

奴隶可以抵押买卖。西周铜器铭刻中有“赎兹五夫用百寽”的话。奴隶的生命自然由贵人随意处置。例如晋献公有一回思疑肉里有毒，先拿给狗试试，狗死了；再拿给小臣试试，这不幸的小臣便与那狗同其命运了。又例如献公的儿子重耳出亡时，他的从臣们在桑下密谋把他骗离齐国，被一个蚕妾偷听了；她回去告诉重耳的新婚夫人齐姜，齐姜恐怕妨碍公子的“四方之志”，一声不响地便把那蚕妾杀了。在周代盛行的殉葬制度底下，奴隶也是必然的牺牲。平常以百计的殉葬者当中，我们不知道有多少是奴隶。他们的死太轻微了，史家是不会注意的。但也有一件奴隶殉葬的故事因为有趣而被保留。晋景公的一个小臣有一朝起来很高兴地告诉人，他夜梦背着晋侯登天，午间他果然背着景公但不是登天，而是“如厕”；景公本来病重，他跌落厕坑里死了，那小臣便恰好被用来殉葬。

带枷的奴隶陶俑

奴隶是以家为单位的，一个奴隶家里不论男女老幼都是奴隶。他们的地位是世袭罔替的；除了遇着例外的解放。新俘奴隶被本国赎回也许是常见的事。此外奴隶被解放的机会似乎是很少的，历史上只保存着两个例子。其一，前六五五年，晋灭虞，俘了虞大夫百里奚，后来把他用作秦穆公夫人的“媵臣”从嫁奴隶。他从秦逃到楚，被楚人捉住。他在虞国本来以贤能知名，秦穆公想重用他，怕楚不给，于是以赎“媵臣”为名，出五张黑羊皮的很低代价，竟把他赎回了。他因此得到“五羖大夫”的绰号。其二，前五五〇年，晋国内乱，叛臣手下的一个大力士督戎，人人听到他的名字就惧怕。公家有一个奴隶叫做斐豹，自荐给执政道，若把他的奴籍烧了，他便杀死督戎，执政答应了他，后来他果然把督戎杀了。

第三节　庶　民

我们在上文叙述奴隶的生活时，保留着一个很重要的问题，奴隶和农业的关系是怎样？换句话说，大多数农民的地位是怎样的？关于这一方面，记载很残缺，现在可得而说的多半是间接的推论。我们可以悬想，周朝开国之初，无数战胜的族长分批地率领子弟来到新殖民地里，把城邑占据了，田土瓜分了，做他们的侯伯大夫，他们于所占得的田土当中留出一小部分，直接派人去管理，收入完全归他们自己，这种田便是所谓“公田”；其余大部分的田土，仍旧给原来的农夫耕种，却责他们以粟米、布缕和力役的供奉；他们的佃耕权可以传给子孙却不能转让或出售给别人。这种田即所谓“私田”。大部分的公田当是由耕私田的农夫兼尽义务去耕种的。他们“公事毕然后敢治私事”。但也有一部分“公田”是由奴隶去耕种的。所以西周的《大克鼎》铭文里记周王赏田七区，其中有一区注明“以厥臣妾”。但由此亦可见奴隶附田的制度在西周已不很普遍了。耕私田的农夫皆是所谓“庶人”。他们的地位是比奴隶稍为高贵些；但他们的生活殊不见得比奴隶好。粟米和布缕的征收固有定额，但不会很轻；什一之税在东周末年还是可望难即的理想。除正税外遇着贵人家有婚嫁等喜事他们还有特别的供应。力役之征更是无限的。平常他们农隙的光阴大部分花在贵人的差使上。若贵人要起宫室、营台榭、修宗庙或筑城郭，随时可以把他们征调到在鞭子底下做苦工。遇着贵人要打仗，他们得供应军需，并且贡献生命。遇着凶年饥馑，他们更不如奴隶的有依靠，多半是“老弱转乎沟壑，壮者散而之四方”。

西周传下来的《七月》一首民歌描写豳今陕西邠县地农民的生活很详细。根据这诗，可以作一个农民的起居注如下：正月把农器修理。二月开始耕种，他的妻子送饭到田里给他吃，督耕的“田畯”也笑嘻嘻地来了。同时他的女儿携着竹筐到陌上采桑。八月他开始收获，同时他的女儿忙着缫丝，缫好了，染成黑的、黄的，还有红洒洒的预备织做公子的衣裳。十月获稻，并酿制明春给贵人上寿的酒。农夫们把禾稼聚拢好，便到贵人家里做工，白天去采茅，晚上绞绳。是月酹神聚饮烹宰羔羊；大家到贵人堂上献酒，欢呼万岁。十一月出猎，寻觅狐狸，为着贵人的皮袍。十二月农夫们会同受军事训练。是月把养肥了的猪献给贵人，又把冰凿下，藏好，预备明年春夏天贵人需用。

《七月》这首歌是贵人用作乐章的，自然要合贵人的口味。诗中的农夫是怎样知足安分地过着牛马生活。但农夫和别的庶民也有不安分的时候，假如贵人太过忽略了他们的苦痛。第一讲里已经说过，周朝的第十个王，厉王，就因为久积的暴虐，被民众驱逐出国都，失却王位。和厉王同命运，甚至比他更不幸的封君不断地见于记载。举例如下：前六三四年，当晋、楚两强交争的时候，卫君因为得罪了晋国想转而亲楚。但卫国离晋较近，亲楚便会时常招惹晋人的讨伐。在这种当儿，首先遭殃的便是人民。他们即使幸而免于战死，免于被俘，他们回到家中，会发现禾稼被敌人割了，树木被砍了，庐舍被毁了，甚至井也被塞了。因此，卫君的亲楚政策是和卫国人民的利益根本冲突的。他们听到了，便大闹起来，把卫君赶到外国去了。同类的事件有前五五三年蔡国的公子燮因为想背楚亲晋给民众杀了。蔡是邻近楚的。经过这些事件的教训，所以前五七七年，陈侯当外患紧急时只好把国人召集来，征求他们的意见，来决定外交政策。因直接残虐人民失去地位或性命的封君，为例更多。前六〇九年，莒君因为“多行无礼于国”被他的太子率领民众杀了。前五六一年，畿内的原伯，因为详情现在不知的暴行弄到民不聊生，被民众赶走了。前五五九年，另一位莒君因为喜欢玩剑，每铸成一把剑便拿人民来试；又因为想背叛齐国，被一位大夫率领民众赶走了。前五五〇年，陈国的庆氏据着首都作乱，陈侯率兵来围，庆氏督着民众修城。是时，城是用土筑的，筑时用板夹土。督工的看见一两块板倒了，便把旁边的役人杀死。于是役人暴动起来把庆氏的族长通杀了。前四八四年，陈大夫某，因为陈侯嫁女，替他国人征收特税；征收的太多，用不了，他把剩下的为自己铸了一件钟鼎之类的“大器”。后来国人知道，便把他赶走了。他走到半路，口渴，同行的一位族人马上把稻酒、干粮和肉脯献上，他高兴得了不得，问为什么这样现成？答道：大器铸成时已经预备着了。

上述厉王以后的民变，全发生在前六世纪当中和附近。这些见于记载的暴动完全是成功的，影响到贵人的地位或生命的，其他失败而不见于记载的恐怕还有不少。这时候民众已渐渐抬头，许多聪明的卿大夫已认识民众的重要，极力施恩于他们，收为己助，以强其宗，以弱公室，甚至以得君位。例如当宋昭公前六一九至前六一一年昏聩无道的时候，他的庶弟公子鲍却对民众特别讲礼貌。有一回宋国大闹饥荒，他把自己所有的谷子都借给饥民。国中七十岁以上的人他都送给食物，有时是珍异的食物。他长得很美，连他的嫡祖母襄夫人也爱上了他，极力助他施舍。后来襄夫人把昭公谋害了，他便在国人的拥戴中继为宋君。又例如齐国当景公前五四七至前四九二年的时候，当公室底下的人民以劳力的三分之二归入公室，而仅以三分之一自给衣食的时候，陈氏却用实惠来收买人心。齐国的量器，以四升为豆，四豆为区，四区为釜，十釜为钟。陈家特制一种新量，从升到釜皆以五进，仍以十釜为钟，借谷子给人民的时候，用新量，收还的时候，用旧量。陈家专卖的木材，在山上和在市上一样价，专卖的鱼盐蜃蛤，在海边和在市上一样价。这一来民众自然觉得陈家比公室可爱。后来陈氏毫无阻力地篡夺了齐国。此外如鲁的季氏，郑的罕氏都以同类的手段取得政权。

上文所说参加叛变和被强家利用的民众自然包括各种色的庶人。当中自然大部分是农人，其余当有少数商人和工人。庶人和奴隶的重要差别在前者可以私蓄财物，可以自由迁徙。但农人实际上很少移动，除了当饥荒的时候，虽然在前六世纪时人的记忆中，有“民不迁，农不移”的古礼。这似乎不是绝对的限制，礼到底与法禁有别。

第四节　都邑与商业

人民聚居的地方通称曰邑。邑可分为两大类，有城垣的和没有城垣的。有城垣的邑又可分为三类，一是王都和国都直至东周时，国字还是仅指国都而言；二是畿内和列国的小封君的首邑；三是平常的城邑。周室的西都镐京自东迁后已成为禾黍油油的废墟，其规模不见于记载。东都洛邑今洛阳的城据传说是九里一千六百二十丈见方，其面积为八十一方里，约当现在北平城之百分之二一点七北平城面积是今度一百九十四方里，周一里当今零点七二一五里，一方里当今零点五二零五六方里。城的外郭据传说是二十七里四千八百六十丈见方，其所包的面积差不多是现在北平城的两倍。列国的都城，连外郭计，以九百丈五里见方的为平常，其面积约为今北平城的十五分之一。一直到前三世纪初，一千丈见方的城还算是不小的。但春秋末年勃兴的吴国，其所造的都城却特别大。据后汉人的记载，那箕形的大城，周围约为今度三十四里，其外郭周围约为今度五十里今北平城周约五十四里。卿大夫首邑的城照例比国都小，有小至五百丈至一百丈左右见方的，那简直和堡寨差不多了。这些小城的基址似乎到唐、宋时还有存在。唐人封演记当时“汤阴县北有古城，周围可三百步，其中平实。此东，顿邱、临黄诸县多有古小城，周一里或一二百步，其中皆实”。又宋人陈师道记：“齐之龙山镇有平陆故城高五丈，四方五里，附城有走马台而高半之，阔五之一，上下如一。”此二人所记很像是周人的遗迹。

春秋时期各国使用的铜币

王城和列国都城的人口不详。但我们知道春秋时大夫的封邑在一千户上下的已算很大的了。平常国都的人口就算比这多十倍也不过一万户。我们从前六八六年内蛇与外蛇斗于郑都南门中的故事，可知当时的国都绝不是人烟稠密的地方。前六六〇年比较小的卫国都城被狄人攻破后，它的遗民只有男女七百三十人，加上共、滕两邑的人口，通共也只有五千人。

我们试看列国都城在地图上的分布很容易发现他们的一个共同点：它们都邻近河流。以现在所知，几无例外。一部分固然因为交通的便利，一部分也因为河谷的土壤比较肥沃，粮食供给比较可靠。城的作用在保卫，贵人的生命和财富和祖先神主的保卫。国都的主要居住者为国君的家族和他的卫士、“百工”；在朝中做官的卿大夫和他们的卫士。大多数国家的朝廷，像王室的一般，内中主要的官吏有掌军政的司马，掌司法和警察的司寇，掌赋税和徭役的司徒，和掌工务如城垣、道路、宗庙的修筑的司空。国都里的重要建筑，有国君的宫殿、台榭、苑囿、仓廪、府库、诸祖庙、祀土神的社，祀谷神的稷，卿大夫的邸第和给外国的使臣居住的客馆。这些建筑在城的中央外面环着民家和墟市。墟市多半在近郭门的大道旁。郭门外有护城的小池或小河，上面的桥大约是随时可以移动的。城郭的入口有可以升降的悬门。城门时常有人把守，夜间关闭，守门的“击柝”通宵。货物通过城门要纳税，这是国君的一笔大收入。

都邑也是商业的中心。至迟在春秋下半期，一些通都里已可以看见“金玉其车，文错其服”的富商。他们得到阔大夫所不能得到的珍宝，他们输纳小诸侯所能输纳的贿赂。他们有时居然闯入贵族所包办的政治舞台。旧史保存着两个这样的例子：（1）前五九七年，晋军大将知罃在战场被楚人俘了。一位郑国的商人，在楚国做买卖的，要把他藏在丝绵中间，偷偷地运走。这计策已定好，还没实行，楚国已把知罃放还。后来那位商人去到晋国，知罃待他只当是他救了自己一般。那商人谦逊不遑，往齐国去了。（2）前六二七年，秦人潜师袭郑，行到王城和郑商人弦高相遇。弦高探得他们的来意，便一方面假托郑君的名义，拿四张熟牛皮和十二头牛去犒师，一方面派人向郑国告警，秦人以为郑国已经知道防备，只好把袭郑的计划取消了。这两个故事中的商人都是郑人。如故事所示，郑商人的贸易范围至少西北到了王城和晋国，东到了齐国，南到了楚国，郑国最早的商人本是镐京的商遗民，当郑桓公始受封的时候，跟他们一同来到封地，帮他们斩芟蓬蒿藜藋，开辟土地的。郑君和他们立过这样的盟誓：“尔无我叛，我无强贾，毋或匄夺。尔有利市宝贿，我勿与知。”郑当交通的中心，自东迁时便有了一群富于经验的商人，他们又有了特定的条障，故此郑国的商业特别发达。但这时期商人所贩卖的大部分只是丝麻布帛和五谷等农产品，加上些家庭的工艺品。以佣力或奴隶支持的工业还没有出现。

周人的货币，除贝以外还有铜。西周彝器铭文中每有“作宝尊彝，用贝十朋又四朋”一类的记录。也有罚罪取“金”即铜若干寽字亦作锊的记录。传说周景王前五四四至前五二一年已开始铸大钱。但贝和“金”

似乎到春秋时还不曾大宗地、普遍地作货币用，一直到春秋下半期，国际间所输大宗或小宗的贿赂还是用田土、车马、币帛、彝器或玉器，而不闻用贝或用“金”，钱更不用说了。

第五节　家　庭

庶人的家庭状况自然不会被贵人身边的史官注意到，因此现在也无可讲述。只是这时代的民歌泄露了一些婚姻制度的消息：

> 伐柯如之何？匪斧不克。取妻如之何？匪媒不得。艺麻如之何？纵横其亩。取妻如之何？必告父母。

少年男女直接决定自己的终身大事的自由在这时代已经被剥夺了。在樊笼中的少女只得央告她的情人：

> 将仲子兮！无逾我里！无折我树杞！岂敢爱之？畏我父母！

甚至在悲愤中嚷着：

> 之死矢靡它！母也天只！不谅人只！

这种婚姻制度的背景应当是男女在社交上的隔离。诗人只管歌咏着城隅桑间的密会幽期，野外水边的软语雅谑，男女间的堤防至少在贵族社会当中已高高地筑起了。说一件故事为例：前五〇六年，吴人攻入楚国都城的时候，楚王带着两个妹妹出走，半路遇盗，险些送了性命。幸运落在他的一个从臣钟建身上，他把王妹季芈救出，背起来跟着楚王一路跑。后来楚王复国，要替季芈找丈夫，她谢绝，说道：处女是亲近男子不得的，钟建已背过我了。楚王会意，便把她嫁给钟建；并且授钟建以“乐尹”的官，大约因为他是一个音乐家。

周初始有同姓不婚的礼制，但东周的贵族还没有普遍遵行，庶民遵行的程度，今不可知。

贵族家庭中的一种普遍现象是多妻。至少在周王和诸侯的婚姻里有这样的一种奇异制度：一个未来的王后或国君夫人出嫁的时候，她的姊妹甚至侄女都要有些跟了去给新郎做姬妾，同时跟去的婢女还不少，这些迟早也是有机会去沾新主人的雨露的。陪嫁的妾婢都叫做媵。更可异的，一个国君嫁女，同姓或友好的国君依礼，要送些本宗的女子去做媵。在前五五〇年，齐国就利用这种机会把晋国的一位叛臣当作媵女的仆隶送到晋国去，兴起内乱，上文提及的斐豹的解放就是这次变乱中的事。

媵女而外，王侯还随时可以把别的心爱的女子收在宫中。他们的姬妾之多也就可想。多妻家庭里最容易发生骨肉相残的事件，在春秋时代真是史不绝书。举一例如下：卫宣公前七一八至前七〇〇年和他的庶母夷姜私通，生了急子。后来急子长大，宣公给他从齐国娶了一个媳妇来，看见她很美，便收为己用，叫做宣姜。子通庶母，父夺子妻，在春秋时代并不是稀奇的事。这时代男女礼防之严和男女风纪之乱，恰成对照。宣公收了宣姜后，夷姜气愤不过，上吊死了。宣姜生了两个儿子，寿和朔。宣姜和朔在宣公面前倾陷急子，这自然是很容易成功的。宣公于是派急子出使到齐国去，同时买通一些强盗要在半路暗杀他。寿子知道这秘密，跑去告诉急子，劝他逃走。他要全孝道，执意不肯。当他起程的时候，寿子给他饯行，把他灌醉了；便取了他的旗，插在船上先行，半路被强盗杀了。急子醒来，赶上前去，对强盗说：卫君要杀的是我，干寿子甚事？他们不客气地又把他杀了。

第六节　士

有两种事情打破封建社会的沉寂，那就是祭祀和战争。所谓“国之大事，唯祀与戎”。二者同是被认为关系国家的生存的。先说战争。

周室的分封本来是一种武装殖民的事业。所有周朝新建的国家大都是以少数外来的贵族包括国君、公子、公孙、卿大夫及其子孙立在多数土著的被征服者之上的。这些贵族的领主地位要靠坚强的武力来维持。而直至春秋时代，所有诸夏的国家若不是与戎狄蛮夷杂错而居，便是与这些外族相当的接近，致时有受其侵袭的危险。再者至迟入东周以后，国际间的武装冲突和侵略战争成了旦暮可遇的事。因为这三种原因，军事成了任何国家的政治的中心，也成了贵族生活的中心。贵族一方面是行政的首脑，一方面也是军事的首脑。农民每年于农隙讲武，每逢国家打仗都有受征调的义务。此外有一班受贵族禄养着专门替贵族打仗的人，也就是战场上斗争的主力，那叫做“士”，即武士。

到底每一国的“士”有多少呢？这不能一概而论。据说周朝的制度，王室有六军，大国三军《齐侯镈钟》：“余命汝政于朕三军”；又“穆和三军”，中国二军，小国一军。周朝行车战，军力以乘计。大约一军有车一千乘，每乘有甲胄之“士”十人。事实自然与制度有出入。例如周室东迁后六十三年，周桓王合陈、蔡、卫的兵还打不过郑国，此时的周室决不能“张皇六师”。又例如在春秋末叶约前五六二至前四八二年头等的大国如晋、秦、楚等其兵力总在四五千乘以上。

士字原初指执干盾、戈、佩弓、矢的武士，其后却渐渐变成专指读书、议论的文人。为什么同一个字其先后的意义恰恰对极地相反？懂得此中的原因，便懂得春秋以前和以后的社会一大差别。在前一个时代所谓教育就是武士的教育，而且唯有武士是最受教育的人；在后一个时代，所谓教育，就是文士的教育，而且唯有文士是最受教育的人。“士”字始终是指特别受教育的人，但因为教育的内容改变，它的涵义也就改变了。

“士”的主要训练是裸着臂腿习射御干戈。此外他的学科有舞乐和礼仪。音乐对于他们并不是等闲的玩艺，“士无故不彻琴瑟”。而且较射和会舞都有音乐相伴。“士”的生活可以说是浸润在音乐的空气中的。乐曲的歌词，即所谓“诗”。诗的记诵，大约是武士的唯一的文字教育。这些诗，到了春秋末叶积有三百多篇，即现存的《诗经》。内中有的是祭祀用的颂神歌，有的是诗人抒情的作品，大部分却是各国流行的民歌。较射和会舞都是兼有娱乐、交际、德育和体育作用的。较射是很隆重的典礼，由周王或国君召集卿大夫举行的叫做大射，由大夫士约集宾客举行的叫做乡射。较射的前后奏乐称觞。预射的人揖让而升，揖让而下。这是孔子所赞为“君子之争”的。会舞多半是在祭祀和宴享的时候举行不像西方的习俗，其中没有女子参加的。舞时协以种种的乐曲，视乎集会的性质而异。这时期中著名的乐曲，如相传为舜作的“韶”，相传为禹作的“大夏”和武王所作的“大武”等，都是舞曲。大武的舞姿，现在犹可仿佛一二，全部分为六节，每一节谓之一成。第一成象“北出”，舞者“总干持盾山立”；第二成象“灭商”，舞容是“发扬蹈厉”；第三成象南向出师；第四成象奠定南国；第五成象周公召公左右分治周初曾把王畿分为两部，自陕而东周公主之，自陕而西召公主之，陕西省之得名由此，舞者分夹而进；第六成象军队集合登高，最后舞者同时坐下。六成各有相配的歌词，皆存于《诗经》中，兹引录如下。

一成	二成	三成	四成	五成	六成
昊天有成命， 二后受之。 成王不敢康， 夙夜基命宥密。 於缉熙， 单厥心， 肆其靖之。	于皇武王， 无竞维烈。 允文文王， 克开厥后。 嗣武受之， 胜殷遏刘， 耆定尔功。	于铄王师， 遵养时晦。 时纯熙矣， 是用大介。 我龙受之， 蹻蹻王之造， 载用有嗣， 实维尔公允师。	绥万邦， 屡丰年， 天命匪解。 桓桓武王， 保有厥士。 于以四方， 克定厥家。 于昭于天， 皇以间之。	文王既勤止， 我应受之。 敷时绎思， 我徂维求定。 时周之命， 于绎思。	于皇时周， 陟其高山。 嶞山乔岳， 允犹翕河。 敷天之下， 裒时之对， 时周之命。

六成不必全用，第二成单行叫做武，第三成叫做勺，第四五六成各叫做象，幼童学舞，初习勺次习象。大武是周代的国乐，是创业的纪念，垂教的典型，武威的象征，其壮烈盖非韶夏可比。舞者必有所执，

在大武中舞者执干戈，此外或执雉羽，或鹭羽，或斧钺，或弓矢。执羽的舞叫做“万”，这种舞，加上讲究的姿式和伴奏，一定是很迷人的，可以一段故事为证。楚文王前六八九至前六七七年死后，遗下一个美丽的夫人，公子元想勾引她，却没门径，于是在她的宫室旁边，起了一所别馆，天天在那里举行万舞，希望把她引诱出来。她却哭道：“先君举行万舞原是为修武备的，现在令尹楚国执政官名，公子元所居之职不拿它来对付敌人，却拿它用在未亡人的身边，那可奇了！”子元听了，羞惭无地，马上带了六百乘车去打郑国。

理想的武士不仅有技，并且能忠。把荣誉看得重过安全，把责任看得重过生命，知危不避，临难不惊，甚至以藐然之身与揭地掀天的命运相抵拒；这种悲剧的、壮伟的精神，古代的武士是有的，虽然他们所效忠的多半是一姓一人。举两例如下：（1）前六八四年，鲁国和宋国交战，县贲父给一个将官御车。他的马忽然惊慌起来，鲁军因而败绩。鲁公也跌落车下，县贲父上前相助。鲁公说道：这是未曾占卜之故照例打仗前选择御士须经占卜。县贲父道：别的日子不打败，今日偏打败了，总是我没勇力。说完便冲入阵地战死。后来国人洗马发现那匹马的肉里有一支流矢。（2）前四八〇年卫国内乱，大臣孔悝被围禁在自己的家中。他的家臣季路孔子的一位弟子，听到这消息，便单身匹马地跑去救应，半路遇着一位僚友劝他不必。他说，既

季路像

季路（前542—前480），字子路，孔子得意门生，以政事见称。为人伉直鲁莽，好勇力，事亲至孝。他敢于对孔子提出批评，勇于改正错误，深得孔子器重。

然食着人家的饭，就得救人家的祸。到了孔家，门已关闭，他嚷着要放火。里头放出两位力士来和他斗，他脑袋上中了一戈，冠缨也断了。他说："君子死，冠不免。"把冠缨结好才死。

王公大夫的子弟至少在原则上都得受武士的教育。王室有"学宫"，王子和他的近侍在内中学射，周王和他的臣工也有时在内中比射；又别有"射卢"，周王在内中习射，作乐舞。公室也当有同类的设备。

武士的地位仅次于大夫。他们虽然没有封邑，却有食田。出战时"士"是穿着甲胄坐在车上的主要战斗力。但他们底下还有许多役徒小卒，这些多半是临时征发农民充当的。

第七节 宗 教

周人的神鬼世界我们知道得比较殷人的详细些。这其中除了各家的祖先外，有日月星辰的神，他们是主使雪霜风雨合时或不合时的；有山川的神，他们是水旱疠疫的原因；但最重要的，人们生存所赖的，还是土神和谷神。前者关系土壤的肥瘠，后者关系五谷的丰歉。土神叫做社，或后土，谷神叫做稷，或后稷。供奉社稷的地方，也叫做社稷。稷只是谷的一种，而以名谷神，以名"田祖"，这里似乎泄露一件久被遗忘的史实：最初被人工培植的是叫野种的稷。

像封建社会之上有一个天王，主宰百神的有一个上帝。他是很关心人们的道德的，会赏善罚恶。但他也像天王一般，地位虽尊，实权却有限，他和人们的日常生活很少发生关系，人们也用不着为他破费。祀上帝的典礼叫做郊祀。举行郊祀礼的只有周王和鲁君。上帝的由来不知周人曾设想到否。至于自然界各部分的神祇，在周人的信仰中，多半有原始可稽的。他们多半是由人鬼出身；而且，像封君一般，他们的地位是上帝所封的。例如汾水的神，传说是一位古帝金天氏的儿子，他生时做治水的官，疏通汾、洮二水有功，因而受封。又例如永远不相会面的参、商两个星座，其神的历史是这样的：古帝高辛氏有两个不肖的儿子，他们死了，住在荒林里还是整天打架。上帝看不过，便把大的迁到商丘，做商星的神；把小的迁到大夏，做参星的神。这段神话的历史背景是商人拿商星做定时节的标准星，故此它名为商星。古人在没有日历之前，看一座恒星的位置的移动来定时节的早晚，这叫做“观象授时”。被选作目标的恒星叫做辰。

周人的稷神是一位农业的发明者，同时又是本朝的祖先。但到底稷神是周人的创造呢？抑或周室不过搬旧有的稷神做祖先呢？现在不得而知。社神却确是在周代以前已经有的。周人称殷人的社为亳社。至少在鲁国的都城同时有亳社和周社。朝廷的建筑，就在两社之间。大约原初鲁国被统治的民众大部分是殷的遗民，新来的统治者顾忌他们的反感，只好让他们保留原来的宗教，而别立自己的新社，叫做周社。一直到前五世纪初，鲁国大夫尚有盟国君于周社、盟“国人”于亳社的故事。社神的来历现在不得而知了。祀社的地方照例种着一棵大树，据说夏代的社用松，殷代用柏，周代用栗。

从天子到士都有宗庙。天子和封君的庙分两种，合祀众祖的太庙和分祀一祖的专庙。除太祖外每一祖的专庙，经过若干代之后，便“亲尽”被毁，否则都城之内便有庙满之患了。宗庙社稷是每一个都会的三大圣地。他们年中除了临时的祈报外都有定期的供祭。宗庙的供祭尤其频数。其他的神祇则只当被需求的时候，才得到馈赂。但他们可不用愁。这样的机会是很多的。虽然水旱疠疫和风雨失调是比较的不常，虽然众神各有各的领域，但任何神鬼在任何时候，都能给任何人以祸难，尤其是疾病。在这些当儿牺牲和玉帛是不会被人们吝惜的，疾病的原因都推到鬼神。他们的欢心胜过医药，巫祝就是医生。周人事神似乎不像殷人的烦渎，但也和殷人一样认真。祭祀之前主祭的人要离开家庭到庙旁清净的地方斋戒几天；祭某祖的时候要找一个人扮成他的模样来做供奉的具体对象，这叫做“尸”。祭宗庙社稷的牺牲，虽然也照后世的办法，只给鬼神嗅嗅味道而“祭肉”由预祭的人瓜分，但在其余的祭典中也有时把整只的牛、羊、猪或狗焚化了，埋了或沉在水里给鬼神着实受用的。焚给一切鬼神的布帛，也通是真的而不是纸做的。献给鬼神的玉，不能摆一下就算了，要捶碎了，或抛入河中。但鬼神也像小孩子一般，可以用“尔之许我，我其以璧与珪归俟尔命；不许我，我乃屏璧与珪”一类的话这是周公对祖先说的话来试诱的。盛大的祭典是一种壮观，在丹柱刻椽的宗庙里，陈列着传为国宝鼎彝，趋跄着黼黻皇华的缙绅，舞着羽翰翩跹的万舞，奏着表现民族精神的音乐，排演着繁复到非专家不能记忆的礼仪周朝始避讳祖先之名，因而王侯有谥，大夫士有别字。

诸神中最与民众接近的是社。每年春间有一次社祭的赛会。这时候鼓乐歌舞、优技、酒肉和乡下的俏姑娘引诱得举国若狂。在齐国，也许因为民庶物丰，礼教的束缚又较轻，社祭特别使人迷恋，连轻易不出都城的鲁君有时也忍不住要去看看。每逢打仗之前，全军要祭一回社，祭毕把祭肉和酒分给兵士，叫做受脤。衅鼓就在这时候举行。这以壮军威的饷宴，这拼命之前的酗醉，这震地的喧嚣，是全国紧张的开始。得胜回来的军队要到社前献俘，有时并且把高贵的俘虏当场宰了用作祭品。此外遇着水灾和日蚀，则在社前击鼓抢救，同时用币或献牲；火灾之后，也要祭社，以除凶气。遇着讼狱中两造的证据不能确定，也可以令他们到社里奉牲发誓，而等候将来的奇迹。

除了上说列在祀典的鬼神而外，还偶然会有陌生的精灵或是神话上的英雄，或是被遗弃了旧鬼新鬼，或是来历不明的妖魅，降附在巫觋巫是女的，觋是男的身上。巫觋是神灵所钟爱的。他们能和降附的神灵说话，因此人们若有求于这些神灵得先求他们。王侯大夫都有供奉巫神的。被人驱逐去位的周厉王有使卫巫监谤的故事，春秋时代的第一个鲁君隐公就是一位佞巫者。他未即位之前曾做过郑国的俘虏，被囚在尹氏家中。这家有一个著名灵验的钟巫。他串通尹氏私去祈祷。后来郑人把他放归，他便把钟巫都带到鲁国来。他被他的兄弟派人暗杀，就在他出外斋宿预备祭钟巫的时候。

巫觋是某些鬼神的喉舌，所以能直接知道这些鬼神的意旨和未来的吉凶。但其余的人，要知道鬼神的意旨和未来的吉凶，除问巫觋外，只有凭间接的占测方法。周代的占测方法，除了沿袭自商代的龟卜兽骨卜在周代似已不通行外，还有周人所发明约在商末周初的筮。要说明筮法，得先说明筮时所用的一部书，即《周易》。这部书包涵六十四个符号和他们的解释。这些符号叫做卦。每一卦有六层即所谓六爻。每一层是一横画，或一横画中断为二，前者可说是奇的，后者可说是偶的。卦各有专名，例如六爻皆奇的（☰）名为乾，六爻皆偶的（☷）名为坤，六爻中第二五爻为偶从底数起余皆为奇的（☲）名为离。每卦的解释分两种，解释全卦的叫做卦辞，解释各爻的叫做爻辞。筮的时候取五十茎蓍草，加以撮弄有一定方法，这里从略以得到某一卦，再加以撮弄，看这一卦中哪些爻有“变”；例如筮得乾卦而第二五爻有变则为“遇乾之离”。筮者应用卦辞及变爻的爻辞而作预言。至于怎样应用法，那就有点“神而明之存乎其人”了。卦爻辞包涵许多关于人事的教训，有些是很深刻的；例如说“无平不陂，无往不复”。那是说明“物极必反”，教人不要趋极端的。

巫觋的神通只限于降附他们的神灵的势力范围，他们并不掌管宗庙社稷等有常典的祭祀。他们即使是被王侯供养的，也不是正常的职官。

王侯的朝廷中管理和鬼神打交涉的正常职官有诸祝、宗、卜、史。祝的主要任务在代表祭者向鬼神致辞，因此他特别要知道鬼神的历史和性情。宗是管理宗庙的司祭礼的程序，祭坛的布置，祭品的选择、保存等等。卜是掌卜筮的，但有些国家于卜之外别置筮官。史的主职在掌管文书，记录大事、占察天象，但也兼理卜签和祭祀的事。这四种职官的首长，在王朝分别名太祝、太宗、卜正、太史，在列国大抵如之；惟楚国名卜长为卜尹，又有左史右史而似乎无太史。祝、宗、卜史等长官的地位史无明文，但我们从下面两件故事，可以推想。楚平王前五二八至前五一七年即位之初曾把他所尊敬的敌人观起叫来，要给他官做，说唯汝所欲。因为他的先人曾掌卜，便使他做卜尹。可见卜长的地位是很高的。卫献公前五七六至前五五九年出奔归国，要颁邑给从臣而后入。从臣有太史柳庄者，恐其偏赏私近致失人心，力加谏阻。献公从之，以为他是社稷之臣，等他临死之时，终于给他田邑，并写明“世世万万世子孙毋变”的约言放在他的棺中。可见太史得世有田邑，宗长、祝长等当亦如之。至于低级的祝、宗、卜、史等官则皆有食田，而且有时多至值得王室或世室抢夺的食田。但拥有强力的大夫很少出身于祝、宗、卜、史或同时充任着这些官职的。

这时期的国家大事，上文已说过，不外打仗和祭祀。而打仗之前，照例要“受命于宗庙，受脤于社”，照例要来一番卜筮。故此没一次国家大事没有上说的四种专家参与。他们又是世业的，承受者愈积愈丰的传说。因此他们都是多识前言往行的。史官因为职在典藏与记载尤熟于掌故和掌故所给人的教训。他们成为王侯时常探索的智囊。周初有一位史佚，著过一部书。后人称为《史佚之志》的。这大约是夹着论断的历史记载。春秋时有知识的人常常称引这书，可惜后来佚了，但至今还保存着其中一些名句，如“动莫若敬，居莫若险，德莫若让，事莫若咨”。

第八节　卿大夫

封君当中，不用说以大夫占多数。他们是地主而兼统治者阶级的主体。虽然各国在任何时期的氏室总数，无可稽考；但我们知道，在鲁国单是出自桓公的氏室已有三桓，在郑国单是出自穆公的氏室已有七穆，宋国在前六〇九年左右至少有十二氏，晋国的一小部分在前五三七年左右已有十一个氏室。

氏室的领地，或以邑计，或以县计。言邑自然包括其附近的田土。县本来是田土的一种单位，但言县也自然包括其中的都邑。

一个氏室的封邑有多少？这不能一概而论。前五四六年，卫君拿六十邑赏给一位大夫，他辞却，说道：“唯卿备百邑，臣六十邑矣。”这恐怕只能代表小国的情形。我们知道，在齐国，管仲曾“夺伯氏骈邑三百”；又现存一个春秋以前的齐国铜器《子仲姜宝镈》，上面的刻辞记着齐侯以二百九十九邑为赏。

县的名称一直沿到现在。在春秋时似乎还只秦、晋、齐、楚等国有之。最初秦、楚两强以新灭的小国或新占领的地方为县，直属于国君，由他派官去治理。这种官吏在楚国叫做县公或县尹。他们在县里只替国君征收赋税，判断讼狱。他们即使有封邑，也在所治县之外。这种制度是后世郡县制度的萌芽。秦在前六八七年灭邽冀戎，以其地为县，次年以杜郑为县。楚国在前五九七年左右，至少已设有九县，每一县即旧时为一小国。晋、齐的县制较后起，它们的县不尽是取自它国的土地，也不尽属于公室。晋国在前五三七年左右有四十九个县，其中九个县中有十一个氏室；直属公室的县各设县大夫去管，如楚国的县尹。前五一四年，晋灭祁氏和羊舌氏，把他们的田邑没归公室；分祁氏的田为七县，羊舌氏的田为三县，各置县大夫。在晋国，县肥于郡。前四九三年，晋国伐郑，军中曾出过这样的赏格："克敌者上大夫受县，下大夫受郡，士田十田后田字原作万，盖误，庶人工商遂得仕进，人臣隶圉免免奴籍。"齐国在春秋时有县的唯一证据乃在灵公时代的一件遗器《齐侯镈钟》上的铭文，内记灵公以三百县的土地为赏。显然齐国的县比晋、楚等国的县小得多。

管仲像

管仲，名夷吾，字仲，史称管子。春秋时期齐国著名的政治家、军事家。被称为"春秋第一相"，辅佐齐桓公成为春秋时期的第一霸主。

县郡的区分在春秋时代还不普遍。在没有县郡的国里，公室和较大的氏室都给所属的邑设宰。邑宰的性质和县尹县大夫相同，不过邑宰所管辖的范围较小罢了。

上文有点离开叙述的干路了，让我们回到列国的氏室，它们的土地最初都是受自国君。国君名义上依旧是这些土地的主人。虽然氏室属下的人民只对氏室负租税和力役的义务，氏室对于国君年中却有定额的"贡"赋，所以有"公食贡"的话。国君或执政者可以增加贡额。举一例如下：鲁国著名的圣哲臧武仲有一次奉使去晋国前五五一年，半路下雨，到一位大夫家里暂避。那位大夫正要喝酒，看见他来，说道："圣人有什么用？我喝喝酒就够了！下雨天还要出行，做什么圣人！"这话给一位执政者听到了，以为那位大夫自己不能出使，却傲慢使人，是国家的大蠹，下令把他的贡赋加倍，以作惩罚。

大夫可以自由处分自己的土地。至少有些阔大夫把食邑的一部分拨给一个庶子，另立一个世家，叫做“侧室”或“贰宗”。别的被大夫宠幸的人也可受他赏邑或求他赏邑。例如五〇〇年，宋公子地拿自己食邑的十一分之五赏给一个嬖人。又前四八六年，郑大夫某的嬖人某向他求邑，他没得给，许他往别的国里取，因此郑军围宋雍丘，结果全军覆没。大夫也可以受异国君主的赐邑。例如前六五六年，齐桓公会诸侯伐楚，师还，一位郑大夫献计改道，为桓公所喜，赐以郑的虎牢；又例如前六五七年，鲁大夫某出使晋国，晋人要拉拢他，给他田邑，他不受；又例如前六五四年晋会诸侯灭偪阳国，以与向戌，向戌也辞却。大夫又有挟其食邑，投奔外国的，例如前五四七年齐大夫某以廪丘奔晋，前五四一年，莒大夫某以大厖及常仪奔鲁，前五一一年邾大夫某以滥奔鲁。

大夫私属的官吏，除邑宰外以现在所知，有总管家务的家宰，这相当于王室和公室的太宰；有祝、有史、有管商业的贾正，有掌兵的司马。这些官吏都受大夫禄养。家宰在职时有食邑，去职则把邑还给大夫，或交给继任的人。氏室的官吏有其特殊的道德意识：“家臣不敢知国”，“家臣而张公室罪莫大焉”。

氏室和公室的比较兵力没有一个时代可以详考。现在所知者：春秋初年郑庄公消灭国内最强的氏室，用车不过二百乘。当春秋中叶，在鲁、卫等国，“百乘之家”已算是不小的了。但大国的巨室，其兵力有时足以与另一大国开战。例如前五九二年，晋郤克奉使齐国，受了妇人在帷后窥视窃笑的侮辱，归来请晋侯伐齐，不许，便请以私属出征。而郤克的族侄郤至则“富半公室，家半三军”。鲁国的季氏从四分公室而取其二以后，私属的甲士已在七千以上。

具有土地、人民和军队的氏室和公室名分上虽有尊卑之殊，事实上每成为对峙的势力。强横的氏室俨然是一个自主的国。原则上国君的特权在（1）代表全国主祭，（2）受国内各氏室的贡赋，（3）出征时指挥全国的军队，（4）予夺封爵和任免朝廷的官吏。但至迟入东周后，在多数的国家如齐、鲁、晋、宋、卫、郑……等，末两种权柄渐渐落在强大的氏室，甚至国君的废立也由大夫操纵。

第九节　封建组织的崩溃

我们对于商朝的政治组织，所知甚少，所以无法拿商、周两朝的政治组织做详细的比较。但其间有一重大的差异点是可以确知的。商朝创建之初并没有把王子分封于外，以建立诸侯国。商朝王位的继承，是以兄终弟及不分嫡庶为原则的。但到了无弟可传的时候，并不是由所有的伯叔兄弟以次继承由末弟诸子抑或由其先兄诸子以次继承亦无一定。在这种情形之下，第二世以后的王子总有许多不得为王的。这些不得为王的王子是否有的被封在外建国？这问题无法确答。但周朝的旧国当中，从没听说是商朝后裔的。而唯一奉殷祀的宋国，却是周人所建。可知王子分封的事在商朝若不是绝无，亦稀有。但在周朝，则不然了，王位是以嫡长子继承的；王的庶子，除在少数例外的情形之下如王后无出，或嫡长子前死，都没有为王的资格；所以文王、武王的庶子都受封建国，其后周王的庶子在可能的限度内也都或被封在畿外建国，或被封在畿内立家。这商、周间的一大差异有两种重大的结果。第一，因为王族的向外分封，周朝王族的地盘，比之商朝大大地扩张了。王室的势力，至少在开国初年大大地加强了；同时王的地位也大大地提高了。周王正式的名号是“天王”，通俗的称号是“天子”，那就是说，上帝在人间的代表。第二，王族的向外分封也就是周人的向外移殖；这促进民族间的同化，也就助成“诸夏”范围的拓展。

嫡长继承制把王庶子的后裔逐渐推向社会的下层去，而助成平民即所谓庶人地位的提高。周王的庶子也许就都有机会去做畿外的诸侯或畿内的小封君；他的庶子的庶子也许还都有机会做畿内的封君；但他的庶子的庶子的庶子则不必然了。越往下去，他的后裔胙土受封的机会越少，而终有侪于平民的。所以至迟在前七世纪的末年畿内原邑的人民，便会以“夫谁非王之姻亲”自夸。随着贵族后裔的投入到平民阶级里，本来贵族所专有的教育和知识也渐渐渗入民间。

周朝诸侯和大夫的传世也是用嫡长继承制以现在所知诸侯位之传袭曾

不依此例者有吴、越、秦、楚。楚初行少子承袭制，至前六三〇年以后，始改用嫡长承袭制；秦行兄终弟及制至前六二〇年以后始改用嫡长承袭制；吴亡于前四七三年，其前半世纪还行兄终弟及制。在嫡长继承制下，卿大夫的亲属的贵族地位最难长久维持。大夫的诸儿子当中只有一个继承他的爵位，其余的也许有一个被立为“贰宗”或“侧室”，也许有一两个被国君赏拔而成为大夫；但就久远而论，这两种机会是不多的。一个“多男子”的大夫总有些儿子得不到封邑，他的孙曾更不用说了。这些卿大夫的旁支后裔当中，和氏室的嫡系稍亲的多半做了氏室的官吏或武士，疏远的就做它属下的庶民。故一个大夫和他私家的僚属战士，每每构成一大家族：他出征的时候领着同族出征，他作乱的时候领着整族作乱，他和另一个大夫作对就是两族作对，他出走的时候，或者领着整族出走，他失败的时候或者累得整族被灭。

氏室属下的庶民也许就是氏室的宗族，否则也是集族而居的。氏室上面的一层是国君和同姓卿大夫构成的大家族，更上的一层是周王和同姓诸侯构成的大家族。其天子和异姓诸侯间，或异姓诸侯彼此间，则多半有姻戚关系。这整个封建帝国的组织大体上是以家族为经，家族为纬的。

因此这个大帝国的命运也就和一个累世同居的大家庭差不多。设想一个精明强干的始祖督率着几个少子，在艰苦中协力治产，造成一个富足而亲热的，人人羡慕的家庭。等到这些儿子各个娶妻生子之后，他们对于父母，和他们彼此间，就难免形迹稍为疏隔。到了第三代，祖孙叔侄或堂兄弟之间，就会有背后的闲话。家口愈增加，良莠愈不齐。到了第四五代，这大家庭的分子间就会有愁怨、有争夺、有倾轧，他们也许拌起嘴，打起架甚至闹起官司来。至迟在东周的初期，整个帝国里已有与此相类似的情形，充满了这时代的历史的是王室和诸侯间的冲突，诸侯彼此间的冲突，公室和氏室间的冲突，氏室彼此间的冲突。但亲者不失其为亲，宗族或姻戚间的阋争，总容易调停，总留点余地。例如前七〇五年，周桓王带兵去打郑国，打个大败，并且被射中了肩膊。有人劝郑庄公正好乘胜追上去，庄公不答应，夜间却派一位大员去慰劳恒王，并且探问伤状。又例如前六三四年，齐君带兵侵入鲁境。鲁君知道不敌，只得派人去犒师，并叫使者预备好一番辞令，希望把齐师说退。齐君见了鲁使问道：鲁人怕吗？答道：小百姓怕了，但上头的人却不怕。问：你们家里空空的，田野上没一根青草，凭什么不怕？鲁使答道：凭着先王的命令。随后他追溯从前鲁国的始祖周公，和齐国的始祖姜太公怎样同心协力，辅助成王，成王怎样感谢他们，给他们立过“世世子孙无相害”的盟誓；后来齐桓公怎样复修旧职，纠合诸侯，给他们排解纷争，拯救灾难。最后鲁使作大意如下的陈说：您即位的时候，诸侯都盼望您继续桓公的事业，敝国所以不敢设防，以为难道您继桓公的位才九年，就会改变他的政策吗？这样怎对得住令先君？我们相信您一定不会的，靠着这一点，我们所以不怕。齐君听了这番话，便命退兵。又例如前五五四年，晋师侵齐，半路听说齐侯死了，便退还。这种顾念旧情、不为已甚的心理加上畏惧名分、虽干犯而不敢过度干犯的矛盾心理，使得周室东迁后三百年间的中国尚不致成为弱肉强食的世界；这两种心理是春秋时代之所以异于后来战国时代的地方。不错，在春秋时代灭国在六十以上；但其中大部分是以夷灭夏，和以夏灭夷；诸夏国相灭只占极少数，姬姓国相灭的例尤少。而这少数的例中，晋国做侵略者的占去大半。再看列国的内部，大夫固然有时逐君弑君，却还要找一个比较合法的继承者来做傀儡。许多国的君主的权柄固然是永远落在强大的氏室，但以非公室至亲的大夫而篡夺或僭登君位的事，在前四〇三年晋国的韩、赵、魏三家称侯以前，尚未有所闻。故此我们把这一年作为本章所述时代的下限。

宗族和姻戚的情谊经过的世代愈多，便愈疏淡，君臣上下的名分，最初靠权力造成，名分背后的权力一消失，名分便成了纸老虎，必被戳穿，它的窟窿愈多，则威严愈减。光靠亲族的情谊和君臣的名分去维持的组织必不能长久。何况姬周帝国之外本来就有不受这两种链索拘束的势力。

第三讲　霸国与霸业

第一节　楚的兴起

江水在四川、湖北间被一道长峡约束住；出峡，向东南奔放，泻成汪洋万顷的洞庭湖，然后折向东北；至武昌，汉水来汇。江水和汉水界划着一大片的沃原，这是荆楚民族的根据地。周人虽然在汉水下游的沿岸大部分在东北岸零星地建立了一些小国，但他们是绝不能凌迫楚国，而适足以供它蚕食的。在楚的西边，巴在今巫山至重庆一带庸在今湖北竹山县东等族都是弱小得只能做楚的附庸；在南边，洞庭湖以外是无穷尽的荒林，只等候楚人去开辟；在东边，迄春秋末叶吴国勃兴以前，楚人亦无劲敌。从周初以来，楚国只有侵略别国别族的分，没有惧怕别国别族侵略的分。这种安全是黄河流域的诸夏国家所没有的，军事上的安全而外，因为江汉流域的土壤肥美，水旱稀少，是时的人口密度又比较低，楚人更有一种北方所仰羡不及的经济安全。

这两种的安全使得楚人的生活充满了优游闲适的空气，和北人的严肃紧张的态度成为对照。这种差异从他们的神话可以看出。楚国王族的始祖不是胼手胝足的农神，而是飞扬缥缈的火神；楚人想象中的河神不是治水平土的工程师，而是含睇宜笑的美女。楚人神话里，没有人面虎爪、遍身白毛、手执斧钺的蓐收上帝的刑神，而有披着荷衣、系着蕙带、张着孔雀盖和翡翠旍的司命主持命运的神。适宜于楚国的神祇不是牛羊犬豕的羶腥，而是蕙肴兰藉和桂酒椒浆的芳烈；不是苍髯皓首的祝史，而是采衣姣服的巫女。再从文学上看，后来战国时楚人所作的《楚辞》也以委婉的音节，缠绵的情绪，缤纷的辞藻而别于朴素、质直、单调的《诗》三百篇。

楚国的语言和诸夏相差很远。例如楚人叫哺乳做谷，叫虎做于菟。直至战国时北方人还说楚人为“南蛮鴃舌之人”。但至迟在西周时楚人已使用诸夏的文字。现存有一个周宣王时代的楚钟《夜雨楚公钟》，其铭刻的字体文体均与宗周金文一致。这时楚国的文化盖已与周人相距不远了。后来的《楚辞》也大体上是用诸夏的文言写的。

第一章里已提及传说周成王时，楚君熊绎曾受周封。是时楚都于丹阳，在今湖北秭归之东。至昭王时，楚已与周为敌。周昭王曾屡次伐楚，有一次在汉水之滨全军覆没。后来他南巡不返，传说是给楚人害死的，周人也无可奈何。周夷王时，熊渠崛起，东向拓地至于鄂，即今武昌县境。渠子红继位，即都于鄂，以后六传至熊咢不改。上文提到的楚钟即熊咢的遗器，发现于武昌与嘉鱼之间的。熊咢与宣王同时而稍后。当宣王之世，周楚曾起兵争，而楚锋大挫。故是时的周人遗诗有“蠢尔荆蛮，大邦为雠。方叔元老，克壮其猷”之语。咢四传为武王，其间楚国内变频仍，似无暇于外竞。武王即位于周平王三十一年，从他以后，楚国的历史转入一新阶段，亦从他以后楚国的历史才有比较详细的记录。他三次侵随；合巴师围鄾伐郧、伐绞、伐罗无役不胜。又灭掉权国。他的嗣子文王始都于郢即今湖北江陵。在文王以前，楚已把汉水沿岸的诸姬姓国家翦灭殆尽。文王更把屏藩中原的三大重镇，申国、邓国和息国灭掉息、邓皆河南今县，申即南阳，奠定了楚国经略中原的基础。中原的中枢是郑国。自从武王末年，郑人对楚已惴惴不安。文王的侵略的兵锋终于刺入郑国，但他没有得志于郑而死。他死后二十年间楚国再接再厉地四次伐郑。但这时齐国已兴起做它北进的第一个敌手了。

第二节　齐的兴起（附宋）

齐国原初的境土占今山东省的北部，南边以泰山山脉与鲁为界，东边除去胶东半岛。这半岛在商代已为半开化的莱夷的领域。太公初来，定都营丘后名临淄，今仍之的时候，莱夷就给他一个迎头痛击。此后莱夷和齐国的斗争不时续起，直到前五六七年齐人灭莱为止。灭莱是齐国史中一大事。不独此后齐国去了一方的边患，不独此后它的境土增加了原有的一半以上，而且此后它才成为真正的海国。以前它的海疆只有莱州湾的一半而已。

但远在灭莱之前，当春秋的开始，齐已强大。前七〇六年，郑太子忽带兵助齐抵御北戎有功，齐侯要把女儿文姜嫁给他，他便以“齐大非吾偶”的理由谢绝。原来文姜和她的大哥即后日的齐襄公，有些暧昧的关系。她终于嫁了鲁桓公。有一次桓公跟她回娘家，居然看破并且说破了襄公与她之间的隐情。襄公老羞成怒，便命一个力士把桓公杀了。讲究周礼的鲁人，在齐国的积威之下，只能哀求襄公把罪名加给那奉命的凶手，拿来杀了，聊以遮羞。这时齐国的强横可以想见。此事发生后四年前六九〇年襄公灭纪在今山东寿光县南，为周初所封与齐同姓国。这是齐国兼并小国之始。襄公后来被公子无知所弑，无知僭位后，又被弑，齐国大乱。襄公有二弟：长的名纠，由管仲和召忽辅佐着；次的名小白，由鲍叔牙辅佐着。襄公即位，鲍叔看他的行为太不像样，知道国内迟早要闹乱子，便领着小白投奔莒国。乱起，管仲也领着公子纠逃往鲁国，纠的母亲原是鲁女。无知死后，鲁君便派兵护送公子纠回国，要扶立他。齐、鲁之间，本来没有好感，齐人对于鲁君的盛意十分怀疑，派兵挡驾。同时齐的巨室国、高二氏暗中差人去迎接小白。鲁君也虑及小白捷足先归，早就命管仲带兵截住莒、齐间的道路。小白后到，管仲瞄准他的心窝，一箭射去，正中目标，眼见他应弦仆倒。小白的死讯传到鲁国后，护送公子纠的军队在庆祝声中，越行越慢，及到齐境，则齐国已经有了新君，就是小白！原来管仲仅射中他的带钩，他灵机一动，装死躺下，安然归国。

小白即桓公，他胜利后，立即要求鲁人把公子纠杀了。召忽闻得公子纠死，便以身殉。管仲却依然活着。他同鲍叔本是知友，鲍叔向桓公力荐他。桓公听鲍叔的话，把国政付托给他，称他为“仲父”。此后桓公的事业全是管仲谋划。桓公怎样灭谭、灭遂、灭项；怎样号召诸侯，开了十多次的冠裳盛会；怎样在尊王的题目下，操纵王室的内政，阻止惠王废置太子，而终于扶太子正位，这些现在都从略。他的救邢、救卫，以阻挡狄人的南侵，给诸夏造一大功德，前面已说过。现在单讲他霸业中的一大项目：南制荆楚。在前六五九年即当楚文王死后十八年，当齐国正忙着援救邢卫的时候，楚人第三次攻郑。接着两年中，他们又两次攻郑，非迫到它和楚“亲善”不休。郑人此时却依靠着齐国。桓公自然不肯示弱。前六五七年，他联络妥了在楚国东北边，而可以牵制齐兵的江、黄二国。次年便牵领齐、鲁、宋、陈、卫、郑、曹、许的八国联军，首先讨伐附楚的蔡国。蔡人望风溃散。这浩荡的大军，乘胜侵入楚境。楚人竟不敢应战，差人向齐军说和。桓公等见楚方无隙可乘，亦将就答应，在召陵楚境，在今河南郾城县东的地方和楚国立了一个盟约而退。盟约的内容不可考，大约是楚国从郑缩手，承认齐对郑的霸权，但其后不久，周王因为易储的问题，怨恨桓公，怂恿郑国背齐附楚，许以王室和晋国的援助，郑人从之。于是附齐的诸侯伐郑，楚伐许以援郑，因诸侯救许而退。但许君经蔡侯的劝诱和恐吓，终于在蔡侯的引领之下，面缚衔璧，并使大夫穿丧服，士抬棺材，跟随在后，以降于楚。次年齐以大军伐郑，郑人杀其君以求和于齐。其后桓公之终世郑隶

齐桓公像

齐桓公，春秋时齐国国君，姜姓，吕氏，名小白。任用管仲改革，选贤任能，加强武备，发展生产。安定周朝王室内乱，多次会盟诸侯，成为春秋五霸之首。

属齐的势力范围。在这期间楚不能得志于北方，转而东向，灭弦都今湖北蕲水西北，灭黄都今河南潢川西。齐人无如之何；继又讨伐附齐的徐戎败之，齐与诸侯救徐，无功而退。

召陵之盟是桓公霸业的极峰。其后十二三年，管仲和桓公先后去世。管仲的功业在士大夫间留下很深的印象，他死了百余年后，孔子还赞叹着："微管仲，吾其被发左衽做戎狄矣！"到了战国时代，管仲竟成了政治改革的传说的箭垛；许多政治的理论和一切富国强兵善策、奇策、谬策，都堆在他名下，这些理论和方策的总结构成现存《管子》书的主要部分。

桓公死后，五公子争位，齐国和诸夏同时失了重心。于是宋襄公摆着霸主的架子出场。他首先会合些诸侯，带兵入齐，给它立君平乱。这一招是成功了。接着，他拘执了滕君。威服了曹国，又逼令邾人把鄫君杀了祭社，希望借此服属与鄫不睦的东夷。接着他要求楚王分给他以领导诸侯霸权，楚王是口头答应了。他便兴高采烈地大会诸侯。就在这会中，楚王的伏兵一起，他从坛坫上的盟主变作阶下之囚徒。接着他的囚车追陪楚君临到宋境。幸而宋国有备，楚王姑且把他放归。从此他很可以放下霸主的架子了，可是不然。自从桓公死后，郑即附楚，郑君并且亲朝于楚。于是襄公伐郑。他的大军和楚的救兵在泓水上相遇。是时楚人涉渡未毕，宋方的大司马劝襄公正好迎击，他说不行。一会儿，楚人都登陆，却还没整队，大司马又劝他进击，他说，还是不行。等到楚人把阵摆好，他的良心才容许他下进攻令。结果，宋军大败，他伤了腿，后来因此致死。死前他还大发议论道："君子临阵，不在伤上加伤，不捉头发斑白的老者；古人用兵，不靠险阻。寡人虽是亡国之余，怎能向未成列的敌人鸣鼓进攻呢？"桓公死后十年间，卫灭邢；邾灭须句；秦灭芮、梁；楚灭夔。

第三节　晋楚争霸

桓公的霸业是靠本来强盛的齐国做基础的。当他称霸的时代，晋国和秦国先后又在缔构强国的规模，晋国在准备一个接替桓公的霸主降临，秦国在给未来比霸业更宏大的事业铺路。话分两头，先讲晋国。

晋始封时都于唐今太原县北，在汾水的上游；其后至迟过了三个半世纪，已迁都绛今翼城县，在汾水的下游。晋人开拓的路径是很明显的。不过迁绛后许久他们还未曾占有汾水流域的全部，当汾水的中游还梗着一个与晋同姓的霍国，当汾水将近入河的地方还碍着一个也与晋同姓的耿国，前七四五年晋君把绛都西南百多里外的曲沃，分给他的兄弟，建立了一个强宗。此后晋国实际分裂为二。曲沃越来越盛，晋国越来越衰微，它们间的仇隙也越来越大。这对抗的局面终结于前六七九年曲沃武公灭晋并且拿所得的宝器向周王买取正式的册封。老耄的武公，受封后两年，便一瞑不视，遗下新拼合的大国给他的儿子献公去粘缀、镶补。

献公即位于齐桓公十年前六七六年，死于桓公三十五年。他二十六年的统治给晋国换一副面目。他重新修筑了绛都的城郭；把武公的一军扩充为二军。他灭霍、灭耿、灭魏、灭虞、灭虢，使晋国的境土不独包括了整个的汾水流域，并且远蹠到大河以南。但献公最重要的事业还不止于此。却说武公灭晋后，自然把他的公族尽力芟锄，免遗后患。我们可以想象晋国这番复合之后，它的氏室必定灭了许多，但在曲沃一方，自从始封以来，公子公孙们新立的氏室为数也不少。献公即位不久，便设法收拾他们。他第一步挑拨其中较穷的，使与“富子”为仇，然后利用前者去打倒后者。第二步，他让残余的宗子同住一邑，好意地给他们营宫室，筑城郭；最后更好意地派大兵去保卫他们，结果，他们的性命都不保。于是晋国的公族只剩下献公的一些儿子。及献公死，诸子争立。胜利者鉴于前车，也顾不得什么父子之情，把所有长成而没有继位资格的公子都遣派到外国居住，此后的一长期中，公子居外，沿为定例。在这种制度之下，遇着君死而太子未定，或君死而太子幼弱的当儿，君权自然失落在异姓的卿大夫手里。失落容易，收复却难。这种制度的成立便是日后“六卿专晋”“三家分晋”的预兆。话说回来，献公夷灭群宗后，晋国的力量一时集中在公室；加以他凭借“险而多马”的晋士，整军经武，兼弱攻昧，已积贮了向外争霸的潜能。可惜他晚年沉迷女色，不大振作，又废嫡立庶，酿成身后一场大乱，继他的儿孙又都是下等材料。晋国的霸业还要留待他和狄女所生的公子重耳，就是那在外漂流十九年，周历八国，备尝艰难险阻，到六十多岁才得位的晋文公。

文公即位时，宋襄公已经死了两年。宋人又与楚国“提携”起来，其他郑、鲁、卫、曹、许……等国，更不用说了。当初文公漂流过宋时，仁慈的襄公曾送过他二十乘马。文公即位后，对宋国未免有情。宋人又眼见他归国两年间，内结民心，消弭反侧；外联强秦，给王室戡定叛乱，觉得他大可倚靠，便背楚从晋。楚率陈、蔡、郑、许的兵来讨，宋人向晋求救。文公和一班患难相从的文武老臣筹商了以后，便把晋国旧有的二军扩充为三军，练兵选将，预备“报施救患，取威定霸”。他先向附楚的国曹、卫进攻，占据了他们的都城；把他们的田，分给宋国；一面叫宋人赂取齐、秦的救援。虽是著名“刚而无礼”的楚帅子玉，也知道文公是不好惹的，先派人向晋军说和，情愿退出宋境，只要晋军同时也退出曹、卫。文公却一面私许恢复曹、卫，让他们宣告与楚国绝交；一面把楚国的来使拘留，这一来把子玉的怒火点着了。于是前六三二年，即齐桓公死后十一年，楚、陈、蔡的联军与晋、宋、齐、秦的联军大战于城濮卫地。就在这一战中，楚人北指的兵锋初次被挫，文公成就了凌驾齐桓的威名，晋国肇始他和楚国八十多年乍断乍续的争斗。

这八十多年的国际政治史表面虽很混乱，却有它井然的条理，是一种格局的循环。起先晋楚两强，来一场大战；甲胜，则若干以前附乙的小国自动或被动地转而附甲，乙不肯干休，和它们算账；从了乙，甲又不肯干休，又和它们算账，这种账算来算去，越算越不清，终于两强作直接的总算账，又来一场大战。这可以叫做“晋、楚争霸的公式”。晋、楚争取小国的归附就是争取军事的和经济的势力范围。因为被控制的小国对于所归附的霸国大抵有两种义务：（一）是当它需要时，出定额的兵车助它征伐。此事史无明文，但我们从以下二事可以类推：（1）齐国对鲁国某次所提出的盟约道：“齐师出境而不以甲车三百乘从我者，有如此盟！”（2）其后吴国称霸，鲁对它供应军赋车六百乘，邾三百乘。（二）是以纳贡或纳币的形式对霸国作经济上的供应贡是定期的进献，币是朝会庆吊的贽礼。此事史亦无明文，但我们从以下三事可以推知：（1）楚人灭黄的借口是它“不归楚贡”。（2）前五四八年晋执政赵文子令减轻诸侯的币，而加重待诸侯的礼；他就预料兵祸可以从此稍息。（3）前五三〇年郑往晋吊丧，带去作贽礼的币用一百辆车输运，一千人押送。后来使人不得觐见的机会，那一千人的旅费就把带去的币用光！当周室全盛时，诸侯对于天王所尽的义务也不过如上说的两事。可见霸主即是有实无名的小天王，而同时正式的天王却变成有名无实了。

在晋、楚争霸的公式的复演中，战事的频数和剧烈迥非齐桓、宋襄的时代可比，而且与日俱甚。城濮之战后三十五年，晋师救郑，与楚师遇，而有邲郑地之战，楚胜；又二十二年，楚师救郑，与晋师遇，而有鄢陵郑地之战，晋胜；又十八年，晋伐楚以报楚之侵宋先是楚侵宋以报晋之取郑，而有湛阪楚地之战，晋胜。但这四次的大战只是连绵的兵祸的点逗。在这八十余年间，楚灭江、六、蓼、庸、萧萧后入于宋，及群舒；晋灭群狄，又灭偪阳以与宋；齐灭莱；秦灭滑滑后入于晋；鲁灭邾；莒灭鄫鄫后入于鲁。在这期间，郑国为自卫，为霸主的命令，及为侵略而参加的争战在七十二次以上。宋国同项的次数在四十六以上。其他小国可以类推。兵祸的惨酷，可以从两例概见：（1）前五九七年，正当邲

〔宋〕李唐 · 晋文公复国图（局部）

郸之前，楚人在讨叛的名目下，围攻郑都。被围了十七天后，郑人不支，想求和，龟兆却不赞成；只有集众在太庙哀哭，并且每巷备定一辆车，等候迁徙，这一招却是龟兆所赞成的。当民众在太庙哀哭时，守着城头的兵士也应声大哭。楚人都被哭软了，不禁暂时解围。郑人把城修好，楚兵又来，再围了三个月，终于把城攻破，郑君只得袒着身子，牵着一只象征驯服的羊去迎接楚王。(2) 过了两年，厄运轮到宋人头上。楚王派人出使齐国，故意令他经过宋国时，不向宋人假道。宋华元说：经过我国而不来假道，就是把我国看作属地，把我国看作属地就是要亡我国；若杀了楚使，楚人必来侵伐，来侵伐也是要亡我国；均之是亡，宁可保全自己的尊严。于是宋杀楚使。果然不久楚国问罪的大军来到宋都城下，晋国答应的救兵只是画饼。九个月的包围弄到城内的居民“易子而食，折骸以炊”；楚人还在城外盖起房舍，表示要久留。但宋人宁可死到净尽，不肯耻辱地屈服。幸亏华元深夜偷入楚营，乘敌帅子反的不备，挥着利刃，迫得他立誓，把楚军撤退三十里，和宋国议和，这回恶斗才得解决。

像这类悲惨事件所构成的争霸史却怎样了结？难道它就照一定的公式永远循环下去吗？难道人类共有的恻隐心竟不能推使一个有力者，稍作超国界的打算吗？前五七九年，尝透了战争滋味的华元开始作和平运动。这时他同晋、楚的执政者都很要好；由他的极力拉拢，两强订立了下面的盟约：

> 凡晋、楚无相加戎，好恶同之，同恤菑危，备救凶恶。若有害楚，则晋伐之；在晋亦如之。交贽往来，道路无壅。谋其不协，而讨不庭不来朝的。有渝此盟，明神极之；俾队坠其师，无克胙国。

这简直兼有现在所谓“互不侵犯条约”和“攻守同盟”了。但这“交浅言深”的盟约，才侥幸保证了三年的和平，楚国便一手把它撕破，向晋方的郑国用兵；次年便发生鄢陵的大战。

争霸的公式再循环了一次之后，和平运动又起。这回的主角向戌也是宋国的名大夫，也和晋、楚的执政者都有交情的，但他的愿望和福气都比华元大。前五四六年，他在宋都召集了一个十四国的“弭兵”大会。兵要怎样弭法，向戌却是茫然的。这个会也许仅只成就一番趋跄揖让的虚文，若不是楚国的代表令尹子木提出一个踏实的办法：让本未附从晋或楚的国家以后对晋、楚尽同样的义务。用现在的话说，这就是“机会均等”“门户开放”的办法。子木的建议经过两次的小修正后到底被采纳了。第一次的修正是在晋、楚的附从国当中把齐、秦除外，因为这时亲晋的齐和亲楚的秦都不是好惹的。第二次的修正又把邾、滕除外，因为齐要把邾、宋要把滕划入自己的势力范围。四国除外，所以参加盟约的只有楚、晋、宋、鲁、郑、卫、曹、许、陈、蔡十国。

在这次盟会中晋国是大大地让步了。不独他任由楚人自居盟主；不独它任由楚人“衷甲”赴会，没一声抗议；而那盟约的本身就是楚国的胜利，因为拿去交换门户开放的，晋方有郑、卫、曹、宋、鲁五国，而楚方则只有陈、蔡、许三国。但晋国的让步还有更大的。十二年后，楚国又践踏着这盟约，把陈国灭了五年后又把他复立，至前四七八年终灭之，晋人只装作不知。弭兵之会后不久，晋人索性从争霸场中退出了。晋国的“虎头蛇尾”是有苦衷的。此会之前，晋国已进入一个蜕变的时期。在这时期中，它的主权从公室移到越来越少的氏室，直至它裂为三国才止。在这蜕变的时期中，它只有蛰伏不动。但楚国且慢高兴，当他灭陈的时候，新近暴发的吴国已蹑在它脚后了。

第四节　吴越代兴

自泰伯君吴后，十九世而至寿梦。中间吴国的历史全是空白。寿梦时，吴国起了一大变化。这变化的起源，说来很长。前六一七年，即城濮之战后十五年，陈国有夏徵舒之乱。徵舒的母亲夏姬有一天同陈灵公和两位大夫在家里喝酒。灵公指着徵舒对一位大夫说道：“徵舒像你。”那位大夫答道：“也像你。”酒后徵舒从马厩里暗箭把灵公射死。陈国大乱。楚庄王率兵入陈定乱，杀了徵舒，俘了夏姬回来，打算把她收在宫里。申公巫臣说了一大番道理把他劝阻了。有一位贵族子反想要她，巫臣又说了一大番道理把他劝阻了。后来夏姬落在连尹襄老之手。邲之战，襄老战死，他的儿子又和她有染。巫臣却遣人和她通意，要娶她，并教她借故离楚，而设法把她安顿在郑。夏姬去后不久，巫臣抓着出使齐国的机会。他行到郑国，便叫从人把所赉的“币”带回去，而自己携着夏姬投奔晋国。子反失掉夏姬，怀恨巫臣。又先时另一位贵族要求赏田，为巫臣所阻，亦怀恨他。二人联合，尽杀巫臣的家族，而瓜分他的财产。巫臣由晋致书二人，誓必使他们“疲于奔命以死”。于是向晋献联吴制楚之策。他亲自出使于吴，大为寿梦所欢迎。吴以前原是服属于楚的，他教寿梦叛楚。他从晋国带来了一队兵车，教吴人射御和车战之术。吴本江湖之国，习于水战而不习于陆战。但从水道与楚争，则楚居长江的上游而吴居其下游，在当时交通技术的限制之下，逆流而上，远不如顺流而下的利便，故吴无法胜楚。但自从吴人学得车战后，形势便大变了，他们从此可以舍舟而陆，从淮南江北间掮楚之背。从此楚的东北境无宁日。楚在这一方面先后筑了钟离、巢及州来三城皆在今安徽境，州来在寿县，巢在庐州，钟离在临淮县以御吴。吴于公元前五一九年取州来。其后七年间以次取巢取钟离并灭徐。前五〇六年，即向戌弭兵之会后四十年，吴王阖闾大举伐楚。吴军由蔡人引导，从现今的寿县、历光、黄，经义阳三关，进至汉水北岸，乃收军；楚军追战至麻城时称柏举大溃。吴师继历五战，皆胜，遂攻入郢都。楚平王逃奔于随。这次吴人悬军深入，饱掠之后，不能不退，但楚国却受到空前的深痛巨创了。平王复国后，把国都北迁于都，是为鄢郢，即今湖北宜城。

像晋联吴制楚，楚亦联越制吴。

在周代的东南诸外族中，越受诸夏化最晚。直至战国时，中国人在寓言中提到越人，还说他们“断发文身”，说他们“徒跣”不履；又有些学者说越“民愚疾而垢”是因为“越之水重浊而洎”。此时越人的僿野可想，越人的语言与诸夏绝不相通。现在还保存着前五世纪中叶一首用华字记音的越歌和它的华译。兹并录如下，以资比较。

越 歌	华 译
滥兮抃草滥予昌枑泽予昌州州𩜱州焉乎秦乎胥缦予乎昭澶秦逾渗惿随河湖 句读已佚	今夕何夕兮，搴舟中流？今日何日兮，得与王子同舟？蒙羞被好兮，不訾诟耻。心几烦而不绝兮，得知王子。山有木兮木有枝，心说君兮君不知。

越人在公元前五三七年以前的历史除了关于越王室起源的传说外，全是空白。是年越人开始随楚人伐吴，其后吴师入郢，越人即乘虚袭其后。入郢之后十年，吴王阖闾与越王勾践战于槜李今嘉兴，大败受伤而死。其子夫差于继位后三年前四九四年大举报仇，勾践败到只剩甲楯五千，退保会稽今绍兴，使人向夫差卑辞乞和，情愿称臣归属。此时有人力劝夫差趁势灭越。夫差却许越和。大约一来他心软，二来他认定越再无能为，而急于北进与诸夏争霸，不愿再向南荒用兵了。在此后十二年间，夫差忙于伐陈伐鲁，筑城于邗即今扬州，凿运河连接江淮，从陆路又从海道吴以舟师从海道伐齐为我国航海事见于记载之始伐齐，和朝会北方诸侯，而勾践则一方面向夫差献殷勤，向他的亲信大臣送贿赂，一方面在国内奖励生育令壮者不得娶老妇，老者不得娶壮妻；女子十七不嫁，男子二十不娶，其父母有罪，并给人民以军事训练。前四八二年，夫差既两败齐国，大会诸侯于齐的黄池。他要学齐桓、晋文的先例，自居

攻吴王夫差鉴

盟主。临到会盟的一天，晋人见他神色异常地不佳，料定他国内有变，坚持不肯屈居吴下，一直争执到天黑，结果他不得不把盟主的地位让给晋国。原来他已经秘密接到本国首都吴原都句吴，在今无锡东南，至夫差始迁于姑苏，即今苏州被越人攻陷的消息了。夫差自黄池扫兴而归后，与越人屡战屡败。前四七三年，吴亡于越，夫差自杀。勾践踏着夫差的路径北进，大会诸侯于徐州据顾栋高考，此徐州在今山东滕县，非江苏之徐州，周王亦使人来"致胙"。后又迁都于瑯琊越本都会稽，即今绍兴。至勾践前一代迁诸暨，筑起一座周围七里的观台，以望东海。这时越已拓地至山东，与郑、鲁为界了。

勾践死于前四六五年，又六十三年而晋国正式分裂为三，那是战国时代的开始。在这中间，越灭滕后恢复，灭郯，楚则灭蔡、灭杞、灭莒，亦拓地至山东境莒后入于齐。在转到战国时代之前，让我们补记两个和向戌先后并世的大人物：一个是郑公孙侨，字子产，即弭兵大会中郑国的代表之一；另一个是鲁孔丘，字仲尼，即后世尊称为孔子的。

第五节 郑子产

公元前五六五年，即鄢陵大战后十年，郑司马子国打胜了蔡是时蔡是楚的与国，把他的主帅也俘了回来，郑人都在庆祝，子国更是兴高采烈。他的一位约莫十六七岁的儿子却冷静地说道："小国没有把内政弄好，却先立了战功，那是祸种。楚人来讨伐怎办？依了楚，晋人来讨伐又怎办？从今以后，至少有四五年郑国不得安宁了！"子国忙喝道："国家大事，有正卿做主。小孩子胡说，要被砍头的。"正卿做主的结果，不到一年，楚、晋的兵接连来临郑国。

那位受屈的小预言家就是子产。

胜蔡后两年，子国和正卿给一群叛徒在朝廷中杀死了。正卿的儿子，闻得噩耗，立即冒冒失失地跑出，吊了尸，便去追贼，但贼众已挟着郑君，跑入北宫。他只得回家调兵，但回到家时，家中的臣属和奴婢已走散了一大半，器物也损失了不少。他兵也调不成了。子产闻得噩耗，却不慌不忙，先派人把守门口，然后聚齐家臣属吏，督着他们封闭府库，布置防守；然后领着十七乘的兵车，列着队伍出发，吊了尸，就去攻贼，别的贵族闻风来助，把贼众通通杀死了。从此以后，郑国的卿大夫们对这位公孙侨都另眼相看。

再经过几番的大难和子产几番的匡扶之后，那外受两强夹击，内有巨室捣乱的郑国终于在前五四三年，弭兵之会后三年轮到子产主持。这时他才约莫四十岁。

子产知道那习于因循苟且的郑国，非经过一番革新整饬，不足以应付危局。他给全国的田土重新厘定疆界，划分沟洫，把侵占的充公，或归原主。他规定若干家为一个互助的单位，若干家共用一口井。他令诸色人等，各有制服。他开始编定刑法，铸成“刑书”，向人民公布，他把军赋增加，以充实郑国的自卫力。为着这些，尤其是为着加赋的事，他不知受了多少咒骂。有的说：“他的父亲死在路上，他又要做蝎尾巴了！”子产说：“苟有利于国家，生死不改！”

但子产对舆论从不肯加以任何干涉。当时都中有一所“乡校”大约是一个养老而兼较射的地方，人民时常聚集其中议论执政。或劝子产：何不把乡校拆毁？子产说：“为什么？人家早晚到那里逛逛，议论执政的长短，正是我的老师。为什么把乡校拆毁了？我听说：忠爱可以减少怨恨，却没听说威吓可以防止怨恨。若用威吓，难道不能使怨声暂时停止？但民怨像大川一般，堤防虽密，一旦溃决便不知要伤害多少人，那时抢救也来不及了。不如留些少决口，给它宣泄。不如让我得听谤言，用作药石。”

子产从政一年后，人民唱道：

取我衣冠而褚贮之！取我田畴而伍之！孰杀子产？吾其与之！

到了三年，人民唱道：

我有子弟，子产诲之。我有田畴，子产殖之。子产而死，谁其嗣之？

子产的政令，说得出，就要做得到，若行不通，他就干脆撒手。有一回大夫丰卷为着祭祀，请求举行狩猎，子产不准。丰卷大怒，回去便征调人民。子产马上辞职，向晋国出走。幸而当时郑国最有势的罕氏子皮拥护子产，把丰卷驱逐，子产才复职。子产却保留着丰卷的田产，过了三年，召他回国，把田产还他。

子产对于传说的迷信，毫不迁就。前五二四年，火宿即心宿出现不久，接着起了一阵大风。祝官裨灶说了一堆鬼话之后，请求子产拿宝玉去禳祭，以为否则郑国将有大火。子产不听，凑巧几天之后郑都有一家失火，灾后，裨灶又请拿宝玉去禳祭，以为否则又将有大火。子产还是不听。郑人纷纷替裨灶说话，连子产的同僚也来质问，子产答道："天象远，人事近；它们是不相关涉的。怎能靠天象去预知人事？而且裨灶那里懂得天象？他胡说得多了，难道不会偶中？"次年，郑都大水，郑人纷传时门外的洧渊有二龙相斗，请求祭龙。子产不许，回道："我们争斗，碍不着龙；为什么龙争斗却碍着我们？"

子产像

子产，名侨，著名政治家和思想家。他主张保留"乡校"、听取"国人"意见，善于因才任使，采用"宽孟相济"的治国方略，将郑国治理得秩序井然。

上面讲的都是子产在内政上的措施。但最费他心力的却是对外的问题。在这方面他集中了全国的专才。当时冯简子最能决断大事；游吉长得秀美，举止又温文，宜于交际；公孙挥熟悉外国的情形，又善于措辞；裨谌最多谋略，但他要在野外才能想好计，回到城中便如常人一般。子产遇着外交大事，大抵先向公孙挥询问外国的情形。并令他把该说的话多多预备；然后和裨谌乘车到野外筹画；筹画所得请冯简子决断；办法决定了，便交游吉去执行。因此郑国在应付外人上，很少吃亏。

前五四一年，楚公子围后来的灵王，领着一大班人马来郑都骋问并且娶亲，要入居城内的客馆，经子产派“行人”去劝说，才答应驻在城外。到了吉期，公子围又要率众人入城迎接新妇，郑人越疑惧。子产又派行人去说道：“敝邑太窄小，容不了贵公子的从人。请在城外扫除空地，作行礼的场所罢。”公子围的代表，以面子关系为理由，坚持不允。郑人便直白说道：“小国没有什么罪；惟倚靠外人才真是罪。本来要依靠大国保障的，但恐怕有人不怀好意，要算计自己。万一小国失了倚靠，诸侯不答应，要和贵国捣麻烦，那时小国也是过意不去的。”公子围知道郑国有备，只得命众人倒挂着弓袋入城。对强邻戒备，那是子产永远不会放松的。前五二四年郑都大火时，他一面派人去救火，一面派大兵登城警备。有人说：“那不会得罪晋国吗？”子产答道：“平常小国忘却防守就会危亡，何况当着有灾难的时候？”不久晋人果来责问，说晋君正在替郑人担忧。郑兵登城，是什么意思？子产给他解释了一番，最后说道：“若不幸郑国亡了，贵国虽替担忧，也是没用的。”

前五二九年，晋君乘着楚灵王被杀，楚国内乱之后，大会诸侯于陈国的平丘，子产代表郑国赴会。将要结盟时，子产突然提出减轻郑国军赋的要求，从正午一直争到昏黑，晋人到底答应了。会后有人责备子产道：万一晋人翻起脸来，带着诸侯的兵，来讨伐郑国，那时怎办？子产答道：“晋国政出多门，尚且敷衍不过来，哪里有功夫向别国讨伐。国家若不挣扎，便愈受欺凌，还成个什么国家？”

子产不独是一个实行家，而且是一个能够化经验为原理的实行家。有人问他为政的道理，他说：“政治好比庄稼的工夫，日夜要筹度；起先筹度好就做到底，从早到晚苦干，可别干出了筹度的范围，如像耕田不要过界。那就很少有错失了。”

有一回子皮要派一个子弟去做邑宰。子产说：“他年纪太小，不知道行不行。”子皮回答道：“这人老实，我爱他，他断不会背叛我的。让他去学学，便渐渐懂得政事了。”子产说：“那不行，人家爱一个人，总要使他得到好处；现在你爱一个人，却给他政事，好比叫一个还没学会拿刀的人去切东西，只有使他受伤而已。假如你有一匹美锦，你必定不让人拿来练习剪裁。要职和大邑是我们身家性命所托庇的，就可以让人拿来练习做官吗？”

前五二二年，子产死。死前，他嘱咐继任的人道：惟独非常有德的才能靠宽纵服人。其次莫如用猛力。你看火，因为它猛烈，人人望见就怕它，故此因它致死的很少。但水，因为软弱，人人都去狎玩它，故此因它致死的很多。

子产的死耗传到鲁国时，孔子含泪叹道：“古之遗爱也！”他和子产却未曾会过一面。

第四讲　战国时代的政治与社会

第一节　三晋及田齐的兴起

春秋时代的历史大体上好比安流的平川，上面的舟楫默运潜移，远看仿佛静止；战国时代的历史却好比奔流的湍濑，顺流的舟楫，扬帆飞驶，顷刻之间，已过了峰岭千重。论世变的剧繁，战国的十年每可以抵得过春秋的一世纪。若把战争比于赌博，那么，春秋的列强，除吴国外，全是涵养功深的赌徒，无论怎样大输，决不致卖田典宅；战国时代的列强却多半是滥赌的莽汉，每把全部家业作孤注一掷，每在旦夕之间，以富翁入局，以穷汉出场，虽然其间也有一个赌棍，以赌起家，终于把赌伴的财产骗赢净尽。

这变局怎样造成的？因为春秋战国之交记载特别残缺，我们还不能充分知道。但有一点可以确说的：先后参加这国运的狂赌的列强，即所谓七雄者，其中除燕国在春秋末期和战国初期的历史完全是空白外，其余赵、魏、韩、田齐、楚和秦，我们都知道是曾起过一番政治经济的大变革，曾把封建的组织加以人工的有计划的摧毁的；前四国本身并且就是政治革命的产物。

赵、魏、韩即所谓三晋。它们的前身是晋国的三个封区。赵氏的祖先本是累代替周王御车的。穆王时，著名的神御造父以功封于赵，因以邑为氏。造父的七世孙赵叔带，因为幽王无道，脱离周室，往仕晋国。后来晋献公用赵夙做“御戎”战时御君车的，毕万为副，以灭耿、灭霍、灭魏。临到论功行赏，把耿给了赵夙，把魏给了毕万。此时赵氏在晋国始有了根据地，而毕万始建魏氏。韩氏也以封邑韩原得名，其受封略后于魏氏，惟确实年代不可考。前五八二年，晋景公听信谗言，疑赵氏谋叛，把这一家几乎杀尽了，把他们的田邑没收了，因韩氏的劝谏，景公才复封赵氏一个仅存孤儿。这件故事，后经点窜，成为一个很动人的传说：我国在十八世纪间最先传译于欧洲的一部戏剧《赵氏孤儿》，是以这段传说做底子的。赵氏复嗣后，不到四十年，成为把握晋国政权的六卿中最强的一族。所谓六卿包括上说的三家和范氏、中行氏、智氏。范、中行氏后来和赵氏火并；内乱连年的结果，二氏于前四九二年孔子卒前十一年被逐出晋国。他们的土地终于归入其余的四家。前四六五年，智伯又胁迫着韩、魏和他合兵攻赵，把赵襄子围在晋阳。联军决汾水灌城，只差三版便把全城淹没。临到城快要破的时候，韩、魏却突然和赵勾结起来，把智伯杀掉，把他的土地也瓜分了。不久公室的土地也被分割到只剩下可忽略的数量，晋君竟卑屈到要去朝见三家的大夫，他后来的命运这里也可以不表了。前四〇三年，周威烈王竟把三家的大夫升格为侯。通常以这一年为战国时代的开场。于是三个新国出现于历史的舞台上：魏占有旧晋的中部和西南部，都于安邑今山西夏县；赵占有旧晋的北部，都于中牟今河北邢台与邯郸之间；韩占有旧晋的南部，都于阳翟今河南禹县。开国初的四十年内，三晋先后把国都迁到最适宜于向外发展的地带。赵南徙邯郸今河北邯郸县；韩灭郑，即以郑都为新都今河南新郑；魏则东徙大梁今河南开封。

三晋建侯后十七年前三八六年而齐的蜕变也完成。这年齐大夫田氏托魏文侯请得了周王的册命，升格为侯。田氏即陈氏陈田古音相同，春秋的记载用陈，战国的记载用田，它的始祖乃是陈国的一个公子，名完，和齐桓公同时的。公子完避乱奔齐，甚得桓公的宠悦，仕为“工正”，以祖国的名号为氏。传说公子完在本国娶亲之前，他的岳家为婚事问卜，得到下面的谶辞：

凤凰于飞，和鸣锵锵。
在妫之后，将育于姜。
五世其昌，并于正卿。

八世之后，莫之与京。

这神验的预言无疑地是事后追造的。所谓五世，便是弑齐简公的罪魁，孔子所要讨伐的陈恒。陈恒既立新君，便专齐政，把国内稍强大的贵族尽数锄去，又把自己的封地增加到多过齐君的采地。陈恒的儿子继做齐相，更把齐都邑的大夫尽换了自己的宗人，再传两世到田和，恰好遇着一个沉迷于酒色的齐康公。田和索性把他迁海边，留一个城邑给他过快活的日子，而自己践登侯位。

政变的潮流不久又波及周室。三晋和田齐的建国还须借重周王的册封。但三晋受封后三十三年，韩赵便过河拆桥，合兵攻周，扶植两个有力的王亲，把周室分裂为二：东周都于洛阳的旧王城，西周都于巩。此后周王的力量还比不上从前一个侯国里的小封君了。

第二节　魏文侯李克吴起

政权的转移每牵连到政制的改革。三晋和田氏，在地盘的扩张中，各把国内林立的小封君陆续兼并了，最后连公室也消灭了。在建国之前，即在竞争生存的时期，它们为免实力的分散，不能把新得的土地多所割封。齐晋旧有的小封君于是逐渐被非世职而无采邑的地方官吏所替代。当四氏建国时君主集权的局面同时成立，它们没有回到旧路的需要，而且权力这东西原是易握难放的，虽然此后这四国和同时的其他各国，偶然也把土地封给功臣或子弟，但受封的人数既绝少，每个封区若不是寥寥的数城或十数邑便是荒野的边地，绝不足和中央抗衡的，战国时代的国家，先后都向君主集权的路走，而最先走上这条路的是三晋和田齐。

这新建的四国当中，魏的新气象为最显著；它们的创业君主当中也以魏文侯为最英明。他开战国招贤养士的风气，在他的朝廷汇聚了国内外的人才。其中最可注意的除孔子的门人子夏外，有李克或作李悝和吴起。

（1）李克，魏人，是子夏的弟子，做了文侯的卿相。他是我国第一个大法律家，手定魏国的新法典。后世所传他的《法经》六篇大约就是这法典的底稿。《法经》是我国第一部详细的律文，可惜已经亡佚了，我们只知道其中一篇叫做《网经》，是关于盗贼的劾捕的；另一篇叫做《杂律》，有轻狡、越城、博戏、借假、不廉、淫侈、逾制等条目。李克又替文侯改定税法。从他自己所述这新税法的提议中，很可以看出当时农民生活的情形，现在把原文抄在下面：

> 籴，甚贵伤民，甚贱伤农。民伤则离散，农伤则国贫。故甚贵与甚贱，其伤一也。善为国者，使民无伤而农益劝。今一夫挟五口，治百田亩。岁收，亩一石半，为粟百五十石。除十一之税十五石，余百三十五石。食，人月一石半，五人终岁为粟九十石，余有四十五石，石三十每石值三千钱，为钱千三百五十。除社闾、尝新、春秋之祠用钱三百；余千五十。衣，人率用钱三百，五人终岁用千五百，不足四百五十。不幸疾病死丧之费及上赋敛，又未与此。此农夫所以常困，有不劝耕之心，而令籴至于甚贵者也。是故善平籴者必谨观岁，有上、中、下熟。上熟其收自四收获为平时的四倍，余四百石；中熟自三，余三百石；下熟自倍，余百石。小饥则收百石，中饥七十石，大饥三十石。故大熟则上籴三而舍一将农民所余四百石取去三百石，中熟则籴二，下熟则籴一，使民适足价平则止；小饥则发小熟之所敛，中饥则发中熟之所敛，大饥则发大熟之所敛而籴之放给农民；故虽遇饥馑水旱，籴不贵而民不散，取有余以补不足也。

这新税法的实行，是战国的初年魏国富强的主要原因之一，但不知道它到底实行了多久。

（2）吴起，卫人，或说魏人。曾从曾子和子夏受学。他是战国著名的兵法家，有兵书传后已佚，今本乃伪托。他曾给文侯将兵大败秦国，后来任西河守，抵御秦、韩、魏甚得力。他将兵和最下级士卒吃着一

吴起像

吴起（约前440—前381），战国初期著名的政治改革家，卓越的军事家、军事理论家、军事改革家。著有《吴子》，在中国古代军事典籍中占有重要地位。

样，睡不铺席，行不用车马，亲自负粮，和士卒分劳苦，因此大得军心。

吴起在魏国以军事显。但他的政治本领却留在楚国发挥。文侯死后，嗣君武侯，因受离间，对他生了疑心，他怕得罪，走去楚国。不久楚悼王任他做令尹。这时距吴人入郢有一百二十多年，楚灭了陈、蔡、杞、莒之后，疆宇大展，其国都久已迁回郢邑。吴起把三晋“明法审令”的一套介绍了过来，又教悼王把坐食无用的冗官悉数裁汰，把公族疏远的废掉，省下钱来养兵练兵，又把一部分贵族强迫迁徙，以实国中空虚之地；又替悼王立了一条新法，令每个封君的土地传过三世之后得交还国家，这就是说，用缓进的手段把封建制度推翻。因为这些改革，吴起成了楚国的贵族的怨府。悼王一死前三八一年，他们便暴动起来，围攻吴起，吴起只得匿伏在王尸旁边。在刀箭纷集之下吴起和王尸一齐糜烂。太子正位后，借着毁坏王尸的“大不敬”的题目，大加株连，坐罪灭族的有七十多家。楚国的贵族几乎被一网打尽。楚国的新局面也就成立。

吴起死后二十年而秦国开始变法。

第三节　秦的变法

秦的发祥地在渭水上游的秦川的东岸今甘肃天水县境，周孝王时，嬴姓的非子因替王室养马蕃息的功劳，受封在这里，建立了一个近畿的“附庸”。宣王时，秦庄公以讨伐犬戎有功受命为西陲大夫。及平王东迁，秦襄公带兵去扈卫，平王感念他的殷勤，才把他升在诸侯之列。这时畿内的丰岐一带已沦入犬戎，平王索性更做一个不用破费的人情，把这一带地方许给了秦，假如它能将犬戎驱逐。此后秦人渐渐的东向开拓，到了穆公的时代，更加猛进。穆公是春秋的霸主之一。他曾俘获了晋惠公，拿来换取晋国的河西地方；又灭梁、灭芮，都是黄河西岸与晋邻近的小国。他又潜师远出，希图灭郑，若不是郑商人弦高把噩耗发现得早，向祖国报讯得快，秦的铁手此时也许便伸入中原了。秦的东侵是晋的大忌。秦师这次由郑旋归，晋人也顾不得文公新丧，墨绖兴兵，把他们拦路截击，杀个惨败。后来穆公虽报了此仇，他东向的出路到底给晋人用全力扼住了。他只得回过头去“霸西戎”，结果，“兼国十二，开地千里”。穆公死时前六二一年，秦人已占有渭水流域的大部分，已奠定一个头等国的基础。但此后二百多年间，秦的内部停滞不进，而晋始终保持着霸国的地位，继续把秦人东出的路堵住。

当战国开场的前后，秦在“七雄”中算是最不雄的一国，自前四二八年以降，四十多年间，它的政治出了常轨，大权落在乱臣。在这时期中，它有一个君主被迫自杀，一个太子被拒不得继位，另一个君主和母后一同被弑，沉尸深渊。魏人乘秦内乱，屡相侵伐，并且夺回穆公所得到的河西地方。

穆公的霸图的追续是自献公始。他即位的次年前三八四年便把国都从雍今陕西凤翔县东迁到栎阳今陕西临潼县东北。他恢复君权，整饬军旅，两败魏师。但秦国更基本的改革，更长足的进展，还要等待继他位的少年新君孝公和一个来自卫国的贵族少年公孙鞅。

公孙鞅原先游仕在魏。传说魏相公叔痤病到要死时，魏君即日后的惠王请他举荐继任的人，他便以卫鞅对。魏君默然不语。公叔痤更嘱咐道：若不用这人，必得设法把他杀掉，勿令出境。魏君答应之后，公叔痤立即唤叫卫鞅前来，把刚才的谈话告诉了他，劝他快走。他不慌不忙答道：魏君不能听你的话用我，又怎能听你的话杀我呢？后来闻得孝公即位，下令求贤，他才挟着李悝的《法经》，走去秦国。

前三五九年孝公三年，孝公用卫鞅计颁布第一次的变法令。这令的内容包括两方面：（一）是刑法的加严加密。人民以十家或五家为一组，若一家犯法，其他同组诸家得连同告发，知情不举的斩腰；告发本组以外奸恶的与斩敌首同赏，藏匿奸人的与降敌同罚。（二）是富强的新策。凡不做耕织的游民收为公家的奴隶，努力耕织多致粟帛的人民免除徭役；家有两男以上不分居的纳加倍的人口税，私相殴斗的分轻重惩罚；非有军功的人不得受爵，服饰、居室和私有的田土奴婢的限度，按爵级区别，因此没有军功的人虽富也不得享受。这新法施行十年后，秦国家给人足，盗贼绝踪，百姓从诅咒转而歌颂。这新法的成效更表现在卫鞅的武功，前三五二年，他亲自领兵征魏，把魏的旧都安邑也攻破了。此役后二年，卫鞅又发动第二步的改革：把国都迁到渭水边的咸阳，在那里重新筑起宏伟的城阙和宫殿；统一全国的度量衡，把全国的城邑和村落归并为三十一县，每县设县令、丞正副县长，把旧日封区的疆界一概铲平，让人民自由占耕未垦辟的土地，让国家对人民直接计田征税。第二步改革完成后，卫鞅于前三四〇年又领兵征魏，把魏将公子卬也虏了回来。于是孝公封卫鞅于商，为商君，后人因此称他为商鞅，但他的末日也快到了。先时第一次变法令公布后，人人观望怀疑。适值太子犯法。卫鞅便拿他做一个榜样，把他的师傅公子虔黥了。后来公子虔自己犯法，又给卫鞅劓了。前三三八年孝公死，太子继位后的第一件大事便是把商鞅族诛。但商鞅的政策却继续被采用。

秦地本是戎狄之区。西周的京畿虽建在其上，文明的透入始终不深，好比一件锦衣覆着褴褛。周室东迁后，锦衣一去，便褴褛依然。直至孝公变法时，秦人还不脱戎狄之俗。例如他们还父兄子弟和姑媳妯娌同寝一室，这大约是沿着游牧时代以一个帐幕为一家的经济办法。这种陋俗经商鞅的严禁才消灭。又例如秦国道地的音乐，直至战国晚年，还是“击甕叩缻，弹筝搏髀，而歌呼呜呜”。没有受文明的雅化，也就没有受文明的软化。在六国中秦人是最犷野矫健的。商鞅的严刑峻法让他们养成循规蹈矩的习惯，商鞅的特殊爵赏制度使得对外战争，成了他们唯一的出路。以最强悍，最有纪律的民族，用全力向外发展，秦人遂无敌于天下。

商鞅死后约莫七八十年，赵国的大儒荀卿游秦。据他所记，这时商鞅变法的成绩还历历可见。荀卿说：

> （秦之）国塞险，形势便，山林川谷美，天材之利多，是形胜也。入境观其风俗；其百姓朴，其声乐不流淫荡污猥亵，其服不挑佻，甚畏有司而顺。……及都邑官府；其百吏肃然，莫不恭俭、敦敬、忠信。……入其国首都，观其士大夫，……不比周，不朋党，倜然莫不明通而公也。……观其朝廷，其朝早间听决，百吏不留，恬然如无治者。

商鞅像

商鞅（约前390—前338），卫国人。战国时期政治家、思想家，著名法家代表人物。应秦孝公求贤令入秦，说服秦孝公变法图强。在位执政十年，秦国大治。

荀卿的弟子韩非也说：

> 今（六国）言赏则不与，言罚则不行。赏罚不信，故士民不死也。今秦出号令而行赏罚，有功无功，相事也。……是故秦战未尝不克，攻未尝不取，所当未尝不破。

信赏必罚正是商鞅的政术。

荀卿又曾比较齐、魏和秦的强

兵政策道：

> 齐人隆技击。……得一首者则赐赎锱八两金，无本赏矣本赏大约是指战胜攻取之赏。是事小，敌毳脆则偷可用也；事大，敌坚，则涣然离耳。……是亡国之兵也。……魏氏之武卒，以度取之按一定标准挑选：衣三属层之甲，操十二石之弩，负服矢五十个，置戈其上，冠軸胄带剑，赢背三日之粮，日中而趋百里。中试则复其户免除赋役，利其田宅给以好田宅。是数年而衰，而未可夺也。合格的武卒，几年后便衰弱不可用。但其特权却不能剥夺。……是故地虽大，其税必寡，是危国之兵也。……秦人，其生民也狭厄给人民的生路狭隘，其使民也酷烈。……忸狃之以庆赏，鳝之以刑罚，使……民所以要利于上者，非斗无由也。厄压迫而用之，得而后功之胜利才算功，不但计首级，功赏相长也。……故齐之技击，不可以遇魏氏之武卒；魏氏之武卒，不可以遇秦王之锐士。

所说齐魏的兵制，不知创行于何时，所说秦国的兵制正是商鞅所创的。

第四节　经济的进步与战争的变质

三晋建侯和商鞅之死，是世变程途中的两大块“记里石”。环这两大事件的一世纪左右约前四二〇至前三二〇年是一个大转捩的时期。在我国史上，恐怕只有从鸦片战争到现在的一段可以与它相比。不独春秋的四霸在这时期里先后蜕去封建的组织而变成君主集权的七雄；其他好些在春秋末叶已发端的趋势，如工商业的发达，都市的扩大，战争的剧烈化，新知识阶级的兴起，思想的解放……等等，从这时期以下，都加倍显著。七雄的树立，前面已表过；新知识阶级的兴起，和思想的解放，详于次章，其他各端附记于此。

在春秋末叶，虽然已有和小封君一般阔绰的商人，但似乎还没有用奴隶和佣力支持的大企业。但在战国时代这种企业却出现了。以现在所知，和商鞅同时而稍后的，有一个洛阳大实业家白圭，“能薄饮食，忍嗜欲，节食服，与用事僮仆同苦乐”；他“趋时若猛兽鸷鸟之发”。他自己说：“吾治生产，犹伊尹、吕尚之谋，孙、吴用兵，商鞅行法。”白圭不独是后世言治生术的始祖，并做过魏惠王的大臣，受过封邑，提倡过“二十而税一”的制度，又以善治水筑堤著名，自言“丹白圭本名治水也愈于禹”，他俨然是一个战国时代的张南通。可惜关于他的史料太缺乏了。白圭所经营的主要是谷米和丝漆业。此后战国时代见于记载的大企业家，有以制盐起家的猗顿，有铁冶成业的邯郸郭纵二人的正确年世不详，皆是富埒王者；有“畜牧大王”乌氏倮，他的牛马多至不能以头数，而用山谷量，他因此得到秦王政的优礼，地位侔于封君，岁时和列臣同赴朝请；又有巴蜀寡妇清，承受了擅利数世的丹穴，而能保守财富和贞操，因此得到秦王政的敬仰，为筑“女怀清台”。与工商业的发展相偕的是货币的进步，和都市的廓大。铜钱的制造，不知始于何时，它的普遍的使用，和多量通流当是春秋战国之交的事。文化较落后的秦国到前三三六年商鞅死后一年才开始行钱。黄金的用作货币最早亦当在战国初年。终春秋时代，国际间的贿赂以及君主对臣下的大宗赏赐没有用黄金的；但在战国时代此等贿赂和赏赐则用黄金为常了。当春秋晚年，除国都外，“千室之邑”已是标准的大邑，其时任何国都的人口虽不见于记载，我们却使算头等国的国都比标准的大邑大十倍，也不过有一万户。但入战国时代，“万家之邑”已很普通。而齐的临淄，约在商鞅死后不久，人口已上七万户。“其民无不吹竽鼓瑟，弹琴击筑，六博蹋鞠者。临淄之途，车毂击，人肩摩，连衽成帷，举袂成幕。……”洛阳在战国末年户数在十万以上。都市中物质文明的进步，从贵豪家的生活可见。《楚辞》中的《招魂》一篇一说屈原作，一说屈原的弟子宋玉作，于楚国贵豪的生活有一段极精致的描写，引录于下：

高堂邃宇，槛层轩些。层台累榭，临高山些。网户朱缀，刻方连些。冬有突厦，夏室寒些。川谷径复，流潺湲些。光风转蕙，氾崇兰些。经堂入奥，朱尘筵些。砥室翠翘，絓曲琼些。翡翠珠被，烂齐光些。蒻阿拂壁，罗帱张些。纂组绮缟，结琦璜些。……红壁沙版，玄玉梁些。仰观刻桷，画龙蛇些。坐堂伏槛，临曲池些。芙蓉始发，杂芰荷些。紫茎屏风，文缘波些。文异豹饰，侍陂陁些。轩辌既低，步骑罗些。兰薄户树，琼木篱些。……室家遂宗，食多方些。稻粢穱麦，挐黄粱些。大苦咸酸，辛甘行些。肥牛之腱，臑若芳些。和酸若苦，陈吴羹些。胹鳖炮羔，有柘浆些。鹄酸臇凫，煎鸿鸧些。露鸡臛蠵，厉而不爽些。粔籹蜜饵，有怅餭些。瑶浆蜜勺，实羽觞些。挫糟冻饮，酎清凉些。华酌既陈，有琼浆些……肴羞未通，女乐罗些。陈钟按鼓，造新歌些。涉江采菱，发扬荷些。美人既醉，朱颜酡些。娭光眇视，目层波些。被文服纤，丽而不奇些。长发曼鬋，艳陆离些。二八齐容，起郑舞些。衽若交竿，抚案下些。竽瑟狂会，搷鼓鸣些。宫庭震惊，发激楚些。吴歈蔡讴，奏大吕些。

我们若拿这一段和上引李克关于农民的描写并读，便看见人间的天堂和地狱。

与都市的繁荣相副的是交通的进步。当孔子之世，从吴都往郛国至快的行军要走三个月。但当战国初年，从鲁都往楚都郢，个人的旅行，十昼夜便可抵达。这种进步似乎不因为运输工具上的新发明，而因为道路的开辟。而道路的修治多半由于军事上的需要。我们可以推想当春秋战国之际，我国在交通上曾起过一次大革命；许多国家，为侵略用兵的便利，都“堑山填谷”，以修筑新道路。此事虽然史无明文，但我们从下引战国人所传的两件故事可以得到一点消息：（一）中山国在今滹沱河以北有一部落叫做仇由，智伯想灭掉它，却无路可通。于是铸了一个大钟，用两辆骈列的大车载着，要送给仇由的君长。这君长于是“堑岸堙谷”，开路迎钟。智伯的军队却跟在大钟后面，把仇由灭掉。（二）秦惠王想灭蜀，但山路险阻，兵路不通。于是雕了一只大石牛，每天派人秘密在它后面放一堆黄金，扬言石牛便金。他把这异宝赠给蜀侯。蜀侯于是“堑山填谷”，开路以迎石牛。秦惠王的军队，却跟在石牛后面，把蜀灭掉。这两件故事虽然未必全真，至少反映战国人对军事影响交通的认识。

顾名思义，战国时代的特色乃在战争。这时代的战争，在质量上都大变春秋的旧样。第一，直至春秋末年，最大的晋、楚两国，其兵力不过四千乘左右，以一乘战士十人计算，也不过四万人，再加一倍也不到十万人；而战国的七雄中秦、楚、齐、赵，各有“带甲百万”以上；韩、魏、燕的兵力也不下六十万。第二，春秋时代的国防，其初只注意首都，后来才陆续给近边冲要的邑筑城。但除了少数有城的都邑外，其余的地方，敌国的军队可以随时通过，如入无人之境。但在战国时代，各国当敌的边境都筑起长城和堡垒，这表明国际的生存竞争已到了丝毫不能放松的地步了。第三，在春秋时代，征战的目的以取俘夺货，屈敌行成为常例；以占夺土地，残杀敌人为例外。在战国时代，则征战的目的以占夺土地残杀敌人为常例，而仅只取俘夺货，屈敌行成为例外。国家对兵士，以首级论功，每次战争动辄斩首十万八万，甚至二十万，甚至一坑四十万。我们的辞典中最凶残的“屠城”一词是在战国时代出现的见《荀子·议兵篇》。“师之所处必生荆棘”，“大兵之后必有凶年”，都是这时代人形容战祸的实话。第四，战争工具在这时代也大有进步；以前的兵器全是用铜的，此时已渐渐的代以铁和钢；以前纯用车战，只适宜于平原，而不适宜于山险，调动也很迟缓，此时则济以骑兵和步卒。此外攻城有“云梯”的器械，舟战有“钩拒”

孙膑像

孙膑（？—前316年），战国时期军事家。著作有《孙膑兵法》，久已失传。1972年山东省临沂银雀山出土残简，有一万一千余字。

的器械，都是战国初年，鲁国一个大工匠公输般所发明的。第五，战争的技术在战国时代日益专门化了。当春秋之世，各国的军事领袖都是兼管民政的封君，纯粹的武将是没有的。战国初期大政治家像李克、吴起、商鞅……都是能带兵出阵的，但自此时以降，文武渐渐分途。专门的名将如孙膑、穰苴、白起、王翦、廉颇、李牧……等相继出现。专门化的趋势并且及于至少一部分常备的兵士。他们合格的标准已被提高。他们所受的训练，也更加繁重。他们和临时征发农民充当的兵卒已有天渊之别。从上引荀卿所说魏国的武卒可见一斑。因为统治者对军士的重视，民间也开始有结合团体，专习武技或兵法以供统治者选用的。这类团体中最著名的是墨翟所领导的“墨者”们，下文再将叙及。军事专门化之另一表征是兵书的撰著。我国重要的“武经”，如吴起的《吴子》、孙膑的《孙子》、穰苴的《司马法》、墨家的《备城门》……等五篇，和尉缭的《尉缭子》全是战国时代的作品。

第五节　国际局面的变迁

晋国的西南角给黄河椽了一层，外面又给山地椽了一层，即属于所谓“表里山河”的地带，也就是扼着秦人东向出路的地带。这一部分的晋境，给魏国承受了。魏一日保持晋的霸威，秦一日不能大有发展。

魏文侯本已先秦孝公而著鞭。当战国开场的六十年间，魏是风头十足的一国。在它西边的秦，东边的齐，南边的韩、楚，北边的赵，没有不受过它的侵略。前三五三年它把赵都邯郸也攻破了，并且继续占据了两年，因为齐国的压迫才退出。前三四一年魏又伐韩，韩求救于齐，齐将用了一个和吴起齐名的兵法家孙膑做军帅，依他的计，领兵直捣魏的首都大梁。次年魏军还救，大败于马陵；十万雄师，一朝覆没，主帅太子申和将军庞涓都送了命。次年内，齐、秦、赵又连接向魏进攻商鞅第二次征魏即在此时连接把它打败。不久楚人也乘机来报复。计马陵之战后二十余年间秦对魏五次用兵，魏对秦两次献地，秦人不独得回河西，并且侵入河东河南。

在四面受敌之下，魏君后来的惠王用了大哲学家惠施的计策，向齐国屈意修好；后来又用他的计策，于前三三四年和齐君相会于徐州，互认为王。这是魏人联络齐人的一种手段呢，抑或是抵制当时秦国挟周室以令诸侯的计策呢？恐怕两般都有。与齐魏同时，燕赵中山即春秋时的白狄国鲜虞亦称王，其后秦、韩、宋亦继步。从此周室的余威完全消灭了，从此“尊王”的招牌再没人挂了，旧时代所遗下的空壳已被打破了，新时代的幕已被揭开了。列强已毫无遮掩地以狰狞面目相对，以血染的锋刃相指，再不用寻觅题目，以为夺地攻城的口实了。

虎狼的秦国既已“出押”，六国的最大问题便是怎样应付它。六国的外交政策不出两途，即所谓“合从纵”和“连衡横”，或简称“从”和“衡”。依韩公子非在他的遗书里所下的界说：

> 从者，合众弱以攻一强也；
> 衡者，事一强以攻众弱也。

所谓一强，不用说是秦国了。秦在西方，六国皆在其东。六国中任何一国与秦国的结合是东西的结合，东西为横，故称连衡，六国共相结合是南北的结合，南北为纵，故称合从。合从当然是六国最安全的政策，也是秦人最惧怕的政策。直至后来六国都被证明已消失了单独抗秦的力量时，据荀卿的观察，秦人还是“諰諰然常恐天下之一合而轧己。”不过合从政策的持久有很大的困难。第一，除了些残余的可忽略的泗上小侯，如鲁、卫、邹即春秋时的邾国、滕……等外，没有一个国家愿意维持现状，没有一个国家不想乘四邻的间隙扩张领土，便是不在七雄之列的宋，也经过东征西讨的回光返照之后才给齐国灭掉前二八六年。合从，则六国的出路只有一条，向秦进攻，而秦却不是好惹的。合从政策和六国的“帝国主义”根本冲突。第二，齐、燕两国，距秦遥远；秦的东侵，直到很晚，还没有给他们以切肤之痛；因此它们对于合从运动的热心很容易冷下去。反之魏、楚、韩、赵，因为邻接秦国；它们一和秦绝交，外援未可必，而秦军先已压境；就因为始终怕吃一点眼前亏，他们很容易被秦人诱入“亲善”的圈套，而破坏从约。因此，战国时代的国际关系，好比时钟的摆往复于合从、连横之间；每经一度往复，秦国的东侵便更进一步，六国的抵抗力便更弱一些。

自魏衰后，六国中声势足以与秦相埒，力量足以左右世局的惟有楚和齐，这两国若再倒坍，秦人“统一天下”的幸运便注定。下文略述楚和齐在从横捭阖的变化中被削弱的经过。其他六国自相残杀和秦人脔割三晋的惨史，这里不必细表。

前三一八年六国第一次合从攻秦，以楚怀王为从长。但实际上参战的只有韩、赵。次年，这两国的兵给秦大败于修鱼韩地、齐又倒戈攻赵、魏，这首次从约，不待秦在破坏先已瓦解。越一年，秦灭蜀，并灭巴，国境增加原有的一倍以上，与楚的巫郡、黔中相接。于是秦人开始图楚。最为秦人所畏忌的是齐、楚的结合，秦人于是以商於地六百里的许让为条件，诱得楚怀王与齐绝交旋即食言。怀王大怒，于前三一二年，发兵攻秦。秦胁韩助战。大败楚军于丹阳，斩首八万，虏楚主将，及裨将七十多人，并且占领了楚的汉中汉水上游陕西湖北接界的一带地方，怀王越怒，再以倾国的兵袭秦。战于蓝田，又是一败涂地。韩、魏还趁火打劫，侵楚邓。次年秦又攻楚取召陵。自汉中失，郢都的西北屏藩撤，楚的国威大挫。其后不久前307年？楚虽趁越国内乱，攻杀越王无疆，尽取故吴地至浙江，所得还不足以补偿它这次的损失。

前三〇六年（？）齐又提议合从自为从长，邀楚参加，这时正是楚人复仇的机会了，怀王也答应参加了。但不久因受了秦人诱惑，忽然变起卦来，竟和秦国互结婚姻。前三〇三年，齐、魏、韩于是便连兵讨楚背约。怀王使太子质于秦，请得秦的救兵，三国才退去。但次年楚太子斗杀秦大夫，逃归。秦人得了这个好题目，便联合齐、韩、魏攻楚方城。接着又给了楚两次的惩创之后，秦忽然和楚“亲善”起来，并且请求怀王说到秦楚交界的武关会盟。怀王待要不去，怕得罪了秦，又禁不起儿子的催促，便应命而往。他一入关，秦的伏兵便把关门闭起。他被领到咸阳，朝章华宫，如藩臣一般。秦人要他割让巫郡、黔中，以为释放他的条件，他也答应了。但秦要先得地，后放人！他愤而拒绝。在秦国羁留了两年，他试逃归，事泄，秦人截住楚道，他从间道走赵，赵不敢纳，正要往魏，而秦兵追至，把他押回，次年，他发病死。秦人把他的尸首送还，楚的老百姓都哀怜他，如像死了亲戚。但过了三年。秦于大败韩军，斩首二十四万之后，投书楚顷襄王怀王子道："楚倍秦，秦且率诸侯伐楚，争一旦之命，愿王之饬士卒，得一善战！"顷襄王给吓得心惊胆战，立即同秦国讲和，次年又向秦国迎亲。

楚怀王死后不久，齐国也由极盛而骤衰。自马陵之战，齐已代魏而为东方的领袖，三晋的君主都向他来朝。其后二十九年前三一四年齐乘燕王哙让位给卿相子之，燕太子逆着民意作乱的时机，出兵伐燕。燕人在离叛的状态之下，连城门也懒得关闭。齐兵不到两个月便攻破燕都；并且继续占据了三年，因诸侯的胁迫而退出。用齐宣王自鸣得意的话："以万乘之国伐万乘之国，五旬而举之！"这样的武功直至此时，秦人也还没有尝试过。前二九六年，齐遂领着三晋和宋合从攻秦，秦人竟不敢应战。自楚衰后，齐、秦在列国中成了东西突起的两个高峰。为表示它们的特殊地位，秦昭襄王于前二八八年怀王死后八年，约合齐湣王，同时把尊号升高一级；秦王为西帝，齐王为东帝，这个授议隐然有秦、齐平分天下的意思了。但秦的劝道只是"将欲取之，必固与之"的手段。它一则可以助长齐湣王的骄心，一则可以离间齐和别国的亲交。湣王底下未尝没有看出这诡计的人。所以他称帝后二日，便受劝仍复称王，昭襄王也只得照样。但湣王的帝号虽已取消，他的野心并没有减小。过了两年，他便举兵灭宋。接着又南割楚的淮北，西侵三晋，并且打算吞灭两周。泗上邹、鲁等小国的君主个个震恐，向齐称臣。宋在向戍弭兵之会后，曾先后吞并了曹、滕，在被灭之前已是一个拥有五千乘兵力的四千里之国，而宋偃王，虽然后世的史家把他比于桀、纣，却不是一个无抵抗主义者。灭宋，而齐的国力大大损耗。燕昭王方卑身厚币，筑馆招贤，伺机复仇。他看破了这一点，便于宋灭后二年前二八四年联合秦、楚和三晋，大举伐齐。燕将乐毅攻入临淄把三十年前齐军在燕京的暴行照抄一遍。这泱泱大国的首都六七百来年所积的"珠玉财宝，车甲珍器"被劫夺一空。湣王出走，连历卫和邹、鲁，还始终摆着"东帝"的架子，责应供张，却到处碰钉，又走回齐国，结果为莒人所杀。别国的兵饱掠飏归后，燕军继续前进，五年之间，把整个齐国的七十余城，除了莒和即墨外都占领了，并且列为燕的郡县。这两个城之能够支持，因有田单在。田单是齐王室的支裔，初时做临淄市官底下的一个小吏。燕军入齐，他走回故乡安平，教族人把车轴的末端截去，加上铁套。安平破齐人争路逃奔，多因车轴撞坏，给燕兵追及，掳去为奴。田单和他的族人独得脱身，走避即墨。燕兵围即墨，即墨大夫战死，城中无主。众人公推田单为将军，以抗燕。田单亲负版锸筑城的用具和士兵分劳，把酒肉尽量分给部下，把妻妾编在行伍间服务。两军正相持间而燕昭王死前二七九年，他的继位的儿子，素与乐毅不睦，又中了田单的反间计，便请乐毅退歇，而用一个蹩脚的将军替代他。乐毅一去，燕军便如枯草败叶一般被田单扫出齐境。然而齐国已被蹂躏得体无完肤了，此后直至灭亡之前是它“闭门养疴”的时期。

东帝已被打倒了。秦人可以放胆为所欲为了。时局急转直下了。燕昭王死前一年，秦将司马错由蜀道攻占楚的黔中。又过二年，秦将白起出汉中，攻破鄢郢，把楚先王陵墓的宏伟建筑，付之一炬，楚兵溃散不战，楚王狼狈迁都于陈国的故城；后来还不放心，又迁都于寿春今安徽寿县。秦人破鄢郢之后，即把它占领置为南郡。次年蜀郡守又占领楚的巫郡及江南。计四年之间，楚国蹙地殆半。结果它还是只得向秦求和。秦便暂时把它放下，而专力去宰割三晋，前二六〇年，白起的远征军败赵于长平今山西高平县西北，活埋降卒四十万。赵的壮丁几乎在此役死尽。又四年，秦灭西周，西周君赴秦顿首受罪，尽献所属邑三十二，逃剩的人口三万户，和一些未散的宝器。同年周赧王死，再没人给他立后。周朝的残喘也断绝了。此时秦人正好打铁趁炉热地去吞并六国。但此时昭襄王已衰老，名将白起已被猜疑而诛死，而继昭襄王的两个君主，一个只享祚三日，一个只享祚三年，最后秦王嬴政又以冲龄践位，政权暂时落在母后和权相手中。因此秦人统一的大业被耽搁了二十多年。

第五讲　秦始皇与秦帝国

第一节　吕不韦与嬴政

秦皇扫六合，虎视何雄哉！飞剑决浮云，诸侯尽西来。
明断自天启，大略驾群才。收兵铸金人，函谷正东开。
铭功会稽岭，骋望琅琊台。刑徒七十万，起土骊山隈。
尚采不死药，茫然使心哀！连弩射海鱼，长鲸正崔嵬。
额鼻象五岳，扬波喷云雷。鬐鬣蔽青天，何由睹蓬莱？
徐市载秦女，楼船几时回？但见三泉下，金棺葬寒灰！

（李白《古风》之一）

这首壮丽的诗是一个掀天揭地的巨灵的最好速写。这巨灵的来历，说来话长。

当长平之战前不久，有一个秦国王孙，名子楚的，被“质”在赵。他是太子安国君所生，却非嫡出，他的母亲又不得宠。因此赵人待他很冷薄，他连王孙的排场也苦于维持不住。但是阳翟韩地大贾吕不韦在邯郸做买卖，一看见他，便认为是“奇货可居”。

不韦见子楚，说道：“我能光大你的门庭。”子楚笑道：“你还是去光大自己的门庭罢！却来光大我的！”不韦说：“你有所不知，我的门庭要等你的来光大。”子楚明白，便和他商量两家光大门庭的办法。原来安国君最爱幸的华阳夫人没有生育的希望，安国君还没有立嗣。不韦一面献上巨款，给子楚结交宾客，沽钓声名，一面拿着巨款，亲到秦国，替他运动。不久华阳夫人便收到许多子楚孝敬的珍宝，不久他便时常听到人称赞子楚的贤能，不久她的姊姊便走来替她的前途忧虑，大意说道："妹妹现在是得意极了。但可曾想到色衰爱弛的一天？到时有谁可倚靠！就算太子爱你到老，他百岁之后，继位的儿子，要和自己母亲吐气，你的日子就不好过。子楚对你的孝顺，却是少有的。何不趁如今在太子跟前能够说话的时候，把他提拔，将来他感恩图报，还不是同自己的儿子一般？"华阳夫人一点头，子楚的幸运便决定。

不韦回到邯郸时，子楚已成了正式的王太孙。不韦也被任为他的师傅。他们成功之后，不免用美人醇酒来庆祝一番。邯郸在战国以美女著名。不韦的爱姬，尤其是邯郸美女的上选，妙擅歌舞。有次她也出来奉酒，子楚一见倾心，便要不韦把她相让。不韦气得要死，但一想过去的破费和将来的利益，只得忍气答应。赵姬既归子楚，不到一年正当长平之战后一年，产了一子，即是后来做秦王和秦始皇帝的嬴政。当时传说，赵姬离吕家之时，已经孕了嬴政。但看后来不韦所受嬴政的待遇，这传说多半是谣言。

秦始皇像

秦始皇（前259—前210），是中国历史上第一个使用"皇帝"称号的君主，对中国和世界的历史产生了深远的影响，被明代思想家李贽誉为"千古一帝"。

嬴政于前二四六年即王位，才十三岁。这时不韦是食邑十万户的文信侯，位居相国；他从前的爱妾，已做了太后，并且和他私续旧欢。不韦的权势可以想象。他的政治野心不小，他招贤礼士，养客三千，打算在自己手中完成统一的大业。但嬴政却不是甘心做傀儡的。他即位第九年，太后的姘夫嫪毐在咸阳反叛，他用神速的手段戡定了乱事以后，乘机把太后的政权完全褫夺；并且株连到吕不韦，将他免职，遂归本封的洛阳，过了两年，又把他贬到蜀郡。在忧忿夹攻之下，不韦服毒自杀。

不韦以韩人而执秦政，他所客养和援用的又多三晋人，和他结交的太后又是赵女。这种“非我族类”的势力是秦人所嫉忌的。不韦罢相的一年秦王政十年，适值“郑国渠”事件发生，更增加秦人对外客的疑惧。郑国也是韩人，为有名的水利工程师。韩廷见亡国的大祸迫在眉睫，派他往秦，劝秦廷开凿一条沟通泾水和洛水的大渠，借此消磨秦的民力，延缓它的对外侵略。这渠才凿了一半，郑国的阴谋泄露。其后嬴政虽然听了郑国的话，知道这渠也是秦国的大利，把它完成，结果辟田百万多顷，秦国更加富强；但郑国阴谋的发现，使秦宗室对于游宦的外客振振有词。嬴政于是下了有名的“逐客令”，厉行搜索，要把外籍的游士统统赶走。这命令因为李斯的劝谏而取消。但不韦自杀后，嬴政到底把所有送他丧的三晋门客驱逐出境。可见逐客令是和不韦有关的，也可见不韦的塌台是和种族之见有关的。

第二节　六国混一

嬴政既打倒了吕不韦，收揽了秦国的大权，便开始图谋六国。这时，六国早已各自消失了单独抗秦的力量。不过它们的合从还足以祸秦。嬴政即位的第六年，秦国还吃了三晋和卫、楚的联军一次亏，当时大梁人尉缭也看到的，假如六国的君主稍有智慧，嬴政一不小心，会遭遇智伯、夫差和齐湣王的命运也未可知。但尉缭不见用于祖国，走到咸阳，劝嬴政道：“愿大王不要爱惜财物，派人贿赂列国的大臣，来破坏他们本国的计谋，不过化三十万金，六王可以尽虏。”嬴政果然采纳了这策略。此后六国果然再不费一矢相助而静待嬴政逐个解决。

首先对秦屈服，希望以屈服代替牺牲，而首先受牺牲的是韩。秦王政十四年，韩王安为李斯所诱，对秦献玺称臣，并献南阳地。十七年秦的南阳守将举兵入新郑，虏韩王，灭其国。李斯赴韩之前，韩王派了著名的公子韩非入秦，谋纾国难，嬴政留非，想重用他。但不久听了李斯和另一位大臣的谗言，又把他下狱。口吃的韩非有冤没处诉，终于给李斯毒死在狱中。

韩亡后九年之间，嬴政以迅雷烈风的力量，一意东征，先后把其余的五国灭了。这五国的君主，连够得上说抵抗的招架也没有，鸡犬似的一一被缚到咸阳。只有侠士荆轲，曾替燕国演过一出壮烈的悲剧。

秦王政十九年，赵国既灭，他亲到邯郸，活埋了所有旧时母家的仇人；次年回到咸阳，有燕国使臣荆轲卑辞求觐，说要进献秦国逃将樊於期的首级和燕国最膏腴的地域督亢的地图。献图的意思就是要纳地。秦王大喜，穿上朝服，排起仪仗，立即传见。荆轲捧着头函，副使秦舞阳捧着地图匣以次上殿。秦舞阳忽然股慄色变，廷臣惊怪，荆轲笑瞧了舞阳，上前解释道：“北番蛮夷的鄙人，未曾见过天子，所以惶恐失措，伏望大王包容，俾得完成使事。”秦王索阅地图，荆轲取了呈上。地图展到尽处，匕首出现！荆轲左手把着秦王的袖，右手抢过匕首，就猛力刺去，但没有刺到身上，秦王已断袖走开。秦王拔剑，但剑长鞘紧，急猝拔不出，荆轲追他，两人绕柱而走。秦廷的规矩，殿上侍从的人，不许带兵器，殿下的卫士，非奉旨不许上殿。秦王忙乱中没有想到殿下的卫士，殿上的文臣，哪里是荆轲的敌手。秦王失了魂似的只是绕着柱走。最后，侍臣们大声提醒了他，把剑从背后顺力拔出，砍断了荆轲的左腿。荆轲便将匕首向他掷去，不中，中铜柱。这匕首是用毒药淬过的，微伤可以致命。荆轲受了八创，已知绝望，倚柱狂笑，笑了又骂，结果被肢解了。

风萧萧兮易水寒，
壮士一去兮不复还！

这是荆轲离开燕国之前，在易水边的别筵上，当着满座白衣冠的送客，最后唱的歌，也可以做他的挽歌。

荆轲死后六年前二二一年当秦王政在位的第二十六年而六国尽灭。于是秦王政以一道冠冕堂皇的诏令，收结五个半世纪的混战局面，同时宣告新帝国的成立。那诏书道：

> ……异日韩王约地效玺，请为藩臣。寡人以为善，庶几息兵革。已而倍约，与赵、魏合从畔秦，故兴兵诛之，虏其王。赵王使其相李牧来约盟，故归其质子。已而倍盟，反我太原，故兴兵诛之，得其王。赵公子嘉乃自立为代王，故举兵击灭之。魏王始约服入秦。已而与韩、赵谋袭秦，秦兵吏诛，遂破之。荆王献青阳以西，已而畔约，击我南郡，故发兵诛得其王，遂定荆地。燕王昏乱，其太子丹乃阴令荆轲为贼，兵吏诛灭其国。齐王用后胜计绝秦，使欲为乱，兵吏诛虏其王，平齐地。

所有六国的罪状，除燕国的外，都是制造的。诏书继续说道：

> 寡人以眇眇之身，兴兵诛暴乱，赖宗庙之灵，六国咸伏其辜，天下大定。今名号不更，无以称成功传后世。其议帝号。……

在睥睨古今，踌躇满志之余，嬴政觉得一切旧有的君主称号都不适用了。

战国以前，人主最高的尊号是王，天神最高的尊号是帝。自从诸侯称王后，王已失了最高的地位，于是把帝拉下来代替，而别以本有光大之义的“皇”字称最高的天神。但自从东西帝之议起，帝在人间，又失去最高的地位了。很自然的办法，是把皇字挪下来。秦国的神话里有天皇、地皇、泰皇，而泰皇为最贵。于是李斯等上尊号作泰皇。但嬴政不喜欢这旧套，把泰字除去，添上帝字，合成“皇帝”；又废除周代通行的谥法于君主死后，按其行为，追加名号，有褒有贬的，自称为“始皇帝”，预定后世计数为二世皇帝，三世皇帝，“至千万世，传之无穷”。

同时始皇又接受了邹衍的学说，以为周属火德，秦代周，应当属克火的水德；因为五色中和水相配的是黑色，于是把礼服和旌旗皆用黑色；又因为四时中和水相配的是冬季，而冬季始自十月，于是改以十月为岁首。邹衍是相信政治的精神也随着五德而转移的。他的一些信徒认为与水德相配的政治应当是猛烈苛刻的政治，这正中始皇的心怀。

第三节　新帝国的经管

秦自变法以来，侵略所得的土地，大抵直隶君主，大的置郡，小的置县，郡县的长官都非世职，也无世禄。始皇沿着成例，每灭一国，便分置若干郡。而秦变法以来新设的少数封区，自从嫪毐和吕不韦的诛窜已完全消灭，既吞并了六国，秦遂成为一个纯粹郡县式的大帝国。当这帝国成立之初，丞相绾主张仿周朝的办法于燕、齐、楚等僻远的地方，分封皇子，以便镇慑，但他的提议给李斯打消了。于是始皇分全国为三十六郡，每郡置守，掌民政；置尉，掌兵事；置监御史，掌监察。这种制度是仿效中央政府的。当时朝里掌民政的最高官吏有丞相，掌兵事的最高官吏有太尉，掌监察的最高官吏有御史大夫。

这三十六郡的名称和地位是现今史家还没有完全解决的问题。大概的说，秦在开国初的境域，北边包括今辽宁的南部，河北、山西及绥远、宁夏两省的南部；西边包括甘肃和四川两省的大部分；南边包括湖南、江西和福建；东以福建至辽东的海岸为界。从前臣服于燕的朝鲜，也成为秦的藩属。此外西北和西南边外的蛮夷君长称臣于秦的还不少。我们试回想姬周帝国初建时，西则邦畿之外，便是边陲，南则巴蜀、吴、楚皆属化外，沿海则有徐戎、淮夷、莱夷盘据，北则燕、晋已与戎狄杂处；而在这范围里，除了“邦畿千里”外，至少分立了一百三十以上的小国。我们拿这种情形和三十六郡一统的嬴秦帝国比较，便知道过去八九百年间，诸夏民族地盘的扩张，和政治组织的进步了。峄山的始皇纪功石刻里说：

追念乱世，分土建邦，以开争理。攻战日作，流血于野。自泰古始，陁及五帝，莫能禁止。乃今皇帝，一家天下，兵不复起。灾害灭除，黔首康定，利泽长久。

这些话一点也没有过火。

在这幅员和组织都是空前的大帝国里，怎样永久维持皇室的统治权力，这是始皇灭六国后面对着的空前大问题，且看他如何解答。

帝国成立之初，始皇令全国“大酺”来庆祝秦法平时是禁三人以上聚饮的。当众人还在醉梦的时候，他突然宣布没收民间一切的兵器。没收所得，运到咸阳，铸成无数大钟，和十二个各重一千石以上的“金人”，放在宫廷里。接着他又把全国最豪富的家族共十二万户强迫迁到咸阳，放在中央的监视之下，没有兵器，又没有钱财，人民怎能够作得起大乱来？

次年，始皇开始了一件空前的大工程：建筑脉通全国的“驰道”，分两条干线，皆从咸阳出发，其一东达燕、齐，其一南遂吴、楚。道宽五十步，道傍每隔三丈种一株青松，路身筑得坚而且厚，遇着容易崩坏的地段，并且打下铜桩。这宏大的工程，乃是始皇的军事计划的一部分。他灭六国后防死灰复燃，当然不让各国余剩的军队留存。但偌大的疆土若把秦国原有的军队处处分派驻守，则分不胜分。而且若分得薄，一旦事变猝起，还是不够应付；若分得厚，浸假会造成外重内轻的局面。始皇不但不肯采用重兵驻防的政策，并且把旧有六国的边城，除燕、赵北边的外，统统拆毁了。他让秦国原有的军队，依旧集中在秦国的本部，少数的地方兵只是警察的性质。驰道的建筑，为的是任何地方若有叛乱，中央军可以迅速赶到去平定。历来创业之主的军事布置没有比始皇更精明的了。一八九六年李鸿章骋使欧洲，过德国，问军事于俾斯麦，他的劝告有云：“练兵更有一事须知：一国的军队不必分驻，宜驻中权，扼要地，无论何时何地，有需兵力，闻令即行，但行军的道路，当首先筹及。”这正是秦始皇所采的政策。

武力的统治不够，还要加上文化的统治；物质的缴械不够，还要加上思想的缴械。始皇三十四年始皇即帝位后不改元，其纪年通即王位以来计，韩非的愚民政策终于实现。先是始皇的朝廷里，养了七十多个儒生和学者，叫做博士。有一次，某博士奉承了始皇一篇颂赞的大文章，始皇读了甚为高兴，另一位博士却上书责备作者的阿谀，并且是古非今地对于郡县制度有所批评。始皇征问李斯的意见。李斯覆奏道：

> 古者天下散乱，莫之能一。是以诸侯并作，语皆道古以害今，饰虚言以乱实，人善其所私学，以非上所建立。今陛下并有天下，辨白黑而定一尊。而私学乃相与非法教人，闻令下，即各以其私学议之，入则心非，出则巷议，非主以为名，异趣以为高，率群下以造谤。如此不禁，则主势降乎上，党与成乎下。禁之便。臣请史官非秦纪者，皆烧之。非博士官所职，天下敢有藏诗书百家语者，悉诣守尉杂烧之。有敢偶语诗书，弃市。以古非今者，族。吏见知不举者，与同罪。令下三十日不烧，黥为城旦城旦者，旦起行治城，四岁刑，所不去者，医药、卜筮、种树之书。若有欲学，以吏为师。

始皇轻轻地在奏牍上批了一个“可”字，便造成了千古叹恨的文化浩劫。

以上讲的是始皇内防反侧的办法。现在再看他外除边患的努力。

自从战国中期以来，为燕、赵、秦三国北方边患的有两个游牧民族，东胡和匈奴——总名为胡。东胡出没于今河北的北边和辽宁、热河一带，受它寇略的是燕、赵。匈奴出没于今察哈尔、绥远，和山西、陕、甘的北边一带，燕、赵、秦并受他寇略。这两个民族，各包含若干散漫的部落，还没有统一的政治组织。它们在战国中期以前的历史十分蒙昧。它们和春秋时代各种名色的戎狄似是同族类，但是否这些戎狄中某部分的后身，否则和各种戎狄间的亲谊是怎样，现在都无从稽考了。现在所知道秦以前的胡夏的关系史只有三个攘胡的人物的活动。第一个是和楚怀王同时的赵武灵王。他首先采用胡人的特长，来制胡人：首先脱却长裙拖地的国装，而穿上短衣露袴的胡服，以便学习骑战；他领着新练的劲旅，向沿边的匈奴部落进攻，把国土向西北拓展；在新边界上，筑了一道长城，从察哈尔的蔚县东北代至河套的西北角外高阙；并且沿边设了代、雁门和云中三郡。第二个攘胡的英雄是秦舞阳随荆轲入秦的副使的祖父秦开。他曾被“质”在东胡，甚得胡人的信任。归燕国后，他率兵袭击东胡，把他们驱逐到一千多里外。这时大约是乐毅破齐前后。接着燕国也在新边界上筑一道长城，从察哈尔宣化东北造阳至辽宁辽阳县北襄平；并且沿边设了上谷、渔阳、右北平、辽西和辽东五郡。秦开破东胡后，约莫三四十年，赵有名将李牧，戍雁门、代郡以备胡。他经了长期敛兵坚守，养精蓄锐，然后乘着匈奴的骄气，突然出战，斩了匈奴十多万骑，此后十几年间，匈奴不敢走近赵边。

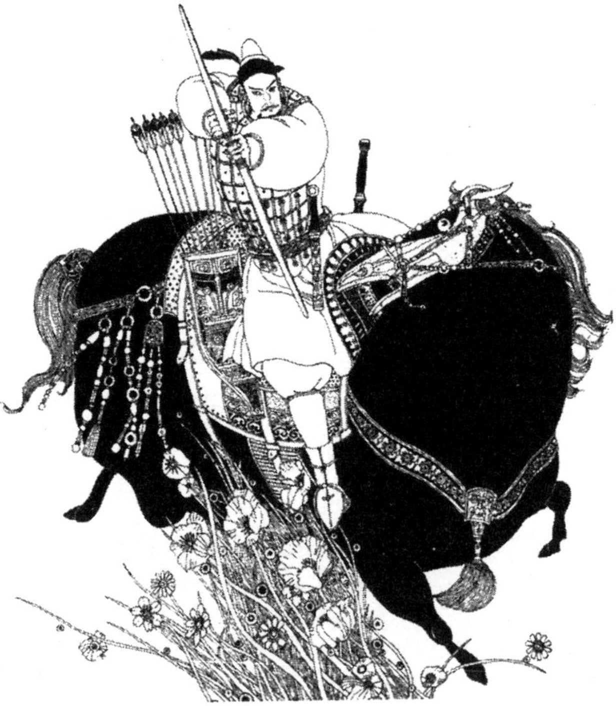

赵武灵王像

赵武灵王（约前340—前295），姓嬴，赵氏，名雍，战国时期赵国国君。他力排众议，推行的“胡服骑射”政策，使赵国军事力量日益强大。

当燕、赵对秦作最后挣扎时，无暇顾及塞外。始皇初并六国忙着辑绥内部，也暂把边事抛开。因此胡人得到复兴的机会。旧时赵武灵王取自匈奴的河套一带，复归于匈奴。始皇三十二年，甚至听到“亡秦者胡”的谶语。于是始皇派蒙恬领兵三十万北征。不久把河套收复，并且进展至套外。始皇将新得的土地，设了九原郡。为谋北边的一劳永逸，始皇于三十三四年间，又经始两件宏大的工程：其一是从河套外的九原郡治，筑了一条“直道”达到关内的云阳今陕西淳化县西北，从此至咸阳有泾，渭可通，长一千八百里；其二是把燕、赵北界的长城，和秦国旧有的西北边城，大加修葺，并且把它们连接起来，傍山险，填溪谷，西起陇西郡的临洮今甘肃岷县境，东迄辽东郡的碣石在渤海岸朝鲜境，成功了有名的“万里长城”。

始皇的经营北边有一半是防守性质，但他的开辟南徼，则是纯粹的侵略。

现在的两广和安南，在秦时是“百越”越与粤通种族所居。这些种族和浙江的於越，大约是同出一系的，但文化则较于越远为落后。他们在秦以前的历史完全是空白。在秦时，他们还过着半渔猎、半耕稼的生活；他们还仰赖中国的铜铁器，尤其是田器。他们还要从中国输入马、牛、羊，可见牧畜业在他们中间还没发达。不像北方游牧民族的犷悍，也没有胡地生活的艰难，他们绝不致成为秦帝国的边患。但始皇却不肯放过他们。灭六国后不久二十六年？即派尉屠睢领着五十万大军去征百越，并派监禄凿渠通湘、漓二水漓水是珠江的上游，以便输运。秦军所向无敌，越人逃匿于深山丛林中。秦军久戍，粮食不继，士卒疲饿。越人乘机半夜出击，大败秦军，杀屠睢。但始皇续派援兵，终于在三十三年，把百越平定，将他们的土地，分置南海郡、桂林郡和象郡南海郡略当今广东省，桂林郡略当广西省，象郡略当安南中北部，百越置郡之后，当时中国人所知道的世界差不多完全归到始皇统治之下了。琅琊台的始皇纪功石刻里说：

> 六合之内，皇帝之土。西涉流沙，南尽北户，东有东海，北过大夏。人迹所至，无不臣者。

至是竟去事实不远了。

以上所述一切对外对内的大事业，使全国瞪眼咋舌的大事业，是始皇在十年左右完成的。

第四节　帝国的发展与民生

像始皇的励精刻苦，在历代君主中，确是罕见，国事无论大小，他都要亲自裁决，有一个时期，他每日用衡石秤出一定分量的文犊，非批阅完了不肯休息。他在帝位的十二年中，有五年巡行在外；北边去到长城的尽头——碣石，南边去到衡山和会稽岭。他觉得自己的劳碌，无非是为着百姓的康宁。他对自己的期待，不仅是一个英君，而且是一个圣主。他唯恐自己的功德给时间掩没。他二十八年东巡时，登峄山，和邹鲁的儒生商议立石刻词，给自己表扬；此后，所到的胜地，大抵置有同类的纪念物。我们从这些铭文现存的有峄山、泰山、之罘、琅琊、碣石、会稽六处的刻石文；原石惟琅琊的存一断片可以看见始皇的抱负，他“夙兴夜寐，建设长利，专隆教诲”。他“忧恤黔首秦称庶民为黔首，朝夕不懈”。他“功盖五帝，泽及牛马”。而且他对于礼教，也尽了不少的力量。他明立法：“饰者宣义，有子而嫁，倍死不贞；防隔内外，禁止淫佚，男女絜诚；夫为寄豭，杀之无罪，男秉义程；妻为逃嫁，子不得母，咸化廉清；大治濯俗，天下承风，蒙被休经。”在他自己看来，人力所能做的好事，他都做了。而且他要做的事，从没有做不到的。他从没有一道命令，不成为事实。从没有一个抗逆他意旨的人，保得住首领。他唯一的缺憾就是志愿无尽，而生命有穷。但这也许有补救的办法。海上不据说有仙人所居的蓬莱、方丈、瀛洲三岛吗？仙人不有长生不死的药吗？他即帝位的第三年，就派方士徐福一作市，音同带着童男女数千人，乘着楼船，入海去探求这种仙药，可惜他们一去渺无消息后来传说徐福到了日本，为日本人的祖先，那是不可靠的。续派的方士回来说，海上有大鲛鱼困住船只，所以到不得蓬莱。始皇便派弓箭手跟他们入海，遇着这类可恶的动物便用连弩去射。但蓬莱还是找寻不着。

始皇只管忙着去求长生，他所“忧恤”的黔首却似乎不识好歹，只盼望他速死！始皇三十六年，东郡河北山东毗连的一带，落了一块陨石，就有人在上面刻了“始皇死而地分”六个大字。

始皇能焚去一切《诗》《书》和历史的记录，却不能焚去记忆中的六国亡国史；他能缴去六国遗民的兵器，却不能缴去六国遗民特别是一班遗老遗少的亡国恨；他能把一部分六国的贵族迁到辇毂之下加以严密的监视，却不能把全部的六国遗民同样处置。在旧楚国境内就流行着“楚虽三户，亡秦必楚”的谚语。当他二十九年东巡行到旧韩境的博浪沙在今河南阳武县东南中时，就有人拿着大铁椎向他狙击，中了副车，只差一点儿没把他击死。他大索凶手，竟不能得。

而且始皇只管“忧恤黔首”，他的一切丰功烈绩，乃是黔首的血泪造成的！谁给他去筑“驰道”，筑“直道”，凿运渠？是不用工资去雇的黔首！谁给他去冰山雪海的北边伐匈奴，修长城，守长城？谁给他去毒瘴严暑的南荒，平百越，戍新郡？谁给他运粮转饷，供给这两方的远征军？都是被鞭朴迫促着就道的黔首！赴北边的人，据说，死的十有六七；至于赴南越的，因为不服水土，情形只有更惨，人民被征发出行不论去从军，或去输运，就好像被牵去杀头一般，有的半途不堪虐待，自缢在路边的树上。这样的死尸沿路不断地陈列着。最初征发的是犯罪的官吏，“赘婿”和商贾；后来推广到曾经做过商贾的人；最后又推广到“闾左”——居住在里闾左边的人赘婿大概是一种自己卖身的奴隶即汉朝的赘子。商人尽先被征发是始皇压抑商人的手段之一。战国时代，法家和儒家的荀子，都认商人为不事生产而剥削农民的大蠹，主张重农抑商，这政策为始皇采用。泰山刻石有“农除末”之语，“闾左”在先征之列者，盖春秋战国以来，除楚国外习俗忌左，居住在闾左的，大抵是下等人家。征发的不仅是男子，妇女也被用去运输；有一次南越方面请求三万个“无夫家”的女子去替军士缝补，始皇就批准了一万五千。计蒙恬带去北征的有三十万人，屠雎带去南征的有五十万人，后来添派的援兵和戍卒，及前后担任运输，和其他力役的工人，当在两军的总数以上。为这两方面的军事，始皇至少摧残了二百万家。

这还不够。始皇生平有一种不可多得的嗜好——建筑的欣赏。他东征以来，每灭一国，便把它的宫殿图写下来在咸阳渭水边的北阪照样起造。后来又嫌秦国旧有的朝宫朝会群臣的大礼堂太过狭陋，要在渭南的上林苑里另造一所，于三十五年动工。先在阿房山上作朝宫的前殿；东西广五百步，南北长五十丈，上层可以坐一万人，下层可以树五丈的大旗。从殿前筑一条大道，达到南山的极峰，在上面树立华表，当作朝宫的阙门，从殿后又筑一条大道，渡过渭水，通到咸阳。先时始皇即王位后，便开始在骊山建筑自己的陵墓，灭六国后拨了刑徒七十余万加入工作；到这时陵墓大半完成，乃分一部分工人到阿房去。这两处工程先后虽只共用七十余万人，此外运送工粮和材料材料的取给远至巴蜀荆楚的伕役还不知数。这些却多半是无罪的黔首。

这还不够。上说种种空前的兵役和工程所需的粮饷和别项用费，除了向黔首身上出，还有什么来源？据说始皇时代的赋税，要取去人民收入的三分之二。这也许言之过甚，但秦人经济负担的酷重，却是可想见的了。

这还不够。苦役重税之上，又加以严酷而且滥用的刑罚，秦的刑法，自商鞅以后，在列国当中，已是最苛的了。像连坐、夷三族等花样，已是六国的人民所受不惯的。始皇更挟着虓虎的威势，去驭下临民。且看几件，他杀人的故事。有一回他从山上望见丞相李斯随从的车骑太多，不高兴。李斯得知，以后便把车骑减少，始皇追究走漏消息的人不得，便把当时在跟前的人统统杀了。又东郡陨石上刻的字被发现后，始皇派御史去查办，不得罪人，便命把旁边的居民统统杀了。又一回，有两个方士不满意于始皇所为，暗地讪谤了他一顿逃去。始皇闻之大怒，又刺探得别的儒生对他也有不敬的话，便派御史去把咸阳的儒生都召来案问。他们互相指攀，希图免罪，结果牵涉了四百六十人，始皇命统统地活埋了。这便是有名的“坑儒”事件。始皇的执法如此，经过他的选择和范示，郡县的官吏就很少不是酷吏了。

始皇的长子扶苏，却是一个蔼然仁者，对于始皇的暴行，大不谓然。当坑儒命令下时，曾替诸儒缓颊，说他们都是诵法孔子的善士，若绳以重法，恐天下不安。始皇大怒，把他派去北边监蒙恬的军。但二世皇帝的位，始皇还是留给他的。及三十七年七月，始皇巡行至沙丘今河北平乡县东北病笃，便写定遗书，召他回咸阳会葬，并嗣位。书未发而始皇死。书和玺印都在宦官赵高手。而始皇的死只有赵高、李斯和别几个宦官知道。赵高和蒙恬有仇隙，而蒙恬是太子的亲信，李斯也恐怕蒙恬夺去他的相位。于是赵李合谋，秘不发丧，一面把遗书毁了，另造两封伪诏，一传位给公子胡亥当时从行而素与赵高亲匿的，一赐扶苏蒙恬死。后一封诏书到达时，扶苏便要自杀，蒙恬却疑心它是假的，劝扶苏再去请示一遍，然后自杀不迟。扶苏说："父亲要赐儿子死，还再请示什么？"立即自杀。

胡亥即二世皇帝位时，才二十一岁；他别的都远逊始皇，只有在残暴上是"跨灶"的。赵高以拥戴的首功最受宠信；他处处要营私，只有在残暴上是胡亥的真正助手。在始皇时代本已思乱的人民，此时便开始摩拳擦掌了。

第六讲　秦汉之际

第一节　陈胜之起灭

二世皇帝元年七月，在旧楚境的蕲县大泽乡停留着附近被征发去防守渔阳的闾左兵九百人。适值大雨，道路不通。这队伍已无法如期达到指定的处所。照当时的法律，将校误期，要被处斩。有两位下级将校陈胜和吴广，便秘密图谋免死的办法。他们想当今的二世皇帝并不是依法当立的，当立的乃是公子扶苏，百姓多称赞他的贤惠，却不知道他已死；又从前楚国最后抗秦而死的名将项燕，亲爱士卒，很得民心，民间传说他还活着，假如冒称扶苏项燕起兵，响应的必定很多。他们去问卜，卜者猜到来意，连称大利；最后并说道，你们何不再向鬼神占卜一下？二人会意。

不几天，兵士买鱼，忽然在鱼肚里得着一小卷绢帛，上面写着朱字道："陈胜王。"晚间兵士又忽然发现附近树林中的神祠有了火光，同时怪声从那里传来，像狐狸作人语道："大楚兴，陈胜王。"这种怪声每每把兵士们从梦中惊醒。从此他们遇到陈胜每每指目着他窃窃私语。

有一天统领官喝醉了酒，吴广在旁，出言特别不逊。统领官大怒，鞭了他一顿，又把剑拔出。吴广素来很得兵士心，在旁的兵士都替他不平。他抢过了剑，把统领官杀掉。陈胜帮着他，把另外两个将官也结果了。陈吴号召军中，大意说道："你们因为大雨，已误了期，误了期就要处斩。即使不处斩，去戍守长城，也是十有六七要死的。大丈夫不死便了，死就要成个大名。王侯相将难道是有种的吗？"在全军喧餍应和之下，陈吴二人以扶苏和项燕的名义树起革命的旗帜。军士袒着右臂，自号大楚。陈胜自立为将军，吴广为都尉。

旬日之间大泽乡、蕲县、陈城和附近若干县城，皆落在革命军之手。而革命军在进攻陈城之时已有车六七百乘，骑千余，步卒数万人了。陈城在战国末年曾一度为楚国都，革命军即以此为根据地。先是魏遗民大梁名士张耳、陈余为秦廷悬赏缉捕，变姓名隐居于陈。陈胜既入陈，二人进谒。是时陈中父老豪杰正议推陈胜为王。二人却劝，陈胜暂勿称王，而立即领兵西进，同时派人立六国王室之后，以广树秦敌，使秦的兵力因敌多而分散，因分散而薄弱，然后乘虚入据咸阳，以号令诸侯，诸侯感再造之德，必然归服，如此则帝业可成。陈胜不听，遂受推戴为张楚王，都于陈，以吴广为“假王”假有副贰之意。

自陈胜发难后，素日痛恨秦吏的郡县，随着事变消息的传到，纷纷戕杀守长，起兵响应。特别是在旧楚境内，几千人成一伙的不可胜数。陈胜遣将招抚略地，分途进取举其要者，计有六路：（1）符离人葛婴略蕲以东；（2）陈人武臣及张耳陈余略赵地；（3）魏人周市略魏地；（4）吴广西系荥阳；（5）陈人周文为一卜者，故项燕僚属西进，向函谷关；（6）铚人宋留取道南阳向武关。

葛婴至东城，立襄强为楚王，后来闻得陈胜已立为张楚王，乃杀襄强，归陈覆命，陈胜诛之。

武臣到邯郸即自立为赵王，分命张耳、陈余为将相。陈胜闻讯大怒，把三人的家属拘捕，将加诛戮，继而听了谋士的劝谏，又把他们迁到宫中，而派人去给武臣等道贺，并请他们速即进兵关中。他们那里肯听，却派韩广去略取燕地。韩广至燕，旋即自立为燕王。

周市定了魏地，东进至齐，时齐王室之后田儋已自立为齐王，以兵拒之，市军败散，还归魏，魏人推戴他为王，他受应，却要立魏王室之后魏咎，时咎在陈胜军中，市派人迎之，往返五次，陈胜才答应放他赴魏。

武臣之立在八月，韩广田儋之立在九月。周文军越过函谷关到达戏亦在九月。戏离咸阳不到一百里，而此时周文的军队已增加到兵卒数十万车千余乘了。东方变乱的真情赵高一直瞒着二世，到这时已瞒不住了。可是秦廷有什么办法呢？帝国的军队几乎尽在北边和南越，急猝间调不回来，咸阳直是一座空城，只得赦免在骊山工作的刑徒，并解放奴隶所生的男子，派章邯带去应战。周文军来势虽盛，却经不起章邯一击便败走出关，章邯追至渑池，又大破之。周文自刎死，其军瓦解，这是二世二年十一月的事秦以十月为岁首，二年十一月在是年正月之前，下仿此。

章邯乘胜东下。先是吴广围荥阳不下，其部将田臧等私计，秦兵早晚要到，那时前后受敌，必无倖理，不如留少数军队看守住荥阳，而用全部精兵去迎击章邯；他们认为吴广骄不知兵，不足与谋，假托陈王的命令把他杀掉，并把他的首级传送至陈。陈王拜田臧为上将，并赐以楚令尹的印信。田臧迎击章邯于敖仓，一战败死。章邯进击至陈西，陈王出监战军败遁走，他的御者某把他杀掉，拿他的首级去投降。这是十二月的事。

陈胜，字涉，少时在田间做工。有一次，放下锄头叹气痴想了许久，却对一个同伴说道："有一天我富贵了，定不会忘记你。"那位同伴笑道："你做长工，怎样富贵法？"后来陈胜做了张楚王，这位同伴便去叩阍求见，阍人几乎要把他缚起来，凭他怎样解释总不肯给他传达。他等陈胜驾出，拦路叫喊，陈胜认得他，把他载归宫里。他看见殿堂深邃帷帐重叠，不禁嚷道。"夥颐！涉大哥为王！沉沉的！"楚人叫多为夥颐。由此"夥涉为王"，传为话柄。这客人出入王宫，扬扬自得，谈起陈胜的旧事，如数家珍。有人对陈胜说：这客人无知妄言，轻损王威。陈胜便把他杀掉。由此陈胜的故旧尽皆退避。

宋留已定南阳。南阳人闻陈胜死复叛归于秦。宋留既无法入武关，东还至新蔡与秦军遇，解甲投降，秦又把他解到咸阳车裂示众。

章邯既破陈胜，进击魏王咎于临济，围其城。六月，齐王田儋救临济，败死。同月魏咎自杀，临济降于秦。其后儋子市继立为齐王，咎弟豹继立为魏王。

第二节　项羽与巨鹿之战

项燕的先人累世做楚将，封于项，因以项为氏，而家于下相。项燕有子名项梁，梁有侄名项籍字羽。项羽少时学书写，不成，弃去；学剑，又不成。项梁怒责他。他说：书写只可以记姓名罢了，剑是一人敌，也不值得学，要学万人敌！项梁于是教他兵法。他略通大意，再不深求。项梁曾因事杀人，带着项羽，逃匿于吴今吴县，秦会稽郡治，吴中名士大夫都奉他为领袖，遇着地方有大徭役或大丧事，每请项梁主办，项梁暗中用兵法部勒宾客子弟，因此他的干才为人所知。项羽长成，身材魁岸，力能扛鼎，尤为吴中子弟所敬畏。

二世元年九月，会稽郡守和项梁商议起兵响应陈涉，打算派项梁和某人为将，是时某人逃匿山泽中。项梁说，只有他的侄子知道某人所在。说完，离座外出，对项羽嘱咐了一番，又走进来，请郡守传见项羽，使召某人。项羽进见后，项梁向他使个眼色，说道："可以了！"项羽拔剑，砍下郡守的头。项梁拿着郡守的首级佩了他的印绶。项羽连杀了好几十人，阖署慴伏听命，共奉项梁为会稽守。项梁收召徒众，得八千人。项羽为裨将，时年二十四。

项羽像

霸王项羽（前232—前202），名籍，字羽，著名军事家、战略家。中国军事思想"勇战"派代表人物，是力能举鼎、气压万夫的盖世豪杰，号西楚霸王。

二世二年二月项梁叔侄率兵渡江而西。先是广陵人召平为陈胜取广陵不下，闻陈胜败走。秦兵将到，渡江至吴，假传陈胜之命，拜项梁为上柱国。项梁一路收纳豪杰，到了下邳今江苏邳县已有了六七万人。离下邳不远，在彭城之东，有秦嘉所领的一支义军，奉景驹旧楚贵族景氏之后为楚王。是时陈胜的下落，众尚不知。项梁声言秦嘉背叛陈王擅立景驹大逆不道，即进击之。秦嘉败死，军降，景驹走死。

既而项梁得知陈胜确实已死，乃从居巢老人范增之策，访得楚怀王之孙名心于牧场中，立以为王，仍号楚怀王，都于盱眙安徽今县，项梁自号武信君。这是六月的事。

自四月至八月间，项梁军叔侄与秦军转战于今苏北鲁南及豫东一带，连获大捷。项梁由此轻视秦军，时露骄色，部下宋义劝谏他道：战胜而将骄卒惰乃是败征；现在士卒已渐形怠懈，而秦兵日增，大可忧虑。项梁不以为意。九月章邯得到关中派来众盛的援兵之后，还击楚军，大破之于定陶，项梁战死。

章邯破项梁军，认为楚地无足忧虑，乃渡河击赵。先是赵地内乱，武臣被杀，张耳、陈余访得赵王室之后赵歇继立为赵王，居信都。章邯入邯郸，迁其民于河内，夷其城郭。张耳与赵王走入巨鹿城，章邯使王离围之，而自军于巨鹿南。陈余北收兵于常山得数万人，军于巨鹿北。巨鹿城被围数月，粮乏兵单，危在旦夕，求援于陈余，而陈自以力薄非秦敌，按兵不肯动。

项梁死后，楚军集中于彭城附近，怀王亦移节于彭城。巨鹿围急求救于诸侯，怀王拟派兵赴之。宋义自预言项梁之败而中，以知兵名于楚军。怀王召他来筹商，听了他的议论，大为赞赏，派他为援赵军的统帅，称上将军，以长安侯项羽为次将军，范增末将。宋义行至安阳河南今县，逗留四十六日不进，项羽主张急速渡河，与赵军内外夹击秦军。宋义却主张先让赵秦决战；然后秦胜则乘其疲敝而击之，秦败则引兵西行，乘虚袭取咸阳。于是严申军令，禁止异动。宋义派其子某为齐相，大排筵席为其饯行。是时岁荒粮绌，又适值天寒大雨，士卒饥冻。项羽昌言军中，责备宋义但顾私图，不恤士卒，不忠楚王。一天早晨，项朝见宋义，就在帐中把他的头砍下，号令军中；说他通齐反楚，奉怀王令把他诛戮。诸将尽皆慑服，共推他为“假上将军”。项羽使人报告怀王，怀王就派他代为上将军。自杀了宋义之后，项羽威震楚国，名闻诸侯。

项羽既受了援赵军统帅之任，立即派二万人渡河救巨鹿，先锋连获小胜，陈余又请添兵。项羽于是率全军渡河。既渡，凿沉船只，破毁釜甑，焚烧房舍，令士卒每人只带三日粮，示以决死无归还之心。既至巨鹿，反围王离，九战秦军，绝其粮道，大破之，王离被虏，其部下要将或战死或自杀。这是二世三年十二月的事。先是诸侯援军营于巨鹿城外的，不下十几个壁垒都不敢出战。及楚军开始进攻，诸侯军将领皆从壁上观看。楚兵无不以一当十，呐喊声动天地，诸侯军士卒无不心惊胆震。项羽既破秦军，召见诸侯军将领，他们将入辕门，个个膝行而前，不敢抬头瞧望。于是项羽成了联军的统帅，诸侯军将领皆隶他麾下。

是时章邯尚军于巨鹿南，外见迫于项羽，内受二世的责备，又见疾于赵高，陷入进退维谷之境。陈余乘机投书给他，说道：

> 白起为秦将，南征鄢郢，北坑马服马服谓赵将马服君赵奢，此指长平之战，攻城略地，不可胜计，而竟赐死。蒙恬为秦将，北逐戎人，开榆中地数千里，竟斩阳周。何者？功多，秦不能尽封，因以法诛之。今将军为秦将三岁矣，所失亡以十万数，而诸侯并起，滋益多。彼赵高素谀日久，今事急。亦恐二世诛之，故欲以法诛将军以塞责，使人更代将军，以脱其祸。夫将军居外久，多内隙，有功亦诛，无功亦诛。且天之亡秦，无愚智皆知之。今将军内不能直谏，外为亡国将，孤特独立，而欲常存，岂不哀哉！将军何不还兵，与诸侯为纵，约共攻秦，分王其地，南面称孤，此孰与身伏铁质、妻子为戮乎？

章邯得书，心中更加狐疑，秘密派人和项羽议降。议未成，项羽连接进击章邯军，大破之。章邯遂决意投降。项羽以军中粮绌许之。二世三年七月，章邯与项羽相会于洹水南殷墟上即今安阳殷墟，立盟定约。章邯与项羽言及赵高事，为之泪下。

第三节　刘邦之起与关中之陷

当怀王派定了宋义等北上援赵之际，又派砀郡长武安侯刘邦西行略地，向关中进发。

刘邦，字季，泗川郡沛县江苏今县人。家世寒微。从小却不肯学习生产技艺。壮年做了本县的泗水亭长秦制若干户为一里，十里为一亭，十亭为一乡。他使酒好色，却和易近人，疏财乐施，县署的属吏，常给他嘻嘻哈哈地大开玩笑。有一次，县长的旧友吕公来沛县做客，县中属吏都去拜贺，萧何替他收礼，声明贺礼不满千钱的坐在堂下。刘季骗阍人道："贺礼万钱！"实在不名一钱。阍人领了他进来，吕公一见，看了他的相貌大为惊讶，特加敬重。萧何笑道：刘季只会吹牛，本领有限。刘季满不在乎地据了上位，嘲弄座客，言语之间，一点也没有屈服。酒罢，吕公暗中使眼色留他。客散之后，吕公对他说，生平喜欢看相，看过的相也不少，从未见过他这样好的相貌，望他自爱。就在这一次叙会中，吕公把女儿许嫁了给他，后来吕媪虽严重抗议也无效。

秦朝初年征各地刑徒赴骊山工作。沛县的刑徒，由泗水亭长押去。这些刑徒半路逃脱了许多。刘季预计到得骊山时，他们势必跑个精光。行至丰县西泽中，停下痛饮；半夜，把剩下的刑徒通通放了，自己也准备逃亡。刑徒中有十几个壮汉要跟随他。刘季于是领了这班人匿在亡砀两县的山泽岩石之间。他们所以维持生活的方法似乎是不很名誉的，所以历史上没有交代。

陈胜发难后，沛县令打算响应。县吏萧何和曹参替他计议，以为他以秦吏背秦，恐怕沛中子弟不服，不如把本县逃亡在外壮士召来，可得几百人，有他们相助，众人就不敢不听命了。于是派樊哙去招刘季。这樊哙是刘季的党羽，以屠狗为业。刘季率领着部下约莫一百人，跟着樊哙回来，沛令反悔，闭城不纳，并打算把萧曹二人杀掉。二人跳城投奔刘季。刘季射书城上，劝县人诛沛令起事，否则城破之后，以屠城对付，县人遂共杀沛令，开城相迎。刘季受父老的推戴为沛公，收县中子弟得二三千人。这是二世元年九月的事。此后七个月内刘季转战于今独山湖以西苏鲁两省相接之境，先后取沛、丰、砀皆江苏今县做根据地。替刘季守丰的部将叛而附魏，刘季攻他不下，走去留县求助于景驹。他始终没有得景驹的帮助，却在留县遇到了张良，张良原是韩国的贵公子，其先人五世相韩，亡国后散家财谋报国仇。秦始皇在博浪沙遇刺，那凶手就是他所买的。这时他领了一百多个少年，想投景驹，遇了刘季，情投意合，便以众相从。后来楚怀王既立，张良说动了项梁，更主故韩公子韩成为韩王，只得辞别刘季，往佐韩王。

景驹败死后，刘季往见项梁，项梁给他补充五千人。他得了这援助，才于二世二年四月把丰县攻下。从此刘季归附了项梁。他和项羽似乎很相得，两人总是共领一军出战或同当一面，像是形影不离的。据说当怀王派刘季西行时项羽也请求同往，只是怀王左右的老将们极力反对，以为项羽剽悍残暴，是屠城的能手，关中人民，久苦苛政，可以德服，他一去，反失人心；惟有刘季，忠厚长者，可胜宣抚之任。怀王因此不许项羽和刘季偕行。

宋义、项羽等北上救赵之军和刘季西进之军，同于二世二年闰九月当时称后九月分途出发。刘季转战于今豫东豫南，取道南阳以向武关。这时秦的兵力被吸在河北，这一路的楚军并未遇着劲敌。刘季从洛阳南下，复与张良相会。先是，张良同了韩王领兵千余，西略韩地，取了数城，又被秦军夺回，只得在颍川一带作游击战。至是，领兵与刘季合，占领了韩地十余城。刘季令韩王留守阳翟，而同了张良前进，略南阳郡。郡守兵败，退守宛城。刘季便越过宛城而西。张良谏道：现在虽急于入关，但关中兵尚众，且凭险相拒，若不攻下宛城，腹背受敌，这是危道。刘季便半夜隐匿旗帜，绕道回军，黎明，围宛城三匝。南阳守以城降，刘季封他为殷侯。由此西至武关，一路所经城邑纷纷迎降。二世三年八月武关陷。是月，赵高弑二世，使人来约降，刘季等以为诈，继进。九月峣关陷。刘季初欲急攻峣关。张良以为守将乃屠户之子，可以利动。于是楚军一面派人先行，预备五万人的餐食，并在山上多树旗帜为疑兵；一面派人拿重宝去说守将，守将果然变志，愿和楚军同入咸阳。刘季将要答应他，张良以为只是守将要反，怕士卒不从，不从可危，不如乘其怠懈进击。刘季依计遂破峣关。是月秦军再战于蓝田南，复大败。次月刘季入咸阳。先是赵高既弑二世，继立其侄子婴，贬去帝号，称秦王，子婴又袭杀赵高。至是，子婴以绳系颈，乘素车白马，捧着皇帝的玺印，迎接刘季于霸上长安东十三里的轵道旁。

秦历以九月为岁终，而秦历可说是终于二世三年九月。后此五十四个月，即四年半，刘季乃即皇帝位，汉朝乃开始。中间纪事，系年系月，甚成问题。若用公元，年次固可约略相附，但月分则尚无正确的对照。汉人以二世三年之后为汉元年；汉初沿秦历法，以十月为岁首，故以汉元年十月接秦二世三年九月。但此时尚无汉朝，何有汉年？今别无善法，只得依之。

第四节　项羽在关中

刘季到了咸阳，看着堂皇的宫殿，縟丽的帷帐和无数的美女狗马珍宝，便住下不肯出。奈不得樊哙和张良苦劝婉谏，才把宫中的财宝和府库封起，退驻霸上，以等待各方的领袖来共同处分。他又把父老召来，宣布废除秦朝的苛法，只约法三章：“杀人者死，伤人及盗抵罪。”人民大喜，纷纷送上牛羊来犒军，刘季一概辞谢不受。

项羽既定河北，率楚军诸侯军及秦降军西向关中，行至新安，闻秦降卒有怨声，虑其为变，尽坑之。

当初怀王曾与诸将约，谁先入关中，即以其地封他为王。刘邦因此以关中的主人自居。而项羽西进之前已封了章邯为雍王秦地古称雍州，大有否认怀王初约之意。刘季闻讯，派兵守函谷关，拒外军入境，同时征关中人民入伍以扩充实力。

项羽至函谷关，不得入，大怒，攻破之。进驻鸿门，与刘季军相距只四十里。是时外军四十万，号百万；内军十万，号二十万。项羽大飨军士预备进攻。项羽的叔父项伯曾受张良救命之恩，半夜去给张良通消息，劝张良快跟他走。张良却替他和刘季拉拢。刘季会项伯一见如故，杯酒交欢，约为婚姻。刘季道："我入关以来，秋毫不敢有所沾染，簿籍吏民，封闭府库，以等待项将军。派人守关，只是警备盗贼。日夜盼望项将军到，那里敢反？"恳求项伯代为解释。项伯答应，并约他次早亲到鸿门营中来。

项羽听了项伯的话，芥蒂已消，又见刘邦亲到，反而高兴起来，留他宴饮。项羽、项伯坐西，范增坐北，刘季坐南，张良坐东，范增主张，剪除刘季最力，席间屡次递眼色给项羽，同时举起所佩的玉玦。项羽默然不应。范增出去，一会又入来。随后不久，项庄入来奉酒祝寿。奉毕说道："君王和沛公饮酒，军营里没有什么可以助兴的，让我来舞剑！"项羽说："好！"他便舞起剑来。项伯亦拔剑起舞。项庄屡屡逼近刘季，项伯屡屡掩护着刘季。正对舞间，张良出去，一会又入来。随后，门外喧嚷声起，一人带剑持盾闯进来，鼓起眼睛盯着项羽。项羽按剑翘身时席地坐问做什么？张良说："那是沛公的骖乘樊哙。"项羽说："壮士！赏他酒。"是一大杯。樊哙拜谢了，一口喝干。项羽说："赏他一个猪肩！"那是生的。樊哙把盾覆在地上，把猪肩放在盾上，拔剑切肉便啖。项羽问他可还能饮不，他说："臣死也不避，何况杯酒？"接着他痛陈刘季的功劳，力数项羽的不是。项羽无话可答只请他坐，他便挨张良坐下。自从樊哙闯入，舞剑停止。樊哙坐下不久，刘季说要如厕走开，张良跟着他。过了许久，张良单独回来，带好些玉器。张良作礼道："沛公很抱歉，因饮酒过多，不能亲来告辞。托下臣带了白璧一对献与大王项羽，玉斗酒器一对献与大将军范增。"项羽问沛公在那里，张良说："他听说大王有意责难他，已回营去了。"项羽收下白璧，放在几上，范增把玉斗放在地下，拔剑撞个粉碎。

随后项羽入咸阳，屠城，杀子婴，烧秦宫室，收财宝妇女，然后发号施令，分割天下。他尊怀王为义帝，却只给他湘江上游弹丸之地，都于郴。自立为西楚霸王，占旧楚魏地九郡，都于彭城；此外他封立了十八个王国，列表如下。

王 号	姓 名	原来地位	国 都	领 地	附 注
汉 王	刘 季		南郑	汉中、巴蜀	
雍 王	章 邯	秦降将	废丘	咸阳以西	三人共分关中地，三国合称三秦
塞 王	司马欣	章邯部下长史	栎阳	咸阳以东至河	
翟 王	董 翳	章邯部下都尉	高奴	上郡	
西魏王	魏 豹	魏王	平阳	河东	
河南王	申 阳	张耳部将，先定河南	洛阳	河南郡	
韩 王	韩 成	韩王	阳翟	韩地若干郡	
殷 王	司马印	赵将，先定河内	朝歌	河内	
代 王	赵 歇	赵王	代郡		
常山王	张 耳	赵相，从项羽入关	襄国	赵地大部分	
九江王	英 布	项羽部将	六	九江郡一带	后降刘季，封淮南王
衡山王	吴 芮	百越君长，从入关	邾	楚地一部分	
临江王	共 敖	怀王柱国	江陵	楚地一部分	死于汉三年；子尉嗣，四年十二月为汉所虏
辽东王	韩 广	燕王		辽东	后拒臧荼，为所杀
燕 王	臧 荼	燕将，从项羽入关	蓟	燕地大部分	
胶东王	田 市	齐王	即墨	齐地一部分	
齐 王	田 都	齐将	临淄	齐地大部分	
济北王	田 安	齐王室后，项羽部将	博阳	齐地一部分	

我们看上表便可知道，其中哪些是不曾悦服项羽的宰割的人。刘季指望割据关中而只得到僻远的汉中巴蜀，不用说了。魏豹由魏王而缩为西魏王，赵歇由赵王而缩为代王，田市由齐王而缩为胶东王，韩广由燕王而缩为辽东王，都是受了黜降。此外项羽在瓜分天下时所树的敌人，不见于表中的还有故齐相田荣，和故赵将陈余。当初田儋战死后，

齐人立田假为王，田荣田儋弟逐田假更立儋子田市而专齐政。田假走依项梁，由此田荣与项氏有隙。项羽以齐地分王田市、田都、田安，而田荣无分。田荣怎肯甘心？陈余本与张耳为“刎颈交”。巨鹿之围，张求援于陈，而陈竟以利害的计较，按兵不动。两人从此成仇。但两人的“革命功绩”，实不相上下。项羽因张耳相从入关以赵地的大部分封他为常山王而仅以南皮等三县之地封陈余为侯。陈余由此深怨项羽。

第五节 楚汉之战及其结局

汉元年四月，在咸阳新受封的诸王分别就国。张良辞别刘季，往佐韩王，却送刘季到褒中，临别，劝他烧绝所过栈道，示无北还之心，刘季依计。

五月，田荣发兵拒田都，击走之。田荣留田市，不让他赴胶东。田市惧怕项羽，逃亡就国。田荣追杀之，而自立为齐王。是时昌邑人彭越以盗贼起聚众万余人于巨野，无所属。田荣给他将军印，使攻济北。越击杀济北王。于是田荣尽有全齐之地。彭越又进击楚军，大破之。陈余请得田荣的助兵，并尽发南皮三县兵，共袭常山，张耳败逃。二年十月陈余迎故赵王歇于代，复立为赵王。于是齐赵地尽反楚。是月义帝在就国途次，为项羽命人袭杀于江中。

刘季乘齐变于元年八月突入关中。章邯兵败，被围于废丘二年六月废丘始陷，章邯自杀。塞王翟王皆降汉。先是项羽挟韩王成归彭城，不使就国，继废之为侯，继又杀之。于是张良逃就刘季于关中。刘季以故韩襄王战国时孙信为韩大尉使其张良将兵取韩地。二年十一月，韩地既定，刘季立信为韩王。先是河南王申阳亦降汉。

项羽权衡西北两方敌人的轻重，决定首先击齐。二年正月，大败田荣于城阳。田荣遁逃，为人民所杀。项羽坑田荣降卒。提兵北进，一路毁城放火，掳掠妇女。齐人怨叛。荣弟田横，收散兵，得数万人，复反城阳。项羽还战，竟相持不下。刘季乘齐楚相斗之际东进，降西魏王豹，虏殷王印，为义帝发丧，率诸侯兵五十六万伐楚，遂入彭城。项羽以精兵三万人还战，汉军大溃，被挤落榖水和泗水死的据说有十余万人。再战灵璧东，汉军又溃，被挤落濉水死的据说也有十余万人，濉水几乎被死尸填塞了。楚军围了刘季三匝。适值大风从西北起，折树发屋，飞沙走石，阴霾蔽天，白昼昏黑。楚军逆着飓风，顿时散乱，刘季才得带了几十骑遁走。但项羽一去齐，田横复定齐地，立田荣子田广为王。刘季收聚散卒，又得萧何征调关中壮丁转运关中粮食来援，固守荥阳成皋，军势复振。先是魏王豹于汉军败后，复叛归楚。汉使淮阴人韩信击之。九月，韩信俘魏王豹，定魏地。

此后战争的发展，可分为三个阶段。

第一阶段尽汉三年九月。在这一阶段，汉正面大败，而侧面猛进。在正面，汉失荥阳成皋并在今河南成皋县境，荥阳在东，成皋在西。刘季先后从荥阳成皋突围先遁。其出荥阳时，将军纪信假扮着他，从东门出，以诳楚军，他才得从西门逃走，纪信因此被烧杀。在侧面，韩信取赵。先是，张耳败走，投奔汉。刘季微时曾为张耳客，因善待之。及会诸侯兵伐楚，求助于赵，陈余以汉杀张耳为条件。刘季把一个貌似张耳的人杀了，拿首级送去，陈余才派兵相助。后来陈余闻得张耳未死，便绝汉。汉使韩信击赵，杀陈余。在这阶段，还有两件大事可纪。其一，楚将九江王英布先已离心，又受了汉所遣辩士的诱说，遂举九江降汉。英布旋被项羽击败，只身逃入汉，但项羽已失去一有力的臂助了。其二，项羽中了汉的反间计，对一向最得力的谋臣范增起了猜疑，范增愤而告退，归近彭城，疽发背死。

刘邦像

汉高祖刘邦（前256—前195），字季，沛县丰邑中阳里（今江苏丰县）人。他对汉民族的统一、汉文化的保护发扬做出了很大的贡献。

第二阶段尽汉四年九月。在这

一阶段，韩信南下取齐，楚军援齐大败，韩信遂定齐地；而彭越于田荣死后归汉为汉守魏地，时出游兵断楚粮道，荥阳成皋的楚军大窘；项羽抽军自领回击彭越，汉乘机收复成皋，并进围荥阳。项羽引兵还广武在荥阳附近，荥泽与汜水之间与汉相持数月。项羽以前方粮绌后方又受韩信的抄袭，想和汉决一死战，而汉按兵不出，只得与汉约和。约定楚汉平分天下，以鸿沟在广武荥泽间为界准，其东属楚，其西属汉；楚放还前所掳汉王之父及妻。约成，项羽便罢兵东归。

以下入最后阶级。初时刘季也打算罢兵西归，张良等力劝乘势灭楚。五年十月，汉追击项羽军于固陵今河南淮阳县西北大败之。刘季约韩信彭越会师，而二人不至。先是韩信既定齐自请立为齐王，刘季忍怒许之，彭越只拜魏相国。至是张良献计：韩信故乡在楚，指望做楚王；彭越据魏地亦指望做魏王；若能牺牲楚魏地的一部分，许与他们，他们必然效命。刘季依计，二人立即会师。十一月，汉遣别将渡淮围寿春，又诱降楚舒城守将，使以舒屠六。十二月，项羽至垓下今安徽灵璧县东南，兵少食尽，汉军围之数重。项羽率八百余骑溃围而出，所当辟易：到了长江西岸的乌江今安徽和县东北乌江浦只剩下二十六骑。乌江渡口单摆着一只小船。乌江亭长请他立即下渡。说道："江东虽小，也有几千里地，几十万人；现在只有这一只船，汉兵即使追来，也无法飞渡。"项羽说："我当初领江东子弟八千，渡江西去，如今无一人归还，即使江东父老怜恤我，奉我为王，我又有何面目再见他们？他们即使不说话，难道我不问心有愧？"于是把所乘的骓马赏给了亭长，令他先走。自与从人步行，持短兵接战。他连接杀了几百人，身上受了十几处伤，然后拔剑自刎。

正月，汉王立韩信为楚王，领淮北，都下邳；立彭越为梁王，领魏地都定陶。随后，诸侯向汉王上了一封劝进书如下：

楚王韩信，韩王信，淮南王英布，梁王彭越，故衡山王吴芮项羽所立，旋废之，赵王张敖汉立张耳为赵王，先是已死，其子敖嗣，燕王臧荼昧死再拜言：大王陛下，先时秦为无道，天下诛之，大王先得秦王，定关中，于天下功最多。存亡定危，救败继绝，以安万民，功盛德厚，又加惠于诸侯王，有功者使得立社稷。地分已定，而位号比似无上下之分，大王功德之著于后世不宣。昧死再拜上皇帝尊号。

刘季经过一番逊让之后，于二月即皇帝位于定陶附近的汜水之南。是月封吴芮为长沙王领长沙、象郡、桂林、南海四郡；又封故粤王无诸秦所废，后从诸侯伐秦为闽粤王，领闽中地。初定都洛阳，五月迁都于长安。

刘季做了七年皇帝公元前二〇二至前一九五年而死，庙号太祖高皇帝《广阳杂记》卷二："考得高祖起沛年四十八，崩时年六十三。"不知何据。

第七讲　大汉帝国的发展

第一节　纯郡县制的重建

刘邦即帝位之初，除封了七个异姓的“诸侯王”外，又陆续封了一百三十多个功臣为“列侯”。汉朝的封君，主要的就是这诸侯王和列侯两级。在汉初，这两级的差异是很大的。第一，王国的境土“多者百余城，少者乃三四十县”；这七个王国合起来就占了“天下”的一大半。但侯国却很少有大过一县的。刘邦序次功臣，以萧何为首，而萧何初受封为酂侯时，只食邑八千户；后来刘邦想起从前徭役咸阳时，萧何多送了二百钱的赆，又加封给他二千户；后来萧何做到相国，又加封五千户；合共才一万五千户。终汉之世，也绝少有超过四万户的列侯。第二，诸侯王除享受本国的租税和徭役外，又握着本国政权的大部分。王国的官制是和中央一样的。汉代的官制大抵抄袭秦朝。中央有丞相，王国也有之；中央有御史大夫，王国也有之；中央有太尉，王国则有中尉。王国的官吏，除丞相外，皆由诸侯王任免。但列侯在本“国”，只享受额定若干户的租税和徭役譬如某列侯食五千户，而该国的民户超过此数，则余户的租税仍归中央，并没有统治权。他们有的住长安，有的在别处做官，多不在本国。侯国的“相”实际是中央所派地方官，和非封区里的县令或县长相等汉制万户以上的县置令，万户以下的县置长。他替列侯征收租税，却不臣属于列侯。在封君当中，朝廷所须防备的只有诸侯王，列侯在政治上是无足轻重的。

最初，诸侯王都是异姓的。异姓诸侯王的存在，并非刘邦所甘愿。

不过他们在新朝成立之前都早已据地为王。假如刘邦灭项之后，不肯承认他们既得的地位，他们在自危之下，联合起来，和刘邦抵抗，刘邦能否做得成皇帝，还未可知。所以当刘邦向群臣询问自己所以成功的原因，就有人答道：

> 陛下慢而侮人，项羽仁而爱人。然陛下使人攻城略地，所降下者，因以予之，与天下同利也。项羽妒贤嫉能，有功者害之，贤者疑之，战胜而不予人功，得地而不予人利，此所以失天下也。

不过刘邦在未做皇帝之前，固能“与天下同利”；做了皇帝之后，就不然了。他在帝位未坐稳之前，不能把残余的割据势力一网打尽；在帝位既坐稳之后，却可以把他们各个击破。他最初所封诸王，除了仅有众二万五千户的长沙王外，后来都被他解决了。假如刘邦有意重振前朝的纯郡县制度，他完全可以把异姓诸侯王的国土陆续收归中央。此时纯郡县制度恢复的主要障碍似乎只是心理的。秦行纯郡县制十五年而亡，周行“封建”享祀八百，这个当头的历史教训，使得刘邦和他的谋臣认“封建”制为天经地义。异姓的“诸侯王”逐渐为刘邦的兄弟子侄所替代，到后来，他立誓：“非刘氏而王者天下共击之。”不过汉初的“封建”制和周代的“封建”制，名目虽同，实则大异。在周代，邦畿和藩国都包含着无数政长而兼地主的小封君；但在汉初，邦畿和藩国已郡县化了。而且后来朝廷对藩国的控制也严得多：藩国的兵符掌在朝廷所派的丞相手，诸王侯非得他的同意不能发兵。

在高帝看来，清一色的刘家天下比之宗室的异姓杂封的周朝，应当稳固得多了。但事实却不然。他死后不到二十年，中央对诸侯王国的驾驭，已成为问题。文帝初即位的六年间，济北王和淮南王先后叛变，虽然他们旋即被灭，但拥有五十余城的吴王濞又露出不臣的形迹。他收容中央和别国的逃犯，用为爪牙；又倚恃自己镕山为钱煮海为盐的富力，把国内的赋税免掉，以收买人心。适值吴太子入朝，和皇太子即后日的景帝赌博，争吵起来，给皇太子当场用博局格杀了，从此吴王濞称病不朝，一面加紧地“积金钱，修兵革，聚谷食”。文帝六年，聪明盖世的洛阳少年贾谊时为梁王太傅上了有名的《治安策》，认为时事有“可为痛哭者一，可为流涕者一今本作可为流涕者三，据夏炘《贾谊政事疏考补》改，可为长太息者六”。其“可为痛哭者一”便是诸侯王的强大难制。他比喻道：“天下之势，方病大肿，一胫之大几如腰，一指之大几如股。”他开的医方是“众建诸侯而少其力”，那就是说，分诸侯王的土地，以封他们的兄弟或子孙，这一来诸侯王的数目增多，势力却减少。后来文帝分齐国为六，淮南国为三，就是这政策一部分的实现。齐和淮南被分之前，颍川人晁错提出了一个更强硬的办法，就是把诸侯王土地的大部分削归中央。这个提议，宽仁的文帝没有理会，但他的儿子景帝继位后，便立即采用了。临到削及吴国，吴王濞便勾结胶东、胶西、济南、菑川四国皆从齐分出、楚、赵等和吴共七国，举兵作反。这一反却是汉朝政制的大转机。中央军在三个月内把乱事平定。景帝乘着战胜的余威，把藩国一切官吏的任免权收归朝廷，同时把藩国的官吏大加裁减，把它的丞相改名为相。经过这次的改革后，诸侯王名虽封君，实则食禄的闲员；藩国虽名封区，实则中央直辖的郡县了。往后二千余年中，所行的“封建制”多是如此。

景帝死，武帝继位，更双管齐下地去强干弱枝。他把贾谊的分化政策，极力推行。从此诸侯王剩余的经济特权也大大减缩，他们的食邑最多不过十余城，下至蕞尔的侯国，武帝也不肯放过，每借微罪把它们废掉。汉制，皇帝以八月在宗庙举行大祭，叫做“饮酎”，届时王侯要献金助祭，叫做“酎金”。武帝一朝，列侯因为酎金成色恶劣或斤两不够而失去爵位的，就有一百多人。

景武之际是汉代统治权集中到极的时期，也是国家的富力发展到极的时期。

秦代十五年间空前的工役和远征已弄到民穷财尽。接着八年的苦战光算楚汉之争，就有“大战七十，小战四十”。好比在羸瘵的身上更加剜戕。这还不够。高帝还定三秦的次年，关中闹了一场大饥荒，人民相食，死去大半。及至天下平定，回顾从前的名都大邑，多已半付蒿莱。它们的户口往往什去八九，高帝即位后二年，行过曲逆，登城眺望，极赞这县的壮伟，以为在所历的都邑中，只有洛阳可与相比，但一问户数，则秦时本有三万，乱后只余五千。这时不独一般人民无蓄积可言，连将相有的也只乘牛车，皇帝也无力置备纯一色的驷马。

好在此后六七十年间，国家大部分享着不断的和平，而当权的又大都是“黄老”的信徒，守着省事息民的政策。经这长期的培养，社会又从苏复而趋于繁荣。当武帝即位的初年，据同时史家司马迁的观察，“非遇水旱之灾，民则人给家足。都鄙廪庾皆满，而府库余货财。京师之钱累巨万，贯朽而不可校计算。太仓之粟，陈陈相因，充溢露积于外，至腐败而不可食。众庶街巷有马，阡陌之间，马聚成群”。

政权集中，内患完全消灭；民力绰裕，财政又不成问题。这正是大有为之时。恰好武帝是个大有为之主。

第二节　秦汉之际中国与外族

在叙述武帝之所以为“武”的事业以前，我们得回溯秦末以来中国边境上的变动。

当秦始皇时，匈奴既受中国的压迫，同时它东边的东胡和西边的月氏亦一游牧民族，在今敦煌至天山间，其秦以前的历史全无可考。《管子·揆度篇》和《逸周书·王会篇》中的禺氏，疑即此族。均甚强盛。因此匈奴只得北向外蒙古方面退缩。但秦汉之际的内乱和汉初国力的疲敝，又给匈奴以复振的机会。适值这时匈奴出了一个枭雄的头领冒顿单于。冒顿杀父而即单于位约略和刘邦称帝同时。他把三十万的控弦之士套上铁一般的纪律，向四邻攻略：东边，他灭了东胡，拓地至朝鲜界；北边，服属了丁零匈奴的别种等五小国；南边，他不独恢复蒙恬所取河套地，并且侵入今甘肃平凉至陕西肤施一带；西边，他灭了月氏，把国境伸入汉人所谓“西域”中即今新疆及其以西和以北一带。这西域包含三十多个小国，其中一大部分不久也成了匈奴的臣属，匈奴在西域设了一个“僮仆都尉”去统辖它们，并且向他们征收赋税。冒顿死于文帝六年公元前一七四年，是时匈奴已俨然一大帝国，内分三部：单于直辖中部，和汉的代郡云中郡相接；单于之下有左右贤王，分统左右两部；左部居东方，和上谷以东的边郡相接；右部居西方，和上郡以西的边郡及氐羌在今青海境相接。胡俗尚左，左贤王常以太子充任。

匈奴的土地虽广，大部分是沙碛或卤泽，不生五谷，而除新占领的月氏境外，草木也不十分丰盛，因此牲畜不会十分蕃息。他们的人口还比不上中国的一大郡。当匈奴境内人口达到饱和的程度以后，生活的艰难，使他们不得不以劫掠中国为一种副业。而且就算没有生活的压迫，汉人的酒谷和彩缯，对于他们，也是莫大的引诱。匈奴的人数虽寡，但人人在马背上过活，全国皆是精兵。这是中国人所做不到的。光靠人口的量，汉人显然压不倒匈奴。至于两方战斗的本领，号称“智囊”的晁错曾做过精细的比较。他以为匈奴有三种长技：

1. 上下山阪，出入溪涧，中国之马弗如也。
2. 险道倾仄，且驰且射，中国之骑兵弗如也。
3. 风雨疲劳，饥渴不困，中国之人弗如也。

但中国却有五种长技：

1. 平原易地，轻车突骑，则匈奴之众易挠乱也。
2. 劲弩长戟，射疏广阔及远，则匈奴之弓，弗能格也。
3. 坚甲利刃，长短相杂，游弩往来，什伍俱前，则匈奴之兵（器），弗能当也。
4. 材官骑射之兵驺骤发。矢道同的，则匈奴之革笥木荐弗能支也。
5. 下马地斗，剑戟相接，去就相薄，则匈奴之足，弗能给也。

这是不错的。中国的长技比匈奴还多，那么，汉人对付匈奴应当自始便不成问题了。可是汉人要有效地运用自己的长技，比之匈奴，困难得多。匈奴因为是游牧的民族，没有城郭宫室的牵累，“来如兽聚，去如鸟散”，到处可以栖息。他们简直用不着什么防线。但中国则从辽东到陇西辽宁至甘肃都是对匈奴的防线，而光靠长城并不足以限住他们的马足。若是沿边的要塞皆长驻重兵，那是财政所不容许的。若临时派援，则汉兵到时，匈奴已远飏，汉兵要追及他们，难于捉影。但等汉兵归去，他们又卷土重来。所以对付匈奴，只有两种可取的办法：一是一劳永逸的大张挞伐，拼个你死我活；二是以重赏厚酬，招民实边因为匈奴的寇掠，边地的居民几乎逃光，同时把全体边民练成劲旅。前一种办法，武帝以前没有人敢采。后一种办法是晁错献给文帝的，文帝也称善，但没有彻底实行。汉初七八十年间对匈奴的一贯政策是忍辱修好，而结果殊不讨好。当高帝在平城给冒顿围了七昼七夜，狼狈逃归后，刘敬献了一道创千古奇闻的外交妙计：把嫡长公主嫁给单于，赔上丰富的妆奁，并且约定以后每年以匈奴所需的汉产若干奉送，以为和好的条件；这一来匈奴既顾着翁婿之情，又贪着礼物，就不便和中国捣乱了。高帝想不出更好的办法，只舍不得公主，于是用了同宗一个不幸的女儿去替代。不过单于们所希罕的毋宁是“蘖酒万石，稷米五千斛，杂缯万匹”之类，而不是托名公主而未必娇妍的汉女。所以从高帝初年到武帝初年间共修了七次“和亲”，而遣“公主”的只有三次。和亲使单于可以不用寇掠而得到汉人的财物。但他并不以此为满足，他手下没得到礼物或“公主”的将士们更不能满足。每度和亲大抵只维持三几年的和平。而堂堂中国反向胡儿纳币进女，已是够丢脸了，贾谊所谓“可为流涕”的事，就是指此。

上面讲的，是汉初七八十年间西北两方面的边疆状况，让我们再看其他方面的。

在东北方面，是时朝鲜半岛上，国族还很纷纭；其中较大而与中国关系较密的是北部的朝鲜和南部的真番。真番在为燕所征之前无史可稽。朝鲜约自周初以来，燕齐的人民或因亡命，或因生计所迫，移殖日众；至迟到了秦汉之际，朝鲜在种族上及文化上皆已与诸夏为一体，在语言上和北燕属同一区域。在战国末期确年无考燕国破胡的英雄秦开即副荆轲入秦的秦舞阳的祖父曾攻朝鲜，取地二千余里。不久，朝鲜和真番皆成了燕的属地。燕人为置官吏。秦灭燕后，于大同江外空地筑障以为界，对朝鲜控制稍弛，朝鲜名虽臣服于秦，实不赴朝会。汉朝初立，更无远略，把东北界缩到大同江。高帝死时，燕王卢绾率叛众逃入匈奴，燕地大乱，燕人卫满聚党万余人，渡大同江，居秦故塞，收容燕齐的亡命之徒；继灭朝鲜，据其地为王，并降服真番及其他邻近的东夷小国。箕子的国祀，经八百余年，至此乃绝，卫满沿着朝鲜向来的地位，很恭顺地对汉称臣，约定各保边不相犯，同时半岛上的蛮夷君长要来朝见汉天子时，朝鲜不加阻碍。但到了卫满的孙右渠与武帝同时，便再不和汉朝客气，一方面极加招诱逃亡的汉人，一方面禁止邻国的君长朝汉。

在南方，当秦末的内乱，闽越和西南夷，均恢复自主；南越则为故龙川县属南海郡令真定赵人赵佗所割据。汉兴，两越均隶藩封。但南越自高帝死后已叛服不常，闽越当武帝初年亦开始侵边。而西南夷则直至武帝通使之时，还没有取消独立。

以上一切边境内外的异族当中，足以为中国大患的只有匈奴。武帝对外也以匈奴为主要目标。其灭朝鲜有一部分为的是“断匈奴右臂”；其通西域全是为“断匈奴左臂”。

第三节　武帝开拓事业的四时期

武帝一朝对待外族的经过，可分为四期。

（1）第一期包括他初即位的六年前一四一至前一三五年，这是承袭文景以来保境安民政策的时期。武帝即位，才十六岁，太皇太后窦氏掌握着朝政。这位老太太是一个坚决的“黄老”信徒。有她和一班持重老臣的掣肘，武帝只得把勃勃的雄心暂时按捺下去。当建元三年前一三八年闽越围攻东瓯今浙江东南部，武帝就对严助说：“太尉不足与计，吾新即位，不欲出虎符发兵郡国。”结果，派严助持“节”去向会稽太守请兵，“节”并不是发兵的正式徽识，严助几乎碰了钉子。在这一期里，汉对匈奴不但继续和亲，而且馈赠格外丰富，关市的贸易也格外起劲；可是武帝报仇雪耻的计划早已决定了。他派张骞去通使西域就在即位的初二年间。

（2）第二期从建元六年窦太后之死至元狩四年大将军霍去病之兵临瀚海，凡十六年前一三五至前一一九年，这是专力排击匈奴的时期。

窦氏之死，给汉朝历史划一新阶段。她所镇抑着的几支历史暗流，等她死后，便一齐迸涌，构成卷括时代的新潮。自她死后，在学术界里，黄老退位，儒家的正统确立；政府从率旧无为变而发奋兴作，从对人民消极放任变而为积极干涉。这些暂且按下不表。现在要注意的是汉廷的对外政策从软弱变而为强硬。她死后的次年，武帝便派重兵去屯北边；是年考试公卿荐举“贤良”，所发的问题之一，便是“周之成康……德及鸟兽，教通四海，海外肃慎，……氐、羌徕服。……呜呼，何施而臻此欤？”次年，便向匈奴寻衅，使人诈降诱单于入塞，同时在马邑伏兵三十万骑，要把单于和他的主力一举聚歼。这阴谋没有成功，但一场狠斗从此开始。

汉武帝像

汉武帝刘彻（前156—前87），字通，幼名彘。7岁时被册立为太子，16岁登基，建立了汉族皇朝最辉煌的功业之一，使汉朝成为当时世界上最强大的国家。

晁错的估量是不错的。只要汉廷把决心立定，把力量集中，匈奴绝不是中国的敌手。据计在这一期内汉兵凡九次出塞挞伐匈奴，前后斩虏总在十五万人以上，只最后元狩四年前一一九年的一次，也是最猛烈的一次，就斩虏了八九万人。先是元狩二年前一二一年，匈奴左地的昆邪王惨败于霍去病将军之手，单于大怒，要加诛戮，他便投降汉朝，带领去的军士号称十万，实数也有四万多。光在人口方面，匈奴在这一期内，已受了致命的打击匈奴比不得中国，便遭受同数目的耗折也不算一回事。计汉初匈奴有控弦之士三十万，后来纵有增加，在此期内壮丁的耗折总在全数一半以上。在土地方面，匈奴在这一期内所受的损失也同样的大。秦末再度沦陷于匈奴的河套一带当时称为“河南”给将军卫青恢复了。武帝用《诗经》中赞美周宣王征伐猃狁，“出车彭彭，城彼朔方”的典故，把新得的河套地置为朔方郡；以厚酬召募人民十万，移去充实它；又扩大前时蒙恬所筑凭黄河为天险的边塞。从此畿辅才不受匈奴的威吓。

后昆邪王降汉，又献上今甘肃西北的“走廊地带”中包括月氏旧地，为匈奴国中最肥美的一片地。武帝把这片地设为武威、酒泉两郡后来又从中分出张掖、敦煌两郡，募民充实之。从此匈奴和氐羌在今青海境隔绝，从此中国和西域乃得直接交通，从此中国自北地郡以西的戍卒减去一半。后来匈奴有一首歌谣，纪念这一次的损失道依汉人所译：

失我焉耆燕支山，
使我妇女无颜色！
失我祁连山，
使我六畜不蕃息！

最后在元狩四年的一役，匈奴远遁至瀚海以北，汉把自朔方渡河以西至武威一带地今宁夏南部，介于绥远和甘肃间地也占领了，并且在这里开渠屯田，驻吏卒五六万人惟未置为郡县，更渐渐的向北蚕食。是年武帝募民七十余万充实朔方以南一带的边境。

（3）元狩五年至太初三年，凡十七年前一一八至前一〇二年间，是武帝对外的第三期。在这一期内，匈奴既受重创，需要休息，不常来侵寇；武帝也把开拓事业转向别方：先后征服了南越、西南夷、朝鲜，皆收为郡县；从巴蜀开道通西南夷，役数万人；戡定闽越，迁其种族的一大部分于江淮之间，并且首次把国威播入西域。

西域在战国时是一神话的境地，屈原在《招魂》里描写道：

西方之害，流沙千里些！
旋入雷渊，靡散而不可止些！
幸而得脱，其外旷宇些！
赤蚁若象，玄蜂若壶些！
五谷不生，丛菅是食些！
其土烂人，求水无所得些！

一直到张骞出使之时，汉人还相信那里的昆仑山，为日月隐藏之所，其上有仙人西王母的宫殿和苑囿。对这神话的境界武帝首先作有计划的开拓。武帝在即位之初，早已留意西域。先时月氏国给匈奴灭了以后，一部分的人众逃入西域，占据了塞国今伊犁一带驱逐了塞王，另建一新国，是为大月氏余众留敦煌、祁连间为匈奴役属的叫做小月氏，对于匈奴，时图报复。武帝从匈奴降者的口中得到这消息，便想联络月氏，募人去和它通使。汉中人张骞应募。这使事是一件很大的冒险，是时汉与西域间的交通孔道还是在匈奴掌握中，而西域诸国多受匈奴的命令。张骞未入西域，便为匈奴所获，拘留了十多年；他苦心保存着所持的使“节”，终于率众逃脱。这十多年中，西域起了一大变化。先前有一个游牧民族，叫做乌孙的，在胡月氏国西，给月氏灭了。他们投奔匈奴，被收容着，至是，受了匈奴的资助，向新月氏国猛攻。月氏人被迫作第二次的逃亡，又找到一个富厚而文弱的国家——大夏今阿富汗斯坦——把它鸠居鹊巢地占据了；遗下塞国的旧境为乌孙所有。张骞到大夏时，月氏人已给舒服的日子软化了，再不想报仇；张骞留居年余，不得要领而返，复为匈奴所获，幸而过了年余，单于死，匈奴内乱，得间逃归。骞为人坚忍、宽大、诚信，甚为蛮夷所爱服。他出国时同行的有一百多人，去了十三年，仅他和一个胡奴堂邑父得还。这胡奴在路上给他射鸟兽充饥，否则他已经绝粮死了。

张骞自西域归还，是轰动朝野的大事。他给汉人的政治、商业和文化开了一道大门；后来印度佛教的输入，就是取道西域的。这我国史上空前的大探险，不久成了许多神话的挂钉。《张骞出关志》《海外异物记》等类夸诞的书，纷纷地堆到他名下。这些可惜现在都失传了。

张骞第二次出使是在元狩四年，匈奴新败后。这回的目的是乌孙。原来乌孙自居塞地国势陡强，再不肯朝事匈奴，匈奴派兵讨它，不胜，从此结下仇隙。张骞向武帝献计：用厚赂诱乌孙来归旧地敦煌祁连间，并嫁给公主，结为同盟，以断“匈奴右臂”；乌孙既归附，则在它西边大夏即新月氏等国皆可收为外藩。武帝以为然，因派张骞再度出使。这回的场面比前次阔绰得多，受张骞统率的副使和将士共有三百多人，每人马二匹，带去牛羊以万数，金币价值“巨万万万”。骞至乌孙，未达目的，于元鼎二年前一一五年归还，过了年余便死。但乌孙也派了一行数十人跟他往汉朝报谢。这是西域人第一次来到汉朝的京都，窥见汉朝的伟大。骞死后不久，他派往别些国的副使也陆续领了报聘的夷人回来；而武帝继续派往西域的使者也相望于道，每年多的十几趟，少的也五六趟，每一行大的几百人，小的也百多人；携带的礼物也大致同张骞时一般。于时请求出使西域，或应募前往西域，成了郡国英豪或市井无赖的一条新辟的出路。西域的土产，如葡萄、苜蓿、石榴等植物，音乐如摩诃、兜勒等曲调，成了一时的风尚。乌孙的使人归去，宣传所见所闻，乌孙由此重汉；匈奴闻它通汉，要讨伐它。乌孙恐惧，乃于元封初年前一一〇年实行和汉室联婚，结为兄弟。但匈奴闻讯，也把一个女儿送来，乌孙王也不敢拒却，也就一箭贯双雕地做了两个敌国的女婿。中国在西域占优势乃是元封三年至太初三年前一〇八至前一〇二年间对西域的两次用兵以后的事。第一次用兵是因为当路的楼兰、姑师两小国，受不了经过汉使的需索和骚扰，勾通匈奴，攻劫汉使；结果，楼兰王被擒，国为藩属；姑师兵败国破，虽尚倔强，其后二十年前八九年终被武帝征服。第二次用兵因为大宛国隐匿着良马，不肯奉献；结果在四年苦战之后，汉兵包围大宛的都城，迫得宛贵人把国王杀了投降。楼兰、姑师尚近汉边，大宛则深入西域的中心。大宛服，而汉的声威振撼西域，大宛以东的小国纷纷遣派子弟，随着凯旋军入汉朝贡，并留以为质。于是汉自敦煌至罗布泊之间沿路设“亭”驿站；又在渠犁国驻屯田兵数百人，以供给使者。

自汉结乌孙，破楼兰，降大宛，匈奴渐渐感到西顾之忧。初时东胡为匈奴所灭后，其余众分为两部：一部分退保鲜卑山，因号为鲜卑；一部分退保乌桓山，因号乌桓二山所在，不能确指，总在辽东塞外远北之地。汉灭朝鲜后，又招来乌桓，让它们居住在辽东、辽西、右北平、渔阳、上谷五郡的塞外。从此匈奴又有东顾之忧。元封六年前一〇五年左右，匈奴大约因为避与乌桓冲突，向西退缩；右部从前和朝鲜辽东相接的，变成和云中郡相当对；定襄以东，无复烽警，汉对匈奴的防线减短了一半。

张骞出使西域辞别汉武帝壁画

武帝开拓事业，也即汉朝的开拓事业，在这第三期，已登峰造极。计在前一期和这一期里，他先后辟置了二十五新郡；此外他征服而未列郡的土地尚有闽越西域的一部分，和朔方以西武威以东一带的故匈奴地。最后一批的新郡，即由朝鲜所分的乐浪、临屯、玄菟、真番四郡四郡占朝鲜半岛偏北的大部分及辽宁省的一部分。此外在半岛的南部尚有马韩、弁韩、辰韩三族谓之三韩，包涵七十八国，皆臣属于汉，置于元封三年前一〇八年。越二年，武帝把手自扩张了一倍有余的大帝国，重加调整，除畿辅及外藩，分为十三州；每州设一个督察专员，叫做“刺史”。这是我国政治制度史上一个重要的转变。

刺史制度，渊源于秦朝各郡的监御史。汉初，这一官废了；有时丞相遣使巡察郡国，那不是常置的职官。刺史的性质略同监御史，而所监察的区域扩大了。秦时监御史的职权不可得而详。西汉刺史的职权是以“六条”察事，举劾郡国的守相。那“六条”是：

1. 强宗豪右田宅逾制，以强凌弱，以众暴寡。

2. 二千石即食禄“二千石”的官，指郡国的守相不奉诏书，倍公向私，旁诏牟利，侵渔百姓，聚敛为奸。

3. 二千石不恤疑狱，风厉杀人，怒则任刑，喜则任赏，烦扰刻暴，制削黎元，为百姓所疾；山崩石裂，妖祥讹言。

4. 二千石选署不平，苟阿所爱，蔽贤宠顽。

5. 二千石子弟，怙倚荣势，请托所监。

6. 二千石违公下比，阿附豪强，通行货赂，割损政令。

第一和第六条的对象都是“豪宗强右”——即横行乡曲的地主。这一流人在当时社会上的重要和武帝对他们的注意可以想见了。

（4）武帝对外的第四期——包括他最后的十五年前一〇一至前八七年。在这一期，匈奴巨创稍愈，又来寇边。而中国经了三四十年的征战，国力已稍疲竭，屡次出师报复，屡次失利。最后，在征和三年前九〇年的一役，竟全军尽覆，主帅也投降了。祸不单行，是年武帝又遭家庭的惨变，太子冤死。次年，有人请求在西域轮台国添设一个屯田区，武帝在心灰意冷之余，便以一道忏悔的诏书结束他一生的开拓事业，略谓：

前有司奏欲益民赋三十每口三十钱助边用。是重困老弱孤独也。而今又请田轮台！……乃者贰师李广利败，军士死略离散，悲痛常在朕心。今请远田轮台，欲起亭隧，是扰劳天下，非所以优民也。今朕不忍闻。……当今务在禁苛暴，止擅赋，力本农，修马复令马复令谓许民因养马以免徭役之令，以补缺，毋乏武备而已。

又二年，武帝死。

不过这一期中匈奴的猖獗只是“回光返照”的开始。在武帝死后三十四年内前八六至前五三年，匈奴天灾人祸，外灾内忧，纷至沓来，弄成它向汉稽首称臣为止。其间重要的打击凡三次。第一次前七二年，匈奴受汉和乌孙夹攻，人畜的丧亡已到了损及元气的程度；单于怨乌孙，自将数万骑去报复，值天大雪，一日深丈余，全军几尽冻死；于是乌孙从西面，乌桓从东面，丁零又从北面，同时交侵，人民死去什三，畜产死去什五；诸属国一时瓦解。又一次前六八年闹大饥荒，据说人畜死去什六七。最后一次，国内大乱，始则五单于争立，终乃则呼韩与郅支两单于对抗；两单于争着款塞纳降，为汉属国，并遣子入侍。后来郅支为汉西域都护所杀，匈奴重复统一，但终西汉之世，臣服中国不改。跟着匈奴的独立而丧失的是它在西域的一切宗主权。它的"僮仆都尉"给汉朝的西域都护替代了。都护驻乌垒国都今新疆库车，其下有都尉分驻三十一国。

第四节　武帝的新经济政策

武帝的开拓事业，论范围，论时间，都比秦始皇的加倍；费用自然也加倍。军需和边事有关的种种工程费，募民实边费徙民衣食仰给县官数年，政府假与产业，犒赏和给养降胡费，使节所携和来朝蛮夷所受的遗赂——这些不用说了。光是在元朔五六年前一二四至前一二三年间对匈奴的两次胜利，"斩捕首虏"的酬赏就用去黄金二十余万斤。武帝又厉行水利的建设。先后在关中凿渠六系：其中重要的是从长安引渭水傍南山下至黄河，长三百余里的运渠；为郑国渠支派的"六辅渠"；和连接泾渭长二百余里的白公渠。又尝凿渠通褒水和斜水长五百余里，以联络关中和汉中；可惜渠成而水多湍石，不能供漕运之用。这些和其他不可胜述的水利工程，又是财政上一大例外的支出。加以武帝笃信幽冥，有神必祭，大礼盛典，几无虚岁。又学始皇，喜出外巡行，却比始皇使用更豪爽。元封元年第一次出巡，并登封泰山，所过赏赐，就用去帛百余万匹，钱以"巨万万万"计。可是武帝时代的人民，除商贾外，并不曾感觉赋税负担的重增。这真仿佛是一件奇迹。

汉朝的赋税是例外地轻的，在武帝以前只有四项。一是田租：自景帝以后确定为三十税一。二是算赋和口赋每人从十五岁至五十六岁年纳百二十钱，商人与奴婢加倍，这叫做算赋；每人从三岁至十四岁的，年纳二十钱，这叫做口赋。三是郡国收来贡给皇帝的献费：每人年纳六十三钱。四是市租：专为工商人而设的。这些赋税当中，只有口赋武帝加增了三钱，其余的他不曾加增过分文。此外他只添了两种新税，一是舟车税：民有的轺小车车纳一算百二十钱，商人加倍；船五丈以上一算。二是工商的货物税：商家的货品，抽价值的百分之六缗钱二千而一算，工业的出品减半，这叫做"算缗钱"。货物的价值听纳税者自己报告，报不实或匿不报的，罚戍边一年，财产没收，告发的赏给没收财产的一半，这叫做"告缗"。无论当时悭吝的商人怎样叫苦连天据说当时中产以上的商人大抵因"告缗"破家，这两种新税总不能算什么"横征暴敛"。

那么武帝开边的巨费大部分从何而出呢？除了增税，除了鬻爵民买爵可以免役除罪，武帝前已然。武帝更设"武功爵"，买至五级的可以补官，除了募民入财为"郎"，入奴脾免役，除了没收违犯新税法的商人的财产据说政府因"告缗"所得，财产以亿计，奴婢以万计；田，大县数百顷，小县百多顷；宅亦如之外；武帝的生财大道有二：新货币政策的施行和国营工商业的创立。

（1）武帝最初的货币政策，是发行成本低而定价高的新币。以白鹿皮方尺，边加绘绣，为皮币，当四十万钱，限王侯宗室朝觐聘享必须用作礼物。又创铸银锡合金的货币大小凡三种：龙文，图形，重八两三的当三千；马文，方形的当五；龟文，椭圆形的当三百。又把钱改轻，令县官镕销"半两钱"，更铸"三铢钱"；后因三铢钱轻小易假，令更铸"五铢钱"。又由中央发行一种"赤灰钱"赤铜做边的，以一当五，限赋税非赤灰钱不收。但银币和赤灰钱，因为低折太甚，终于废弃。而其他的钱币，因为盗铸者众，量增价贱。于是武帝实行币制的彻底改革。一方面集中货币发行权：禁各地方政府铸钱。一方面统一法币：由中央另铸新钱，把前各地方所造质量参差的旧钱收回镕销。因为新钱的质量均高，小规模的盗铸无利可图，盗铸之风亦息。汉朝的币制到这时才达到健全的地步。集中货币发行权利和统一法币的主张是贾谊首先提出的。

（2）武帝一朝所创的国家企业可分为两类：一是国营专利的实业，二是国营非专利的商业。

国营专利的实业，包括盐铁和酒。酒的专利办法是由政府开店制造出售，这叫做“榷酤”。盐的专利办法是由“盐官”备“牢盆”等类煮盐器具，给盐商使用，而抽很重的税，同时严禁民私造煮盐器具。铁的专利办法是由政府在各地设“铁官”主办铁矿的采冶及铁器的铸造和售卖。盐铁官多用旧日的盐铁大贾充当。

国营非专利的商业有两种。其一是行于各地方的。以前郡国每年对皇帝各要贡献若干土产。这些贡品有的因为道路遥远，还不够抵偿运费，有的半途坏损了。有人给武帝出了一条妙计：让这些贡品不要直运京师，就拿来做货本，设官经理，运去行市最高的地方卖了，得钱归公。这叫做“均输”。其二是行于京师的。武帝在长安设了一所可以叫做“国立贸易局”，网罗天下货物，“贱则买，贵则卖”。这叫做“平准”。当时许多商人之被这贸易局打倒是可想见的。

均输平准和盐铁专利终西汉之世不变。惟榷酤罢于武帝死后六年前八一年。是年郡国所举的“贤良文学”议并罢盐铁专卖。主持这些国营实业的桑弘羊和他们做了一次大辩论。这辩论的记录便是现存的《盐铁论》。

第八讲　改制与“革命”

第一节　外戚王氏的专权

武帝死后，经昭帝和宣帝两朝，和平而繁荣的两朝，凡四四年，而至元帝。

当元帝做太子时，他的爱妃夭死，临死时，自言死于非命，由妾婢诅咒所致。太子悲痛至极，许久不去接近宫里任何女人，长日精神恍惚的。宣帝很替他担心，叫皇后觅些女子，可以开解他的。皇后选了五人，等他来朝时，给他瞧见，并嘱近身的太监暗中探听太子的意思。太子本来没有把这五人看在眼里，怕拂母后意，勉强答道：内中有一人可以，却没明说是谁。那太监见五人中独有一人穿着捆大红边的长袿，并且坐得挨近太子，认为就是她，照禀皇后，皇后便命人把她送到太子宫里。她叫做王政君，当年她就生了嫡皇孙，即后来的成帝。

元帝即位，王政君成了皇后，嫡皇孙成了太子。元帝晚年，太子耽于宴乐，很使他失望。而皇后又已失宠。他常想把太子废掉，而另立他新近所恋一个妃嫔的儿子。当他最后卧病时，这妃嫔母子常在他跟前，而皇后和太子难得和他见面；他屡次查问从前景帝易置太子的故事。是时皇后、太子和太子的长舅王凤，日夜忧惧，却束手无策，幸亏因一位大臣涕泣力谏，元帝竟息了心。

成帝之世，王凤四兄弟相继以“大司马”的资格大司马乃是当时最高的军政长官辅政。据王凤的同僚刘向在一封奏章里的观察：

王氏一门，乘朱轮华毂者二十三人。青紫貂蝉，充盈幄内，鱼鳞左右。大将军王凤秉事用权，五侯凤诸弟骄奢僭盛，并作威福，击断自恣。……尚书九卿，刺史郡守，皆出其门。筦执枢机，朋党比周，称誉者登进忤恨者诛伤。游谈者助之说，执政者为之言，排摈宗室，孤弱公族，其有智能者，尤非毁而不进。……兄弟据重宗族盘互。历上古至秦汉，外戚僭贵，未有如王氏者也。

王凤诸弟继任时，虽然不能像他那样专权独断，但王家的势焰，并没有稍减。

王太后的兄弟共八人，惟独弟曼早死，没有封侯，太后很怜念他，他的寡妇住在宫里，抚育着幼子王莽。王氏众侯的公子，个个骄奢淫逸，只知讲究车马声伎。惟独王莽谦恭俭朴，勤学博览，交结贤俊，穿着得同儒生一般。他对寡母，对诸伯叔，对寡嫂孤侄，无不处处尽道，为人所不能为。王凤病，他在跟前侍候，亲自尝药，蓬头垢面，衣不解带，一连好几个月。王凤临死，特别把他托付给太后和成帝，其他诸伯叔也无不爱重他。他不久便被升擢到侍中宿卫近臣并封新都侯。他爵位愈尊，待人愈敬谨。散赀财车马衣裘，以赠送宾客，赡养名士，又广交名公巨卿。于是在朝的推荐他，在野的颂赞他，他隐然为一时人望所寄了。

成帝绥和元年公元前八年王莽的叔父大司马王根因病辞职，荐莽自代。这时莽才三十八岁。他虽位极人臣，自奉仍如寒素。有一回，他的母亲病，公卿列侯的夫人来问候，他的夫人出迎，衣不拖地是时贵妇的衣服是拖地的，用粗布做“蔽膝”，来宾只当她是婢仆，问知是大司马夫人，无不吃惊。他把受赏赐所得的赀财完全散给寒士。又延聘贤良，以充属吏。他的声誉随爵位而起。

次年三月，成帝死，绝后，以侄定陶王嗣位，是为哀帝。王政君虽然升级为太皇太后，王氏的权势却暂时为哀帝的祖母家傅氏和母家丁氏所压倒。是年七月，王莽称病去职。

第二节　哀帝朝的政治

王莽去职前一月，汉廷议行一大改革，这改革方案的主要条目如下：

（一）一切贵族，官吏及平民，“名田”谓私有田土皆不得过三十顷。三年后，过限的充公。

（二）商人皆不得“名田”为吏。

（三）诸侯王蓄奴婢不得过二百人，列侯公主不得过一百人，关内侯及吏民不得过三十人。年六十以上，十以下，不在数中。三年后过限的充公。

（四）官奴婢，年五十以上，解放为平民，宫人年三十以下，出嫁之。

（五）废除“任子令”。任子令的规定是，官吏二千石以上，任职满三年，得荫子弟一人为“郎”，即皇帝的侍从这种特权的废除，宣帝时已有人主张。

（六）增加三百石以下的官吏的俸禄。

这改革案的发动人师丹在建议里说道：

古之圣王，莫不设井田，然后治乃可平。孝文皇帝承亡周乱秦兵革之后……民始充实未有并兼资产集中在少数富豪手，当时叫做“并兼”或兼并，故不为民田及奴婢为限，今累世承平，豪富吏民，訾数巨万谓万万，而贫弱愈困。盖君子为政贵因循而重改作；然所以有改者将以救急也。亦未可详，宜略为限。

这改革案和王莽的关系，史无明文，但从他日后在政治上的措施看来，他赞成这改革案是无可疑的。

这改革案奏上后，一时奴婢、田地的价值大减。但丁傅两家和哀帝的嬖臣董贤觉得它于自己不便，哀帝诏暂缓施行，结果被判了无期徒刑。不久，哀帝赐董贤田二千顷，就把这改革案中最重要的项目宣告死刑。

董贤是我国历史中一个极奇特的角色。哀帝即位时，他才十七岁，比哀帝少三岁。他生得异常姣好，哀帝做太子时早已倾心于他，即位后，依然时常与他同卧起。他们间有一件千古传为话柄的事，一日午睡，董贤枕着哀帝的衫袖，哀帝要下床，却怕惊醒了董贤，把衫袖剪断而起。他对董贤的赏赐，使得他死后董氏家产被籍没时，卖得四十三万万，这还不足为奇。董贤甫二十二岁，在政治上没有做过一点事，便被册为大司马，册文里并且用了“允执厥中”的典故，那是《书经》所载，帝尧禅位于舜时说的话。这册文已够使朝野惊骇了。不久哀帝宴董贤父子，酒酣，从容对董贤说道：“吾欲法尧禅舜何如？”

哀帝相效法帝尧，原有特殊的历史背景。秦汉以来深入人心的“五德终始”说早已明示没有一个朝代能够永久。而自昭帝以来，汉运将终的感觉每每流露于儒生、方士之口。昭帝时有一位眭孟因天变上书，有一段说道：

> 先师董仲舒有言，虽有继体守文之君，不害圣人之受命。汉家尧后谓汉高帝为帝尧的后裔有传国之运，汉帝宜……求索贤人，禅以帝位，而退自封百里，如殷周二王后，以承顺天命。

眭孟虽然以妖言伏诛，其后二十年，在宣帝时，有一位盖宽饶，亦以同类的言论送死。成帝时，太臣谷永因天变上书，也说道：“白气起东方，贱人将兴之征也；黄浊尘冒京师，王道微绝之应也。”稍后，亦在成帝时，方士甘忠可昌言：“汉家逢天地之大终，当更受命于天。”并且供献种种重更“受命于天”的法术。忠可虽以“假鬼神罔上惑众”死于狱中，他的弟子夏贺良又把他的一套向哀帝进献。原来哀帝即位后，久病无子。贺良用这类的话恫吓他：“汉运已经中衰，应当重新接受天命。成帝不应天命，所以绝嗣。如今陛下久病，夫变屡次出现，这就是上天的谴告。”哀帝信了他的话，改建平二年公元前五年为“太初元将”元年，自号为“陈圣刘太平皇帝”，改刻漏百度为百二十度，并大赦天下。这些就是“更受天命”的法术。但是一切实行后，毫无效验。哀帝在计穷望绝之下，又被一种异常的情感所驱使，便自觉或不自觉地要实行眭孟的主张了。

哀帝册命董贤为大司马是在元寿元年公元前二年十二月。次年六月，他还没有“法尧禅舜”，便仓卒死了。

第三节　从王莽复起至称帝

王莽罢政后不久，被遣归“国”即本封的新都，在今河南闭门韬晦了三年。吏民上书替他讼冤的有一百多次。后来应举到朝廷考试的士人又在试策里大大讼赞王莽的功德。哀帝于是召他还京，陪侍太皇太后。他还京年余，而哀帝死。哀帝又是绝后，他的母后及祖母又皆已前死，大权又回到太皇太后手，这时她七十二岁了。王莽于哀帝死后不几日，以全朝几乎一致的推举，和太皇太后的诏令，复大司马职。是年九月，他才选了一个年方九岁的中山王做继任的皇帝，这时朝中已没有和王莽不协，或敢和王莽立异的人了。次年，王莽既进号太傅安汉公，位诸侯王上，太皇太后又从群臣的奏请，下诏道：

> 自今以来，惟封爵乃以闻。他事安汉公四辅平决。州牧成帝末王莽为大司马时，罢刺史于每州设长官，称州牧二千石，及茂材吏初除奏事者，辄引入至近署，对安汉公考故官，问新职，以知其称否。

平帝虽名为天子，连自己的母亲卫后也不得见面。她被禁锢在中山，因谋入长安，全家被诛灭，不久平帝亦郁郁而死。他一共做了五年傀儡。在这五年间，王莽行了不少的惠政和善政，举其要者如下。他大封宗室和功臣的后裔，前后不下二百人。他令官吏自“比二千石”以上，年老退休的，终身食原俸三分之一。值凶年，他献田三十顷，钱百万，以与贫民，同僚仿行的二百三十人。他在长安城中起了五条街，房屋二百所，给贫民居住。他立法，妇女非身自犯法，不受株连；男子八十以上七岁以下，非家犯大逆不道，被诏名捕，不得拘系。他赐天下鳏寡孤独及高年人以布帛。他在郡王国同县侯国同乡聚较乡为小皆设公立学校；在郡的称“学”在县的称“校”，每所置经师一人；在乡的称“庠”，在聚的称“序”，每所置《孝经》师一人《孝经》是战国末出现的一部劝孝的书，托为孔子和弟子对话的记录。他扩充太学，增加博士人数至每经五人；于《五经》之外又添立《乐经》；学生增加至万余人，又给太学建筑宏伟的校舍，其中学生宿舍就有万多间。他征求全国通知逸经、古记、天文、历算、乐律、文字训诂、医药、方技和以《五经》《论语》《孝经》《尔雅》秦汉间出现的讲训诂的书教授的人，由地方官以优礼遣送到京；前后应征的凡数千人，皆令在殿庭上记述所学。他又曾奏上“吏民养生，送终，嫁娶，田宅，奴婢之品”；所谓“品”就是分等级的限制。董仲舒、师丹的建议他又打算实行。可惜这方案提出不久，适值卫氏之狱，又被搁起，后来不知何故，竟没有重提；其详细节目不得而考了。

王莽封禅玉版

讴歌和拥戴王莽的人自然不会缺少。当平帝选后，王莽拒绝把女儿参加候选时，就每日有千余人，包括平民、学生和官吏，守阙上书，“愿得公女为天下母”，结果他的女儿不待候选便直接做了皇后。当皇后正位后，群臣请求给他“大赏”时，就有八千多人上书附和。当他拒绝接受赏田时，就先后有吏民四百七十八万七千五百七十二人，上书朝廷，声言对他“亟宜加赏”。

在这时期，王莽处处以周公为榜样，朝野也以周公看待他。传说周公辅政时，有南方远夷越裳氏来献白雉，为周公功德及远的表征；是时也有益州塞外今安南境蛮夷，自称越裳氏，来献白雉和黑雉，其后四夷声言因慕义而来朝贡的络绎不断。周公“托号于周”，所以朝廷的公论要给王莽以“安汉公”的称号。周公位居总领百僚的太宰，所以朝廷的公论要为他特设“宰衡”一职，位在诸侯王之上宰衡是兼采太宰和阿衡之号，商汤大臣伊尹，号阿衡，曾辅汤孙太甲。周公的七个儿子都封为诸侯，所以朝廷的公论要把他的两个儿子他原有四子，一因杀奴，为他迫令自杀；一因助卫氏，伏诛；后来又一因谋杀他，为他迫令自杀都封侯。最后，传说周公当成王幼小时，曾暂时替代他做天子，谓之“居摄”，于是就有一位侯爵的宗室上书，说“今帝富于春秋，宜令安汉公行天子事，如周公”。这件想象的史事正要开始重演时，平帝病死，又是绝后。是月就有人奏称，武功县长淘井，得白石，上有丹漆写的文字：“告安汉公莽为皇帝。”王莽却经问卜和看相之后，选了一个最吉的两岁的宗室子婴，做平帝的后嗣，同时他受同僚的推戴和太皇太后勉强下的诏令，实行“居摄”，他令臣民称他为“摄皇帝”，他祭祀及朝见太皇太后时，自称“假皇帝”假有代理之意，非言伪。

在王莽“居摄”的头两年间，安众侯刘崇及东郡太守翟义先后起兵讨伐他，皆败死。第三年公元八年，宣示天意要王莽做皇帝的“符命”接叠而起，是年十一月，王莽奏上太皇太后，请许莽：

> 共事神祇宗庙，奏言太皇太后，孝平皇后，皆仍称假皇帝，其号令天下，天下奏言事，毋言摄，以居摄三年为初始元年，漏刻以百二十为度，用应天命。臣莽夙夜养育，隆就孺子，令与周之成王比德；宣明太皇太后威德于万方，期于富而教之。孺子加元服，“复子明辟”谓待子婴长大后，还他帝位，如周公故事。

次月，某日黄昏时，有梓潼人哀章，穿着黄衣，拿了一个铜盒，送到汉高祖庙。盒里装着两卷东西：一卷题为《天帝行玺金匮图》，一卷题为《赤帝行玺刘邦传子黄帝金策书》。策书的大意是说王莽应为真天子，太皇太后应从天命。守庙的人奏闻王莽。次日一早王莽便到高庙拜受这铜盒，即所谓“金匮”，然后谒见太皇太后，然后还坐殿廷，下书道：

予以不德，托于皇初祖考黄帝之后，皇始祖考虞帝之苗裔，而太皇太后之末属。皇天上帝隆显大佑，成命统序，符契图文，金匮策书，神明诏告，属予以天下兆民。赤帝汉氏高皇帝之灵，承天命传国。金策之书，予甚祗畏，敢不钦受？以戊辰直“定”定是建除等十二日次之一，御王冠，即真天子位。定有天下之号曰“新”。其改正朔，易服色，变牺牲，殊徽帜，异器制。以十二月朔癸酉为始建国元年正月之朔。

第四节　王莽的改革

王莽即位后，除了改正朔，易服色……等等外，还要改变全国的经济机构。他自从少年得志以来，可谓从心所欲，无不成为事实。现在他要依照先圣的启示，理性的唤召，为大众的福利和社会的正义，去推行一种新经济制度，还会遇到不可克服的阻碍吗？孟子所提倡而认为曾经存在过的“井田”制度，时常闪烁于西汉通儒的心中。不过董仲舒和师丹都认为“井田”制“难猝行”，不得已而思其次，提出“限民名田”的办法。王莽在胜利和乐观、信古和自信之余，便完全看不见董仲舒和师丹所看见的困难了。他不但要实行“井田”制度，并且要同时改革奴隶的制度，始建国元年公元九年王莽下诏道：

古者设庐井八家，一夫一妇田百亩，什一而税，则国给民富而颂声作。秦为无道，……坏圣制，废井田，是以兼并起，贪鄙生，强者规田以千数，弱者曾无立锥之居。又置奴婢之市，与牛马同栏，制于民臣，专断其命谓吏民得擅杀奴婢。奸虐之人，因缘为利，至略卖人妻子。逆天心，悖人伦，谬

> 于“天地之性人为贵”语出《孝经》之义。……汉氏减轻田租，三十而税一，常有更赋，疲癃咸出。而豪民侵陵，分田劫假。厥名三十税一，实什税五也。父子夫妇，终年耕耘，所得不足以自存。故富者犬马余菽粟，骄而为邪；贫者不餍糟糠，穷而为奸。俱陷于辜，刑用不措。……今更名天下田曰王田，奴婢曰私属，皆不得买卖。其男口不盈八而田过一井者，分余田予九族邻里乡党。故无田，今当受田者如制度。敢有非井田圣制，无法惑众者，投诸四裔，以御魑魅，如皇始祖考虞帝故事。

这道诏书亦宜与董仲舒请限民名田及废除奴婢的奏章对读。这道诏书所提出的改革，分析如下：

（一）田地国有，私人不得买卖非耕种的土地，似不在此限。

（二）男丁八口以下之家占田不得过一井，即九百亩。关于男丁八口以上之家无明文，似当以“八丁一井”的标准类推，有爵位食赏田的当不在此限。

（三）占田过限的人，分余田与宗族乡邻。

（四）无田的人，政府与田；所谓“如制度”，似是依“一夫一妇田百亩”的办法。有田不足此数的亦当由政府补足。

（五）现有的奴婢，不得买卖但没有解放。买卖自由人为奴婢，虽没有提及，当亦在禁止之列。现有的奴婢的子孙是否仍听其承袭为奴婢，亦没有明文。若是，则是王莽要用渐进的方法废奴；若否，则他并不是要完全废奴。

这道诏令实际上曾被施行到什么程度，不可确考，据说“坐买卖田宅奴婢，……自诸侯卿大夫至于庶民，抵罪者不可胜数”。可惜这几句话太笼统了。这道诏令的推行所必当碰到的困难和阻碍是怎样，历史上亦没有记载。但是到了始建国四年，有一位中郎将区博进谏道：

> 井田虽圣王法，其废久矣。……今欲违民心，追复千载绝迹，虽尧舜复起，而无百年之渐，弗能行也。天下初定，

万民新附，诚未可施行。

王莽听了他的话，便下诏：

诸名，食王田，皆得卖之，勿拘以法，犯私买卖，庶人者且一切勿治。

这里只涉及上列的第一项及第五项的一部分。其余各节不知是否亦连带撤销。但我们要注意，他的解禁并不否认始建国元年的诏令在四年间所已造成的事实。

除了关于土地和奴婢的新法外，王莽在民生及财政上还有六种重要的兴革：

（一）国营专利事业的推广。武帝时国家已实行盐铁和酒的专卖，其后酒的专卖废于昭帝时；盐铁的专卖，宣帝时废而旋复。王莽除恢复酒的专卖外，更推广国家独占的范围及于铜冶和名山大泽的资源的开采，同时厉禁人民私自铸钱。

关于这一项立法的用意，王莽曾有诏说道：

夫盐，食肴之将将帅；酒，百药之长，嘉会之好；铁，田农之本；名山大泽，饶衍之藏，五均赊贷，百姓所取平，仰以给赡；钱布铜冶，通行有无，备民用也；——此六者非编户齐民所能家作，必仰于市，虽贵数倍，不得不买，豪民富贾，即要要挟贫弱。先圣知其然也，故斡谓由国家经营之。

（二）国家放款的创始。人民因祭祀或丧事所需，得向政府借款，不取利息；还款期限，祭祀十日，丧事三月。人民因经营生业，得向政府借款，每年纳息不过纯净赢利的十分之一。

（三）国营“平价”贸易的创始。五谷布帛丝绵等类日常需用之物，遇滞销时，由政府照本收买。政府在各地算出这类货物每季的平均价格各地不必同。若货物的市价超过平均价，则政府照平均价出卖，若低过平均价，则听人民自相买卖。这制度虽然与武帝所行的平准法有点相似，但用意则极不相同，后者目的在政府赢利，前者则在维持一定的物价水准，便利消费者而防止商人的囤积居奇。

（四）荒弃土地税的创始。不耕的田和城郭中不种植的空地皆有税。

（五）处理无业游民的新法。无业的人每丁每年须缴纳布帛一匹，不能缴纳的由县官征服劳役，并供给其衣食。

（六）所得税的创始。对一切工商业包括渔猎牧畜，巫医卜祝，旅店经营以至妇女之养蚕，纺织和缝补取纯利十一分之一，叫做“贡”，政府收入的一贡即为放款与人民的本钱。贡税与现代所得税的异点在前者没有累进的差别，亦没有免征的界限。

以上的制度，除铜冶的专利公布于始建国元年外，其余皆在始建国二年以后陆续公布，其被实际施行的程度和推行时所遇的困难和阻碍，历史上亦均无记载。铜冶的专利弛于始建国五年，山泽的专利弛于地皇三年公元二二年，次年王莽便败死。

第五节　新朝的倾覆

王莽对于立法的效力有很深的信仰，他认为“制定天下自平”。除上述一切关于民生和财政的新法外，他对于中央和地方的官名官制，行政区域的划分，以及礼乐刑法无不有一番改革。他自即位以来，日夜和公卿大臣们引经据典地商讨理想的制度，议论连年不休。他沿着做大司马时的习惯，加以疑忌臣下，务要集权揽事，臣下只有唯诺敷衍，以求免咎。他虽然忙到每每通宵不眠，经常的行政事务；如官吏的遴选，讼狱的判决等却没有受到充分的理会。有些县甚至几年没有县长，缺职一直被兼代着。地方官吏之多不得人是无足怪的。更兼他派往各地的镇守将军，“绣衣执法”，以及络绎于道的种种巡察督劝的使者又多是贪残之辈，与地方官吏相缘为奸。在这样的吏治情形之下，即使利民的良法，也很容易变成病民。何况像贡税和荒地税本属苛细。国家专利的事业禁民私营。像铸钱和铜冶，犯者邻里连坐，这又给奸吏以虐民的机会。

王莽十布

在王莽的无数改革中有一件本身甚微而影响甚大的，即王爵的废除，因此从前受汉朝册封为王的四夷的君长都要降号为侯，并且更换玺印。为着这事，朝鲜的高句丽，西南夷句町先后背叛。王莽对他们纯采高压政策。他派十二将领甲卒三十万，十道并出，去伐匈奴。因为兵士和军用的征发的烦扰，内郡人民致有流亡为盗贼的，并州平州尤甚。出征的车队屯集在北边，始终没有出击的机会。边地粮食不给，加以天灾，起大饥荒，人民相食，或流入内郡为奴婢。边地的屯军，生活困苦，又荼毒地方，五原代郡，受祸尤甚；其人民多流为盗贼，数千人为一伙，转入旁郡，经一年多，才被平定。北边郡县却大半空虚了。为伐匈奴，强征高句丽的兵，结果高句丽亦叛，寇东北边。征句町的大军，十分之六七死于瘟疫，而到底没有得到决定的胜利。为给军用，赋敛益州，人民财物至于十收四五。益州因而虚耗。以上都是王莽即位以来八年间的事。

从新朝的第九年是年莽六十二岁至第十四年公元一七至二二年间，国内连年发生大规模的天灾；始而枯旱，继以飞蝗。受灾最重的地方是青徐二州今山东的东南部和江苏的北部和荆州今河南的南部和湖北的北部。灾害的程度，除了表现于四方蜂起的饥民暴动外，还有二事可征：其一，山东饥民流入关中求食的就有数十万人；其二，王莽分遣使者往各地，教人民煮草木为“酪”以代粮食，这种“酪”却被证明是无效的替代品。

暴动的饥民，起初只游掠求食，常盼年岁转好，得归故里；不敢攻占城邑，无文告旗帜，他们的魁帅亦没有尊号，他们有时俘获大吏也不敢杀害。因将吏剿抚无方，他们渐渐围聚，并和社会中本来不饥的枭悍分子结合，遂成为许多大股的叛党。其中最著者为萌芽于瑯琊而蔓延于青徐的“赤眉”叛徒自赤其眉，以别于官军，故名；和最初窟穴于绿林山在今河南而以荆州为活动范围的绿林贼。二者皆兴起于新朝的第九年。绿林贼后来分裂为下江兵和新市兵。

第十三年即地皇二年，公元二一年，王莽遣太师羲仲景尚，更始将军王党将兵击青徐。同时又遣将击句町，并令天下转输谷帛至北边的西河、五原、朔方和渔阳诸郡，每郡以百万数，预备大举伐匈奴。是年曾以剿贼立大功，领青徐二州牧事的田况，上平贼策道：

> 盗贼始发，其原甚微，部吏伍人所能擒也。咎在长吏不为意，县欺其郡，郡欺朝廷，实百言十，实千言百。朝廷忽略，不辄督责，遂致延蔓连州。乃遣将率率乃新朝将帅之称多发使者，传相监趣促。郡县力事上官，应塞诘对。供酒食，具资用，以救断斩。不给暇复忧盗贼，治官事。将率又不能躬率吏士，战则为贼所破，吏气寖伤，徒费百姓。前幸蒙赦令，贼欲解散，或反遮击，恐入山谷转相告语。故郡县降贼，皆更惊骇，恐见诈灭。因饥馑易动，旬日之间，更十余万人。此盗贼所以多之故也。今洛阳以东，米石二千。窃见诏书欲遣太师，更始将军。指羲仲景尚与王党二人爪牙重臣，多从人众，道上空竭；少则无以威视远方。宜急选牧尹以下，明其赏罚。收合离乡，小国，无城郭者，徙其老弱，置大城中，积藏谷食，并力固守。贼来攻城则不能下，所过无食，势不得群聚。如此招之必降，击之则灭。今空复多出将卒，郡县苦之，反

甚于贼。宜尽征还乘传传诸使者，以休息郡县，委任臣况以二州盗贼，必平定之。

王莽不听，反免田况职，召还京师。

第十四年二月，羲仲景尚战死。四月，莽继派太师王匡，和更始将军廉丹，将锐士十余万，往征青徐。大军所过百姓唱道：

宁逢赤眉，
不逢太师。
太师尚可；
更始杀我！

十月，廉丹战死，全国震动。十一月，下江新市兵与平林、春陵兵联合。平林春陵兵皆以其兴起之地名，先后皆于是年兴起。春陵兵的领袖乃汉朝皇室的支裔，刘縯和刘秀两兄弟。

第十五年，二月，下江新市等联军拥立刘玄为皇帝，改元更始。刘玄亦汉朝皇室的支裔，他即位之日，对群臣羞愧流汗，举手不能言语。是时联军攻宛城未下，他驻跸宛城下。三月王莽诏发郡国兵四十余万，号百万，会于洛阳，以司空王邑司徒王寻为将。五月，二王率其兵十余万由洛阳向宛进发，路过昆阳，时昆阳已降于联军，二王首要把它收复。部将严尤献议道："今僭号的人在宛城下，宛城破，其他城邑自会望风降服，不用费力。"王邑道："百万大军，所过当灭，如今先屠此城，喋血而进，前歌后舞，岂不快哉！"于是纵兵围城数十重，城中请降，王邑不许。严尤又献计道：兵法上说，"归师勿遏；围城为之阙"，可依此而行，使城中贼得路逃出，好惊怖宛下。王邑不听。先是当城尚未合围时，刘秀漏夜从城中逃出，请救兵。六月刘引救兵到，自将步骑千余为前锋。二王亦派兵迎击，却连战皆败。刘秀乃率敢死队三千人从城西水上冲官军的中坚。二王根本轻视他，自将万余人出阵，令其他营伍各守本部，不得擅动。二王战不利，大军又不敢擅来救援。二王阵乱，刘秀乘势猛攻，杀王寻。城中兵亦鼓噪而出，内外夹击，震呼动天地，官军大溃，互相践踏，伏尸百余里。是日风雷大作，雨下如注，近城的河川盛溺横溢，官兵溺死以万计。得脱的纷纷奔还本乡。王邑只领着残余的“长安勇敢”数千，遁归洛阳。消息所播，四方豪杰，风起云涌地举兵响应，旬日之间，遍于国中，他们大都杀掉州牧郡守，自称将军，用更始的年号，等候着新主的诏命。九月，响应更始的“革命”军入长安，城中市民亦起暴动相应，王莽被杀，手刃他的是一个商人。他的尸体被碎裂，他的首级被传送到宛。

做过王莽的“典乐大夫”的桓谭在所著《新论》里曾以汉高帝与王莽比较，指出王莽失败的原因，说道：

> 维王翁即莽之过绝世人有三焉：其智足以饰非夺是，辨能穷诘说士，威则震惧群下，又数阴中不快己者。故群臣莫能抗答其论，莫敢干犯匡谏。卒以致亡败。其不知大体之祸也。夫（知）帝王之大体者，则高帝是已。高帝曰：张良、萧何、韩信，此三子者，皆人杰也；吾能用之，故得天下，此其知大体之效也。王翁始秉国政，自以通明贤呈，而谓群下才智莫能出其上，是故举措兴事，辄欲自信任，不肯与诸明习者通，……稀获其功效焉。故卒遇破亡。此不知大体者也。高帝怀大智略，能自揆度群臣。制事定法，常谓曰：庳而勿高也，度吾所能行。为之宪度内疏政合于时。故民臣乐悦，为世所思。此知大体者也。王翁嘉慕前圣之治，……欲事事效古而不知……己之不能行其事。释近趋远，所尚非务。……此不知大体者也。高祖欲攻魏，乃使人窥视其国相，及诸将卒左右用事者。乃曰：此皆不如吾萧何、曹参、韩信、樊哙等，亦易与耳。遂往击破之，此知大体者也。王翁前欲北伐匈奴，及后东击青徐众郡赤眉之徒，皆不择良将，但以世姓及信谨文吏，或遣亲属子孙素所爱好，或无权智将帅之用。猥使据军持众，当赴强敌是以军合则损，士众散走。……（此）不知大体者也。

第九讲　东汉的复兴

第一节　东汉的建立及其开国规模

新朝倒塌后，革命势力的分化和冲突，乘时割据者的起仆，和一切大规模和小规模的屠杀、破坏，这里都不暇陈述。总之，分裂和内战，继续了十四年，然后全中国统一于刘秀之手。

刘秀成就帝业的经过，大致如下。他起初年追随其兄刘缜之后。昆阳之战后不久，刘缜为更始所杀。时秀统兵在外。闻讯立即驰往宛城，向更始谢罪，沿途有人吊唁，他只自引咎，不交一句私语，他没有为刘缜服丧，饮食言笑，一如平常。更始于是拜他为破虏大将军，封武信侯。是年，更始入驻洛阳，即派他“行大司马事”，去安抚黄河以北的州郡。当他渡河时，除了手持的麾节外，几乎什么实力也没有。他收纳了归服的州郡，利用他们的兵力，去平定拒命的州郡。在两年之间，他不独成黄河以北的主人，并且把势力伸到以南，在这期间，更始定都于长安，封他为萧王；他的势力一天天膨胀；更始开始怀疑他，召他还京了；他开始抗拒更始的命令了，他开始向更始旗下的将帅进攻了。最后在更始三年六月，当赤眉迫近长安，更始危在旦夕的时候，他即皇帝位于鄗南，改元建武，仍以汉为国号史家称刘秀以后的汉朝为后汉或东汉，而别称刘秀以前的汉朝为前汉或西汉。先是，有一位儒生从关中带交他一卷“天书”，上面写着：

刘秀发兵捕不道，

四夷云集龙斗野；
四七之际火为主。

是年，赤眉入长安，更始降。接着，刘秀定都于洛阳。十二月，更始为赤眉所杀。赤眉到了建武三年春完全为刘秀所平定。至是，前汉疆域未归他统治的，只相当于今甘肃四川的全部和河北山东江苏的各一小部分而已。这些版图缺角的补足，是他以后十年间从容绰裕的事业。

汉光武帝像

汉光武帝刘秀（前6—57），字文叔，中国东汉帝国的建立者。刘秀勤于政事：兴修水利，发展农业生产；裁并郡县，精简官员。其统治时期被誉为“光武中兴”。

刘秀本是一个没有多大梦想的人。他少年虽曾游学京师，稍习经典，但他公开的愿望只是：

做官当作执金吾，
娶妻当娶阴丽华。

执金吾仿佛京城的警察厅长，是朝中的第三四等的官吏。阴丽华是南阳富家女，著名的美人，在刘秀起兵的次年，便成了他的妻室。他的起兵并不是抱着什么政治的理想。做了皇帝以后，心目中最大的政治问题似乎只是怎样巩固自己和子孙的权位而已。他在制度上的少数变革都是朝着这方向的。第一是中央官制的变革。在西汉初期，中央最高的官吏是辅佐君主总理庶政的丞相，和掌军政的太尉，掌监察的御史大夫，共为三公。武帝废太尉设大司马，例由最高的统兵官“大将军”兼之。成帝把御史大夫改名为大司空，哀帝又把丞相改名为大司徒。在西汉末期，专政的外戚列居大司马大将军之位，而大司徒遂形同虚设了。刘秀把大司徒大司空的大字去掉，把大司马复称太尉，不让大将军兼领。同时他“愠数世之失权，忿强臣之窃命，矫枉过直，政不任下，虽置三公，备员而已”东汉人仲长统语。他把三公的主要职事移到本来替皇帝掌管文书出纳的尚书台。在官职的等级上，尚书台的地位是很低的。它的长官尚书令禄只千石，而三公禄各万石。他以为如此则有位的无权，有权的无位，可以杜绝臣下作威作福了。第二是地方官制的变革。西汉末年，把刺史改称为州牧，把他的秩禄从六百增到二千石，但他的职权并没有改变。州牧没有一定的治所，每年周行所属郡国，年终亲赴京师陈奏。他若有所参劾，奏上之后，皇帝把案情发下三公，由三公派员去按验，然后决定黜罚。刘秀定制，州牧复称刺史，有固定治所，年终遣吏入奏，不用亲赴京师，他的参劾，不再经三公按验，而直接听候皇帝定夺。这一来三公的权减削而刺史的权提高了。第三是兵制的变革。刘秀在建武七年三月下了一道重要的诏令道：

今国有众军并多精勇。且罢轻车、骑士、材官、楼船。

这道诏令的意义，东汉末名儒应劭曾任泰山太守解释道：

西汉高祖命天下郡国选能引关蹶张、材力武猛者，以为轻车、骑士、材官、楼船。常以立秋后，讲肄课，试，各有员数。平地用轻车、骑士，山阻用材官，水泉用楼船。……今悉罢之。

这道诏令使得此后东汉的人民虽有服兵役的义务，却没有受军事训练的机会了。应劭又论及这变革的影响道：

自郡国罢材官、骑士之后，官无警备，实启寇心。一方有难，三面救之，发兴雷震。……黔首嚣然。不及讲其射御……一旦驱之以即强敌，犹鸠鹊捕鹰鹯，豚羊弋豺虎。是以每战常负。……尔乃远征三边，殊俗之兵，非我族类，忿鸷纵横，多僵良善，以为己功，财货粪土。哀夫！民氓迁流之咎，见出在兹。“不教民战，是为弃之。”迹其祸败，岂虚也哉！

末段是说因为郡国兵不中用，边疆有事，每倚靠雇佣的外籍兵即所谓胡兵；而胡兵凶暴，蹂躏边民，又需索犒赏，费用浩繁。应劭还没有说到他所及见的一事：后来推翻汉朝的董卓，就是胡兵的领袖，凭借胡兵而起的。

郡国材官、骑士等之罢，刘秀在诏书里说明的理由是中央军队已够强众，用不着他们。这显然不是真正的理由。在征兵制度之下，为国家的安全计，精强的兵士是岂会嫌多的？刘秀的变革无非以强干弱枝，预防反侧罢了。郡国练兵之可以为叛乱的资借，他是亲自体验到的。他和刘缜当初起兵，本想借着立秋后本郡“都试”——即壮丁齐集受训的机会，以便号召，但因计谋泄露而提早发难。当他作上说的诏令时，这件故事岂能不在他心头？

第二节　后汉的政治

莽末之乱，其经过约二十年。虽然不算很久，然而蔓延的范围很广，扰乱的情形，也十分厉害。所以民生的凋敝，更甚于秦汉之间。光武帝平定天下后，亦是以安静为治。内之则减官省事，外之则拒绝西域的朝贡，免得敝中国，以事四夷。而又退功臣，进文吏，留心于政治。所以海内日渐康宁。明、章两代，也能继承他的治法。这三朝，称为后汉的治世。

后汉的政治，坏于外戚宦官的专权，而外戚的专权，起于和帝之世。先是章帝皇后窦氏无子，贵人宋氏生子庆，立为太子。梁氏生子肇，窦后养为己子，后诬杀二贵人，废庆为清和王，而肇立为太子。章帝崩，肇立，是为和帝，太后临朝。后兄宪为大将军，专权骄恣。和帝既长，和宦官郑众谋杀之。是为后汉皇帝，与宦官谋诛外戚之始。和帝崩，殇帝立，生才百余日，明年，又崩。太后邓氏，迎立安帝，临朝凡十五年。邓太后崩后，安帝自用其皇后之兄阎显。又宠信诸中常侍和乳母王圣等。阎皇后无子，后宫李氏生顺帝，立为太子，阎皇后谮废之。安帝崩，阎后迎立北乡侯，未逾年薨。宦者孙程等迎立顺帝，杀阎显，迁阎后于离宫。顺帝用后父梁商为大将军。商死后，子冀继之，专恣较前此之外戚为更甚。顺帝崩后，子冲帝立，一年而崩。冀与太后定策禁中，迎立质帝。质帝虽年少，而知目冀为“跋扈将军”，遂为冀所弑，迎立桓帝。桓帝和宦官单超等合谋，把梁冀杀掉，于是后汉外戚专权之局终，而宦官转横。

外戚宦官，更迭把持，朝政自然很腐败。因此而引起羌乱，因此而激成党祸。

(三)章帝炟
- 清河王庆——(六)安帝祜——(八)顺帝保——(九)冲帝炳
- (四)和帝肇—(五)殇帝隆
- ——————(七)北乡侯懿
- ——————(　)————(　)————(十)质帝缵
- ——————
  - (　)————(十一)桓帝志
  - (　)————(　)
    - (十二)灵帝宏
      - (十三)废帝辩
      - (十四)献帝协

羌人本住在湟水流域，后来弃湟水，西依鲜水、盐池。湟水，今大通河。鲜水，今青海。盐池，今青海西南盐池。莽末，乘乱内侵。光武、明、章、和四代，屡次发兵，把他打破。然而降羌散处内地的很多，郡县豪右，都要侵陵役使他。安帝时，羌遂反叛。降羌本是个小寇，造反时，连兵器都没有。然而当时带兵的人，都观望不战。凉州一方面的长官，则争着迁徙到内地，置百姓于不顾，或则强迫迁徙，于是羌寇转盛。至于东寇三辅，汉初，本以内史治京师。后分为左右。武帝改右内史为京兆尹，左为左冯翊，又改主爵都尉为右扶风。使治内史右地，谓之三辅。后汉虽都洛阳，以其为陵庙所在，不改其号。南略益州，汉兵仅能保守洛阳附近而已。而兵费的侵渔，又极利害。安帝时，用兵十余年，兵费至二百四十亿，才算勉强平定。顺帝时，羌乱又起，兵费又至八十余亿。直到桓帝，任用段颎，尽情诛剿，又经过好几年，才算平定。然而汉朝的元气，则自此而大伤了。

党祸起于后汉的士好立名，初则造作名目，互相标榜，进而诽议公卿，裁量执政。这时候，游学极盛，太学诸生，至三万余人，恰好做了横议的大本营。当时宦官兄弟姻亲，布满州郡，尽情惩治，自然是人情之所欲，而亦是立名的一个机会。于是宦官与名士，势成水火。桓帝也是相信宦官的，宦官遂诬他们结连党与，诽议朝政，一概加以逮治。后因后父窦武替他们解释，才放归田里，然而还禁锢终身。桓帝崩，无子，窦后和窦武定策禁中，迎立灵帝。年方十二，太后临朝。窦武为大将军，陈蕃为太傅，谋诛宦官贾节、王甫等，不克，反为所杀。于是党狱复兴，诸名士身受其害，和因其逃亡追捕，而人民因之受祸的更多。善类遭殃，天下丧气。灵帝年长，尤其相信宦官。又喜欢“私稸”卖官、厚敛，无所不为。于是民穷财尽，而黄巾之祸又起。

黄巾的首领，是巨鹿张角，借符水治病以惑众。参看第九讲第六节。其徒党，遍于青、徐、幽、冀、荆、扬、兖、豫八州。角遂谋为乱。暗中署置其众，为三十六方。约以公元一八四年举事，未及期而事泄，角遂驰敕诸方，一时俱起。虽然乌合之众，旋即打平。然自此盗贼群起，都以黄巾为号，郡县莫能捕治。于是听刘焉的话，改刺史为州牧，外官的威权渐重，又伏下一个乱源。参看第九讲第三节。

而中央又适有变故，以授之隙。灵帝皇后何氏，生废帝。美人王氏，生献帝。灵帝意欲废嫡立庶，未及行而病笃，把这事，属托宦官蹇硕。时何皇后之兄进为大将军。灵帝崩后蹇硕意欲诱杀何进而立献帝。

何进知之，拥兵不朝。蹇硕无如之何。于是废帝立，而蹇硕亦被杀。何进因欲尽诛宦官，太后不肯。进乃谋召外兵，以迫胁太后，宦官知事急，诱进入宫，把他杀掉。进官属袁绍等，遂举兵攻杀宦官，正当大乱之际，而凉州将董卓适至，京城中大权，遂落其手。董卓既握大权，废废帝而立献帝。袁绍奔山东，号召州郡，起兵讨卓，推绍为盟主。董卓劫献帝奔长安。山东州郡，并无讨贼的决心，各据地盘，互相吞并。而董卓暴虐过甚，为司徒王允和其部将吕布所杀。卓将李傕、郭汜，起兵为卓报仇，攻破长安，王允被杀。吕布奔东方。后来傕、汜二人，又自相攻击。献帝崎岖逃到洛阳，空虚不能自立。其时曹操据兖州，颇有兵力。乃召操入洛阳以自卫。操既至，迁帝都许。今河南许昌县。于是大权尽归曹氏，献帝仅拥虚名而已。而纷纷割据的人多，曹操亦一时不能平定，遂终成为三国鼎立之局。

第三节　两汉的制度

“汉治”是后世所号为近古的。这因其时代早，在政治制度和社会风俗上，都有沿袭古人之处。

在官制上，汉代的宰相权力颇大，体制亦尊，这是和后世不同的。宰相初称丞相，或称相国。从来今文经说盛行，乃将丞相改为司徒，又把掌武事的大尉，改为司马，为丞相副贰的御史大夫，改为司空，并称相职。其中央政府分掌众务的九卿，则分属于三公。太常（掌宗庙礼仪），光禄勋（掌宫殿掖门户），卫尉（掌宫门卫屯兵），司马所部。太仆（掌舆马），廷尉（掌刑辟），大鸿胪（掌归义蛮夷），司徒所部。宗正（掌亲属），大司农（掌谷货），少府（掌山海池泽之税，以给供养），司空所部。外官，仍沿秦郡县之制。但不置监御史。由丞相遣史分察州，谓之刺史。刺史不是地方官，但奉诏六条察州。（一）强宗豪右，田宅逾制，以强陵弱，以众暴寡。（二）二千石不奉诏书，倍公向私，旁诏牟利，侵渔百姓，聚敛为奸。（三）二千石不恤疑狱，风厉杀人，怒则任刑，喜则任赏。烦扰刻暴，剥削黎元，为百姓所疾。山崩石裂，妖祥讹言。（四）二千石选署不平，苟阿所爱，蔽贤宠顽。（五）二千石子弟，怙倚荣势，请托所监。（六）二千石违公下比，阿附豪强。通行货赂，割损政令。所察以此六条为限，在六条之外者不察。可参看《日知录·部刺史》《六条之外不察》两条。其人位卑而权重，故多能自奋，而亦无专擅之患，这实是一种善制。汉代去古未远，人民自治的规制，尚未尽废。其民以百家为一里，里有魁。十里为一亭，亭有长。十亭为一乡，乡有三老，掌教化；啬夫，职听讼，收赋税；游徼，主徼循，禁贼盗。此等名目，后世固亦多有，然多成为具文。汉世则视之甚尊。高帝时，尝择乡三老一人，置以为县三老。与县令、丞、尉，可以事相教。而啬夫等亦很有德化流行，为人民所畏服的。这亦与后世显然不同。参看《日知录·乡亭之职》条。

汉代的学校，起源于武帝时。其时未立校舍，亦未设教官。但为太常的属官博士，置弟子员五十人。后来递有增加。到平帝时，王莽辅政，才大建校舍。然未久即乱，故其成绩无闻。

后汉则天下甫定，即营建太学，明、章二代，尤极崇儒重道。虽以顺帝的陵夷，还能增修黉舍。所以其时游学者极盛。然“章句渐疏，专以浮华相尚”，遂至酿成党锢之祸。大约其时学校中，研究学问的人少，借此通声气的人多。所以董昭也说“国士不以孝弟清修为首，乃以趋势游利为先”。于是学术的授受，转在私家。学校以外的大师，著录动至千万，远非前汉所及了。如张兴、牟长、蔡元、楼望、宋登、魏应、丁先、姜肱、曹曾、杨伦、杜抚、张元等，均见《后汉书》。

选举则其途颇多。博士和博士弟子而外，又有任子，有吏道，有辟举。其天子特诏，标明科目，令公卿郡国荐举的，是后世制科的先声。如贤良方正、勇猛知兵法等。又州察秀才，郡举孝廉，则是后世科目的先声。参看第十一讲第四节。又有所谓资选的。汉初限资十算以上乃得官，此尚出于求吏廉之意，和现在的保证金相像。晁错说文帝令民入粟拜爵，其益亦止于买复。汉爵二十级，其第九级为五大夫，可以“复不事”。不及买复者，并不过一虚名。到武帝时，民得入财为郎，吏得入谷补官，这就同后世的捐纳无以异了。

汉朝的赋税，可分为三种：一是田租，就是古时的税，是取得很轻的。汉初十五而税一。文帝时，因行晁错入粟拜爵之令，到处都有积蓄，于是全免百姓的田租。到景帝二年，才令百姓出定额的一半。于是变为三十而税一了。后汉初，因天下未定，曾行什一之税，后来仍回复到老样子。一是算赋，亦称口赋，又称口钱。这是古时的赋。人民从十五岁到五十六岁，每人每年，出钱一百二十个，以治库兵车马。从七岁到十四岁，每人出钱二十个，以食天子。武帝又加三个钱，以补车骑马。这一笔税，在现在看起来似乎很轻，然而汉代钱价贵，人民的负担实在很重。所以武帝令人民提早生子，三岁即出口钱，人民就有生子不举的。一是力役。照汉朝法律，年纪到二十三岁，就要傅之"畴官"。景帝又提早三年，令人民二十始傅。此外山川、园池、市肆、租税的收入，自天子以至封君汤沐邑，都把他算作私奉养。这是古者与民共之之山泽、和廛而不税的商业，到此都变作人君的私收入了。这大约自战国时代相沿下来的。又武帝因用度不足，尝官卖盐铁，又榷酒酤，算缗钱，行均输之法。后来酒酤到昭帝时罢免。盐铁官卖，则元帝时一罢即复。后汉无盐铁之税。章帝曾一行之，因不洽舆论，和帝即位，即以先帝遗意罢免。

兵制：西汉所行的仍是战国时代通国皆兵的遗制。人民到二十三岁，就要服兵役，到五十六岁才免。郡国看其地形，有轻车、骑士、材官、楼船等兵。由尉佐郡守于秋后讲肄都试。其戍边之责，亦由全国人民公任之。在法律上，人人有戍边三日之责，是为"卒更"。武帝以后，用兵多了，因为免得骚动平民，于是多用"谪发"。而国土既大，人人戍边三日，亦事不可行。于是有出钱三百入官，由官给已去的人，叫他留戍一年的谓之"过更"。其穷人愿意得雇钱，依次当去的人，出钱给他，使他留戍，每月二千个钱，则谓之"践更"。后汉光武，罢郡国都尉，并职太守。都试之事，自此而废。虽然一时有清静之效，然而历代相传的民兵制度，就自此而废了。

刑法，汉代沿自秦朝，很为严酷。文帝时，因太仓令淳于意，犯罪当刑。其女缇萦，随至长安，上书愿没入为官婢，以赎父刑罪。文帝怜悲其意，乃下诏为除肉刑。然而汉代司法界的黑暗，实不但刑罚的严酷，而是法律的混乱。秦代的法律，本即李悝所定的《法经》六篇。汉高帝入关，把他废掉，只留三章。法经集类为篇，结事为章，见《晋书·刑法志》载陈群《魏律》序。汉高祖入关，和父老约："法三章耳。杀人者死，伤人及盗者抵罪。”谓六篇之法，只留此三章，其余一概作废。说见《困学纪闻》。天下平定之后，又把他回复过来。然而这本是陈旧之物，不足于用。于是汉代递有增益，其数目，共至六十篇。而又有所谓“令”及“比”，以至于后人所为的“章句”，断罪都可“由用”。文繁而无条理系统，奸吏遂因缘为市，“所欲活则传生议，所欲陷则与死比”。宣帝留心刑狱，涿郡太守郑昌曾劝他删定律令。后来也屡有此议，亦曾下诏实行，然而迄未能收效。

第四节　两汉对外的交通

中国人是以闭关自守著闻的。世界打成一片，是近代西洋人的事业。然则中国人的能力，不及西人了。然而闭关自守，是从政治言之。至于国民，初未尝有此倾向。其未能将世界打成一片，则因前此未尝有近代的利器，又其社会组织，与今不同，所以彼此交通不能像现代的密接。至于中国人活动的能力，则是非常之强的。如其不信，请看中国对外的交通。

中国对外的交通，由来很早。但古代，书缺有间，所以只得从两汉时代说起。两汉时代的对外交通，又当分为海陆两道。

亚洲中央的帕米尔高原是东西洋历史的界线。自此以东，为东方人种活动的范围。自此以西，为西方人种活动的范围。而天山和印度固斯山以北，地平形坦，实为两种人接触之地。当汉时，西方人种踪迹最东的，为乌孙，与月氏俱居祁连山北。自此以西，今伊犁河流域为塞种。又其西为大宛。其西北为康居。大宛之西，妫水流域为大夏。又其西为安息。更西为条支。在亚洲之西北部的为奄蔡。自此以西，便是欧洲的罗马，当时所谓大秦了。马其顿亚历山大王死后，其部将塞留哥（Seleucus）据叙利亚（Syria）之地自立，是为条支。后来其东方又分裂而为帕提亚（Pathia）、巴克特亚（Bactria）两国，是为安息和大夏。大夏之东，亦是希腊人所分布，西域人呼为Ionian，就是Yavana的转音，是为大宛。康居，即Sogdiana；奄蔡，即Aorsi，亦称阿兰（Alani）；塞种，即今译之塞米的族，或作山米（Semites）；

乌孙，《汉书》注言其“青眼赤须，状类猕猴”，或谓其形状甚似德意志人。见《元史译文证补》卷二十七。《汉书·西域传》：“自宛以西，至安息，虽颇异言，然大同，自相晓知也。其人皆深目高鼻，多须髯。”可见当时西域诸国，大抵系高加索种。汉通西域，是因月氏人引起的。汉初，月氏为匈奴所破，西走夺居塞种之地。后来乌孙又借兵匈奴，攻破月氏。于是月氏西南走击服大夏。汉武帝想和月氏共攻匈奴，于公元前一二二年，遣张骞往使。是时河西未辟，骞取道匈奴，为其所留。久之，才逃到大宛。大宛为发译传导，经康居以至大月氏。大月氏已得沃土，殊无报仇之心。张骞因此不得要领而归。然而中国和西域的交通，却自此开始了。当张骞在大夏时，曾见邛竹杖和蜀布，问他从哪里来的，大夏人说：是本国贾人，往市之身毒。即印度。于是张骞说：“大夏在中国的西南一万二千里，而身毒在大夏的东南数千里，该去蜀不远了。”乃遣使从蜀去寻觅身毒。北出的为氐、笮，南出的为嶲、昆明所阻，目的没有达到。然而传闻嶲、昆明之西千余里，有乘象之国，名曰滇越。“蜀贾奸出物者或至焉。”这滇越，该是今缅甸之地。然则中印间陆路的交通，在汉代虽然阻塞，而商人和后印度半岛，则早有往还了。自汉通西域以后，亚洲诸国，都有直接的交往。惟欧洲的大秦，则尚系得诸传闻。后汉时，班超既定西域，遣部将甘英往使。甘英到条支，临大海欲度。安息西界船人对他说：“海水大，往来逢善风，三月乃得渡。若遇迟风，亦有二岁者。入海人皆赍三岁粮。海中善使人思土恋慕，数有死亡者。”英乃不渡而还。所拟取的，为渡红海入欧洲的路，亦见《元史译文证补》。公元一六六年，大秦王安敦Marcus Aurelius，生于公元一二一年，殁于一八〇年。遣使自日南徼外献象牙、犀角、玳瑁。《后汉书》说：这是大秦通中国之始。二二六年，又有大秦贾人，来到交趾。交趾太守吴邈，遣使送诣孙权。事见《梁书·诸夷传》。中、欧陆路相接，而其初通，却走海道。“水性使人通，山性使人塞”，也可见一斑了。

海道的贸易，则盛于交广一带。西洋史上，说在汉代日南、交趾之地，是东西洋贸易中枢。日本桑原骘藏《东洋史要》中古期第四篇第四章。案《史记·货殖列传》说：“番禺为珠玑、玳瑁、果、布之凑。”番禺，便是现在广东的首府。这些，都是后来通商的商品。然在广州的贸易，也很发达了。《汉书·地理志》说："自日南障塞、徐闻、合浦船行，可五月，有都元国。又船行，可四月，有邑卢没国。又船行，可二十余日，有谌离国。步行，可十余日，有夫甘都卢国。自夫甘都卢国船行，可二月余，有黄支国。自武帝以来，皆献见，有译长，属黄门。与应募者俱入海，市明珠、璧流离、奇石、异物……黄支之南，有已程不国。汉之译使，自此还矣。"徐闻、合浦，都是现在广东的县。其余国名，不可悉考。而黄支，或云即西印度的建志补罗。Kancipura，名见《大唐西域记》。若然，则中、印的交通，在陆路虽然阻塞，而在海道，又久有使译往还了。又《山海经》一书，昔人视为荒唐之言。据近来的研究，则其中实含有古代的外国地理。此书所载山川之名，皆及其所祀之神，大约是方士之书。详见拙撰《先秦学术概论》下编第九章。其兼载海外诸国，则因当时方士，都喜入海求神仙，所以有此纪录。虽所记不甚真确，然实非子虚乌有之谈。据近来的研究，《山海经》所载的扶桑，便是现在的库页岛。三神山指日本。君子国指朝鲜。白民系在朝鲜境内的虾夷。黑齿则黑龙江以南的鱼皮韃子。又有背明国，则在今堪察加半岛至白令海峡之间。果然则古代对东北，航线所至，也不可谓之近了。详见冯承钧译《中国史乘中未详诸国考证》。交通既启，彼此的文明，自然有互相灌输的。《汉书·西域传》说：当时的西域人，本来不大会制铁，铁器的制造，都是中国人教他们的。这件事，于西域的开发，当大有关系。在中国一方面，则葡萄、苜蓿、安石榴等，葡萄（Vitis Vinifera），苜蓿（Medicago Sativa），安石榴（Punica Granatum）。都自外国输入。又木棉来自南洋，后世称为吉贝或古贝，在古时则称为橦。《蜀都赋》"布有橦华"，注："橦花柔毳，可绩为布。"就是此物。《史记·货殖列传》所谓"珠玑、玳瑁、果、布"之布，也想必就是棉织品了。又《说文》："珋，石之有光者璧珋也，出西胡中。"此即《汉书》的"璧流离"。初系矿物，后来才变为制造品。段《注》："师古曰：此盖自然之物……今俗所用，皆销冶石汁，加以众药，灌而为之。"此等物，于中国的工业，也颇有关系。至于佛教的输入，则其关系之大，更无待于言了。

第五节 两汉的学术

不论什么事情，都有创业和守成的时代。创业时代，诸家并起，竞向前途，开辟新路径；到守成时代，就只是咀嚼，消化前人所已发明的东西了。两汉时代的学术，正是如此。

当战国时代，百家并起，而秦是用商鞅而强国，用李斯而得天下的。秦始皇又力主任法为治，这时候，法家之学，自然盛行。楚、汉纷争之时，纵横家颇为活跃。然而天下已定，其技即无所用之。不久，也就渐即消沉了。在汉初，最急切的要求，便是休养生息，黄老清净无为之学，当然要见重于时。所以虽有一个叔孙通，制朝仪，定法律，然而只是个庙堂上的事，至于政治主义，则自萧何、曹参，以至于文帝、景帝，都是一贯的。

董仲舒像

董仲舒（前179—前104），西汉哲学家，今文经学大师。其学以儒家宗法思想为中心，杂以阴阳五行说，把神权、君权、父权、夫权贯串在一起，形成帝制神学体系。

但是在汉初，还有一个振兴教化、改良风俗的要求。这种要求，也是君臣上下同感其必要的。汉人教化的手段，一种是设立庠序，改善民间的风俗。一种便是改正朔、易服色等。可看《汉书·礼志》。前者始终未能实行。后者则未免迂而不切于务，而且行起来多所劳费。所以汉文帝等都谦让未遑。武帝是个好大喜功之主，什么兴辟雍、行巡守、封禅等，在他都是不惮劳费的。于是儒家之学，就于此时兴起了。近人谓历代君主的崇重儒学，是取其尊君抑臣，为便于专制起见，此说实系误缪的。汉代的崇儒，自因当时要振兴教化，而教化之事，惟有儒家最为擅长之故。可参看拙撰《白话本国史》第二编第八章第六节，和近人钱穆的《国学概论》。

自秦人焚书以来，博士一官，在朝廷上，始终是学问家的根据地。武帝既听董仲舒的话，表章六艺，罢黜百家。又听公孙弘的话专为通五经的博士置弟子。于是在教育、选举两途，儒家都占了优胜的位置。天下总是为学问而学问的人少，为利禄而学问的人多。于是“一经说至百万言，大师众至千余人”，儒家之学遂臻于极盛了。

汉代儒家之学，后来又分为两派：便是所谓今古文，为学术界上聚讼的一个问题。何谓今古文者？今文便是秦以后通行的隶书，古文则指前此的篆书。古人学问，多由口耳相传，不必皆有书本。汉初经师，亦系如此。及其著之竹帛，自然即用当时通行的文字。这本是自然之理，无待于言，也不必别立名目的。然而后来，又有一派人，说前此经师所传的书有阙误。问其何以知之？他说：别有古书为据。古书自然是用古字写的。人家称这一派为古文家，就称前此的经师为今文家。所以今文之名，是古文既兴之后才有的。话虽如此说，然而古文家自称多得到的书，现在都没有了。其所传的经，文字和今文家所传，相异者极少，且多与意义无关。今古文文字之异，备见《仪礼郑注》中。大体不过古文位作立，仪作义，义作谊等，于意义无甚关系。其有关系的，如《古文尚书》“今予其敷心腹肾肠”，“心腹肾肠”今文作“优贤扬历”等，是极少的。所以今古文的异同，实不在文字上而在经说上。所谓经说，则今文家大略相一致；而古文则诸家之中，自有违异的。大约今文家所守的是先师相传之说；古文家则由逐渐研究所得，所以如此。

- 《史记·儒林传》所列八家
  - 《诗》
    - 鲁：申培公
    - 齐：辕固生
    - 燕：韩太傅
  - 《书》：济南伏生
  - 《礼》：鲁高堂生
  - 《易》：菑川田生
  - 《春秋》
    - 齐鲁：胡毋生
    - 赵：董仲舒

- 东汉十四博士
  - 《诗》
    - 鲁
    - 齐
    - 韩
  - 《书》
    - 欧阳
    - 大夏侯
    - 小夏侯
  - 《礼》
    - 大戴
    - 小戴
  - 《易》
    - 施
    - 孟
    - 梁丘
    - 京
  - 《春秋》
    - 公羊
      - 严
      - 颜
    - 穀梁

西汉最早的经师，便是《史记·儒林传》所列八家，这都是今文。东汉分为十四博士。其中《春秋》的《穀梁》是古文。旧皆以为今文，最近崔适始辨明其为古文。见其所著《春秋复始》。《易经》的京氏，也有古文的嫌疑。其余亦都是今文。古文家说《书》有逸十六篇，但绝无师说，所以马融、郑玄等注《书经》，亦只以伏生所传二十八篇为限。而逸十六篇，今亦已亡。礼有《逸礼》三十九篇，今亦无存。《春秋》有《左氏》，未得立。今古文之学，本来各守师传，不相掺杂。到后汉末年，郑玄出来，遍注群经。虽大体偏于古学，而于今古文无所专主，都是本于己意，择善而从。适会汉末之乱，学校废绝，经学衰歇。前此专门之家多亡。郑说几于独行。三国时，出了一个与郑玄争名的王肃。其学糅杂今古，亦与郑同。而又喜造伪书。造作《伪古文尚书》和《伪孔安国传》《孔子家语》《孔丛子》等，见丁晏《尚书余论》。托于孔子之言以自重。于是今古文之别混淆。后人欲借其分别，以考见古代学术真相的，不得不重劳考证，而分别真伪，也成为一个问题。

学术之兴替，总是因于时势的。在汉代，儒学虽然独盛，然而在后汉时，贵戚专权，政治腐败，实有讲"督责之术"的必要。所以像王符、仲长统、崔实等一班人，其思想颇近于法家。后来魏武帝、诸葛亮，也都是用法家之学致治的。在思想上，则有王充，著《论衡》一书，极能破除迷信和驳斥世俗的议论却不专谈政治。这是其所研究的对象有异。至其论事的精神，则仍是法家综核名实的方法，不过推而广之，及于政治以外罢了。

在汉代，史学亦颇称发达。古代史官所记，可分为记事、记言两体。现今所传的《尚书》是记言体，《春秋》是记事体。又有一种《帝系》及《世本》，专记天子、诸侯、卿大夫的世系的，这大约是《周官·小史》所职。《左氏》《国语》，大约是《尚书》的支流余裔。此外便是私家的记录和民间的传说了。在当时，是只有国别史，而没有世界史；只有片段的记载，而没有贯串古今的通史的。孔子因《鲁史》修《春秋》，兼及各国的事，似乎有世界史的规模，然而仍只限于一时代。到汉时，司马谈、迁父子，才合古今的史料，而著成《太史公书》。此为此书之专名。《史记》二字，乃当时史籍的通称，犹今人言历史。《太史公书》，为《史记》中之最早出者，故后遂冒其总名。这才是包括古今的、全国的历史。在当日，即可称为世界史了。《太史公书》，分本纪、世家、列传、书、表五体。后人去其世家，而改书之名为志，所以称此体的历史，为"表志纪传体"。班固便是用此体以修《汉书》的。但其所载，以前汉一朝为限，于是"通史体"变为"断代体"了。兼详制度和一人的始末，自以表志纪传体为佳；而通览一时代的大势，则实以编年体为便。所以后汉末年，又有荀悦因班固之书而作《汉纪》。从此以后，编年和表志纪传两体，颇有并称正史的趋势。可看《史通·古今正史篇》。

文学：在古代本是韵文先发达的。春秋战国时，可称为散文发达的时代。秦及汉初，还继续着这个趋势。其时如贾、晁、董、司马、匡、刘等，都以散文见长。司马相如、东方朔、枚皋等，则别擅长于词赋。西汉末年，做文章的，渐求句调的整齐，辞类的美丽，遂开东汉以后骈文的先声。诗则古代三百篇，本可入乐。汉代雅乐渐亡，而吟诵的声调亦变。于是四言改为五言。而武帝立新声乐府，采赵、代、秦、楚之讴，命李延年协其律，司马相如等为之辞。其后文学家亦有按其音调，制成作品的，于是又开出乐府一体。

第六节 佛教和道教

在中国社会上，向来儒、释、道并称为三教。儒本是一种学术，因在上者竭力提倡，信从者众，才略带宗教的权威。道则是方士的变相。后来虽摹仿佛教，实非其本来面目。二者都可说是中国所固有，只有佛教是外来的。

佛教的输入，据《魏书·释老志》，可分为三期：（一）匈奴浑邪王之降，中国得其金人，为佛教流通之渐。（二）哀帝元寿元年，即公元之二年，博士弟子秦景宪，受大月氏使伊存口授浮屠经。（三）后汉明帝，梦见金人，以问群臣。傅毅以佛对。于是遣郎中蔡愔和秦景宪使西域，带着两个和尚和佛教的经典东来。乃建寺于洛阳，名之为白马。案金人乃西域人所奉祀的天神，不必定是佛像。博士弟子，从一外国使者口受经典，也是无甚关系的。帝王遣使迎奉，归而建寺，其关系却重大了。所以向来都说汉明帝时，佛法始入中国。然而楚王英乃明帝之兄。《后汉书》已说其为浮屠斋戒祭祀。明帝永平八年，即公元六五年，诏天下死罪，皆入缣赎，英亦遣使奉缣诣国相。诏报曰："楚王诵黄老之微言，尚浮屠之仁慈，洁斋三日，与神为誓，何嫌何疑，当有悔吝。其还赎，以助伊蒲塞，桑门之盛馔。"伊蒲塞，即优婆塞、桑门，即沙门的异译。当明帝时，楚王业已如此信奉，其输入，必远在明帝以前。梁启超《佛教之初输入》见《梁任公近著》第一辑，考得明帝梦见金人之说，出于王浮的《老子化胡经》，浮乃一妖妄道士，其说殊不足信。然则佛教之输入，恐尚较耶稣纪元时为早。大约中国和西域有交通之后，佛教随时有输入的可能。但在现在，还没有正确的史实可考罢了。梁氏疑佛教当自南方输入，然亦并无确据。可参看《学衡杂志》柳诒徵《梁氏佛教史评》。这时候，输入的佛教，大约连小乘都够不上。所以和当时所谓黄老者，关系很密。黄老，本亦是一种学术之称。指黄帝、老子而言，《论衡·自然篇》："黄者，黄帝也，老者，老子也。"即九流中道家之学。但此时的黄老，则并非如此。《后汉书·陈愍王宠传》说国相师迁，追奏前相魏愔，与宠共祭天神，希冀非幸，罪至不道。而魏愔则奏与“王共祭黄老君，求长生福而已，无他冀幸”。此所谓黄老君，正是楚王英所奉的黄老。又《桓帝纪》：延熹九年，公元一六六年。祠黄老于濯龙宫。而《襄楷传》载楷上书桓帝，说“闻宫中立黄老、浮屠之祠”，则桓帝亦是二者并奉的。再看《皇甫嵩传》，说张角奉祠黄老道。《三国志·张鲁传注》引《典略》，说张修之法，略与张角同。又说张修使人为奸令祭酒，主以《老子》五千文使都习，则此时所谓黄老，其内容如何，就可想而知了。

黄老为什么会变成一种迷信，而且和浮屠发生关系呢？原来张角、张修之徒，本是方士的流亚。所谓方士，起原甚早。当战国时，齐威、宣，燕昭王，已经迷信他。后来秦始皇、汉武帝，迷信更甚。方士的宗旨，在求长生，而其说则托之黄帝。这个读《史记·封禅书》《汉书·郊祀志》可见。不死本是人之所欲，所以“世主皆甘心焉”。然而天下事真只是真，假只是假。求三神山、炼奇药，安有效验可睹？到后来，汉武帝也明白了，喟然而叹曰：“世安有神仙。”至此，《史记》所谓“怪迂之士”“阿谀苟合”之技，就无所用之了。乃一转而蛊惑愚民。这是后来张角、张修等一派。其余波，则蔓衍于诸侯王之间，楚王和陈王所信奉的，大约就是他了。秦皇、汉武的求神仙，劳费很大，断不是诸侯之国所能供给得起的；人民更不必论了。于是将寻三神山、筑宫馆、炼奇药等事，一概置诸不提。炼药亦所费甚多，读《抱朴子》可见。而专致力于祠祭。在民间，则并此而不必，而所求者，不过五斗米。神仙家，《汉志》本和医经经方，同列于方技。不死之药，虽是骗人，医学大概是有些懂得的。于是更加上一个符水治病。当社会骚扰，人心不安定之时，其诱惑之力，自然“匪夷所思”了。

佛教初输入时，或只输入其仪式，而未曾输入其教义；或更与西域别种宗教夹杂，迷信的色彩很深。所以两者的混合，甚为容易。

然则为什么要拉着一个老子呢？这大约是因黄帝而波及的。黄帝这个人，在历史上，是个很大的偶像。不论什么事，都依托他。然而黄帝是没有书的。依托之既久，或者因宗教的仪式上，须有辞以资讽诵；或者在教义上，须有古人之言，以资附会。因黄老两字，向来连称；而黄老之学，向来算作一家言的，劝迷信黄帝的人，诵习《老子》，他一定易于领受。这是张修所以使人诵习《五千文》的理由。楚王英诵黄老之微言，所诵者，恐亦不外乎此。“久假而不归，恶知其非有？”当初因黄帝而及老子，意虽但在于利用其辞，以资讽诵，但习之久，难保自己亦要受其感化。况且至魏晋之际，玄学盛行，《老子》变为社会上的流行品。所谓方士，虽然有一派像葛洪等，依然专心于修炼、符咒、服食，不讲哲理；又有一派如孙恩等，专事煽惑愚民，不谈学问。然而总有一派和士大夫接近，要想略借哲理，以自文饰的。其所依附，自然仍以《老子》为最便。于是所谓老子，遂渐渐的取得两种资格：一是九流中道家之学的巨子。一是所谓儒、释、道三教中道教的教主。然而其在南方，总还不过是一个古代的哲学家，教主的资格，总还不十分完满。直到公元四世纪中，魏太武帝因崔浩之言，把寇谦之迎接到洛阳，请他升坛作法，替他布告天下，然后所谓道教，真个成为一种宗教，而与儒、释鼎足而三了。这怕是秦汉时的方士，始愿不及此的。

第七节　两汉的社会

汉承秦之后，秦代则是紧接着战国的。战国时代，封建的势力，破坏未尽，而商业资本，又已抬头，在汉时，还是继续着这个趋势。

《史记·平准书》上，说汉武帝时的富庶，是：

> 非遇水旱之灾，民则家给人足，都鄙廪庾皆满，而府库余货财。京师之钱累巨万，贯朽而不可校。大仓之粟，陈陈相因，充溢露积于外，至腐败而不可食。众庶街巷有马，阡陌之间成群。乘字牝者，傧而不得聚会。守闾阎者食粱肉；为吏者长子孙；居官者以为姓号。故人人自爱而重犯法，先行谊而绌耻辱焉。

富庶如此，宜乎人人自乐其生了。然而又说：“网疏而民富，役财骄溢，或至兼并。”果真家给人足，谁能兼并人？又谁愿受人的兼并？

可见当时的富庶，只是财富总量有所增加，而其分配的不平均如故。所以汉代的人，提起当时的民生来，都是疾首蹙额。

这样严重的社会问题，悬而待决，卒至酿成新莽时的变乱。莽末乱后，地权或可暂时平均。因为有许多大地主，业已丧失其土地了。荀悦说井田之制，不宜于人众之时。土地布列在豪强，卒而革之，并有怨心，则生纷乱。若高祖初定天下，光武中兴之后，人众稀少，立之易矣。可见当时土地无主的很多。然而经济的组织不改，总是不转瞬便要回复故态的。所以仲长统的《昌言》上又说：

井田之变，豪人货殖，馆舍布于州郡，田亩连于方国。

豪人之室，连栋数百。膏田满野。奴婢千群，徒附万计。船车贾贩，周于四方。废居积贮，满于都城。

可见土地和资本，都为少数人所占有了。我们观此，才知道后汉末年的大乱，政治而外，别有其深刻的原因。

汉去封建之世近，加以经济上的不平等，所以奴婢之数极多，奴婢有官有私。官奴婢是犯罪没入的。私奴婢则因贫而卖买。当时两者之数皆甚多。卓王孙、程郑，都是以此起家的。所以《史记·货殖列传》说："童手指千"，则比千乘之家。甚而政府亦因以为利。如晁错劝文帝募民入丁奴婢赎罪，及输奴婢以拜爵。武帝募民入奴，得以终身复，为郎者增秩。又遣官治郡国算缗之狱，得民奴婢以千万数。前后汉之间，天下大乱，人民穷困，奴婢之数，更因之而增多。光武帝一朝，用极严的命令去免除他。均见《后汉书·本纪》。然而奴婢的原因不除去，究能收效几何，也是很可疑惑的。

因去封建之世近，所以宗法和阶级的思想，很为浓厚。大概汉代家庭中，父权很重。在伦理上，则很有以一孝字，包括一切的观念。汉儒说孔子"志在《春秋》，行在《孝经》"，在诸经之传中，对于《孝经》和《论语》，汉时除五经之外，其余后世所称为经的，都称为传。非专门治经的人，都把《孝经》《论语》教他。便专门治经的人，亦多从此两书而入。特别看重，就是这个道理。在政治上，则对于地方官吏，还沿袭封建时代对于诸侯的观念。服官州郡的，称其官署为本朝。长官死，僚属都为之持服。曹操、张超的争执，在我们看来，不过是军阀的相争；而臧洪因袁绍不肯救张超，至于举兵相抗，终以身殉，当时的人，都同声称为义士。然而汉朝人也有汉朝人的好处。因其去古近，所以有封建时代之士，一种慷慨之风。和后世的人，惟利是视，全都化成汉人所谓商贾者不同。汉代之士，让爵让产的极多，这便是封建时代，轻财仗义的美德。其人大抵重名而轻利，好为奇节高行。后汉时代的党锢，便是因此酿成的。至于武士，尤有慷慨殉国之风。司马相如说：当时北边的武士，“闻烽举燧燔”，都“摄弓而驰，荷戈而走，流汗相属，惟恐居后”。这或许是激励巴蜀人，过当的话，然而当时的武士，奋不顾身的气概，确是有的。我们只要看前汉的李广，恂恂得士，终身无他嗜好，只以较射赴敌为乐，到垂老，还慷慨，愿身当单于。其孙李陵，更能“事亲孝，与士信，临财廉，取与义。分别有让，恭俭下人。常思奋不顾身，以殉国家之急”。司马迁说他有“国士之风”，真个不愧。他手下的士卒五千，能以步行绝漠，亦是从古所无之事。这都由于这些“荆楚勇士，奇材剑客”，素质佳良而然。可见当时不论南北人民，都有尚武的风气，所以后汉时，班超能以三十六人，立功绝域。一个英雄的显名，总借无数无名英雄的衬托。我们观于汉代的往事，真不能不神往了。

因武士的风气还在，所以游侠也特盛。游侠，大约是封建时代的“士”。封建制度破坏后，士之性质近乎文的则为儒，近乎武的则为侠。孔子设教，大约是就儒之社会，加以感化；墨子设教，则就侠的徒党，加以改良。所以古人以儒墨并称，亦以儒侠对举。墨者的教义，是舍身救世，以自苦为极的。这种教义，固然很好，然而决非大多数人所能行。所以距墨子稍远，而其风即衰息。《游侠列传》所谓侠者，则“已诺必诚；不爱其躯，以赴士之阸困；既已存亡死生矣，而不矜其能，羞伐其德”，仍回复其武士的气概。然而生活总是最紧要的问题。此等武士，在生产上，总是落伍的，既已连群结党，成为一种势力，自不免要借此以谋生活。于是就有司马迁所谓“盗跖之居民间者”。仁侠之风渐衰，政治上就不免要加以惩艾；人民对他，亦不免有恶感。而后起的侠者，就不免渐渐的软化了。读《汉书·郑当时传》可见。

第十讲　世家大族的魏晋

第一节　三国的鼎立

柳宗元说汉代“有叛国而无叛郡”，这是因为郡的区域太小了，其势不足以反抗中央。到后汉末年，把刺史改成州牧，所据的地方，大过现在的一省，其情形就大不相同了。

当曹操主持中央政府，把汉献帝迁到许都时，天下正是纷纷割据。举其最大的，便有：

袁绍	据幽、并、青、冀四州。
袁术	据寿春。
刘表	据荆州。
刘焉	据益州。
刘备	据徐州。
张鲁	据汉中。
马腾、韩遂	据凉州。
公孙度	据辽东。

当时还有个本无根据地的吕布，从长安逃向东方去，投奔刘备。刘备收容了他。吕布却乘刘备与袁术兵争之时，袭其后方，而取徐州。刘备投奔曹操，操表备为豫州牧。和他合兵，攻杀吕布。袁术在寿春，站不住了，谋走河北，曹操使刘备邀击之于山阳，今江苏淮安县。袁术兵败还走，未几而死。刘备和外戚董承密谋，推翻曹操，曹操又把他打败。

曹操像

曹操（155—220），字孟德，小字阿瞒，中国东汉末年著名的军事家、政治家和诗人，三国时代魏国的奠基人和主要缔造者。其子曹丕称帝后，追尊其为魏武帝。

这时候，曹操的大敌，实在是袁绍。雄据河北，其声势和实力，都在曹操之上。公元二〇〇年，袁、曹之兵，遇于官渡。城名，在今河南中牟县北。相持许久，曹操毕竟把袁绍打败。袁绍因此惭愤而死。其子谭、尚，互相攻击，都为曹操所灭。二〇八年，操遂南征荆州。

这时候，在北方屡次失败的刘备，亦在荆州，依托刘表。而长江下游，则为孙权所据。孙权的父亲名坚，是汉朝的长沙太守。当山东州郡起兵讨董卓时，孙坚也发兵北上。后来受袁术的指使，去攻刘表，为表军所射杀。其子孙策，依托袁术，长大之后，袁术把孙坚的部曲还他，他就渡江而南，把汉朝的扬州打定。孙策死后，传位于孙权。曹操的兵，还未到荆州，刘表已先死了。刘表的长子刘琦，因避后母之忌，出守江夏。今湖北黄冈县。其少子刘琮，以襄阳降操。今湖北襄阳县。刘备南走江陵。曹操发轻骑追之，一日一夜行三百里，及之于当阳长坂。在今湖北当阳县。刘备败走江夏。于是诸葛亮建策，求救于孙权。孙权手下，周瑜、鲁肃等也主张结合刘备，以拒曹操。于是孙、刘合兵，大破操兵于赤壁。山名，在今湖北嘉鱼县。曹操引兵北还，而南方之形势始强。

然而当时的刘备，还是并无根据之地。荆州地方，依当时的诸侯法，则当属于刘琦。俗有借荆州之说，谓荆州是孙权借给刘备的，这句话毫无根据。《廿二史札记》有论此事的一条，可看。诸侯法，谓当时割据的人，大家所以承认的习惯。而琦不能有，事实上，刘备和孙权，都屯兵其间。孙权一方面，身当前敌的周瑜，要“徙备置吴”，挟着关羽、张飞等去攻战。刘备一方面，未始不想全吞荆州，而又不敢和孙权翻脸。于是先攻下荆州的南部，就是现在的湖南地方。不久，周瑜死了，继其任者为鲁肃。鲁肃是主张以欢好结刘备的。孙、刘两家的猜忌，暂时和缓。

当诸葛亮未出草庐时，刘备去访问他，他便主张兼取荆、益二州，以为图天下之本。这时候，荆州还未能完全到手，而且“荆土荒残，人物凋敝”，虽是用兵形胜之地，而实苦于饷源之无所出。于是益州天府之国，刘备就不能不生心了。公元二一四年，刘备乘刘璋的暗弱，刘焉的儿子。取了益州。其明年，曹操亦平定汉中。二一八年，刘备攻汉中，又取之。一时形势，颇为顺利。当刘备西入益州时，孙权便想同他争荆州。结果，两家和解，把荆州平分。刘备既定汉中，命关羽出兵攻拔襄阳，又围樊城，在襄阳对岸。败于禁等兵，威声大振。而孙权使吕蒙袭取江陵。关羽还走，为权所杀。吴、蜀因此失和。这事在二一九年。

其明年，曹操死了。子丕，废汉献帝自立，是为魏文帝。又明年，刘备称帝于蜀，是为蜀汉昭烈帝。二二九年，孙权亦称帝，自武昌迁都建业，现在的首都。是为吴大帝。

昭烈帝称帝之后，即自将伐吴。吴将陆逊大败之于猇亭。昭烈帝走至永安，惭愤而死。猇亭，在今湖北宜都县西。永安，宫名，在今四川奉节县。子后主禅立，诸葛亮辅政。诸葛亮是个绝世的奇才，内修政治，用法治的精神，把个益州治得事事妥帖。所以能以一州之地，先平南方之乱，次出师北伐，和中国相抗衡。诸葛亮死后，蒋琬、费祎继之，还能够蒙业而安。费祎死后，姜维继之，屡出兵伐魏，无甚成绩，而民心颇怨。后主昏愚，宠信宦官黄皓，政治亦渐坏，其势就难于支持了。

魏文帝貌似明白，而其实不免于猜忌轻率。当曹操为魏王时，文帝与其弟陈思王植，争为世子，嫌隙甚深。所以即位之后，薄待诸王。把他们限制国中，有同拘禁。文帝死后，子明帝立。性极奢侈，魏事益坏。时诸葛亮连年北伐，明帝尝使司马懿去拒敌他。又使懿讨平辽东。于是司马氏的权势，渐次养成。明帝死后，养子齐王芳立。司马懿和曹爽同受遗诏辅政。曹爽独揽大权。司马懿称疾不出。后来乘曹爽奉齐王去谒陵，司马懿突然而起，关闭城门。到底把曹爽废杀了，独揽大权。司马懿死后，子司马师继之。把齐王芳废掉，而立高贵乡公髦。司马师死后，其弟司马昭又继之。这时候，司马氏篡魏之势已成。魏因抵御吴、蜀，东南、西北两方面，都驻有兵马。西北的兵，本来是司马懿所统。东南方面，则别是一系。于是王凌、毌丘俭、诸葛诞，三次起兵讨司马氏，都不克。公元二六三年，司马昭遣钟会、邓艾，两道伐蜀，灭之。二六五年，司马昭死，子炎立，就篡魏而自立了。

吴大帝在位颇久，然而其末年，政治已颇紊乱。大帝死后，废帝亮立。诸葛恪辅政，颇有意北图中原。一出无功，旋为孙峻所杀。孙峻死后，其弟孙琳继之。废废帝，立其弟景帝。景帝把孙琳杀掉。然亦无甚作为。景帝死后，太子皓立。荒淫无道。是时只靠一个陆抗，守着荆州，以抵御北方。陆抗死后，吴国的形势就大非。晋武帝命羊祜镇襄阳，王濬镇益州以图吴。羊祜死后，代以杜预。公元二八〇年，荆益之兵，两道并进，势如破竹，而吴遂灭亡。

第二节　晋的统一和内乱

从董卓进长安起，到晋武帝平吴止，共经过九十二年的战乱，真是渴望太平的时候了。当时致乱之源，由于州郡握兵。所以晋武帝既定天下，便命去州郡的兵，刺史专于督察，回复汉朝的样子。

然而这时候，致乱之源，乃别有所在。其（一）两汉之世，归化中国的异族很多，都住在塞内。当时所谓五胡者，便是：

【匈奴】遍于并州境内，即今之山西省。

【羯】匈奴的别种，居于上党武乡羯室，因以为名。在今山西辽县。

【鲜卑】遍布辽东西和今热、察、绥之境。

【氐】本居武都。魏武帝徙之关中。这时候，遍于扶风、始平、京兆之境。扶风，今陕西泾阳县。始平，今陕西兴平县。京兆，今陕西长安县。

【羌】这是段颎诛夷之余。在冯翊、北地、新平、安定一带。冯翊，今陕西大荔县。北地，今陕西耀县。新平，今陕西邠县。安定，今甘肃镇原县。

当时郭钦、江统等，都请徙之塞外。塞外的异族，固亦未尝不足为患，然而究竟有个隔限，和“掩不备之人，收散野之积”者不同，而武帝不能同。

其（二）晋代鉴于魏朝的薄待宗室，以致为自己所篡，于是大封同姓。汉代的诸王，是不再干预政治的。晋朝则可以“入秉机衡，出作岳牧”，在政治上的势力尤大。

晋武帝平吴之后，耽于宴安，凡事都不作久长之计。其子惠帝，近于低能。即位之初，武帝后父杨骏辅政。惠帝后贾氏和楚王玮合谋，把杨骏杀掉。而使汝南王亮和太保卫瓘同听政。后来又和楚王合谋，把汝南王杀掉。后又杀掉楚王。旋弑杨太后。太子遹，非贾后所生，后亦废而杀之。总宿卫的赵王伦，因人心不服，勒兵弑后，废惠帝而自立。于是齐王冏、成都王颖、河间王颙，举兵讨乱。楚王玮，武帝第五子。汝南王亮，宣帝（司马懿）第四子。赵王伦，宣帝第九子。齐王冏，景帝（师）子攸之子，时镇许昌。成都王颖，武帝第十六子，时镇邺。河间王颙，宣帝弟安平王孚之孙，时镇关中。右卫将军王舆，把赵王杀掉，迎接惠帝复位。齐王入洛专政。河间王和长沙王乂合谋，武帝第六子。使乂攻杀齐王。又和成都王合兵，把长沙王攻杀。

如此，京师大乱，而胜利卒归于外兵。州郡握兵，从汉以来，已成习惯。晋武虽有去州郡兵权之命，而人心尚未丕变。一旦天下有乱，旧路自然是易于重走的。于是东海王越宣帝弟高密王泰之子。合幽、并二州之兵，把成都河间两王都打败。遂弑惠帝，而立其弟怀帝。

同族相争，胜利又卒归于异族。五胡之中，本以匈奴为最强，其所处，又是腹心之地，亦最有民族自负之心。于是前赵刘渊，先自立于平阳。今山西临汾县。时东方大乱，许多盗贼，都去归附他。其势遂大盛。东方群盗之中，羯人石勒，尤为强悍。东海王自率大兵去打他。兵到现在的项城，死了。其兵为石勒追击所败，洛阳遂成坐困之势。公元三一〇年，刘渊的族子刘曜，打破洛阳，怀帝被虏。三一二年，弑之。惠帝弟愍帝，立于长安。三一六年，又为刘曜所攻破，明年，被弑。而西晋亡。

于是琅邪王睿，从下邳徙至建康，即建业。因愍帝名业，避讳改。即皇帝位，是为东晋元帝。这时候，北方只有幽州都督王浚，并州刺史刘琨，崎岖和胡羯相持，也终于不能自立。北方遂全入混乱的状态。

然而南方亦非遂太平无事。当时中央解纽，各地方都靠州郡的兵来保境安民，自然外权复重。新兴的建康政府，自然不易令行禁止。元帝的首务，便在收上流的实权。元帝的立国江东，是很靠江东的世家名士，所谓“人望”者，帮他的忙的。而王导和其从兄王敦，尤为出力。于是王导内典机要，王敦出督荆州。敦有才略，居然把荆州的权力，收归一人。然而中央就和王敦起了猜忌。其结果，王敦举兵东下。元帝所预先布置防他的兵，无一路不败，被王敦打入京城。元帝忧愤而崩。幸而王敦不久也死了。明帝才把他的党羽讨平。明帝颇为英武，可惜在位只有三年。明帝死后，子成帝年幼，太后庾氏临朝。后兄庾亮执政。历阳内史苏峻今安徽和县。和庾亮不平，举兵造反，打进京城。庾亮出奔。幸得镇寻阳的温峤，今江西九江县。深明大义，协同荆州的陶侃，把他打平。陶侃死后，庾亮和庾冰，相继出镇荆州。庾翼在内为宰相。这时候，内外之权，都在庾氏手里，暂无问题。康帝时，庾翼移镇襄阳，庾冰代之镇夏口。庾冰死后，庾翼又还镇夏口，而使其子方之镇襄阳。庾翼不久就死了。临终之际，表请以自己的儿子爰之继任。宰相何充不听，而以桓温代之。于是上流之权，又入于桓温之手。

第三节　南北朝的对峙

从公元三〇四年前赵自立起，到四三九年北凉灭亡止，共经过一百三十六年。扰乱中国的五胡，快多和汉族同化了。只有拓跋氏，其起最晚，其入中原也最后，所以又和汉族相持了一百四十年。

此时的南方，虽经宋武帝一度削平异己，然而分争之际，外兵不能遽去，人心的积习未除。而宋武帝以后，为君主的，又没像武帝一般强有力的人物。所以仍是内外相持，坐视北方有机会而不能乘，甚至反给北方以机会。恢复中原，遂尔终成虚语。

当刘宋开国之时，南朝的疆域还包括今山东、河南之境。宋武帝死后，魏人乘丧南伐。取青、兖、司、豫四州。其时正直徐羡之、傅亮、谢晦等废少帝而立文帝。文帝立后，和檀道济合谋，讨除羡之等。后又并杀道济。忙于内乱，无暇对外。而自檀道济死后，功臣宿将亦垂尽。于是四三〇年、四五〇年两次北伐都失败。魏太武帝反自将南伐，至于瓜步。镇名，在今江苏六合县。所过郡邑，赤地无余。南北朝时，北强南弱的情势，实始于此。

宋文帝后，孝武帝和明帝都猜忌宗室，大加屠戮。明帝嗣子幼弱，召镇淮阴的萧道成入卫，今江苏淮阴县。朝权遂为所窃。内而中书令袁粲，外而荆州都督沈攸之，起兵讨他，都不克。公元四七九年，道成篡宋自立，是为齐高帝。齐高帝和子武帝，在位都不久。武帝子郁林王荒淫，为高帝兄子明帝所篡。明帝亦猜忌，尽杀高、武二帝子孙。传子东昏侯，荒淫更甚于郁林王，而好杀亦同于明帝。公元五〇二年，而齐为梁武帝所篡。时梁武帝的哥哥萧懿镇历阳。梁武帝刺雍州。东昏侯的兄弟宝融刺荆州。东昏侯先杀掉萧懿，又下命给荆州，叫他杀掉梁武帝。宝融本是个小孩，其长史萧颖胄和武帝合谋起兵。立宝融为皇帝（和帝）。武帝为先锋东下。东昏侯为其下所弑。和帝遂禅位于梁。梁武帝总算是个文武全才。虽其晚年迷信佛法，刑政废弛，致酿成侯景之乱，然而其早年，政治总算是清明的。于是南方暂见康宁，而北方又起扰乱。

北魏当太武帝时，南侵宋，北伐柔然、高车，国势最盛。孝文帝以四九三年迁都洛阳，大革旧俗。这在鲜卑人，要算一个进化而和汉族同化的好机会。然而国势反自此衰颓。（一）因鲜卑一时不能学得汉族的好处，而反流于奢侈。（二）则魏都平城，本靠武力立国，于其附近设置六镇。武川，今绥远武川县。抚冥，在武川东。怀朔，在今绥远五原县。怀荒，在今大同东北。察哈尔境内。柔玄，在察哈尔兴和县。御夷，在察哈尔沽源县。简拔亲贤，为其统帅。而将士选拔，亦极优异。南迁以后，不能如旧。六镇旧人，因此愤怒逃亡。魏人又恐兵力衰颓，加以制止。于是尽皆怨叛。倚以立国的武力，反做了扰乱秩序的东西。不戢自焚，后魏就不能支持了。

公元四七四年，后魏孝明帝立，太后胡氏执政。侈无度。府库累世之积，不数年而扫地无余。于是苛政大兴。中原之民，亦群起为乱。

明帝年渐长，不直其母所为。而为其所制，无可如何。这时候，北方有个部落酋长，唤作尔朱荣，起兵讨平六镇之乱。明帝遂召他入清君侧。后又传诏止住他。太后大惧。把明帝杀掉。尔朱荣借此为名，举兵入洛，杀掉胡太后，而立孝庄帝，自居晋阳，遥制朝权。尔朱荣极善用兵。中原反乱的人，都给他打平。篡谋日急。孝庄帝诱他入朝，手刃把他杀掉。尔朱荣的侄儿子兆，举兵弑帝。自此朝权仍为尔朱氏所握，而各方镇，也都是尔朱氏的人，其势如日中天。然而尔朱氏暴虐不得人心。公元五三二年，高欢起兵信都。韩陵一战，信都，今河北冀县。韩陵，山名，在今河南安阳县东北。尔朱氏心力不齐，大败。遂为高欢所扑灭。高欢所立的孝武帝，又和高欢不睦。高欢仍袭尔朱氏的故智，身居晋阳，孝武帝阴结贺拔岳图他。以岳为关中大行台。高欢使秦州刺史侯莫陈悦，把贺拔岳杀掉。夏州刺史宇文泰起兵诛悦，秦州，今甘肃天水县。夏州，今陕西横山县。孝武帝即以泰继岳之任。公元五三四年，孝武帝发兵讨高欢。高欢亦自晋阳发兵南下。两军夹河而阵。孝武帝不敢战，逃到关中。旋为宇文泰所弑。自此高欢、宇文泰，各立一君，而魏遂分为东西。

东西魏分裂后，高欢、宇文泰争战十余年，各不得逞，而其祸乃中于梁。这时候，梁武帝在位岁久，政治废弛。诸子诸孙，各刺大郡，都有据地自雄之心。而兵力亦不足用。南朝当宋明帝时，尽失徐、兖、青、冀四州及淮北之地。齐明帝时，又失沔北五郡。东昏侯时，又失淮南。梁武帝时，虽恢复合肥、寿春，而又失义阳三关。沔北五郡，为义阳（今河南南阳县），新野（今河南新野县），南乡（今南阳西南），北襄城（今河南方城县东），西汝南，北义阳，同治舞阴（今河南泌阳县北），义阳三关，为平靖、黄土、武阳，皆在今河南信阳县南。用兵迄不得利。北方乱时，梁遣陈庆之送魏宗室北海王颢归国。庆之兵锋甚锐，直抵洛阳。然而孤军无援，元颢仍为尔朱荣所破。公元五四七年，高欢死。其专制河南之将侯景，举地来降。梁武帝遣子渊明前往救援，不克。渊明为魏所虏。侯景亦兵溃来奔。袭寿阳而据之。即寿春。梁人不能制。五四九年，侯景反。渡江，围台城。建康宫城。救兵虽多，都心力不齐，不能进。台城遂为所陷。梁武帝忧愤而崩。子简文帝立，为侯景所制。这时候，梁武帝的子孙，如湘东王绎、河东王誉、襄阳。都拥兵相争，坐视强。侯景西上，至巴陵，今湖南岳阳县。为湘东王将王僧辩所败。勇将多死。遂弑简文帝而自立。湘东王乃即位于江陵，是为元帝。遣王僧辩和陈霸先讨平侯景。而成都的武陵王纪称帝，攻元帝。元帝求救于西魏。西魏袭陷成都。纪遂兵败而死。元帝和西魏，又有违言。公元五五四年，西魏兵攻江陵。王僧辩、陈霸先的兵，都在东方，不及救援。江陵遂陷。元帝为魏兵所杀。西魏立岳阳王詧于江陵，使之称帝，而对魏则称臣，是为西梁。王僧辩、陈霸先立元帝的少子于建康，是为敬帝。是时，东魏已为北齐所篡。又发兵送渊明南归。王僧辩迎战，不胜。就迎接他来，废敬帝而立之。南朝险些全做北朝的附庸。幸而陈霸先袭杀王僧辩，复立敬帝。北齐举兵来攻，给他苦战打败。南朝才算勉强自立。公元五五七年，陈霸先废敬帝自立，是为陈武帝。三年而崩。兄子文帝立。这时候，南方承丧乱之后，国力凋弊。国内尚有许多反侧的人，要一一讨定。再也无暇顾及北方。而北方的东西魏，亦先后于五五〇年、五五七年，为齐、周所篡。

梁武帝像

梁武帝萧衍（464—549），字叔达，小字练儿。南梁政权的建立者，庙号高祖。梁武帝对于佛教在中国的推广和转变起了重要作用。

北齐文宣、武成二帝，均极荒淫。末主纬，奢纵更甚。而北周武帝，颇能励精图治。公元五七七年，齐遂为周所灭。灭齐的明年，周武帝死，子宣帝立。亦极荒淫。在位二年，传位于子静帝。宣帝死后，后父杨坚辅政。大权尽入其手。起兵攻他的都不胜，五八一年，坚废静帝自立。是为隋文帝。时南方为陈后主叔宝，亦极荒淫，五八八年，为隋所灭。西梁已于前两年被废。自晋元帝立国江东至此，凡二百七十三年，而天下复归于统一。

第四节 魏晋南北朝的制度

制度是随事实而变迁的。思想是事实的产物，而亦是事实之母。在某种环境之下，一定要生出某种思想。既有这种思想，一时虽未必实现，而积之久，总是要现于实的。此等情形，看魏、晋、南北朝的制度，很可明白。

秦、汉时代的宰相，并非天子私人。所以其位甚尊，其权亦重。君权日见发达，则相权必渐见侵削。所以自东汉以后，实权渐移于尚书。曹魏以后，中书又较尚书为亲近。宋文帝以后，门下亦成为亲近之职。两汉时代的宰相，则不过人臣篡弑时所历的阶级而已。平时不复设立。这是内官的变迁。其外官，则自后汉末年以后，州郡握兵之习，迄未能除。东晋以后，疆域日蹙，而喜欢侨置州郡。于是州的疆域，日渐缩小，浸至与郡无异。而掌握兵权的人，所指挥的区域，不容不大，于是有以一人而都督数州或十数州军事的。其实际，仍与以前的州牧无异，或且过之。自东晋至南朝之末，中央的权力总不能十分完整，就由于此。

选举制度，亦起了一个极大的变迁。我国古来，本行乡举里选之制。士之德行、才能，都以乡评为准。风气诚朴之世，自然议论能一秉至公。两汉时，实已不能如此了。然而人之观念上，总还以为士之贤否，须取决于乡评。后汉末，“士流播迁，详复无所”。于是曹魏的吏部尚书陈群，就于各州置大中正，各郡置中正。令其品评本地的人物，分为九等，而尚书据以选用。品评人物，本是件难事。德已不免于伪为，才则更非临事不能见。而况中正亦未必定有衡鉴之才。甚至有（一）趋势，（二）畏祸，（三）私报恩仇等事。其结果，遂至“惟能论其阀阅，非复辨其贤愚”。于是“上品无寒门，下品无贵族”。以上所论的，是举士之事。至于铨选，则汉世本来权在相府。后来因其弊颇多，而实权渐移于尚书。魏、晋以后，大抵吏曹尚书操选用之权。这时候，仍以全权委之。有衡鉴之才的人，很可以量才委任。然而天下总是徇私和幸进的人多，秉公和廉退的人少。所以到后来，不得不渐趋重于资格。资格用人，起于后魏的崔亮。亮创停年格，选用的先后，专以停解月日为断。这本因为当时军人竞选所以如此的。北齐文襄帝操选权时，已经把他废掉。然而自唐以后，又渐趋重于这一途，就是为此。参看第十一讲第四节。

兵制则自东晋以后，恃以御敌的，都是州郡之兵。固亦有时收折冲御侮之效。然而总不免有外重内轻之弊。甚而至于御侮则不足，作乱则有余。北方五胡割据，大抵用其本族之民为兵，而使汉人从事生产。参看本讲第六节高欢告汉人和鲜卑人的话。到周、齐之时，五胡的本族，渐趋凋落，又其战争剧烈，而财政竭蹶，还有所谓府兵之制。籍民为兵，蠲其租调，令刺史以农隙教练。每府一郎将主之。分属二十四军，领军的谓之开府。一大将军统两开府，一柱国统两大将，共为六军。隋、唐兵制，都是沿袭他的。

魏晋时代的制度，最可纪念的，便是刑法。汉时法律之紊乱，已见第九讲第三节。从前汉宣帝时起，至后汉末年止，屡说修改，迄未有成。至魏时，才命陈群、刘邵等删定，共为十八篇。晋武帝还嫌其科网大密，再命贾充等删定，共为二十篇。于公元二六八年，泰始三年。大赦天下行之。这便是有名的《晋律》。宋、齐、梁、陈四朝，虽略有损益，大体都沿用他。就北朝的法律，亦是以此为依据，不过略杂以鲜卑之法而已。如《晋律》，部民杀长官，父母杀子，都同凡论。魏以后，律便不然。见章炳麟《太炎文录·五朝法律索隐》。自唐至清，大体上亦无甚改变。总而言之，自采用西洋法律以前，我国的法律，迄无大改变。我国的法律，渊源固然很古，而其成为条理系统的编纂，则实自《晋律》始。所以说这是我国法制史上最可纪念的事。

至于租税，则当时颇有杂税。如北朝的酒坊、盐井、关市邸店，南朝之卖买田宅牛马及津市等。都见《隋书·食货志》。然而这些都不甚重要。其最有关系的，还是田税和户税。而这时候的田税和户税，与民生是很有关系的。所以留待第六节中讲述。

第五节 魏晋南北朝的文化

从两汉到魏、晋，是中国文化的一个转关。其要点，在破除古代的迷信，而从事于哲理的研究。

两汉时代的迷信，并非下等社会才然，即上流社会，也是如此。试看当时政治上，遇天灾而修省，或省策免之公等，都略有几分诚意，和后世视为虚文的不同。参看《廿二史札记·汉儒言灾异》条。在学术上，则阴阳五行之说，盛极一时。以致有所谓谶纬者出。东汉之世，竟以纬为内学，经为外学。便可知其时古代遗传的思想，还遍满于社会上了。乃到魏朝的正始年间，而哲理研究之风渐盛。正始是魏废帝的年号。从公元二四〇年至二四八年。清谈的风气，实起于此时。玄学之兴，亦以此时为嚆矢。可看《日知录·正始》条。至于晋初，风流弥盛。此时知名之士，始王弼、何晏、王衍、乐广等，或以谈论见长，或以著述见称。所研究的，大抵是哲理上的问题。其所宗之书，则为《易经》和《老子》《庄子》等。这固然，由于当时的时势，有以激成人的颓废思想，而使之趋于玄虚。然而在大体上，亦可说是两汉人拘守前人成说的反动。汉代的今文家言，虽多存微言大义，亦不过搬演孔门的成说，并不能独出心裁。古文家好谈名物、训诂，更不免流于琐碎。而自谶纬之说既兴，两派之士，又都不免受其影响，有入于妖妄之势。又其时之人，拘守礼法太甚。礼是古代规范人之行为的。时异势殊，行为之轨范，就当有异，而还强执着古代具体的条件，自不免激起人心的反感。所以激烈的人，就有“礼岂为我辈设”等议论了。虽然这一班人，蔑弃礼法，不免有过甚的地方。而终日清谈，遗弃世务，亦是社会衰颓的一个征兆。然而以学术思想论，毕竟不能不谓为高尚的。魏晋时代的玄学，在我国学术思想界中，终当占一重要的位置。

这时候的人最重要的思想，是贵“道”而贱“迹”。迹便是事实，而道则是原理，拘守事实，不能算得古人之意。必能明于其原理而应用之，才可谓之善学古人。这正是泥古太过的反响。

其时的儒学，虽还保守相当的领域，而亦为此派思想所侵入。当魏晋之世，今文之学，渐已失传，盛行的是古文之学。古文之学，虽亦有其师法，然而其原始，本是不重师说，而注重自由研究的。自由研究之风既开，其后必至变本而加厉。所以自郑玄、王肃，糅杂今古文后，又有杜预、范宁等，不守成说，自出心裁的学派。以前讲《左氏》的，都借用《公》《穀》两家的条例，到杜预，才就《左氏》自立条例，和《公》《穀》脱离。范宁注《穀梁》，则于三传都不相信，都有驳难之辞，注其书而驳其书，是前此所少有的。至于王弼的《易注》、何晏的《论语集解》等，兼采玄言，则为魏晋时之哲学思想，侵入经学领域的。南北朝时，南方的经学，这两派都盛行。北方还守着汉人之说，然至隋并天下后，而北方的经学，反为南方所征服。郑玄的《易注》废，而王弼的《易注》行。马、郑的《尚书》废，而伪古文《尚书》行，服虔的《左氏》废，而杜预注的《左氏》大行了。

颓废的人生观，是这时代人的一个大病。如王羲之作《兰亭集序》，说："修短随化，终期于尽。古人云：死生亦大矣，岂不痛哉？"这一类灰心绝望，贪生怖死的话，到处都是。此时国势的所以不振，社会的所以无活气，这实在是一个大原因。而这时代的人，

王羲之像

王羲之（303—361），字逸少，号澹斋，中国东晋书法家，有"书圣"之称。王羲之的书法实践，变当时流行的章草、八分为今草、行书、楷书，是书体转换时期平地而起的高峰。

所以崇尚文辞，则亦由于此。隋朝的李谔说："自魏之三祖，武帝、文帝、明帝。崇尚文辞。竞骋浮华，遂成风俗。江左齐、梁，其弊弥甚。"可见崇尚文辞的风气，是起于魏、晋之世的。魏、晋之世，为什么要崇尚文辞呢？我们看魏文帝说："年寿有时而尽，荣乐止乎其身。二者必至之期，未若文章之无穷。"就可以知其所由来了。人之年寿有尽，神仙等求长生之术，又不可恃，则不免侥幸于"没世不可知之名"。而文辞原是美术之一，爱好文辞，也不免有些"及时行乐"的意思。所以这时候的文学，多带颓废的色彩。从东汉以后，骈文渐兴，不过是（一）句调渐趋整齐；（二）用字务求美丽，尚未大离其本。至齐梁以后，则"隶事"日益繁富，字句愈趋雕琢。始而辞胜其意，寖至不能达意了。于是有文笔之分。然笔不过参用俗语。其语调仍是整齐啴缓，和自然的语言相去很远的，仍不能十分适用。又古人文字，不甚讲调平仄。齐、梁以后，则渐重四声。于是诗和文都生出律体。凡调平仄的，都可谓之律体，不限于诗赋等有韵之文。如以唐、宋之四六，较六朝之骈文，则六朝之骈文，为骈文中之古体；唐、宋之四六，即为骈文中之律体。虽然音调谐和，而雄壮朴实之气，则远逊古人了。此亦是其时的人，注意于修饰的一证。

文字本所以代语言。我国的文字，则因其构造的特殊，而亦成为美术之一。古代文字，意近图画，本有美的意味。秦时，官、狱务繁，改用隶书，这是专为应用起见。然而后来又渐求其美观。于是又有"挑法"的隶书，谓之八分。汉之末世，章程书兴，即今所谓正书，挑法亦谓之"波磔"。秦隶本无波磔，西汉的隶书，还系如此，章程书即是承此种无波磔的隶书而变的。在当日，章程书为应用之作，八分为美术作品。但到后来，章程书又变为美术品了。详见拙撰《中国文字变迁考》第四章。而草书亦分章草和狂草两种。前者字字分离。后者则一笔不断。草书离正书太远了，乃又有行书，以供藁草之用。凡此种种，无一不求其美化。其风气起于后汉，而极盛于晋代。东晋的右军将军王羲之，即是擅名当世，而后人称其"善隶书，为古今之冠"的。然南朝的帖，虽为后人所宝贵，而北朝的碑，朴茂遒逸，至近世，亦很为书家所推重。

第六节　魏晋南北朝的社会

魏、晋、南北朝，是一个长期战乱的世界。其时的民生，自然是很为困苦的。然而其中，也有几件可以特别注意的事情。

其（一）是两汉人均田的思想，至此而实行。汉代的人，本都有个恢复井田或限名田的思想，然终未能实行。及王莽行之，而反以致弊。于是当时的人，又有一种议论：以为井田之制，当于大乱之后，人民希少，土田无主之时行之。见第九讲第七节注一。天下事，大家无此思想则已。如其有之，而又为多数人所公认，成为一种有力的舆论，则终必有一次试行的机会。晋武帝的户调式，便是实行此种理想的，其制：男女年十六至六十为正丁。十三至十五,六十一至六十五为次丁。男子一人，占地七十亩，女子三十亩。其外：丁男课田五十亩，丁女三十亩。次丁男半之，女则不课。丁男之户，岁输绢三匹，绵三斤。女及次丁男为户者半输。令天下的人，依年龄属性之别，而各有同等之田，因之而输同等之税。其于平均地权之意，可谓能极意规画了。然而井田制之难行，不难在授人以田，而难在夺人之田。无论如何大乱，土田总不会完全无主的。夺有主之田，而畀之他人，必为人情所不愿，而其法遂难推行。所以北魏孝文帝的均田令，又有桑田、露田之别。桑田为世业，露田则受之于官，而亦还之于官。案《孟子》说“五亩之宅，树之以桑”，则此所谓桑田，疑即是宅田，或者是久经垦熟，世代相传的田，人情必不肯轻弃，所以听其私有。而其余则归之于公。这亦可谓善于调和了。晋武定户调式后，天下不久即乱，究竟曾否实行，很成疑问。便是魏孝文的均田令，曾实行至如何程度，亦很难说。然而以制度论，则确为平均地权的一种良法了。

其（二）是自古相沿的阶级，这时代，因环境的适宜，又有发达之势。社会有所谓士庶，其根源，大约是古代的贵族和平民。古代的贵族，其世系都有史官替他记录。《周官》小史之职。所以家世不至于无考，而士庶亦不至于混淆。自封建制度破坏，国破家亡之际，此等记录，未必更能保存。加以秦人灭学，诸侯史记，被他一把火烧尽。《史记·六国年表序》："秦既得意，烧天下诗书。诸侯史记尤甚。诗书所以复见者，多藏人家，而史记独藏周室，以故灭。"人家的人字，疑当作民，乃唐人避太宗讳所改。周室二字，乃举偏概全，兼包当时各侯国言，并非专指周室，当时史籍系官书，民间没有副本，所以一烧即尽。于是秦、汉以来，公侯子孙，就都"失其本系"了。汉朝是兴于平民的。其用人，亦不论门第。自古相沿的阶级，到此本可铲除。然而政治上一时的设施，拗不过社会上自古相传的观念。向来称为贵族的，还是受人尊敬，称为平民的，还不免受人轻蔑，这又是势所必然。两汉时代的社会，大约便系如此，此乃当时习为固然，而又极普遍的现象，所以没人提起。以上一段，请参看《唐书》柳芳论氏族之语，自可明白。见《唐书》本传。汉末丧乱，士流播迁。离其本土者渐多。其在本土，人人知其为贵族，用不着特别提起。到播迁之后，就不然了。这时代的人，所以于氏族之外，尤重郡望，职此之由。而五胡之族，颇多冒用汉姓的。中国士大夫，耻血统与异族相混淆，而要自行标举，自然也是一个理由。再加以九品中正的制度，为之辅助。士庶的阶级，自然要画若鸿沟了。

区别士庶，当以魏、晋、南北朝为最严。不但"婚姻不相通，膴仕不相假"，甚至"一起居动作之微，而亦不相偕偶"。看《陔余丛考·六朝重氏族》一条可知。但是当时的士族，已有利庶族之富，和他们结婚、通谱的。参看《日知录·通谱》，《廿二史札记·财昏》。隋、唐以后，此风弥甚。如此，则血统淆混、士庶之别，根本动摇。所以在隋、唐之世，门阀制度，虽尚保存，其惰力性。一到五代之世，就崩溃无余了。《通志·氏族略》说：五代"取士不问家世，婚姻不问阀阅"。魏晋南北朝，正是门阀制度如日中天的时代。此时的贵族，大抵安坐无所事事。立功立事，都出于庶族中人，而贵族中亦很少砥砺名节，与国同休戚的。富贵我所固有，朝代更易，而其高官厚禄，依然不改。社会不以为非，其人亦不自以为耻。这真是阶级制度的极弊。参看《廿二史札记·江左世族无功臣》《江左诸帝皆出庶族》《南朝多以寒人掌机要》。

这时候，是个异族得势的时代。汉族为所压服，自然不免有种种不平等的事。而社会上的媚外，亦遂成为风气。这真是闻之而痛心的。

《颜氏家训》说："齐朝一士夫，尝谓吾曰：我有一儿，年已十七，颇晓书疏。教其鲜卑语及弹琵琶，稍欲通解。以此伏事公卿，无不宠爱。"我们看《隋书·经籍志》，所载学鲜卑语的书籍很多，便知这样的，绝不是一两个人。这是士大夫。至于小民，则史称高欢善调和汉人和鲜卑。他对鲜卑说："汉人是汝奴。夫为汝耕，妇为汝织，输汝粟帛，令汝温饱。汝何为陵之？"又对汉人说："鲜卑是汝作客。得汝一斛粟、一匹绢，为汝击贼，令汝安宁。汝何为疾之？"一为武士，一为农奴，此时北方汉人所处的地位，就可想而知了。但是两汉以前，北方的文化，本高于南方，富力亦然。自孙吴至陈，金陵为帝王都者三百六十年。五胡乱后，北方衣冠之族，纷纷南渡。南方的文化，遂日以增高。浸至驾北方而上之，而富力亦然。试看隋唐以后，江淮成为全国财富之区。自隋至清，帝都所在，恒借江淮的转漕以自给，就可明白了。这也是中国社会的一大转变。

第十一讲 盛世隋唐

第一节 隋之统一与政治

从南北朝至隋，可以算我国历史上一个由乱入治之世。但是其为治不久。

论起隋文帝的为人来，也可以算一个英明的君主。他的勤于政治，和其持身的节俭，尤其是数一数二。所以承南北朝丧乱之后，取民未尝有所增加，对于杂税等，反还有所减免。而其时府库极为充实。重要的去处，仓储亦极丰盈。其国富，古今少可比拟的。见《文献通考》。

隋文帝像

隋文帝杨坚（541—604），隋朝的开国皇帝。杨坚成功地统一了历经数百年严重分裂后的中国。

但是隋文帝有个毛病，便是他的性质，失之于严酷和猜忌。所以他的对付臣下，是要运用手腕的。而其驭民，则偏于任法。因此其所任用的人，如杨素、苏威等，非才知之士，则苟免之徒，并无立朝侃侃，与国同休戚的。而人民也没有感恩的观念。他又偏信皇后独孤氏，废太子勇而立炀帝。荒淫暴虐，兼而有之。而隋遂不免于二世而亡，与嬴秦同其运命了。

南北朝以后，荒淫暴虐的君主颇多。其性质，有近乎文的，如南朝的陈后主是。亦有近乎武的，则如北朝的齐文宣是。这大约和当时异族的得势，不无关系，而南朝的君主，多出身微贱，也是其中的一个原因。当隋及初唐之世，此等风气还未尽除。如隋炀帝，便是属于前一种的。如唐太宗的太子承乾，则是属于后一种的。

炀帝即位之后，即以洛阳为东都。他先开通济渠，引穀、洛二水，通于黄河，又自河入汴，自汴入淮，以接淮南的邗沟。今淮南运河。又开江南河，从京口到余杭，今浙江余杭县。长八百里。他坐了龙舟，往来于洛阳、江都之间。又开永济渠，引沁水，南达黄河，北通涿郡。今河北涿县。又开驰道，从大行到并州，由榆林以达于蓟。今河北蓟县。开运河，治驰道，看似便利交通之事。然而其动机非以利民，而由于纵欲，而其工程，又非由顾募，而出于役使。如此，人民就未蒙其利，而先受其害了。

当南北朝末年，突厥强盛。周、秦二国，恐其为敌人之援，都和他结婚姻，而且还厚加赠遗，以买其欢心。然而突厥益骄，边患仍不能绝。隋文帝劳师动众，又运用外交手腕，才把他克服下来。突厥的启民可汗，算是称臣于隋。又从慕容氏侵入中原之后，辽东空虚，为高句骊所据。至隋时不能恢复。这确是中国的一个大损失。为炀帝计。对于突厥，仍应当恩威并用，防其叛乱之萌。对于高句丽，则应先充实国力，军事上也要有缜密的计划，方可谋恢复国土。至于西域诸胡，则本和中国无大关系。他们大抵为通商而来。在两利的条件下，不失怀柔远人之意就好了。而炀帝动于侈心。任用裴矩，招致西域诸胡。沿途盛行供帐。甚至有意使人在路旁设了饮食之肆，邀请胡人饮食，不取其钱，说中国物力丰富，向来如此的。胡人中愚笨的，都惊叹，以为中国真是天上。其狡黠的，见中国也有穷人，便指问店主人道：你这白吃的饮食，为什么不请请他们？店中人无以为答。如此，花了许多钱，反给人家笑话。他又引诱西突厥，叫他献地数千里。设立西海、河源、鄯善、且末四郡。西海郡在青海附近。河源当在青海西南。鄯善、且末，皆汉西域国名，这两郡，该在今敦煌之西。谪罪人以戍之。这些都是荒凉之地，要内地转输物品去供给他。于是西方先困。他又发大兵去征伐高句丽。第一次在六一一年，大败于萨水。今大宁江。六一三年、六一四年，又两次兴兵，高句丽仅貌为请降。而这三次，征兵运饷，却骚动天下。当他全盛时，曾巡行北方。幸突厥始毕可汗衙帐，始毕可汗极其恭顺。到六一五年再往，始毕可汗便瞧他不起。把他围在雁门。今山西代县。靠内地的救兵来了，才算解围。明年，炀帝又坐着龙船到江都。这时候，天下已乱，他遂无心北归。后来又想移都江南，而从行的都是关中人，心上很不愿意。宇文化及等乘机煽惑。炀帝遂于六一八年为化及等所弑。

隋末，首起创乱的，是杨素的儿子玄感。炀帝再征高句丽时，他在黎阳督运，今河南浚县。就举兵造反。当时李密劝他直遏炀帝的归路，次之则先取关中，以立自己的根基。玄感都不能听，而顿兵于东都之下，遂至失败。后来群盗蜂起，李密和河南的强盗翟让合伙。旋把他杀掉，自成一军。据兴洛、回洛诸仓，兴洛仓，即洛口仓，在今河南巩县东南。回洛仓，在今河南孟津县东。招致饥民，至者数十万，声势很盛。在河北，则群盗之中，窦建德最有雄略。而隋炀帝所遣的将王世充，则据东都，和李密相持。唐高祖李渊，本是隋朝的太原留守。以其次子世民——即后来的唐太宗——的计策，于六一七年，起兵先取长安，次平河西、陇右，据河西的为李仁轨。据陇右的为薛举，传子仁杲，被灭。刘武周据马邑，以宋金刚为将，南陷并州，亦给唐兵打败。李密为王世充所败，降唐，旋又借招抚为名，出关想图再举，为唐人伏兵所杀。秦王世民攻王世充，窦建德来救，世民留兵围城，引兵迎击于虎牢，在今河南汜水县。大破之。擒建德，世充亦降。建德将刘黑闼，两次反叛，亦给唐兵打平。长江中流，梁朝之后萧铣，称帝于江陵，地盘颇大。唐朝亦派兵把他灭掉。其下流：陈稜、李子通、沈法兴等，纷纷割据。后皆并于杜伏威。陈稜据江都，李子通据海稜（今江苏泰县），后南徒余杭。沈法兴据毗陵（今江苏武进县）。稜与法兴，皆为子通所破。子通为伏威所擒。而伏威降唐。割据北边的有高开道、苑君璋、梁师都等。高开道据渔阳（今河北怀来县）。苑君璋，刘武周将。武周死后，据马邑。梁师都据朔方（今陕西怀远县）。大都靠突厥为声援。然天下定后，突厥亦不能拥护他。遂次第为唐所平定。这时候，已在太宗的初年了。梁师都被杀，在公元六二八年，为太宗贞观二年。

第二节　唐的开国及其盛世

汉与唐，同称中国的盛世，汉之治称文、景，唐之治，则称贞观与开元。

唐高祖的得国，本是靠秦王世民之力。太子建成和齐王元吉忌他，彼此结党互争。而高祖晚年，颇惑于嬖妾近习。这竞争倘使扩大了，也许可以演成干戈，人民重受其祸。幸而唐高祖封世民于东方之说，未曾实行。玄武门之变，解决迅速，建成、元吉都为世民所杀。高祖亦传位于太宗。于是历史上遂见到所谓贞观之治。

唐太宗像

唐太宗李世民（599—649），唐朝第二位皇帝。唐太宗开创了历史上的“贞观之治”，经过消灭各地割据势力，虚心纳谏、厉行节约，终于使得社会出现了国泰民安的局面。

太宗是三代下令主。他长于用兵，又勤于听政，明于知人，勇于从谏。在位时，任房玄龄、杜如晦为相，魏征为谏官，都是著名的贤臣。所以其武功、文治，都有可观。参看第四节自明。

太宗死后，高宗即位，初年任用旧臣，遵守太宗治法，所以永徽之治，史称其媲美贞观。中年后，宠信武才人，废王皇后，立为皇后。国戚旧臣，如长孙无忌、褚遂良等，都遭贬斥。高宗因苦风眩，委政武后，后遂为其所制，唐朝的衰颓，就自此开始了。高宗死后，武后废中宗而立豫王旦——就是后来的睿宗——公元六九〇年，又把他废掉，自称则天皇帝。改国号为周。中宗初废时，幽禁于房陵。今湖北竹山县。后来因狄仁杰的谏劝，才还之于洛阳，代睿宗为皇嗣。七〇五年，宰相张柬之等，乘武后病卧，阴结宿卫将士，迎接中宗复位。

武后以一女主，而易姓革命，这是旷古未有之事，自然要疑心人家暗算她。于是：

（一）大杀唐宗室，又大开告密之门，任用酷吏周兴、来俊臣、索元礼等，用严刑峻法，以劫制天下。

（二）一方面又滥施爵禄，以收拾人心。虽然其用人颇有不测的恩威，进用速而黜退亦速，然而幸进之门既开，仕途遂不免于淆杂。

（三）武后虽有过人之才，然而并无意于为治，所用多属佞媚之臣。其嬖宠，如薛怀义、张昌宗、张易之等，无不骄奢淫逸。武后亦造明堂，作天枢，所费无艺，民不堪命。

（四）一面骄奢淫逸，一面又要尽心防制国内，自然无暇对外。于是突厥、契丹蹂躏河北。发数十万大兵而不能御。吐蕃强盛，西边也时告紧急。

这都是武后革命，及于政治上的恶影响。中宗是身受武后幽废的，论理当一反其所为，而将武后时之恶势力，铲除净尽。而以武后之才，把持天下二十余年，亦终于失败，则即有野心的人，亦当引以为鉴。然而天下事，每有出于情理之外的。中宗复位之后，即惟皇后韦氏之言是听，任其妄作妄为，不加禁止。而韦后，亦忘却自己是和中宗同受武后幽禁，几遭不测的，反与上官婕妤俱通于武后之侄武三思。于是武氏的势力复盛。张柬之等反都遭贬谪而死，韦后、上官婕妤、韦后的女儿安乐公主等，都骄奢淫逸，卖官鬻爵。政治的浊乱，更甚武后之时。公元七一〇年，中宗竟为韦后所弑。玄宗起兵定乱。奉其父睿宗为皇帝。睿宗立玄宗为太子。时韦后及安乐公主已死，惟武后女太平公主仍在。公主当武后时，即多与秘谋，后来中宗复辟，及玄宗讨韦后之乱，又皆参预其事。属尊而势力大，在朝的人，都有些怕她，附和她的亦很多。公主惮玄宗英明，竭力谋危储位，睿宗又不能英断。其时情势甚险。幸而玄宗亦有辅翼的人，到底把她除去。而睿宗亦遂传位于玄宗。这是公元七一二年的事。当睿宗在位时，贵戚大臣的奢侈，二氏营造的兴盛，还是同武、韦时一样。而从中宗时，韦后和上官婕妤、太平、安乐公主等，都可以斜封墨敕授官。仕途的混杂，尤其不可思议。直到玄宗即位，任姚崇为宰相，才把它澄除掉。玄宗初相姚崇，后相宋璟。崇有救时之才，璟则品性方刚，凡事持正。宋璟之后，又相张九龄，亦是以风骨著闻的。武韦以后的弊政，到此大都铲除。自高宗中叶以后，失坠的国威，到此也算再振。从贞观到开元，虽然中经武韦之乱，然而又有开元的中兴，总算是唐之盛世。自天宝以后，则又另是一番局面了。

第三节　隋唐的对外交通

交通是随世运而进步的，而世运亦随交通而进步，二者是互为因果的。两汉对外的交通，已见第九讲第四节。隋、唐时代，国威之盛，不减汉时，而世运又经三百余年的进步，交通的发达，自更无待于言了。

语云："水性使人通，山性使人塞。"观于中、欧陆路相接，而其交通之始，反自海道而来，已可知之。魏晋而后，海道的交通，更形发达。据阿剌伯人《古旅行记》，则公元一世纪后半，西亚细亚海船，始达交趾。其时实在后汉的初叶。及中叶，大秦的使节和商人，大概都是由此而来的。至第三世纪中叶，则中国商船，渐次西向，由广州而达槟榔屿。第四世纪至锡兰，第五世纪至亚丁。终至在波斯及美索不达米亚，独占商权。至第七世纪之末，阿剌伯人才代之而兴。据梁启超《世界史上广东之位置》。然则自东晋中叶，至唐武后之时，我国的商权，在亚洲可称独步了。

还有一惊人之事，则中国在当时，似已与西半球有交通。古书上说东方有个扶桑国，其道里及位置，很难征实。而《南史·四夷传》，载公元四九九年，其国有沙门慧深，来至荆州。述其风俗制度，多与中国相似。而贵人称对卢，与高句丽同，婚姻之先，婿往女家门外作屋，晨夕洒扫，颇似新罗人风俗。然则扶桑似是朝鲜半岛的民族，浮海而东的。慧深说其国在大汉东二万里，而大汉国在文身国东五千余里，文身国在倭东北七千余里，核其道里，其当在美洲无疑。所以有人说：扶桑就是现在墨西哥之地。但亦有人说：古书所载道里，多不足据，从种种方面看来，扶桑实是现今的库页岛。见冯承钧译《中国史乘中未详诸国考证》。这两说，我们姑且悬而不断。但亦还有一个证据，足证中国人之曾至西半球。法显《佛国记》载其到印度求法之后，自锡兰东归，行三日而遇大风，十三日到一岛。又九十余日而至耶婆提。自耶婆提东北行，一月余，遇黑风暴雨。凡七十余日，折西北行，十二日而抵长广郡。今山东即墨县。近人章炳麟《法显发见西半球说》，说耶婆提就是南美洲的耶科陁尔，法显实在是初陷入太平洋中而至此。至此之后，不知地体浑圆，仍向东方求经，又被黑风吹入大西洋中。超过了山东海岸，再折回来的。其计算方向日程，似乎很合。法显的东归，在东晋义熙十二年，即公元四一六年。其到美洲，较哥仑布要早一千〇七十七年，其环游地球较麦哲伦要早一千一百〇三年了。

唐中叶后，阿剌伯海运既兴，中国沿海，往来仍极繁盛。据唐李肇《国史补》，则安南、广州，每年皆有海舶前来，《国史补》所记，多系开元、长庆百余年间之事。然则八九世纪间，外国海舶，必已来交、广无疑。所以当八世纪之初，我国在广州业已设有市舶司。《唐书·柳泽传》，载开元中泽弹劾市舶使周庆立之事。据《册府元龟》卷五百四十六，泽以开元二年为岭南监选史。其弹劾庆立，当在是年（冯攸译《唐宋元时代中西通商史》本文一考证一）。而据《唐书·田神功传》，则七六〇年，神功兵在扬州大掠，大食、波斯贾胡，死者数千。又八三四年，文宗诏书，曾命岭南、福建、扬州，存问蕃客，不得加重税率。《全唐文》卷七十五。则今江苏、福建之境，也有外国商人踪迹了。

陆路的交通，历代亦迄未尝绝。试看南北朝时，币制紊乱，内地多以谷帛代用，独岭南以金银为市，而河西亦用西域金银钱，见《隋书·食货志》。便可知当时对西域贸易之盛。所以隋世设官，陆路有互市监。炀帝招致诸国，来者颇多。当时裴矩曾撰有《西域图记》，惜乎今已不传。而史官纪录，亦多无存，以致《隋书》的《西域传》，语焉不详罢了。隋时通西域的路有三：北道出伊吾，过铁勒、突厥之地，而至拂菻。伊吾，新疆哈密县。拂菻，即东罗马。中道出葱岭，经昭武九姓诸国昭武九姓，为康、安、曹、石、米、何、史、火寻、戊地九国，皆在葱岭以西，今俄属中亚之地。而至波斯，南道度葱岭至北印度。唐时，陆路交通，益形恢廓，《唐书·地理志》载贾耽所记入四夷之路，最要者有七：其中第一、第三、第四、第五、第六都是陆路。除第三夏州塞外通大同、云中道，全在今日邦域之内，以及第五自安西入西域道，与隋时入西域之路略同外，又有：第（一），营州入安东道。自今热河境，东经辽东至平壤，南至鸭绿江，北至渤海。第（四），中受降城入回鹘道。自今绥远境内黄河北岸的中受降城起，渡沙漠，至色楞格河流域。再北逾蒙古和西伯利亚的界山，而至贝加尔湖。贝加尔湖，在东部西伯利亚，古之北海。东北经呼伦湖，《唐书》名俱轮泊。而通兴安岭两侧的室韦。第（六），安南通天竺道。自安南经现今的云南至永昌。今云南保山县。分为南北两道。均经缅甸境入印度。而安南又别有一路，过占城真腊占城，今安南的广和城。真腊，今柬埔寨。而至海口，与第七广州通海之道接。其第（二）自登州今山东蓬莱县。海行入高丽、渤海道，至鸭绿江口，亦分歧为两：由陆路通渤海、新罗。第（一）道自平壤南至鸭绿江，也是与此道接的。

陆路的交通，道路的修治既难，资粮的供给又不易。所以大陆交通的发达，转在海洋交通之后。唐时，国威遐畅，于这两点，亦颇费经营。《唐书·回鹘传》说：太宗时，铁勒诸部来降，请于回纥、突厥部治大涂，号参天至尊道，于是诏碛南鹈鹕泉之阳，在中受降城北五百余里。置过邮六十八所，具群马、湩、肉，以待使客，《吐蕃传》亦说：当时轮台、今新疆轮台县。伊吾屯田，禾菽相望。虽然为物力所限，此等局面不能持久，然而一时则往来之便，确有可观。中外文化的能互相接触，也无怪其然了。

第四节　隋唐的制度

隋唐的制度，大略是将魏、晋、南北朝的制度，加以整理而成的。但自唐中叶以后，因事实的变迁，而制度亦有改变。

自魏、晋以后，平时不设宰相，而尚书、中书和门下，迭起而操宰相之权。隋改中书为内史。唐初复旧，以三省长官为宰相。中书令，侍中，尚书令。太宗曾做过尚书令。后来臣下莫敢当，乃废之，而以左右仆射为长官。中书取旨，门下封驳，尚书承而行之。其后多不除人，但就他官加一个同平章事，或同中书门下三品的名目。而中书门下之事，实亦合议于政事堂，并非真截然分立的。尚书，历代都分曹治事。至隋才设六部，吏、户、礼、兵、刑、工。以总诸曹。自唐以后，都沿其制。御史一官，至唐而威权渐重。以大夫为长官。所属有三院：台院，侍御史属焉。殿院，殿中御史属焉。监院，监察御史属焉。御史弹劾，本来只据风闻。唐贞观中，才于台中置东西二狱。自此御史台渐受辞讼，侵及司法的权限。专制之世，君主威权无限。和君主接近的人，便为权之所在。而君主又每好于正式机关之外，另行委任接近之人。唐朝的学士，本只是个文学侍从之官，翰林尤其是杂流待诏之所，如医卜、绘画、奕棋等技术之士。并不是学士。但是后来，渐有以学士而居翰林中的。初代中书舍人掌文诰。后来就竟代宰相，参与密谋。这也和魏晋以后的中书门下如出一辙。外官则因东晋以来，州的区域缩小，至隋世，遂并州郡为一级。唐代因之，而于其上更置“监司之官”。使名屡有改易，最后称观察使。这颇能回复汉代的旧规。但中叶以后，节度握权，诸使名目尽为所兼，而支郡亦受其压制，尽失其职，不复能与朝廷直接。名为两级，实在仍是三级制了。

两汉行今文经说，只有一太学。晋武帝时，古文经之说既行，才别设国子学。自此历代或国子太学并置，或但设国子学。至隋，国子始自为一监，不隶太常。唐有国子学、太学、四门学、律学、书学、算学六学，都隶国子监。但其学生，多以皇亲、皇太后亲、皇后亲和大臣子弟，分占其额，不尽是平民进的。国子学和太学里，都没有平民。从东汉以后，学校已不是学问的重心，只是进取之阶，选举上之一途而已。

选举制度，隋唐时有一大变迁。隋炀帝始设进士科，而其制不详。唐时则设科甚多，其常行的为明经、进士两科。明经试帖经、墨义，帖经、墨义的格式，见《文献通考》卷二十九卷三十。其意，则帖经乃责人熟诵经文，墨义则责人熟诵疏注。进士试诗赋。一则但责记诵，失之固陋。一又专务辞藻，失之浮华。然所考试的东西，虽不足取，而以考试之法论，则确是选举制度的一大进步。原来隋唐时的科举，原即两汉以来的郡国选举。前此无正式考试之法，则举者不免徇私。士有才德而官不之举，亦属无可如何。唐制，则士可投牒自列，州县就加考试，送至京师，而试之于礼部。则举否之权，不全操于州县长官，而毫无应试本领的人，也就不敢滥竽充数了。此外唐朝还有一种标明科目，令臣下荐举的，谓之制科。是所以待非常之才的。其选官，则文选属于吏部，武选属于兵部。吏部于六品以下的官，都始集而“试”，观其书判。已试而“铨”，察其身言。已铨而“注”，乃询其便利而“拟”。唐初铨选，仍有衡鉴人才之意。裴光庭始创循资格，以限年蹑级为事，又专以资格用人了。汉世郡县之佐，都由其长官自辟。所辟的大都是本地人。历代都沿其制。隋文帝才尽废之，别置品官，悉由吏部除授。这两事，都是防弊之意多，求才之意少。然而仕宦既成为利禄之途，其势亦不得不如此。

兵制：隋、唐两朝，都是沿袭后周的。而唐朝的府兵，制度尤为详备。其制：全国设折冲府六百三十四，而在关内的二百六十一。每府各置折冲都尉，而以左右果毅都尉为之副。上府千二百人，中府千人，下府八百。诸府皆分隶于卫。平时耕以自养。战时召集。临时命将统率。师还，则将上所佩印，兵各归其府。颇得兵农合一之意。但是练兵是所以对外的。承平无事之时，当然不免废弛。所以高宗、武后之世，其法业已渐坏，至于不能给宿卫。宰相张说，乃请代以募兵，谓之彍骑。如此，边庭上的兵，自然

隋炀帝像

隋炀帝杨广（569—618），隋朝的第二个皇帝。他开通大运河，对民生经济有重大贡献；发展科举制度，增置进士科，对古代中国的育才政策有很大的贡献。

也不能仰给于府兵，而不免别有所谓藩镇之兵了，唐初戍边的兵，大者称军，小者或称守提，或称城，或称镇，都有使而总之以道。道有大总管。后来改称大都督。高宗以后，都督带使持节的，则谓之节度使。玄宗时，于沿边设十节度经略使。其兵多强。而内地守备空虚，遂酿成安史之乱。安史乱后，则藩镇遍于内地。到底不可收拾，而酿成五代的分裂了。

隋、唐的法律，大体也不过沿袭前朝。而刑罚种类等级，则至隋时又一进步。自汉文帝除肉刑而代以髡笞。髡法过轻，而略无惩创。笞法过重，而至于死亡。后乃去笞而独用髡。减死罪一等，即止于髡钳，进髡钳一等，即入于死罪。轻重失宜，莫此为甚。从隋唐以后，才制笞、杖、徒、流、死五刑。其中又各分等级。笞刑五等：自十至五十。杖刑五等：自六十至一百。徒刑五等：自一年至三年，每等加半年。流刑三等：二千里，二千五百里，三千里。死刑二等：绞、斩。自此以后，刑罚轻重得宜，前此复肉刑的议论，就无人提起了。又隋以前的法律，只有刑法，到唐朝，则又有所谓《六典》。此书是仿照《周礼》，以六部为大纲而编纂的。一切国家大政，都具其中，俨然是一部完备的行政法典。后来明清的《会典》，都是渊源于此的。行政法典，各国都没有完整的，只有中国，《周官经》一书，便有此意，至唐《六典》而规模大具。见日本织田万《清国行政法》第一编第一章第二节。

第五节　隋唐的学术和文艺

隋、唐承南北朝之后，在思想界，佛学的发达，可谓臻于极盛。而儒家的辟佛，亦起于此时。首创其说者为韩愈。宋人辟佛的，颇乐道其说。经学：自魏、晋以后，两汉专门的授受，渐次失传，于是有义疏之学。在南北朝时，颇为发达。然其说甚繁杂，于是又有官纂的动机，其事至唐代而告成。便是太宗敕修，至高宗时再加订定而颁行的《五经正义》。唐人经学本不盛，治经的大多数是为应明经举起见。既有官颁之本，其他遂置诸不问了，于是义疏之学亦衰。惟啖助、赵匡的治《春秋》，于《三传》都不相信，而自以其意求之于经文，则实为宋人经学的先声。

自汉以后，作史的最重表志纪传和编年两体，已见第九讲第五节。而表志纪传一体，尤为侧重。又新朝对于旧朝，往往搜集其史料，勒成一书，亦若成为通例。唐朝自亦不能外此。惟前此作史的，大抵是私家之业，即或奉诏编撰，亦必其人是素来有志于此，或从事于此的。唐时所修晋、宋、齐、梁、陈、魏、周、齐之史，都系合众撰成。自此以后，“集众纂修”，遂沿为成例。旧时论史学的，都说众纂之书，不如独撰。在精神方面，固然如此，然后世史料日繁，搜集编排，都非私人之力所及，亦是不得不然的。又众纂之书，亦自有其好处。因为从前的正史，包蕴宏富，一人于各种学问，不能兼通，非合众力不可。《晋书》的纪传，虽无足观，而其志则甚为史学家所称许，即其明证。唐代的史学，还有可特别纪述的。其（一）专讲典章经制的，马端临《文献通考序》说：“《诗》《书》《春秋》之后，惟太史公号称良史，作为纪、传、书、表。纪传，以述理乱兴衰，八书以述典章经制。”这两种现象，是中国史学家所最注重的。前此没有，至唐而有杜佑的《通典》。其（二）前此注意于史法的很少，至唐而有刘知幾的《史通》。

与其说隋、唐是学术思想发达的时代，不如说隋、唐是文艺发达的时代。散文和韵文，在其时都有很大的变化。从齐梁以后，文字日趋于绮靡，以致不能达意，已见第十讲第五节。在此种情势之下，欲谋改革，有三条路可走：其（一）是废弃文言，专用白话。唐代禅家的语录，以及民间通行的通俗小说，《敦煌石室书录》，有《唐太宗入冥记》，《伍子胥故事》等书。就是从此路进行的。此法在从前尚文之世，不免嫌其鄙陋。而且同旧日的文章，骤然相隔太远，其势亦觉不便。所以不能专行。其（二）则以古文之不浮靡者为法。如后周时代，诏令奏议，都摹拟三代是。此法专模仿古人的形式，实亦不能达意，而优孟衣冠，更觉可笑。所以亦不可行。第（三）条路，则是用古人作文的义法，来运用今人的语言。如此，既不病其鄙陋，而又便于达意。文学的改革，到此就可算成功了。唐时，韩愈、柳宗元等人所走的，就是这一条路。韩愈字退之，柳宗元字子厚，两人所作为《昌黎集》《河东集》。此项运动，可说起于南北朝的末年，经过隋代，至唐而告成功的。此项新文体虽兴，但旧时通行的文体，仍不能废。中国文字，自此就显分骈散两途了。后人以此等文体，与魏晋以来对举，则谓之散文。做这一派文字的人，自谓取法于古，则又自称为古文。

韵文之体，总是随音乐而变化的。汉代的乐府，从东晋以后，音节又渐渐失传了。隋唐音乐，分为三种：一为雅乐，就是所谓古乐。仅用之于朝庙典礼。一为清乐，就是汉代的乐府，和长江流域的歌词，存于南朝的，隋平陈之后，立清商署以总之。其中在唐代仍可歌唱的，只有绝句。只有外国输入的燕乐，流行极盛。唐以前后新声为清乐，合番部乐为燕乐，番部乐如高昌、龟兹等乐皆是。依其调而制作，则为词，遂于韵文中别辟新体。但是唐代最发达的，不是词而是诗。诗是汉朝以来，久已成为吟诵之物。大抵韵文的起源，必由于口中自然的歌调——歌谣。而其体制的恢廓，辞藻的富丽，则必待文人为之，而后能发挥尽致。在唐代，正是这个时候了。其时除五言古诗，沿袭前人体制外，自汉以来的乐府，则又变化而成歌行。自齐、梁以来，渐渐发生的律体，亦至此而告大成。唐有五言律诗、七言律诗及五七排律各体。这是体制的变化，其内容：则前此的诗，都是注重于比兴。唐人则兼长叙事。其中最有力的人物，就是杜甫。他所做的诗，能把当时政治上的事实和社会上的情形，一一写出，所以后人称为诗史。其后韩愈、元稹、白居易等，也是很长于叙事的。唐诗，旧说有初、盛、中、晚之分，虽没有截然的区别，也可代表其变化的大概。大抵初唐浑融，盛唐博大，中唐清俊，晚唐稍流于纤巧，然亦是各有特色的。宋朝人的诗，非不清新，然而比之唐人，就觉其伧父气了。

书法，唐人擅长的也很多。大抵承两晋、南北朝之流，而在画学上，则唐代颇有新开创。古代绘画，最重人物。别的东西，都不过人物的布景。后来分歧发达，才各自成为一科。而山水一科，尤为画家才力所萃。唐时王维和李思训，号称南北两派之祖。南派神韵高超，北派钩勒深显。宋元明清的画家，都不能出其范围。此说起于明代的莫是龙，见所著《宝颜堂画说》。董其昌的《画眼》因之。所谓南北，并非指作画的人的籍贯，只是说自唐以后的山水画，有这两派作风。大抵宗北派的，专门画家居多；宗南派的，则文人为多。其擅长人物的，如吴道子等，亦盛为后世所推重。又有杨惠之，善于塑像。最近，在江苏吴县、昆山间的角直镇，曾发现其作品。现已由当地郑重保存了。

第六节　唐中叶以后的政局

军人跋扈，是紊乱政治的根本，而亦是引起外患的原因。唐中叶后，却内外俱坐此弊。

其原因，起于武力的偏重。唐自府兵制坏，而玄宗置十节度、经略使以备边。安西，治安西都护府，今新疆龟兹县。北庭，治北庭都护府，今新疆迪化县。河西，治凉州，今甘肃武威县。陇右，治鄯州，今青海西宁县。朔方，治灵州，今宁夏灵武县。河东，治并州，今山西太原县。范阳，治幽州，今河北北平县。平卢，治营州，今热河朝阳县。剑南，治益州，今四川成都县。以上九节度使。岭南经略使治广州，今广东南海县。于是边兵重而内地的守备空虚，遂成尾大不掉之势。其时，东北和西北两边，兵力尤重。而安禄山又以一胡人而兼范阳、平卢两镇，遂有潜谋不轨之心。玄宗在位岁久，倦于政事。初用李林甫为相，任其蔽聪塞明。继又因宠杨贵妃之故，而用杨国忠。国忠是和禄山不合的，又以事激之使反。公元七五五年，禄山遂反于范阳。禄山既反，不一月而河北皆陷。进陷河南，遂入潼关。玄宗奔蜀。至马嵬，驿名，在今陕西兴平县。兵变，迫玄宗杀贵妃和国忠。而父老都请留

杨贵妃像

杨贵妃（719—756），名玉环，号太真，唐玄宗之宠妃。身材丰满，肤如凝脂，是中国古代四大美人之一。

太子讨贼。玄宗许之。太子即位于灵武，灵州治。是为肃宗。禄山本一军人，并无大略。其部下尤多粗才。既入长安，日惟置酒高会，贪求子女玉帛，更无进取之意。所以玄宗得以从容入蜀，而肃宗西北行，亦无追迫之患。禄山旋又为其子庆绪所杀，贼将多不听命令，其势益衰。于是朔方节度使郭子仪，以兵至行在。先出兵平河东，次借用回纥和西域的兵，收复两京。唐以洛阳为东京。遂合九节度的兵，围安庆绪于邺。其时官军不置统帅，号令不一，军心懈怠。而贼将史思明，既降复叛。自范阳发兵南下。官军大败。思明杀安庆绪，复陷东京。旋进陷河阳、怀州。河阳，今河南孟县。怀州，今河南沁阳县。唐命李光弼统兵，与之相持。思明旋亦为其子朝义所杀。七六二年，肃宗崩，代宗立。朝义诱回纥入寇。代宗命蕃将仆固怀恩，铁勒仆骨部人。仆固，即仆骨异译。往见其可汗，与之约和。即借其兵以讨朝义。才算把他打平。然而唐室自此就不能复振了。其原因：

（一）回纥自此大为骄横。又吐蕃乘隙，尽陷河西、陇右。自玄宗时，南诏并六诏为一，蒙嶲诏，在今四川西昌县。越析诏，亦称磨些诏，在今云南丽江县。浪穹诏，在今云南洱源县。邆赕诏，在今云南邓川县。施浪诏，在洱源县之东。蒙舍诏，在今云南蒙化县。变语谓王为诏，蒙舍诏地居最南，故亦称南诏。后亦叛中国，与吐蕃合。边患日棘。

（二）史朝义败亡时，仆固怀恩实为大将。怀恩意欲养寇自重，贼将投降的，都不肯彻底解决，而就授以官。于是昭义、成德、天雄、卢龙、平卢诸镇，昭义军，治相州，今河南安阳县。成德军，治恒州，今河北正定县。天雄军，治魏州，今河北大名县。卢龙军，即范阳军。各据土地，擅赋税，拥兵自固。唐朝一方面，亦藩镇遍于内地，跋扈不听命令的很多，甚至有与安、史遗孽互相影响的。

然而根本的大患，还不在此。从来遭值艰难之会，最紧要的是中枢。中枢果能振作，不论如何难局，总可设法收拾的。而唐自中叶以后，其君又溺于宦侍。肃宗既信任李辅国、代宗又信任程元振。遂至吐蕃的兵，打入京城。代宗逃到陕州。今河南陕县。洮西的神策军，自安史乱后，驻扎于此。吐蕃兵退后，宦官鱼朝恩，即以这一支兵，护卫代宗回京城。初为观军使。军将卒，军遂统于朝恩。于是神策军渐与禁军齿，唐初从征之兵，事定之后，无家可归者，给以渭北闲田，仍充天子禁卫，子孙世袭其业。变成天子的亲兵了。

代宗死后，德宗继立。颇思振作。其时昭义已为天雄所并，卢龙对朝廷亦恭顺，而成德、天雄、平卢，联兵拒命，山南东道亦叛。治襄州，今湖北襄阳县。德宗命神策及河东兵与卢龙合攻三镇，淮西兵讨平山南。治蔡州，今河南汝南县。而卢龙及淮西复叛，发泾原兵东讨。治泾州，今甘肃泾川县。过京师，以不得赏赐，作乱。奉朱泚为主。德宗奔奉天。今陕西武功县。为泚所围攻。赖浑瑊力战，又得河中节度使李怀光入援，治蒲州，今山西永济县。围乃解。怀光恶宰相卢杞，欲面陈其奸，为杞所阻，又反。德宗再奔梁州。今陕西南郑县。于时叛者四起，而朝廷的兵力、财力，都很薄弱。不得已，乃听陆贽的话，赦其余诸人的罪，专讨朱泚。幸赖李晟忠勇，得以收复京城。又得马燧，打平河中。然而其余诸镇，就只好置诸不问了。而德宗回銮以后，鉴于人心的反覆，遂至文武朝臣，一概不信，而专信宦官。命其主管神策军。而神策军的饷赐，又最优厚，诸军多自愿隶属。其数遂骤增至十五万。宦官得此凭借，遂起而干涉朝政。唐朝的中央政府，就更无振作之望了。

德宗崩后，子顺宗立。顺宗为太子时，即深恶宦官。及即位，用东宫旧臣王叔文等，要想除去宦官。而所谋不成，顺宗以疾传位于宪宗，叔文等多贬谪而死。宪宗任用裴度，讨平淮西、河北三镇，卢龙，天雄，成德。亦都听命，实为唐事一大转机。宪宗被弑。穆宗即位。因宰相措置失宜，二镇复叛。用兵不克。只得赦其罪而罢兵。自此河北三镇，终唐之世，不能复取了。穆宗之后，传敬宗以至文宗。初用宋申锡为相，继又不次擢用李训、郑注，谋诛宦官，都不克。甘露之变以后，时鸩杀宦官王守澄。郑注先出守凤翔，谋选精兵入京，送王守澄葬，乘势诛灭宦官。未及期，李训等先发。诈称左金吾殿后有甘露降，派宦官去看，想趁此把他们杀掉。谁知事机泄漏，中尉仇士良、鱼弘志就劫文宗入宫，以神策军作乱。杀李训及宰相王涯、贾悚。郑注亦为凤翔监军所杀。帝遂为宦官所制，抑郁而崩。武宗立，颇英武，能任用李德裕，讨平刘稹之叛。义成军，治邢州，今河北邢台县。宣宗立，政治亦颇清明，人称为小太宗。当德宗时，西川节度使韦皋，治成都。招徕南诏，与之共破吐蕃。文宗时，回纥为黠戛斯所破。宣宗时，吐蕃内乱，中国遂乘机收复河湟之地。天宝以后的外患，至此亦算解除。然而自宪宗以后，无一君非宦官所立，参看《廿二史札记·唐代宦官之祸》。中央的政治，因此总不能清明；而外重之势，亦无术挽回，总不过苟安罢了。宣宗之后，懿宗、僖宗两代，又均荒淫。僖宗年幼，尤敬信宦官田令孜。一切都听他主持。流寇之祸又起，到底借外力打平，唐室就不能支持了。

沙陀是西突厥别部。其部落本名处月。其酋长姓朱邪，即处月异译。处月依北庭都护府以居。其地在金安山（今名金山）之阳，蒲类海（今巴里坤湖）之阴，有大碛名沙陀，中国人称为沙陀突厥，又简称沙陀。西突厥亡后，依北庭都护府以居。后引吐蕃陷北庭。又为吐蕃所疑，乃举部归中国。中国人处之河东。在今山西山阴县北黄花堆。简其精锐的为沙陀军。懿宗时，徐、泗兵戍桂州的作乱，北还。徐州，今江苏铜山县。泗州，今安徽泗县。桂州，今广西桂林县。靠着沙陀兵打平。于是其酋长朱邪赤心，赐姓名为李国昌，用为大同节度使。后又移镇振武。大同军，治云州，今山西大同县。振武军，治单于都护府，今绥远和林格尔县。国昌的儿子克用，叛据大同。为幽州兵所破。父子俱奔鞑靼。靺鞨别部居阴山的。八七五年，黄巢作乱。自河南经山南，沿江东下，入浙东，经福建，至岭南，再北出，渡江，陷东都，入潼关。田令孜挟僖宗走蜀。诸方镇多坐视不肯出兵。讨贼的兵，亦不肯力战。不得已，赦李克用的罪，召他回来。李克用带着沙陀、鞑靼万余人而南。居然把黄巢打平。然而沙陀之势，就不可复制了。

黄巢乱后，唐室的威灵，全然失坠。沙陀雄据河东。黄巢的降将朱全忠据宣武。治汴州，今河南开封县。韩建、王行瑜、李茂贞等，又跋扈关内。韩建镇国军，治华州，今陕西华县。王行瑜邠宁军，治邠州，今陕西邠县。李茂贞凤翔军，治凤翔府，今陕西凤翔县。僖宗崩后，昭宗继立。百计以图挽回，终于无效。朝廷每受关内诸镇的胁迫，多借河东以解围。自黄巢亡后，其党秦宗权复炽。本蔡州节度使，降黄巢。横行河南。此时朱全忠的情势，甚为危险。而全忠居围城之中，勇气弥厉。到底乘宗权兵势之衰，把他灭掉。又吞并山东和淮北，服河北三镇，并河中，降义武。取泽、潞及邢、洺、磁。义武军，治定州，今河北定县。泽州，今山西晋城县。潞州，今山西长子县。洺州，今河北永年县。磁州，今河北磁县。连年攻逼太原，于是河东兵势亦弱，惟全忠独强。昭宗和宰相崔胤谋诛宦官。宦官挟李茂贞以自重。崔胤召朱全忠的兵。宦官遂劫帝如凤翔。全忠进兵围之。茂贞不能抗，奉昭宗如全忠营。于是大诛宦官。而昭宗亦被全忠劫迁于洛阳。旋弑之而立昭宣帝。九〇七年，唐遂为梁所篡。

这时候，除河东以外，又有吴、吴越、楚、闽、南汉、前蜀六国，遂入于五代十国之世。

第七节　隋唐的社会

从南北朝到隋唐，是由战乱而入于升平的。隋文帝本是个恭俭之主。在位时，国富之盛，甲于古今。虽然中经炀帝的扰乱，然而不久，天下即复见清平。唐太宗尤为三代以下令主。贞观、永徽之治，连续至三十年。亦和汉代的文、景，相差不远。六二七至六五五。汉文、景二帝在位的年代，是前一七七至一四一。以理度之，天下该复见升平的气象了。果然，《唐书·食货志》说太宗之治，“行千里者不赍粮，断死刑岁仅三十九人”。这话虽或言之过甚，然而当时，海内有富庶安乐的气象，大约不是虚诬的。然而这亦不过总计一国的财富，有所增加，无衣无食的人，或者减少些，至于贫富的不均，有资本的人，对于穷人的剥削，则还是依然如故。所以一方号为富庶，一方面，自晋以来，一贯的平均地权的政策，不但不能因承平日久而推行尽利，反因其有名无实而并其法亦不能维持了。

晋朝的户调式、北魏的均田令、唐朝的租庸调法，三者是相一贯的，而唐制尤为完备。其制：丁男年十八以上，授田一顷。老及笃、废疾四十亩。寡妻妾三十亩——当户的加二十亩——都以二十亩为世业，余为口分。田多可以足其人的为宽乡，不足的为狭乡。狭乡授田，减宽乡之半。乡有余田，是要以给比乡的。州县亦然。庶人徙乡和贫无以葬的，得卖世业田。其自狭乡徙宽乡的，得并卖口分田。这大约是奖励其迁徙，即以卖田所得，作为迁徙的补助费的意思。其取之之法：则岁输粟二石为租。用人之力，岁二十日，闰加二日，不役的每日折输绢三尺，为庸。随乡所出，输丝、绵、麻或其织品为调。此等制度果能尽力推行，亦足使农人都有田可种，而且无甚贫甚富之差。然而政治上有名无实的措施，敌不过社会上自古相沿的习惯。所以民间的兼并如故。而史称开元之世，其兼并，且过于汉代成、哀之时。授田之法，既已有名无实，却因此又生一弊。汉代的田租，所税的是田、口赋，所税的是人，二者本厘然各别。自户调法行，各户既有相等之田，自然该出相等之税，两者遂合为户赋。授田之法既废，田之有无多寡，仍不相等，而仍按其丁中，责以输相同之赋，就不免有田者无税，无田者有税，田多者税少，田少者税多了。于是人民不逃之宦、学、释、老，即自托于客户。版籍混淆，而国家的收入，亦因之而大减。唐玄宗时，宇文融曾请括籍外羡田，以给逃户，行之未有成效。七八〇年，德宗的宰相杨炎，才定两税之法。不再分别主客户，但就其现居之地为簿，按其产业的多少以定税。于是负担的重轻和贫富相合；而逃税的人，亦多变而要输税。财政上的收入，自然可以增加。然而制民之产之意，则荡焉以尽了。从晋武平吴创户调式至此，为时恰五百年。

要解决民生问题，平均地权和节制资本，二者必须并行。节制资本，一则宜将事业之大者，收归官营。一则要有良好的税法。官营事业，在从前疏阔的政治之下，不易实行。至于税法，则从前的人，泥于古制，以为只有田租口赋，是正当的收入。“县官当衣食租税而已”，汉汲黯语，所以反对桑弘羊所兴各种杂税的。见《汉书·食货志》。晋初定律，凡非常行之事，而一时未能罢免者，都别定为令，不羼入律文之中，以便将来废止时，法律可以不受影响。当时酒酤亦定为令，亦是此等思想的表现。于是各种杂税，非到不得已时，不肯收取。一遇承平，就仍旧把他罢免。隋文帝得位之后，即将盐池、盐井、酒坊、入市之税，概行罢免，即其一例。唐中叶以后，虽亦有盐茶等税，然皆因财政竭蹶而然，见第十二讲第八节。节制资本之意，丝毫无有，所以资本反而更形跋扈。即如两税以资产为宗，不以身丁为本，似得平均负担之意。然而估计资产，其事甚难。所以当时陆贽就说：有“藏于襟怀囊箧物，贵而人莫窥”的。有“场圃囷仓，直轻而众以为富”的。有“流通蕃息之货，数寡而日收其赢”的。

有“庐舍器用，价高而终岁寡利”的。“计估算缗，失平长伪。”须知社会的情形复杂了，赋税便应从多方面征收，尤应舍直接而取间接。而当时的人，只知道以人为主，而估计其家赀，自然难于得实了。而从此以后，役法亦计算丁资两者而定，诒害尤烈，详见第十二讲第三节和第八节。

要社会百业安定，必须物价常保其平衡。《管子·轻重》诸篇，所说的就是这个道理。汉桑弘羊的行均输，亦以平均物价为藉口，即系根据这一派学说的。看《盐铁论》可知。后世市场广大，而国家的资力有限，要想控制百物的价格，自然是办不到的。只有食粮，因其与民生关系最大，所以历代政府，总还想控制其价格。其办法，便是汉朝耿寿昌所倡的常平仓。谷贱时增价而籴，谷贵时减价而粜。既可以平市价，而其本身仍有微赢，则其事业可以持久。这原是个好法子。但亦因市场广而资本微之故，不能左右物价。即使当粮食腾贵之时，能将他稍稍压平，其惠亦仅及于城市中人，大多数的农民，实在得不到救济。所以隋朝的长孙平又创义仓之法。以社为范围，收获之日，劝课人民，量出粟麦，即在当社，设仓贮蓄。遇有歉岁，则以充赈济。此法令人民以互助为自助，亦是很好的法子。惜乎其法仅限于凶荒时的赈济，则用之有所不尽。后来并有移之于州县的，那更全失其本意了。

社会的阶级制度，当隋，唐之世，亦是一个转变的时代。六朝时门阀之盛，已见第十讲第六节。隋、唐时，表面上虽尚保持其盛况，然而暗中已潜起迁移。原来所谓门阀，虽不以当时的官位为条件。然而高官厚禄，究是维持其地位的重要条件。魏晋以后，门阀之家，所

唐代仕女弈棋图

以能常居高位，实缘九品中正之制，为之维持之故。隋时，把此制废了，又尽废乡官。于是要做官的人，在本乡便无甚根据，而不得不求之于外。门阀之家，在选举上占优势，原因其在乡里有势力之故。离开了乡里，就和“白屋之子”无甚不同。而科举之制，又使白屋之子，可以平步而至公卿。于是所谓阀阅之家，除掉因相沿的习惯，而受社会的尊敬外，其他便一无所有。此种情势，终难持久，是不待言而可知的。所以一到五代，就要“取士不问家世，婚姻不问阀阅”了。这固然有阶级平夷之美，然而举士本于乡里，多少要顾到一点清议。清议固然不能改变人的心术，却多少能检束其行为。所以无耻之事，即在好利干进之徒，亦有所惮而不敢出。至于离开了乡里，就未免肆无忌惮。就有蹇驴破帽，奔走于王公大人之门的。《文献通考》卷二十七，引江陵项氏说：“风俗之弊，至唐极矣。王公大人，巍然于上，以先达自居，不复求士。天下之士，什什伍伍，戴破帽，骑蹇驴，未到门百步，辄下马，奉币刺再拜，以谒于典客者，投其所为之文，名之曰求知己。如是而不问，则再如前所为者，名之曰温卷。如是而又不问，则有执贽于马前，自赞曰某人上谒者。”所谓气节，遂荡焉以尽。藩镇擅土，士亦争乐为之用。其结果，自然有像冯道般的长乐老出来了。宋代士大夫的提倡气节，就是晚唐、五代的一个反动。

第十二讲　积贫积弱的两宋

第一节　五代的混乱

五代时的国，原不过唐朝藩镇的变形。这许多武人，虽然据土自专，其实并无经营天下的大志，不过骄奢淫逸而已。所以除中原之地，战争较烈外，其余列国之间，兵事颇少。

本族纷争不已，必然要引起外患，这是最可痛心的事。当唐之末年，梁之形势，本已独强，所以能篡唐而自立。然而梁太祖死后，末帝懦弱。而晋则李克用死后，子存勖继立，年少勇于攻战。于是形势骤变。河北三镇和义武都入于晋。梁人屡次攻战，都不得利，只得决河以自守。李存勖自称皇帝，建国号为唐。是为后唐庄宗。九二三年，庄宗破梁兵于郓州。今山东东平县。乘梁重兵都在河外，进兵直袭大梁。末帝自杀。梁亡，后唐迁都洛阳。

后唐庄宗，本是个骄淫的异族。虽然略有犷悍之气，却并不懂得什么叫政治的。所以灭梁之后，立刻骄侈起来。宠信伶人宦官，政治大坏。九二五年，命宰相郭崇韬，傅其幼子魏王继岌伐蜀。把前蜀灭掉。而皇后刘氏，听信宦官的话，自为教与继岌，令其把郭崇韬杀掉。于是中外震骇，讹言四起。魏博的兵，乘机据邺都作乱。庄宗命李克用的养子李嗣源去打他。嗣源手下的兵也变了，劫嗣源以入于邺。嗣源以计诳叛人得出。又听其女婿石敬瑭的话，回兵造反。庄宗为伶人所弑。嗣源即位，是为明宗。明宗在五代诸君中，要算比较安静的。在位八年，以九三三年死。养子从厚立，是为闵帝。时明宗养子从珂镇凤翔，石敬瑭镇河东，闵帝想把他两调动，从珂便举兵反。闵帝派出去的兵，都倒戈投降。闵帝出奔，被杀。从珂立，是为废帝。又要调动石敬瑭。敬瑭又造反。就把契丹的兵引进来了。

废帝鉴于闵帝的兵的倒戈，所以豫储着一个不倒戈的将，那便是张敬达。于是发兵，把晋阳困起来。石敬瑭急了，乃以割让燕云十六州为条件，幽州，今河北北平县。蓟州，今河北蓟县。瀛州，今河北河间县。莫州，今河北肃宁县。涿州，今河北涿县。檀州，今河北密云县。顺州，今河北顺义县。新州，今河北涿鹿县。妫州，今河北怀来县。儒州，今河北延庆县。武州，今河北宣化县。云州，今山西大同县。应州，今山西应县。寰州，今山西马邑县。朔州，今山西朔县。蔚州，今河北蔚县。求救于契丹。刘知远劝他："契丹只须饵以金帛，便肯入援，不必要这么优厚的条件。"而石敬瑭急何能择，不听。于是契丹太宗发大兵入援。打破张敬达的兵，挟着石敬瑭南下。废帝自焚死。敬瑭受册于契丹，国号为晋，是为晋高祖。称臣于契丹。沙陀虽是异族，业已归化中国。他自己并无根据地，迟早要同化于中国的。李克用等虽是异族的酋长，一方面亦可算作中国的军人。梁、唐的兴亡，也可算是中国军人的自相陵捽，其性质还不十分严重。至于契丹，则系以另一国家的资格侵入的，其性质，就非沙陀之比了。以地理形势论：中国的北部，本该守阴山和黄河。河套北岸。守现在的长城，已非上策。自燕、云割后，不但宣、大全失，山西方面，只有雁门内险可守；河北方面，则举居庸等险而弃之，遂至专恃塘泺之类，以限戎马。宋朝所以不敢和契丹开衅，最大的原因，实缘河北方面，地利全失之故。燕、云不能恢复，女真之祸，自然接踵而来了。所以十六州的割弃，实在是中国最大的创伤。然而外有强敌，而内争不已，其势必至于此而后止。

晋高祖的称臣于辽，臣下心多不服。高祖知国力不足与辽敌，唱高调的人，平时唱着高调，临事未必肯负责任，甚且有口唱高调，实怀通敌之心的。如安重荣是。可看《五代史》本传。所以始终不肯上当。对辽总是小心翼翼，不失臣礼。九四二年，高祖死了。兄子重贵立，是为出帝。听信侍卫景延广的话，罢对辽称臣之礼。辽人来诘问，景延广又把话得罪他。两国的兵端遂启。国与国的竞争，不但在兵力，而亦在纲纪。纲纪整饬，即使兵力不足，总还可以支持。纲纪荡然，那就无从说起了。晋辽启衅之后，辽兵连年入寇，晋兵从事防御，胜负亦还相当。然而国力疲敝，调兵运饷，弄得骚然不宁，本已有岌岌可危之势。加以假借外力，晋祖既开其端，安能禁人之效尤。于是有替契丹力战的赵延寿，又有举兵以降敌的杜重威。九四六年，辽人遂入大梁，执出帝而去。明年，辽太宗入大梁。

辽太宗是个粗才，不懂得治理中国的——假使这时，来的是太祖，汴梁的能否恢复，就成为问题了——于是遣打草谷军，四出钞掠。契丹军行不赍粮草，但遣打草谷军出而钞掠，见《辽史·兵志》。此时已入中国，仍用行军时之法。又遣使诸道，搜括财帛。多用其子弟亲信为刺史。一班汉奸，因而依附着他，扰害平民，弄得群盗四起。太宗无可如何，反说："我不料中国人难治如此。"乃弃大梁北归。行至滦城而死。今河北滦城县。刘知远先已自立于太原，及是，发兵入大梁，是为后汉高祖。

后汉高祖，也是沙陀人，入汴后两年而死。子隐帝立。三年而为郭威所篡，中原之地，自后唐入据以来，至此始复脱沙陀的羁轭，而戴汉人为主。汉高祖之弟旻，称帝于太原，称侄于辽，受其封册，是为北汉。《五代史》称东汉。

后周高祖篡汉后，三年而殂。养子世宗立。世宗性英武，即位之初，北汉乘丧，合辽兵来伐，世宗自将，大败之于高平。今山西高平县。当时天子的卫兵，实即唐朝藩镇之兵的变相，自唐中叶以后，地擅于将，将擅于兵，已成习惯。小不如意或有野心之家饵以重利，便可杀其将而另戴一人，此时的藩镇，看似生杀自由，实则不胜其苦。五代时的君主，所以事势一有动摇，立刻势成孤立，亦由于此。而且累朝不加简阅，全是老弱充数，所以卖主则有余，御敌则不足，这要算是五代时最根本的大患了。世宗自高平回来，深知其弊。于是大加裁汰，又命诸州招募壮勇，送至阙下。择其优者，为殿前诸军。又裁冗费，修政事，于是国富兵强。这时候，南唐、后蜀，都想勾结契丹，以图中原。世宗乃先出兵伐后蜀，取其阶、成、秦三州。阶州，今甘肃天水县。成州，今甘肃成县。秦州，今甘肃秦安县。次伐南唐，尽取江北之地，南唐称臣奉贡。九五九年，世宗遂自将伐辽。时值辽穆宗在位，沉湎于酒，国势中衰。

世宗恢复瀛、莫、易三州，直趋幽州，恢复亦在旦夕。惜乎天不假年，世宗因患病回军，不久就死了。子恭帝立，还只七岁。当时兵力，最强的是殿前军，而赵匡胤是殿前军的都点检。当主少国疑之日，自不免有人生心，于是讹言契丹入寇，匡胤带兵去防他。至陈桥驿，在今河南开封县东。兵变，拥匡胤回汴京，废恭帝而自立，是为宋太祖。当时偏方诸国，本都微弱不振，而中原经周世宗的整顿，业已富强，加以宋太祖的英明，因而用之，而统一的机运就到了。

第二节　宋的统一及其初年的政治

于此，得将十国的情形，略一叙述。当唐末，割据的有两种人。其一是藩镇。如：

【吴】杨行密，本是唐朝的庐州刺史。八八六年，乘淮南的扰乱，进据广陵。庐州，今安徽合肥县。广陵，今江苏江都县。后来秦宗权的将孙儒来攻，行密被他打败，逃回庐州，又逃到宣州，今安徽宣城县。仍被孙儒围起，后乘儒军大疫，把他灭掉。还据广陵。尽并淮南之地。

【吴越】钱镠，是唐朝的杭州刺史。平越州董昌之乱，董昌系越州观察使，叛唐僭号。越州今浙江绍兴县。保据两浙。时在八九六年。

【南汉】刘隐，以九〇五年，做唐朝的岭南节度使。死后，其弟岩继之。保据岭南。

【前蜀】王建，是神策军将。田令孜的养子。随令孜入蜀，为利州刺史。利州，今四川广元县。时令孜以其弟陈敬暄为西川节度使。王建和他翻脸。八九三年，把成都攻破。八九七年，又攻并东川。

其二是流寇。

【楚】孙儒死后，其将刘建锋、马殷等，逃据湖南。八九五年，建锋为其下所杀，推殷为主。

【闽】王潮，河南固始人。今河南固始县。寿州人王绪造反，攻破固始，用潮为军正。绪因避秦宗权，渡江而南，直流入福建。后为其下所杀，推潮为主，八九三年。占据福州，潮死后，弟审知继之。

诸国之中，吴的地势和中原最为接近。行密子渥，又尽并江西，地亦最大。杨渥时，兵权为牙将张颢、徐温所夺。温又杀颢，自居升州（今首都）留子知训在江都辅政。为他将所杀。养子知诰，讨定其乱。代知训辅政。徐温死后，大权尽归于知诰。遂篡吴自立。复姓李，更名昪。

九三七年，吴为李昪所篡，改国号为唐，是为南唐。传子璟，乘闽、楚的内乱，把他灭掉。闽亡于九四五年。楚亡于九五一年。遂有觊觎中原之意。前蜀亡后，后唐以孟知祥为西川节度使。知祥攻并东川。于九三三年自立。传子昶，昏愚狂妄，亦想结契丹以图中原。所以周世宗对于这两国，要加以膺惩。湖南自楚亡后，南唐在实际上并未能有其地。其明年，即为辰州刺史刘言所据。辰州，今湖南沅陵县。自此王逵、周行逢，相继有其地。都居朗州。朗州，今湖南常德县。受署于后周。荆、归、峡三州之地，荆州，今湖北江陵县。归州今湖北秭归县。峡州，今湖北西陵县。九〇五年，梁太祖以其将高保融为节度使。从后唐以来，自立为一国，是为南平。宋初诸国皆仅自守，惟北汉倚恃辽援与周本系世仇。至宋初，关系亦未能改善。其情势如此。

宋太祖像

宋太祖赵匡胤（927—976），北宋王朝的建立者。赵匡胤接受大臣赵普的建议，通过“杯酒释兵权”削夺了武官的权力，使宋朝没有宦官专权、藩镇割据的问题。

宋太祖的政策和周世宗不同。周世宗是想先恢复燕云的，宋太祖则主张先平定中国。这不但避免与辽启衅，亦且西北一带，自五代以来，中国对它的实力，不甚充足。存一北汉，虽然是个敌国，却可替中国屏蔽两面，所以姑置为缓图。九六二年，周行逢卒，子保权幼。潭州将张文表，潭州，今湖南长沙县。意图吞并朗州。保权来求救，宋太祖出兵，先因假道，袭灭南平。文表已为朗州兵所击破，宋兵却前进不已。到底将朗州打破，执保权以归。诸国最昏乱的是后蜀，最淫虐的是南汉。宋于九六五、九七一两年，先后把他灭掉。南唐是事中国最谨的，亦以征其入朝不至为名，于九七五年，把他灭掉。如此，吴越知道不能自立了。灭南唐之岁，太祖崩，太宗立。九七八年，吴越遂纳土归降。其明年，太宗自将伐北汉。先是宋亦屡次伐它，其意只在示威，使之不敢南犯，这一次，则决意要灭掉它。于是先分兵绝辽援兵。北汉遂出降。自朱全忠篡唐自立至此，凡七十三年。

五代时偏方诸国，既不大，又不强，扑灭他们，原不算得什么事。但是从唐中叶以来，所以召乱而致分裂之源，则不可不把它除掉。所以召乱而致分裂之源是什么呢？一是禁军的骄横，一是藩镇的跋扈。禁军虽经周世宗的整顿，究竟积习未除。宋太祖便是因此而得大位的。此弊不除，肘腋之间，就不能保其无变，还说得上什么长治久安之计？所以宋太祖先于杯酒之间，讽示典宿卫之将石守信等，令其自请解去兵权。至于藩镇，唐时业已跋扈不堪，五代时更不必说了。宋太祖乃用渐进的手段。凡藩镇出阙的，逐渐代以文臣。属于节度使的支郡，都令直达中央。各州官出阙，都令京朝官出知，以重其体，又特设通判，以分其权。

中央的大权旁落，总是由于兵权和财权的旁落。宋太祖有鉴于此，所以特设转运使于各路，以收财赋之权。诸州的兵，强的都升为禁军，直隶三衙。殿前司及侍卫马步军司。弱的才留在本州，谓之厢军。不甚教阅，名为兵，其实不过给役而已。如此一来，前此兵骄和外重之患，就都除掉了。然而天下事有利必有弊。宋朝的政策，是聚天下强悍不轨之人以为兵，而聚天下之财于中央以养之。到后来，养兵未得其用，而财政却因之而竭蹶，就成为积弱之势了。又历代的宰相，于事都无所不统。宋朝则中书治民，三司理财，枢密主兵，各不相知，而言路之权又特重。参看第八节。这原是因大权都集于中央，以此防内重之弊的。立法之初，亦可谓具有深意。然而宰相既无大权，而举动又多掣肘，欲图改革，其事就甚难了。这就是后来王安石等所以不能有所成就，而反致酿成党争的原因。

第三节　变法和党争

宋辽的竞争，开始于九七九年。太宗既灭北汉，即举兵以攻幽州。大败于高梁河。在北平西。九八五年，太宗听边将的话，命曹彬、田重进、潘美等分道伐辽，又不利。自此以后，宋就常立于防御的地位。一〇〇四年，辽圣宗自将入寇，至澶州。今河北濮阳县。是时太宗已崩，真宗在位。宰相寇准，力劝帝亲征。真宗车驾渡河，乃以岁币银十万两，绢二十万匹成和议。辽主以兄礼事帝。一〇四二年，辽兴宗又遣使来求关南之地。瓦桥关，在雄州，周世宗复瀛、莫二州，与契丹以此关为界。宋仁宗使富弼报之。又增岁币银、绢各十万两、匹。当仁宗时，夏元昊造反。宋人屯大兵于陕西，屡战不胜。一〇四三年，亦以银、绢共二十五万五千成和议，谓之岁赐。

对外的不竞如此，内之则养兵之多，至一百十六万，英宗时兵数。财政为之困敝，而仍不可以一战。宋代的财政，和前代不同。前代开国之时，大抵取于民者甚轻，所以后来还有搜括的余地。宋朝则因养兵之故，唐中叶后所兴盐茶等税，都没有除掉。就是藩镇的苛税，虽说是削平之时，都经停罢，实亦去之未尽。所以人民的负担，在承平之时，业已不胜其重了。

内治则从澶渊和议成后，宋真宗忽而托言有天书下降。于是封泰山，祀汾阴，斋醮宫观之事纷起，财用始患不足。而政治亦日益因循。真宗之后，仁宗继之。在位最久，号为仁君，然而姑息弥甚。仁宗之后，英宗继之，则在位不过四年而已，未能有所作为。当仁宗时，范仲淹为相。曾有意于改革。然未久，即不安其位而去。至一〇六八年，神宗即位，用王安石为宰相，力行新法，而政治的情势始一变。

王安石的新法，范围所涉甚广。然举其最重要的，亦不过下列三端：

其（一）青苗、免役之法，是所以救济农民的。宋承唐、五代之后，版籍之法既坏，又武人擅土，暴政亟行，其时的农民，很为困苦。而自两税法行之后，估计丁、赀之数，以定户等，而签差以充役。役事重难，有破产不能给的。人民因此，至于不敢多种田，父子兄弟，不敢同居，甚至有自杀以免子孙之役的，其惨苦不可胜言。王安石乃立青苗之法，将各处常平、广惠仓的畜积，当农时借与人民，及秋，随赋税交纳。取息二分，谓之青苗钱。又立免役之法，令本来应役之户出免役钱，不役之户出助役钱，以其钱雇人充役，免却签差。

其（二）裁兵、置将及保甲，是所以整顿军政的。宋朝既集兵权于中央，沿边须戍守之处，都由中央派兵前往，按时更调，谓之番戍。其意原欲令士卒习劳，不至于骄惰。然而不悉地形，又和当地的百姓不习熟，不能得其助力，往往至于败北。却因此多添出一笔“衣粮”之费，财政更受其弊。安石先将兵额大行裁减。置将统兵，分驻各地，以革番戍之弊。安石之意，以为根本之计，是要行民兵的。于是立保甲之法。令人民以五家为一保，五十家为一大保，五百家为一都保。保有保长，大保有大保长，都保有都保正、副。户有二丁的，以其一为保丁。初令保丁每日轮派五人，警备盗贼。后来教保长以武艺，令其转教保丁。募兵阙，则收其饷，以充民兵教阅之费。

其（三）改革学校、贡举之法，是所以培养人才的。自魏、晋以后，学校久已有名无实，不过是进取之一途而已。科举则进士、明经，所学都失之无用。王安石是主张行学校养士之法的。于是于太学立三舍。初入学的居外舍，以次升入内舍、上舍。上舍生得免礼部试，授之以官。又立律学、武学及医学。于科举，则因自唐以来，俗重进士而轻诸科。乃罢诸科，独存进士。改试经义、论、策。其所谓经义，则改墨义为大义。又立新科明法，以待士之不能改业的。

王安石所行的新法，以这几件为最有关系。此外尚有农田水利，方田均税等。方田为一种丈量法。以东西南北各千步之地为一方。方之角，立木为标帜。丈量之后，面积既定，参以地味，以定赋税。此法在神宗时行之未广。后来徽宗时复推行之，然都有名无实。变法之初，特设制置三司条例司，以规划财政。安石对于理财，最为注意。当其时，一岁的用度，都编有定式。经其整顿之后，中央和各州的财政，都有赢余。宋初官制，最为特别。治事都以差遣，官不过用以定禄、秩而已。神宗才革新官制。一切以唐代为法。遂罢三司，还其职于户部。枢密仅主兵谋，所管兵政，亦还之兵部。新设的机关，亦都废罢。

王安石的新法，范围既广，流弊自然不能没有的。特如青苗，以多散为功，遂不免于抑配。抑配之后，有不能偿还的，又不免于追呼，甚或勒令邻保均赔。保甲则教阅徒有其名，而教阅的人，反因此而索诈。都是显而易见的。然而宋朝当日，既处于不能不改革之势，则应大家平心静气，求其是而去其弊。而宋朝人的风气，喜持苛论，又好为名高。又因谏官权重，朋党之风，由来已久。至此，反对新法的人，遂纷纷而起。反对无效，则相率引去。安石为相，前后凡七年。一〇七〇年至一〇七六年。终神宗之世，守其法不变。一〇八五年，神宗崩，哲宗立。年幼，太皇太后高氏临朝。以司马光、吕公著为宰相。新法遂尽废。安石之党，多遭斥逐。当时朝臣都奉太皇太后为主，于哲宗的意思，不甚承顺。哲宗怀恨在心。太皇太后崩后，遂相章惇，复行新法，谓之“绍述”。旧党亦多遭斥逐。一一〇〇年，哲宗崩，徽宗立。太后向氏权同听政。颇进用旧党，欲以消弭党见，而卒无成效。徽宗亲政后，亦倾向新党，复行新法。然用一反复无常的蔡京。徽宗性本奢侈，蔡京则从各方面，搜括钱财，去供给他。于是政治大坏，北宋就迫于末运了。

第四节　辽夏金的兴起

文化是逐渐扩大的。中国近塞诸民族，往往其初极为野蛮，经过若干年之后，忽崭然露头角。其政治兵力和社会的开化，都有可观。这并非其部落中一二伟人所能为，而实在是其部落逐渐进化的结果。辽、夏、金的兴起，都是此例。

现在的热河，自秦、汉至唐，本系中国的郡县。不过地处边陲，多有异族杂居罢了。杂居在这区域中的异族，主要的是鲜卑。当两晋时，鲜卑部落纷纷侵入内地，独有所谓奚、契丹的，仍居住于西辽河上游流域，没有移动。奚在土护真河流域，就是现在的英金河。契丹在潢河，土河流域。潢河是现在的西剌木伦。土河是现在的老哈河。南北朝时，契丹曾为柔然及高句丽所破。隋时，休养生息，渐复其旧。唐武后时，其酋长李尽忠造反，又遭破坏。于是其酋长大贺氏亡，遥辇氏起而代之。然亦积弱不振。到唐末，而其部落中有一伟人出，是为契丹太祖耶律阿保机。契丹旧分八部，部各有一大人。尝公推一大人司旗鼓。“及其岁久，或国有疾疫而畜牧衰。”则公议，更立其次。太祖始并八部为一。遂于九一六年，代遥辇氏，为契丹的君长。《五代史》只说契丹八部，共推一大人为主。《辽史》则大贺氏，遥辇氏相承为酋长，并非由八部公推。《唐书》亦同。大约契丹自有酋长，而实权则在八部大人。这时候，北方适无强部。于是太祖东征西讨，东北灭渤海，服室韦。西北服黠戛斯。西征回鹘，至于河西。其疆域，东至海，西接流河，北至胪朐河，胪朐河，今克鲁伦河。南与中国接壤，俨然北方一大国了。

太祖初与李克用约为兄弟，后又背之，通好于梁，所以李克用很恨他。后唐之世，契丹和中国交兵。其时后唐兵力尚强，契丹不得逞。然而后唐的幽州守将周德威恃勇，弃渝关不守，平州遂为契丹所陷。渝关，今山海关。平州，今河北卢龙县。至于营州，则唐朝设立都督府，本所以管理奚、契丹的。此时契丹盛强，唐室的威灵，久已失坠，其为所占据，更不待言了。太祖死于九二六年，次子太宗立。越十年，而石晋来求援，安坐而得燕云十六州。两河之地，遂为契丹所控制。

太宗是个粗才，所以入中国而不能有。先是太祖的长子名倍，通诗书，善绘画，又工医药等杂技，是个濡染中国文化极深的人。而太祖的皇后述律氏，不喜欢他。平渤海之后，封为东丹王，命其镇守东陲，东丹王浮海奔后唐。废帝败亡时，先杀之而后死。太宗死后，述律后又要立其第三子李胡。李胡暴虐，国人不附。于是契丹人就军中拥立东丹王的儿子，是为世宗。李胡发兵拒敌，给世宗打败。世宗在位仅四年。死后，太宗的儿子穆宗继立。沉湎于酒，不恤国事。中国当此时，很有恢复燕、云的机会，惜乎周世宗早死，以致大功不成。九六九年，穆宗被弑，世宗之子景宗立。在位十四年。子圣宗继之。圣宗年幼，太后萧氏同听政。圣宗时，为辽的全盛时代。澶渊之盟，即成于此时。一〇三一年，圣宗死，子兴宗立。年少气盛，于是有派人到中国来求割关南之举。中国遣富弼报使，反复争辩，才算把求地之议打销。此次所增岁币，中国和契丹，争论纳、贡两个字。《宋史》上说系用纳字，《辽史》上则说用贡字的，未知孰是。然而即使用纳字，也体面得有限了。兴宗时，算是契丹蒙业而安的时代。一〇五五年，兴宗死，子道宗立。任用佞臣耶律乙辛，政治始坏。一一〇一年，道宗死，孙天祚帝立。荒于游畋，于国事简直置诸不管。而东北方的女真，适于此时兴起，辽人就大祸临头了。

西夏是党项部落。唐太宗时，归化中国。其酋长姓拓跋氏。大约是鲜卑人，在党项中做酋长的。后裔思敬，以讨黄巢功，赐姓李。为定难节度使。世有夏、银、绥、宥、静五州。夏州，今陕西怀远县。银州，今陕西米脂县。绥州，今陕西绥德县。宥州，今鄂尔多斯右翼后旗。静州，在今米脂县西。传八世，至继捧，以宋太宗时来降。尽献其地。而其族弟继迁叛去。九八五年，继迁袭据银州。明年，降于辽。一〇〇二年，又袭据灵州。明年，为蕃族潘罗支所杀。子德明立。三十年未曾窥边。然以其间西征回鹘，取河西，地益大，一〇三二年，德明子元昊立。立二年，遂反。至一〇四三年才成和。元昊定官制；造文字；设立蕃、汉两学；区划郡县；分配屯兵。其立国的规模，亦颇有可观。

金室之先，是隋、唐时的黑水靺鞨。黑水，今松花江。此江上源称粟末水，会嫩江东折后称黑水。渤海盛时，靺鞨都役属于他。渤海亡后，改称女真。避辽兴宗讳，亦写作女直。在混同江以南的，系辽籍，谓之熟女真。以北的不系籍，谓之生女真。见《大金国志》。混同江，即黑水。金朝王室的始祖，是高丽人。名函普。入居生女真的完颜部。劝解部人和他部的争斗。娶其六十未嫁之女。遂为完颜部人。生女真程度，本来很低，函普以高丽的文化教导之，才渐次开化。函普的曾孙献祖，徙居安出虎水，始筑室，知树艺。今阿勒楚喀河。前此金人系穴居。其子昭祖，渐以条教，统辖诸部。昭祖耀武，至于青岭、白山，入于苏滨、耶懒之地。至其子景祖，则统门、五国诸部，亦来听命。青岭，未详，白山，今长白山。苏滨，即金后来之恤品路，地在今兴京西南，逾鸭绿江。耶懒，即金后来的曷懒路，今朝鲜咸州至吉州一带。统门，即图们异译，谓此水流域。五国部，在今朝鲜的会宁府，后来宋徽、钦二宗，被迁于此（据朝鲜金于霖《韩国小史》）。女真民族，渐有统一之望了。景祖始受辽命，为生女真部族节度使。其三子世祖、肃宗、穆宗，相继袭职。以至于世祖之子太祖。遂有叛辽之举。

女真人虽甚野蛮，然自渤海立国以来，业已一度地开化。更加以高丽人的启发，遂渐起其民族自负之心。当这时候，女真人的强悍，非辽人所能敌，女真人亦自知之。特苦于部族众多，势分而弱，不足以与辽敌。从景祖以来，诸部渐次统一，而金朝人的欲望，亦渐次加大。刚又遇着天祚帝的荒淫，年年遣使到海上去求海东青，名鹰之名。骚扰无所不至，为诸部族所同怨。金太祖遂利用之以叛辽。金太祖的叛辽，事在一一一四年。兵一举而咸州、宁江州、黄龙府，次第陷落。咸州，在今辽宁铁岭县东。宁江州，今乌拉旧城，在吉林北松花江右岸。黄龙府，今吉林农安县。天祚帝本是个不懂事的，得女真叛信，立刻自将大兵去征讨。兵未全到，闻后方有人叛乱，又忽遽西还。其兵遂为金人所袭败。东京亦陷落。辽南京析津府，即幽州。西京大同府，即云州。上京临潢府，在今热河开鲁县南。中京大定府，在今热河建昌县。东京辽阳府，即今辽宁辽阳县。天祚帝忽又把金事置诸度外，恣意游畋。而遣使与金议和。迁延不就。至一一二一年，金太祖再进兵，遂陷辽上京。旋辽将耶律余睹来降。金人用为向导，中京、西京，又次第陷落。南京拥立秦晋国王淳，兴宗次子耶鲁斡之子。亦不能自立。而宋人夹攻之兵又起。

第五节 宋和辽夏的关系

宋自仁宗以前和辽、夏的关系，已见第三节。神宗时，对辽还保守和平，对夏则又开兵衅。夏元昊死于一〇五一年，子谅祚立。十六年而死。子秉常立，年方三岁。是年，宋鄜州将种谔今陕西鄜县。袭取绥州。明年，为神宗元年，夏人请还前此所取塞门、安远两寨。塞门，在今陕西安塞县北。安远，在今甘肃通渭县境。以换取绥州。神宗许了他。而夏人并无诚意。于是改筑绥州，赐名绥德。又进筑了许多寨。夏人遂举兵来犯。神宗用韩绛、种谔，以经营西边，迄不得利。而开熙河之议起。熙河是现在甘肃南部之地。唐中叶后，为吐蕃所陷。后来虽经收回，而蕃族留居其地的很多。大的数千家，小的数十百家为一族。其初颇能助中国以御西夏，后来亦不免有折而入之的。神宗时，王韶上平戎之策。说欲取西夏，必先复河湟。王安石主其议，用为洮河安抚使。王韶就把熙、河等州，熙州，今甘肃狄道县。河州，今甘肃导河县。先后恢复，建为一路。时在一〇七三年。其后八年，有人说秉常为其母所囚。神宗乃发兵五路，直趋灵州。未能达到。明年，给事中徐禧城永乐，城名，在今陕西米脂县西。又为夏人所败。这两役，中国丧失颇多。一〇八六年，为哲宗的元年。是岁，秉常死，子乾顺立。来归永乐之俘。当时执政的人，不主张用兵，就还以神宗时所得的四个寨。而夏人侵寇仍不绝。于是诸路同时拓地进筑。夏人国小，不能支持，乃介辽人以乞和。一〇九九年，和议成。自此终北宋之世，无甚兵衅。

天下事最坏的是想侥幸。宋朝累代，武功虽无足称，以兵力论，并不算薄。然而对辽终未敢轻于启衅。实以辽为大国，自揣兵虽多而战斗力实不足恃之故。徽宗时，民穷财尽，海内骚然。当时东南有方腊之乱。虽幸而打平，然而民心的思乱，兵备的废弛，则已可概见了。乃不知警惕，反想借金人的力量，以恢复燕云，这真可谓之“多见其不知量”了。宋朝的交通金人，起于

宋徽宗像

宋徽宗赵佶（1082—1135），宋朝第八位皇帝，具有相当高的艺术造诣，自创一种书法字体，被后人称之为“瘦金书”。

一一一八年。所求的，为石晋时陷入契丹故地。金太祖答以两国夹攻，所得之地即有之。一一二二年，童贯进兵攻辽，大败。是岁，辽秦晋国王淳死。辽人立天祚帝次子秦王定。尊淳母萧氏为太后，同听政。辽将郭药师来降。童贯乘机再遣兵进攻，又败。贯大惧，遣使求助于金。于是金太祖从居庸关而入，在今河北昌平县西北。攻破燕京。辽太后和秦王都逃掉。明年，而金太祖死，弟太宗立。是时，辽天祚帝尚展转西北。传言夏人将遣兵迎致。金人分兵经略。夏人亦称藩于金。至一一二五年，而天祚帝卒为金人所获。辽朝就此灭亡。宋朝去了一个和好百余年的契丹，而换了一个锐气方新的女真做邻国了。

以契丹的泱泱大风，而其灭亡如此之速，读史的人，都觉得有点奇怪。然而这亦并无足异。原来契丹的建国，系合三种分子而成：即（一）部族，（二）属国，（三）汉人州县。（二）、（三）的关系，本不密切。便（一）也是易于土崩瓦解的。国民没有什么坚凝的团结力，仅恃一个中心人物，为之统驭；这个中心人物而一旦丧失，就失其结合之具；一遇外力，立即分崩离析，向来的北族，本是如此的，契丹也不过其中之一罢了。

当金人初起兵时，其意至多想脱离辽人的羁绊，而自立一国。说这时候，就有灭辽的思想，是决无此理的。辽人的灭亡，全是自己的崩溃。在金人，只可谓遭直天幸。然而虽有如此幸运，而灭辽之后，全辽的土地，都要经营，也觉力小而任重，有些消化不掉了。所以燕云的攻克，都出金人之力，而仍肯以之还宋。但是金人此时，亦已有些汉人和契丹人，代他谋划了。所以其交涉，亦不十分易与，当时金人提出的条件是：燕京之得，全出金人之力，所以应将租税还给金人。营、平、滦三州，都非石晋所割，营、平二州，见上节。滦州，今河北滦县，系辽人所置。所以不能还宋。交涉久之，乃以宋岁输金银、绢各二十万两、匹，别输燕京代税钱一百万缗的条件成和。于是燕云之地，金人都次第来归。平心而论，以这区区的代价，而收回燕云十六州，如何不算是得计？然而营、平、滦三州的不复，却不但金瓯有缺，而且是种下一个祸根。这不得不怪交涉的人的粗心，初提条件时，连这一点都不曾想到了。于是金人以平州为南京，命辽降将张觉守之。金人这时候，所有余的是土地，所不足的是人民。尤其是文明国民，若把他迁徙得去，既可免土满之患，又可得师资之益，真是一举两得。于是还宋燕京之时，把人民都迁徙而去，只剩得一个空城。宋人固然无可如何。而被迁徙的人民，颠沛流离，不胜其苦。路过平州，乃劝张觉据城降宋。张觉本是个反复无常的人，就听了他们的话。而宋朝人亦就受了他。等到金人来攻，张觉不能守，逃到燕山。宋得幽州之后，建为燕山府。金人来质问，宋人又把张觉杀掉，函首以畀金。徒然使降将离心，而仍无补于金人的不满。一一二五年，金人遂分两道入寇。

第六节　宋和金的关系

当时的宋朝，万无能抵敌金人之理。于是宗望自平州，宗翰自云州，两道俱下。宗翰之兵，为太原张存纯所扼。而宗望陷燕山，渡黄河，直迫汴京。徽宗闻信，先已传位于钦宗，逃到扬州。金兵既至，李纲主张坚守。宋人又不能始终信用。宋朝的民兵，本来有名无实。募兵当王安石时，业已裁减。蔡京为相，又利用其缺额，封桩其饷，以备上供。这时候，不但有兵而不可用，亦几于无可用的兵。到底陕西是多兵之地，种师道，姚古，又算那方面的世代将家，先后举兵入援。然亦不能抵抗。不得已，乃以割太原、中山、河间三镇；中山，今河北定县。河间，今河北河间县。宋主尊金主为伯父；宋输金金五百万银五千万两，牛马万头，表段百万匹；以亲王宰相为质的条件成和。旋括京城内金二十万两，银四十万两，交给金兵。金兵才退去。这是一一二六年的事。此时宗翰还屯兵太原，听得这个消息，也差人来求赂。宋人说既已讲和，如何又来需索？不给。宗翰大怒。分兵攻破威胜军、隆德府。威胜军，今山西沁县。隆德府，今山西长治县。宋人以为背盟，遂诏三镇固守。又把金朝派来的使臣萧仲恭捉起来。这萧仲恭，是辽之国戚。急了，要想脱身之计。乃假说自己亦故国之思，能替宋朝招降耶律余睹。宋朝人信了他，给以蜡书。仲恭到燕山，便把蜡书献给宗望。于是宗望、宗翰，再分兵南下。此时太原已陷，两路兵都会于汴京。京城不守，一一二七年，徽、钦二宗及后妃、太子、宗室诸王等，遂一齐北狩。金人立张邦昌为楚帝。

此时只有哲宗的废后孟氏，因在母家，未被掳去。兵退之后，张邦昌乃让位，请她出来垂帘，立高宗为皇帝。即位于归德。今河南商丘县。

高宗初即位时，用李纲为相，命宗泽留守汴京。二人都是主张恢复的。然而当时北方的情势，实在不易支持。于是罢李纲，而用汪伯彦、黄潜善。高宗南走扬州。这时候，宋使王师正请和于金，又暗中招谕汉人和契丹人，为金人所发觉。于是宗望、宗翰，会师濮州。今山东城濮县。遣兵南下。高宗逃到杭州。金人焚扬州而去。这是一一二九年的事。未几，金宗弼又率兵渡江。陷建康，自独松关入，在今安徽广德县东。陷杭州，高宗先已逃到明州。今浙江鄞县。金兵进逼，又逃入海。金人以舟师入海追之三百里，不及，乃还。宗弼聚其掳掠所得，自平江北还。今江苏吴县。韩世忠邀击之于江中。相持凡四十八日，宗弼乃得渡。自此以后，金人以“士马疲敝，粮储未丰”，不再渡江，宋人乃得偏安江南。然而东南虽可偷安，西北又告紧急。当宗翰与宗望会师时，曾遣娄室分兵入陕西。宋人则以张俊为京湖川陕宣抚使。俊以金兵聚于淮上，出兵以图牵制。而宗弼渡江之后，亦到陕西参战。两军会战于富平，今陕西兴平县。宋兵大败。陕西之地多陷。幸而张俊能任赵开以理财，又有吴玠、吴璘、刘子羽等名将，主持军事，总算把四川保全。

这时候，宋人群盗满山。自一一二九年之后，金人不复南侵，乃得以其时平定内乱。而金人亦疲敝已极。于是立宋朝的叛臣刘豫于汴京，国号为齐，畀以河南、陕西之地。想借为缓冲，略得休息。而刘豫又起了野心，想要吞并江南。屡次借兵于金以入寇。又多败衄。至一一三七年，遂为金人所废。先两年，金太宗死了，熙宗继立。挞懒专权用事。当金人立张邦昌时，秦桧为御史大夫，上状于金人，请立赵氏之后。为金人所执。金太宗以赐挞懒。后来乘机逃归。倡言要“南人归南，北人归北”，天下才得太平。高宗用为宰相。至此，遣使于金，请将河南陕西之地相还。挞懒答应了。一一三八年，遂以其地来归。明年，挞懒以谋反伏诛。宗弼入政府。金朝的政局一变。和议遂废。宗弼和娄室，再分攻河南、陕西。此时宋朝的兵力，已较前此略强。而宗弼颇有轻敌之意。前锋至顺昌，今安徽阜阳县。为刘琦所败。岳飞亦自荆襄出兵，败金人于郾城。今河南郾城县。吴璘亦出兵收复陕西州郡。而秦桧主和议，召诸师班师。一一六〇年，以下列的条件成和：东以淮水，西以大散关为界。在今陕西宝鸡县南。宋称臣于金，宋岁输金银、绢各二十五万两、匹。

宋南渡以后之兵，以韩、岳、张、刘为大。四人在历史上，都号称名将，而且都是我国民族的英雄。可惜刘光世死后，其兵忽然叛降伪齐，留下韩世忠、岳飞、张俊之兵，号为三宣抚司。秦桧与金言和，乃召三人论功，名义上虽各授以枢府，而实际上则罢其兵柄。未几，岳飞被害，韩世忠骑驴湖上，亦做了个闲散的军官了。于是诸军虽仍驻扎于外，而改号为某州驻扎御前诸军，直隶中央，各设总领，以司其饷项。关于当时诸将骄横的情形，可参看《文献通考·兵考》。

和议成后八年，金熙宗被弑，海陵庶人立。先迁都于燕，后又迁都于汴。一一六〇年，发大兵六十万入寇。才到采石，在安徽当涂县北。东京业已拥立世宗。海陵想尽驱其兵渡江，然后北还。仓猝间，为虞允文所败。改趋扬州，为其下所弑。金兵遂自行撤退。一一六二年，高宗传位于孝宗。孝宗是有志于恢复的。任张俊为两淮宣抚使。张俊使李显忠等北伐，大溃于符离。在今安徽宿县。一一六五年，和议复成。宋主称金主为伯父。岁币银、绢各减五万。地界则如前。

金世宗时，是金朝的全盛时代。当海陵时，因其大营宫室，专事征伐，弄得境内群盗蜂起，世宗为图镇压起见，乃将猛安、谋克户金朝的制度，部长在平时称孛堇，战时称猛安、谋克。猛安，译言千夫长。谋克，译言百夫长。大约所统的人，近乎千人的，则称猛安；近乎百人的，则称谋克。移入中原，夺民地以给之。于是女真人的村落，到处散布，中国人要图反抗更加不容易了。然而金朝的衰弱，亦起于此时，诸猛安、谋克人，都惟酒是务，“有一家百口，垅无一苗”的。既失其强悍之风，而又不能从事于生产，女真人就日趋没落了，然而还非宋人所能侮。

宋孝宗亦以生时传位于光宗，光宗后李氏，与孝宗不睦；光宗又有疾，因此定省之礼多缺。群臣以为好题目，群起谏诤。人心因之颇为恐慌。一一九四年，孝宗崩。光宗因病不能出。丞相赵汝愚，乃因阁门使韩侂胄，请命于高宗的皇后吴氏，请其出来主持内禅之事，光宗遂传位于宁宗。宁宗立后，韩侂胄亦想专权，而为赵汝愚所压。乃将汝愚挤去。朱熹在经筵，论其不当。侂胄遂将朱熹一并排斥。此时道学的声势正盛，侂胄因此大为清议所不与。要想立大功以恢复名誉。当光宗御宇之日，亦即金章宗即位之年。章宗初年，北边仍岁叛乱，河南、山东，又颇有荒歉。附会韩侂胄的人，就张大其辞，说金势有可乘。韩侂胄信了他。暗中豫备。至一二〇六年，遂下诏伐金。开战未几，到处皆败。襄阳、淮东西，失陷之处甚多。侂胄复阴持和议。金人复书，要斩侂胄之首。侂胄大怒，和议复绝。而宁宗的皇后杨氏，和侂胄有隙，使其兄次山和礼部侍郎史弥远密谋，诱杀侂胄，函首以畀金，和议乃成。岁币增为三十万两匹。时为一二〇八年。明年，金章宗死，卫绍王立，而蒙古兵亦到塞外了。

第七节　宋的学术思想和文艺

宋朝是一个有创辟的时代。其学术思想和文艺，都有和前人不同之处。

天下事物极必反，有汉儒的泥古，就有魏晋人的讲玄学。有佛学的偏于出世，就有宋学的反之而为入世。

宋学的巨子，当推周、程、张、朱。周子名敦颐，道州人。著有《太极图说》和《通书》。其大意，以为无极而太极。无极而太极，就是说太极无从追溯其由来的意思。即太极亦是合阴阳两种现象而立名，阴阳亦不过归纳各种现象的两个观念，并非实有其物。阴阳且非实体，无极太极，更不必说了。太极动而生阳，静而生阴。因其一动一静，而生五种物质，是为五行，再以此为原质，组成万物。人亦是万物之一，所以其性五端皆具。五端，谓仁、义、礼、智、信。汉儒五行之说，以仁配木，礼配火，信配土，义配金，智配水。但其所受之质，不能无所偏胜，所以人之性，亦不能无所偏。当定之以仁、义、中正而主静。张子名载，陕西郿县横渠镇人。他把宇宙万物，看成一汇。物的成毁，就是气的聚散。由聚而散，为气的消极作用，是为鬼。由散而聚，为气的积极作用，是为神。所以鬼神就在万物的本身，而幽明只是一理。气是一种物质。各种物质相互之间，本有其好恶迎拒的。人亦气所组成，所以对于他物，亦有其好恶迎拒，此为物欲的根原。此等好恶，不必都能合理。所以张子分性为气质之性和义理之性，而说人当变化其气质。周、张二子所发明的，都是很精妙的一元论。二程所发明，则较近于实行方面。二程是弟兄。洛阳人，大程名颢，小程名颐，大程主“识得此理，以诚敬存之”。小程则又提出格物，说“涵养须用敬，进学在致知”。朱子名熹。他原籍婺源，而居于闽，所以周、程、张、朱之学，亦称为濂、洛、关、闽。濂溪，本在道州，即今湖南道县，为潇水的支流。敦颐后居江西庐山莲花峰前，峰下有溪，西北流，合于湓江。敦颐即以其故乡濂溪之名名之。学者因称为濂溪先生。朱子之学，是承小程之绪的。他读书极博，制行极谨严。对于宋代诸家之说，都有所批评，而能折中去取，所以称为宋学的集大成。但同时有金溪陆九渊，以朱子即物穷理之说为支离。他说心为物欲所蔽，则物理无从格起，所以主张先发人本心之明。大抵陆子之说，是为天分高，能直探本原的人说法的。朱子之说，则为天分平常，须积渐而致的人说法的。然正惟天分高，然后逐事检点不虑其忘却本原；亦惟天分平常，必先使他心有所主。所以清代的章学诚说朱陆是千古不能无的同异，亦是千古不可无的同异。以上所说，是宋学中最

朱熹像

朱熹（1130—1200），字元晦，一字仲晦，号晦庵，谥文，又称朱文公。南宋理学家，理学的集大成者，被尊称为朱子。

重要的几个人。此外在北宋时，还有邵雍，则其学主于术数。南宋时，张栻、吕祖谦和朱熹，同称乾淳三先生。乾道、淳熙，宋孝宗年号。乾道自一一六五至七三，淳熙自七四至八九。祖谦喜讲史学。永嘉的陈傅良、叶适，永康的陈亮，都受其影响。其说较近于事功。讲宋学的人，不认为正宗。然实亦互相出入。宋学家反对释氏。他们说“释氏本心，吾徒本天”。而他们所谓天，就是理，所以其学称为理学，尊信其说的人，以为其说直接孔、孟；而孔、孟之道，则是从尧、舜、禹、汤、文、武、周公，相传下来的，所以又称为道学。后来的考据家，则谓宋学的根源，是《先天》《太极》两图；而此两图，都是出于宋初华山道士陈抟的，所以说宋学实出道家。《太极图》为众所共知，不必再说。邵子的《先天次序图》如下：

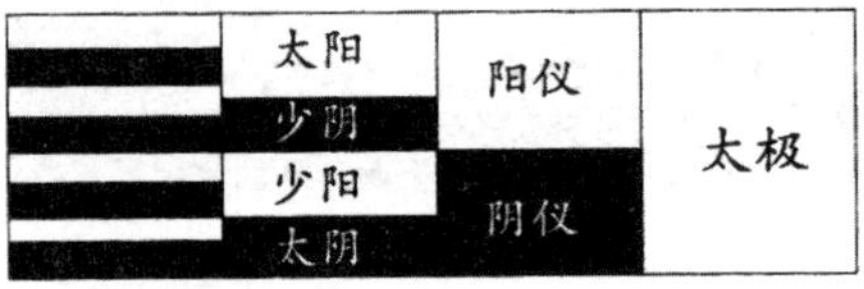

其图以白处代《易经》的阳画（—），黑处代易经的阴画（--）。最下一层为太极，是不能分白黑的，图上的白色，不作为白色看。第二层为两仪。第三层为四象。至第四层则成八卦。合二三四三层观之，其次序为乾一，兑二，离三，震四，巽五，坎六，艮七，坤八。又八卦的方位：旧说是离南，坎北，震东，兑西，乾西北，坤西南，艮东北，巽东南。邵子说：这是文王所改，是后天卦位。邵子所传的图，则乾南，坤北，离东，坎西，兑东南，震东北，巽西南，艮西北。说这是先天方位，伏羲所定。案邵子的哲学，是一而二，二而四，四而八，……如此递推下去的。其《先天次序图》，表现这种思想。其《卦位图》，则赞成他的人说：天位乎上，地位乎下；日生于东，月生于西；山镇西北，泽注东南；风起西南，雷动东北；自然和天地造化相合。又有因宋儒好谈心性，以为实是释氏变相的。然后一时代的学问，对于前一时代的学问，虽加反对，势不能不摄取其精华；而学问的渊源，和其后来的发展、成就，也并无多大的关系，往往有其源是一，其流则判然为两的。所以此等说，都无足计较。宋学总不失为一种独立而有特色的学术。

清代的汉学家，对于宋学，排斥颇力。其实考据之学的根源，亦是从宋代来的。宋儒中如著《困学纪闻》的王应麟，著《日钞》的黄震，都是对于考据很有功夫的。所以宋朝人对于史学，亦很有成绩。自唐以后，正史必出于合众纂修，已成通例。只有宋代，《新五代史》

是欧阳修所独撰，《新唐书》为修及宋祁所合撰。虽出两人之手，亦去独撰的不远。司马光修《资治通鉴》，自战国迄于五代，为编年史中的巨著。朱子因之而作纲目，虽其编纂不如《通鉴》的完善，而其体例，则确较《通鉴》为优。《通鉴》事实甚繁，苦于无从检阅。司马光因此另编《目录》三十卷。然《目录》与本书，分而为二；而小事《目录》中又不能尽载，检阅仍苦不便。朱子因此而创纲目之例。纲用大书，目用分注。要检查的，只要看其纲就得了。《纲目》一书，朱子仅发凡起例，其编纂则属之天台赵师渊。师渊编辑得不甚精善。所以考求事实的人，都据《通鉴》而不据《纲目》。但编纂尽善与否是一事，体例的善否，又是一事。论事实的考订去取，纲目确不如《通鉴》之精，论体例则《纲目》确较《通鉴》为善。试取两书，略一翻阅便知。袁枢又因《通鉴》而作《纪事本末》，为史书开一新体。马端临因《通典》而作《文献通考》。其事实的搜辑，实较《通典》为备，而门类的分析，亦较详。郑樵包括历代的史书而作《通志》，虽其编纂未善。然论其体例，确亦能囊括古今，删除重复的。而二十略中，尤多前人未及注意之点。二十略里，《氏族》《七音》《都邑》《草木》《昆虫》为略，是前此史志所无的。此外宋朝人对于当代的史料，搜辑之富，亦为他时代所不及。而史事的考证和金石之学，亦始自宋人。考证之学，如刘攽、刘奉世的《两汉书刊误》，吴缜的《新唐书纠缪》等。金石之学，如欧阳修的《集古录》等。

唐朝虽为古文创作时代，其实当时通行的仍是骈文。至于宋朝，则古文大盛。如欧阳修、王安石、三苏父子、曾巩等，都为极有名的作家。宋朝人的骈文，亦生动流利，和唐以前人所作，虽凝重而不免失之板滞的不同。诗亦于唐人之外别开新径。唐人善写景，宋人则善言情。比较起来，自然是唐诗含蓄而有余味。然而宋人亦可谓能开拓诗的境界，有许多在唐代不入诗的事物，至此都做入诗中了。词则宋代尤推独绝，南北宋都有名家。宋学家是讲究道理，不注重词华的。所以禅家的语录，宋学家亦盛行使用。又其时平民文学，甚为发达。说话之业甚盛。后来笔之于书，就是所谓平话体的小说了。

印刷术的发达，是推动宋代文化的巨轮。古代的文字，书之于简牍。要特别保存得长久的，则刻之于金石。不论金石和简牍，总是供人观览，而非以为摹拓之用的。汉魏的《石经》，还是如此。但是后来渐有摹拓之事。摹拓既兴，则刻之于木，自较刻之于石，为简易而省费。据明代陆深所著的《河汾燕间录》，说隋文帝开皇十年——公元五九〇年——敕天下废像遗经，悉令雕板。这是我国印刷术见于记载之始。然当隋、唐之世，印刷之事，还不盛行。所以其时的书，还多是钞本，得书尚觉艰难。至公元九〇八，即后唐明宗长兴三年，宰相冯道、李愚，才请令国子监校正《九经》，刻板印卖。是为官家刻书之始。此后官刻和私人为流传而刻，书贾为牟利而刻的就日多。宋以后的书籍，传于世的，远非唐以前所能比，就是受印刷术发达之赐。活字板是宋代毕昇所创，事在仁宗庆历中——公元一〇四一至四八——其时字以泥制。到明代，无锡华氏才改用铜制。可参看孙毓修《中国雕板源流考》。

第八节　宋的制度和社会

宋代的兵制和北宋以前学校选举之制，已见第三节和第六节。今再补述其余的制度如下：

宋代的制度，都是沿袭唐代的。其取之于民的，共分五项：（一）为公田之赋。（二）为民田之赋，这都是田税。（三）为丁口之赋，是身税。（四）为城郭之赋，是宅税和地税。（五）为杂变之赋，亦谓之沿纳，是唐行两税之后，复于两税之外，折取他物，而后遂变为常赋的。凡此种种，其取之都用两税之法，于夏、秋分两次缴纳。宋代病民的，不在于税而在于役。自王安石行青苗法后，元祐复行科差，绍圣再变为雇役。自后差雇两法并行。因欲行签差之法，必须调查人民的资产。其中责令人民自行填报的，谓之“手实”。由官派人查轧的，则谓之“推排”。卖买田产时，将物力簿同时改正的，则谓之“推割”。诸法都难得公平，又难于得实，总是厉民之政。在中国法律上，官和人民交易，亦同人民和人民交易一样，谓之“和”。所以和籴及和买，本应确守私法上的原则。然而其后，都有短给和迟给的，甚或竟不给钱，而所籴所买，遂变为赋税。这亦是厉民之政。

两税以外的赋税，都起于唐中叶以后。因其时藩镇擅土，中央的收入减少，不得不求之于此。宋代养兵太多，遂沿而未改。其中最重要的是盐税。其法起于唐之刘晏。借民制盐，而免其徭役，谓之灶户，亦称亭户。在刘晏时，还是行就场征税之法。一税之后，任其所之。后来渐变为官卖。又或招商承买，则谓之通商。茶法，亦起于唐中叶之后。制茶的人，谓之园户。岁输定额的茶，以代赋税。其余悉数由官收买。官买茶的价钱，都是先给的，谓之“本钱”。于江陵、真州、海州、汉阳军、无为军、蕲州的蕲口，真州，今江苏仪征县。海州，今江苏东海县。汉阳军，今湖北汉阳县。无为军，今安徽无为县。蕲州，今湖北蕲春县。设立榷货务六处。除淮南十三场外，其余的茶，都运到这六榷货务，由官发卖。京师亦有榷货务，但只主给钞而不积茶。酒：州郡都置务官酿。县、镇、乡、闾，则听民酿而收其税。坑冶：官办的置监、冶、场、务等机关，民办的，则按一定分数，“中卖”于官。商税，起于唐代的藩镇，而宋因之。州县各置收税的机关，名之为务。税分过税和住税两种。过税取百分之二，住税取百分之三。所税的物品和其税额，各处并不一律。照例都应得榜示出来，然而实际能否一一榜示，榜示之后，能否确实遵守，就很难言之了。这实在也是厉民之政，和清代的厘金无异。宋代还有一种借官卖以省漕运的办法，是为“入边”和“入中”。其法：令商人入刍粟于边，或入现钱及金帛于京师榷货务。官给以钞，令其到指定的地方，支取货物。其初只解池的盐，解州，安邑两池所产的盐。解州，今山西解县。安邑，今山西安邑县。用此办法，为陕西沿边之备。后来东南茶盐和榷货务的缗钱，都许商人指射，谓之三说。说即今兑换的兑字。更益以犀、象、香药，则谓之四说。在实物经济时代，运输货物，本是件最困难的事。如此，既省行政上的麻烦，又省转运时的弊窦，本是个好法子。但官吏和商人，通同作弊，把商人所入的刍粟，高抬其价，谓之“虚估”，而官物遂不免虚耗。又且入刍粟的土人，并不会做盐茶等卖买，得钞都是卖给商人或京师的交引铺，他们都要抑勒钞价，实际入刍粟的并无利益，群情遂不踊跃，边备仍不充实。后来乃令商人专以现钱买茶，官亦以现钱买刍粟。于是茶不为边备所需，而通商之议起。通商之议既起，乃停给茶户本钱，但计向者所得的息钱，取之茶户，而听其与商人卖买。到蔡京出来，又变茶法。由官制长引、短引，卖给商人。商人有此引的，即许其向茶户买茶。如此，便只是一种买茶的许可证了。后来淮浙之盐，亦用此法，为后世所沿袭。南渡之后，地方削小，而费用增广。盐茶等利，较北宋都有所增加。又有所谓经总制钱、板帐钱等。系将各种杂税，或某种赋税上增取之数，以及其他不正当的收入，凑起来的。其厉民更甚。

宋代的人民是很为困苦的。因为唐中叶以后，武人擅土，苛税繁兴，又好用其亲信做地方官或税收官吏之故。宋兴，此等苛税，多所捐除，然而仍不能尽。至于豪强兼并，则自天宝以来，本未有抑强扶弱的政令；加以长期的扰乱，自然更为利害了。所以宋代的平民，其受剥削特甚。当时民间借贷，自春徂秋，出息逾倍。太宗时尝禁之。见《宋史·食货志》。而且各种东西，都可以取去抵债。见《宋史·陈舜俞传》。折算之间，穷人自然格外吃亏了。当时司马光上疏，诉说农民的疾苦，曾有这几句话：

> 幸而收成，公私之债，交争互夺。谷未离场，帛未下机，已非己有。所食者糠籺而不足，所衣者绨褐而不完。直以世服田亩，不知舍此更有何可生之路耳。亦见《宋史·食货志》。

可谓哀切极了。王安石所以要推行青苗法，其主意，就是为防止民间的高利贷。然而以官吏办借贷之事，总是无以善其后的。所以其法亦不能行。在宋代，得人民自助之意，可以补助行政的，有两件事：其（一）是社仓。社仓之法，创于朱子。其以社为范围，俾人民易受其益，而且易于感觉兴味，便于管理监督，和义仓之法同。而在平时可兼营借贷，则又得青苗法之意。其（一）是义役。义役是南宋时起于处州的松阳县的。今浙江松阳县。因为役事不能分割，所以负担不得平均。乃由众出田谷，以助应役之家。此两法若能推行尽利，确于人民很有益处，而惜乎其都未能。南渡之后，两浙腴田，多落势家之手，收租很重。末年，贾似道当国，乃把贱价强买为官田，即以私租为税额。田主固然破家者众，而私租额重而纳轻，官租额重而纳重，农民的受害更深。南宋亡后，虽其厉民之政，亦成过去。然而江南田租之重，则迄未尝改。明太祖下平江。恶其民为张士诚守，又即以私租为官赋。江南田赋之重，就甲于天下。后来虽屡经减削，直到现在，重于他处，还是倍蓰不止。兼并之为祸，可以谓之烈了。

宋代士大夫的风气，亦和前代不同。宋人是讲究气节的。这固然是晚唐、五代以来，嗜利全躯的一个反动，而亦和其学术有关系。宋朝人的议论，是喜欢彻底的，亦是偏于理论的。所以论事则好为高远之谈，论人则每作诛心之论。这固然也有好处，然而容易失之迂阔，亦容易流于过刻。而好名而激于意气，则又容易流为党争。自辽人强盛以来，而金，而元，相继兴起，宋人迭受外力的压迫，其心理亦易流于偏狭。所以当国事紧急之时，激烈的人，往往发为"只论是非，不论利害""宁为玉碎，毋为瓦全"的议论。这固然足以表示正义，而且也是民族性应有的表现。然而不察事势，好为高论，有时亦足以偾事。而此等风气既成之后，野心之家，又往往借此以立名，而实置国家之利害于不顾，则其流弊更大。此亦不可以不知。

第十三讲　迅速崛起的元帝国

第一节　元的勃兴和各汗国的创建

当公元十三世纪之初，有一轩然大波，起于亚洲的东北方，欧、亚两洲，都受其震撼。这是什么事？这便是蒙古的兴起。

蒙古，依中国的纪载，是室韦的分部。唐时，其地在望建河南。见《新唐书》。望建河，即今黑龙江。但其人自称为鞑靼。蒙人自著的《秘史》即如此。鞑靼是靺鞨别部，居于阴山的。据蒙古人自著的《元朝秘史》看起来：他始祖名孛儿帖赤那，十传而至孛儿只吉歹。孛儿只吉歹的妻，唤作忙豁勒真豁阿。忙豁勒真豁阿，译言蒙古部的美女。我们颇疑心孛儿只吉歹是鞑靼人。因其娶蒙古部女，才和蒙古合并为一。和金朝王室的始祖，以高丽人而为生女真的完颜部人一样。

蒙古部落，自孛儿只吉歹之后，又十一传而至哈不勒，是为成吉思汗的曾祖，始有可汗之号。可以想见其部落的渐强。合不勒死后，从弟俺巴孩，继为可汗。为金人所杀。部人立哈不勒子忽都剌为可汗。向金人报仇，败其兵。忽都剌死后，蒙古无共主，复衰。成吉思汗早年，备受塔塔儿、蔑儿乞及同族泰亦赤兀诸部的龁龁。后来得客列部长王罕、札答剌部长札木合为与部，乃把诸部次第打平。此时沙漠西北的部落，以乃蛮为最强。而金朝筑长城，自河套斜向东北，直达女真旧地，使汪古部守其冲。乃蛮约汪古部同伐蒙古。汪古部长来告。成吉思汗先举兵伐乃蛮，破之。公元一二〇六年，漠南北诸部，遂大会于斡难木涟之源，公上成吉思汗的尊号。塔塔儿，即鞑靼异译。据《元朝秘史》，地在捕鱼儿海附近，即今达里泊。蔑儿乞，在鄂尔坤、色楞格两水流域。泰亦赤兀，系俺巴孩之后。客列部，在土剌河流域。札答剌，亦蒙古同族成吉黑河十一世祖孛端察儿，娶一有孕妇人，生子曰札只剌歹，其后为札答剌氏。乃蛮酋长太阳罕，地南近沙漠。其弟不亦鲁黑，则北近金山。汪古之地，在今绥远归绥县北。斡难木涟，即今敖嫩河。

成吉思汗既即汗位，其目光所注，实在中原。于是于一二一〇年，伐夏。夏人降。明年，成吉思汗遂伐金。此时金朝的兵力，业已腐败。加以这一次，汪古与蒙古言和，放其入长城，出其不意。于是金兵四十万，大败于会河堡。在今察哈尔万全县西。蒙古兵遂入居庸关，薄燕京。明年，成吉思汗再伐金。留兵围燕京。自将下山东。分兵攻河东和辽西。到处残破，黄河以北，其势就不可守了。此时金人已弑卫绍王，立宣宗。成吉思汗还兵，屯燕城北。金人妻以卫绍王之女请和。蒙古兵已退，金宣宗迁都于汴。成吉思汗说他既和而又迁都，有不信之心。再发兵陷燕京。此时金人的形势，本已岌岌待亡，因成吉思汗有事于西域，乃又得苟延残喘。

成吉思汗像

成吉思汗（1162—1227），元太祖，名铁木真，孛儿只斤氏，奇渥温姓。蒙古帝国奠基者，世界史上杰出的军事统帅。

成吉思汗的西征，是花剌子模国的骄将所引起的。Khwarizm，即《唐书》的货利习弥。先是唐中叶以后，大食强盛，葱岭以西诸国，悉为所并。然不及三百年，威权渐替。东方诸酋，多据地自擅，其间朝代的改变甚多。当辽朝灭亡时，雄视西亚的塞而柱克朝已衰，花剌子模渐盛。Seljuks。辽朝的宗室耶律大石，逃到唐朝的北庭都护府，会合十八部王众，选其精锐而西。遂灭塞而柱克，服花剌子模。立国于吹河流域的虎思斡耳朵，是为西辽。乃蛮既亡，其酋长太阳罕的儿子古出鲁克，逃到西辽。和花剌子模王阿拉哀丁·谟罕默德Alaï-ud-din Mohammed内外合谋，篡西辽王之位。于是乃蛮复立国于西方，而花剌子模亦乘机拓土，成为西方的大国。这时候，雄张于西域的，实在仍是回族。成吉思汗既定漠南北，在天山北路的畏吾儿和其西的哈剌鲁畏吾儿，即回纥异译。哈剌鲁，即《唐书》的葛逻禄。都来降。蒙古和西域交通的孔道遂开。花剌子模王有兵四十万，都是康里人。Cancalis。王母亦康里部酋之女。将士恃王母而骄恣，王母亦因举国的兵，都是其母族人，其权之大与王埒。所以国虽大而其本不固。成吉思汗既侵入中原，古出鲁克和前此逃往西域的蔑儿乞酋长忽秃，都乘机谋复故地。成吉思汗怕漠北根本之地，或有摇动。乃于一二一六年北还。命速不台打平忽秃，哲别打平古出鲁克。于是蒙古的疆域就和花剌子模直接。成吉思汗因商人以修好于花剌子模，花剌子模王也已应允了。未几，蒙古人四百余，随西域商人西行。花剌子模讹打剌城的镇将，城在锡尔河滨。镇将系王母之弟。指为蒙古间谍，把他尽数杀掉。其中只有一个人，得逃归报信。成吉思汗闻之，大怒，而西征的兵遂起。

成吉思汗的西征，事在一二一九年。先打破讹打剌和花剌子模的都城寻思干，今撒马儿干。花剌子模王遁走。成吉思汗命哲别、速不台追击。王辗转逃入里海中的小岛而死。其子札剌哀丁Djêlal-ud-din mangou-birti。逃到哥疾宁，城名，在巴达克山西南，印度河东。成吉思汗自将追之。破其兵于印度河边。乃东归。时在一二二二年。哲、速二将的兵，别绕里海，越高喀斯山今译作高加索。此依《元史译文证补》。败阿速、撒耳柯思和钦察的兵。钦察的酋长逃到阿罗思。二将追击。阿罗思人举兵拒敌，战于孩儿桑。阿罗思大败。亡其六王七十侯，兵士死掉十分之九。列城都没有守备，只待蒙古兵到迎降。而二将不复深入，但平康里而还。阿速（Ases），在高喀斯山北。撒尔柯思（Circasses），在端河滨。钦察，亦作乞卜察兀（Kiptchacs），在乌拉岭西，里海、黑海之北。阿罗思，即俄罗斯。

成吉思汗东归后，于一二二七年，再伐西夏，未克而殂，遗命秘不发丧。夏人乃降。一二二九年，太宗立，再伐金。金人从南迁后，尽把河北的猛安谋克户，调到河南。又夺人民之地以给之。人民怨入骨髓，而这些猛安谋克户，既不能耕，又不能战，国势益形衰弱。于是宋人乘机，罢其岁币。金人想用兵力胁取，又和夏人因疆埸细故失和，三方都开了兵衅。国力愈觉不支。到一二二五年，宣宗殂，哀宗立，才和夏人以兄弟之国成和，而对于宋朝的和议，则始终不能成就。当成吉思汗西征时，拜木华黎为太师国王，命其经略太行以南。这时候，蒙古兵力较薄，在金人，实在是个恢复的好机会。然而金人亦不能振作。仅聚精兵二十万，从邳州到潼关，列成一道防线。邳州，今江苏邳县。太宗因此线不易突破，乃使拖雷假道于宋，宋人不允，拖雷遂强行通过。从汉中历襄、邓而北，与金兵战于三峰山，在今河南禹县。金兵大败。良将，锐卒都尽。太宗又自白坡渡河，在今河南孟津县。命速不台将汴京围起，攻击十六昼夜，因金人守御坚，不能破，乃退兵议和。而金朝的兵，又逞血气之勇，把蒙古使者杀掉，和议复绝。汴京饥窘不能立。金哀宗乃自将出攻河北的卫州，今河南汲县。想从死里求生，又不克，乃南走蔡州。而宋人此时，又袭约金攻辽的故智，和蒙古人联合以攻金，金人遂亡。时在一二三四年。

约元攻金，是袭约金攻辽的故智，而其轻于启衅，亦是后先一辙的。金宣宗死的明年，宋宁宗也死了。宁宗无子，史弥远援立理宗，因此专横弥甚。弥远死后，贾似道又继之。贾似道的为人，看似才气横溢，实则虚浮不实，专好播弄小手段，朝政愈坏。灭金之后，武人赵葵、赵葙等，创议收复三京，宋以大梁为东京，洛阳为西京，宋州为南京，大名为北京。宰相郑清之主之。遣兵北侵。入汴、洛而不能守，却因此和蒙古启了兵衅。川、楚、江淮，州郡失陷多处。这时候是蒙古太宗时代，还未专力于攻宋。一二四一年，太宗死了。到一二四六年，定宗才立。又因多病，不过三年而殂。所以此时，宋人还得偷安旦夕。一二五一年，蒙古宪宗立。命弟阿里不哥留守漠北，忽必烈专制漠南。一二五八年，宪宗大举入蜀，围合州。今四川合川县。先是忽必烈总兵自河洮入吐蕃，平大理。留兀良合台经略南方而北还。及是，忽必烈亦自河南南下，围鄂州。今湖北武昌县。兀良合台又出广西、湖南，和他会合。贾似道督兵援鄂，不敢战，遣使于忽必烈，约称臣，输岁币，划江为界以请和。适会蒙古宪宗死于合州城下，忽必烈急于要争夺汗位，乃许宋议和而还。贾似道却讳其和议，以大捷闻于朝。

明年，忽必烈自立，是为元世祖。时世祖以各方面多故，颇想与宋言和，而贾似道因讳和为胜之故，凡元使来的，都把他拘囚起来。一二六四年，元世祖迁都于燕。明年，理宗崩，度宗立。此时元人尚未能专力攻宋，而宋将刘整，因与贾似道不合，叛降元，劝元人专力攻襄阳。一二六八年，元人就把襄阳围起。围经六年，宋人竟不能救。一二七三年，襄阳陷落，宋势遂危如累卵。一二七四年，度宗崩，恭帝立。年幼，太后谢氏临朝。元使伯颜总诸军入寇。伯颜分兵平两湖。自将大军，长驱东下。陷建康。一二七六年，临安陷。太后及恭帝皆北狩。宋故相陈宜中等立益王于福州。旋为元兵所逼，走惠州。后崩于硐洲。宋人又立其弟卫王，迁于厓山。一二七九年，元将张宏范来攻。宋宰相陆秀夫，负帝赴海而死。大将张世杰收兵到海陵山，亦舟覆而死。福州，今福建闽侯县。惠州，今广东惠阳县。硐洲，在今广东吴川县海中。厓山，在今广东新会县海中。海陵山，在今广东海阳县海中。中国至此，遂整个为蒙古所征服。汉族武力之不竞，至此可谓达于极点了。

蒙古不但征服中国，当太宗时，又尝继续遣兵西征。再破钦察，入阿罗思。遂进规孛烈儿和马札剌。入派特斯城。西抵威尼斯。欧洲全境震动，会太宗凶问至，乃班师。宪宗时，又遣兵下木剌夷，平报达。渡海收富浪岛。孛烈儿，即今波兰。马札儿，今匈牙利。木剌夷，（Mulahida）为天方教中之一派，在今里海南岸。当金末，辽东和高丽之间，叛乱蜂起。蒙古因遣兵平定，和高丽的兵相遇，约为兄弟之国。后来蒙古使者，为盗所杀，蒙人疑为高丽人所为，两国遂起兵衅。直至一二五九年，和议才成。高丽内政，自此常受元人的干涉。甚至废其国王而立征东行省于其地。对于南方，则兀良合台尝用兵于安南。其后世祖时，又尝用兵于安南、占城及缅，都不甚利。然诸国亦都通朝贡。对于南洋，曾一用兵于爪哇，其余招致而来的国亦颇多。惟用兵于日本，最为不利。世祖先命高丽人往招日本，后又自遣使往招，日本都不应。一二七四年，遣忻都往征，拔对马，陷壹歧，掠肥前沿海。以飓风起而还。一二八一年，再遣忻都、范文虎率兵二十万东征。兵至鹰岛，以“飓征”见，文虎等择坚舰先走。余众遂多为日人所杀。世祖大怒，更谋再举，以正用兵安南，遂未果。以当日蒙古的兵力，实足以踏平日本而有余，乃因隔海之故，致遭挫衄，在日本，亦可谓之遭直天幸了。

综观蒙古用兵，惟对于东南两方，小有不利，其余则可谓所向无前。这也是遭际时会，适逢其时各方面都无强国之故。蒙古是行封建之制的，而成吉思汗四子，分地尤大。因为蒙人有幼子袭产的习惯，所以把和林旧业，和林城，太宗所建。今额尔德尼招是其遗址。分与第四子拖雷。此外长子术赤，则分得花剌子模、康里、钦察之地。三子窝阔台，即太宗，则分得乃蛮故地。二子察合台，则分得西辽故地。说本日本那珂通世，见所撰《成吉思汗实录》。其后西域直到宪宗之世，才全行戡定。其定西北诸部，功出于术赤之子拔都，而定西南诸部，则功出于拖雷之子旭烈兀。所以术赤分地，拔都之后，为其共主。伊兰高原，则旭烈兀之后君临之。西史所谓窝阔台汗国，就是太宗之后。察合台汗国，是察合台之后。钦察汗国，是拔都之后。伊儿汗国，是旭烈兀之后。窝阔台之后称Km of Ogotaï，亦称Naiman（乃蛮）。察合台之后称Km of Tchagataï。拔都之后称Km of Kiptchac，亦称Golden Horde。旭烈兀之后称Km of Iran。总而言之，世祖灭宋之日，就是元朝最盛之时。然而其分裂，也就于此时开始了。

第二节　中西文化的交通

从近世西力东渐以前，有元一代，却算得一个中西交通最盛的时代。因为前此中西交通，差不多只靠海路，至此时，则陆路也发达了。

在西半球尚未发现，绕行非洲南端之路，亦未通航，黑海、地中海、红海、波斯湾，实在是东西两洋交通的枢纽。而其关键，实握于大食人之手。所以在当时，东西交通，以大食人为最活跃。当北宋中叶，十字军兴，直至南宋之末，这二百年之中，虽然天方教国和景教国喋血相争，极宗教史政治史上的惨苦，然而开发文明的利器，罗盘针、印刷术、火药，中国人所发明的，都经大食人之手，而传入欧洲。给近世的欧洲以一个大变化。至元代西征成功之后，其疆域跨据欧洲，而其形势又一变了。

元太宗时，曾因奉使的人，都经民地，既费时又扰民，商诸察合台，拟令千户各出夫马，设立站赤。察合台也赞成了。他即于所辖境内设立。西接拔都，东接太宗辖境。如此，欧亚两洲之间，就不啻开辟出一条官道了。

当时景教诸国，正因和天方教国兵争，要想讲远交近攻之策。于是一二四五年，罗马教皇派柏朗嘉宾（Plano Carpini），一二五三年，法王路易第九又派路卜洛克（Rubruk），先后来到和林。而当时的商人，更为活跃。他们或从中央亚西亚经天山南路，或从西伯利亚经天山北路，远开贩路于和林及大都。日本桑原骘藏《东洋史要》近古期第三篇第七章。至于水路：则自唐宋以来，交通本极繁盛。在宋时，浙江的澉浦、杭州、秀州、明州、台州、温州，福建的福州、泉州，广东的广州以及今江苏境内的华亭和江阴，山东境内的板桥镇，都曾开作通商港。秀州，今浙江嘉兴县。台州，今浙江临海县。温州，今浙江永嘉县。泉州，今福建晋江县。板桥镇，即今青岛，当时属密州。密州，今山东诸城县。输入的犀、象、香药等，很为社会所宝贵。政府至用以充籴本，称提钞价。而税收或抽分所得，尤为岁入大宗。元时，还继续着这般盛况。

蒙古是新兴的野蛮民族，戒奢崇俭，不宝远物等古训，是非其所知的。所以对于远方的珍品，极其爱好。尤优待商人和工人。其用兵西域时，凡曾经抗拒的城池，城破后都要屠洗，独工人不在其列。太宗时，西商售物于皇室的，都许驰驿。太宗死后，皇后乃蛮氏称制，信任西商奥鲁剌合蛮，至于把御宝宫纸交给他，听其要用时填发。又下令：凡奥鲁剌合蛮要行的事，令史不肯书写的，即断其腕。此等行为，给久经进化的中国人看起来，真是笑话。然却是色目人在元朝活动的惟一好条件。元代本是分人为三级，以蒙古为上，色目次之，汉人、南人为下的。所以当时，大食、波斯的学者、军人，意大利、法兰西的画家、职工，都纷集于朝。亦见《东洋史要》。特如意大利的马哥博罗（Marco Polo），以一二三七年来到中国。仕至扬州达鲁花赤。居中国凡三十年。

归而刊行游记，为欧人知道东方情形之始。

和元朝关系最深的，自然还是大食的文化。蒙古本来是没有文字的。成吉思汗灭乃蛮之后，获塔塔统阿，才令其教太子、诸王“以畏兀字书国言”。后来世祖命八思巴造新字，于一二七〇年颁行。案成吉思汗的灭乃蛮，事在一二〇四年，则蒙古人专用畏兀字，实在有六十余年。蒙古字颁行之后，虽说“玺书颁降，皆以蒙古字书之，而以其本国字为副。百官进上表章，则以汉字为副。有沿用畏兀字者罚之”，然而后来又说：亦思替非文字，便于计账，依旧传习。而终元之世，回回国子学，亦是和普通学及蒙古国子学并立的。西方输入中国的文化，除宗教而外，要推美术和工业两端。《元史·阿尔尼格传》，说他善于画塑及铸金为像。当时元朝，有王楫使宋所得明堂针灸铜像。年久坏掉了，没有会修的人。世祖叫把给他看。他居然制成了一具新的。关鬲脉络，无不完备。当时两京寺观的像，多出其手。元代诸帝的御容，织锦为之的，亦是阿尔尼格所制。当时的人，叹为图画弗及。其弟子刘元，则精于西天梵相。两都名刹的塑像，出于其手的很多。又火药的发明，虽起自中国，而火炮的制造，则中国人似乎反从欧洲学来。《明史·兵志》说：古代的炮，多系以机发石。元初的西域火炮，攻蔡州始用之，而造法不传。直到明成祖平交趾，得其枪炮，才设神机营肄习。至武宗末，白沙巡检何儒，得佛郎机炮。一五二九年，中国才自行制造起来。有最初的发明，而后来不能推广之以尽其用。这个，中国人就不能不抱愧了。

第三节　元的制度

凡异族入居中国的，其制度，可以分作两方面来看：（其一）他自己本无所有，即使略有其固有的习惯，入中国以后，亦已不可复用，乃不得不改而从我。在这一点上，异族到中国来做皇帝，和中国人自己做差不多，总不过将前代的制度，作为蓝本，略加修改罢了。（又其一）则彼既系异族，对于中国人，总不能无猜防之心。所以其所定的制度，和中国人自己所定的，多少总有些两样。元朝的制度，便该把这种眼光来看。

元朝中央的官制，是以中书省为相职，枢密院主兵谋，御史台司监察，而庶政则分寄之于六部的。这可说大体是沿袭宋朝。至于以宣政院列于中央，而管理吐蕃，则因元朝人迷信喇嘛教之故，这也不足为怪。其最特别的，乃系于路、府、州、县之上，更设行省。在历代，行省总是有事时设置，事定则废的。独至元朝而成为常设之官。这即是异族入居中国，不求行政的绵密，而但求便于统驭镇压的缘故。这本不是行政区域，明朝乃废其制而仍其区域，至清代，督抚又成为常设之官，就不免政治日荒，而且酿成外重之弊了。元代定制，各机关的长官，都要用蒙古人的。汉人、南人，只好做副贰，而且实际见用的还很少。这也是极不平等之制。

元世祖像

元世祖忽必烈（1215—1294），元朝的开国皇帝。

学校，元朝就制度上看，是很为注重的。虽在当时未必实行，却可称为明朝制度的蓝本。我国历代，学校之制，都重于中央而轻于地方。元制，除京师有普通的国子学和蒙古国子学、回回国子学外，一二九一年，世祖诏诸路、府、州、县都立学。其儒先过化之地，名贤经行之所和好事之家，出钱粟以赡学的，都许立为书院。诸路亦有蒙古字学、回回学。各行省所在之地，都设儒学提举司，以管理诸路、府、州、县的学校。江浙、湖广、江西三省，又有蒙古提举学校官。其制度，总可算得详备了。

其科举，则直到一三一五年才举行。那已是灭金之后八十一年，灭宋之后三十七年了。其制：分蒙古、色目和汉人、南人为二榜。第一场：汉人南人试经疑、经义，蒙古色目人则但试经问。第二场：蒙古、色目人试策，汉人、南人试古赋诏诰章表内科一道。第三场：汉人、南人试策，蒙古色目人则不试。案宋自王安石改科举之制后，哲宗立，复行旧制。然士人已有习于经义，不能作诗赋的，后来乃分经义，诗赋为两科。金朝在北方开科举，亦是如此。至此则复合为一。此亦明制所本。而其出身，则蒙古人最高，蒙人科目出身的，授六品官。色目、汉人，递降一级。色目人和汉人南人，要递降一级，这也是不平等的。

其猜防最甚的为兵制。元朝的兵，出于本族的，谓之蒙古军。出于诸部族的，谓之探马赤军。入中原后，发中国人为兵，谓之汉军。平宋所得，谓之新附军。蒙古和诸部族，是人尽为兵的。男子年十五以上，七十以下，都入兵籍。调用汉人之法：其初或以户论，或以丁论，或以贫富论。天下既定之后，则另立兵籍，向来当过兵的人都入之。其镇戍之法：边徼襟喉之地，命宗王带兵驻扎。河洛、山东，戍以蒙古军和探马赤军。江淮以南，则戍以汉兵和新附军。都是世祖和其一二大臣所定。元朝的兵籍，是不许汉人阅看的。在枢密院中，亦只有长官一二人知道。所以有国百年，而汉人无知其兵数者。其民族的色彩，可谓很显著了。

法律亦很不平等的。案辽当太祖时，治契丹及诸夷，均用旧法，汉人则断以律令。太宗时，治渤海亦依汉法。到道宗时，才说国法不可异施，命更定律令，把不合的别存之，则辽已去亡不远了。金朝到太宗时，才参用辽宋旧法。熙宗再取河南，才一依律文。这都是各适其俗的意思。元朝则本族人和汉人，宗教徒和非宗教徒，都显分畛域。如蒙古人杀死汉人，不过“断罚出征”和“全征烧埋银”。又如“僧、道、儒人有争，止令三家所掌会问”，“僧人惟犯奸盗诈伪，至伤人命，及诸重罪，有司归问。其僧侣相争，则田土与有司会问”等都是。《元史·刑法志》职制上及杀伤。

赋税，行于内地的，分丁税及地税，仿唐的租庸调法。行于江南的，分夏税及秋税，仿唐朝的两税法。役法称为科差。有丝料和包银之分。丝料之中，又有二户丝、五户丝之别。二户丝输官，五户丝则输于本位。元诸王、后妃、公主、勋臣，各有采地。这五户丝，是由地方官征收，付给本人的。包银之法：汉人纳银四两。二两输银，二两折收丝绢颜色。此外又有俸钞一项。把诸项合起来，作一大门摊，分为三次征收。赋役而外，仍以盐、茶两税为大宗。其行盐各有郡邑，是为“引地”之始。此外总称为额外课。就是征收随其多少，不立定额的意思，其名目颇为琐碎。

宋、金、元、明四代，有一厉民之政，便是钞法。钞法是起于北宋时的。因宋于四川区域之内，行使铁钱，人民苦于运输的不便，乃自造一种纸币，名为交子。一交一缗。三年一换，谓之一界。以富人十六户主之。后来富人穷了，付不出钱来，渐起争讼。真宗时，转运使薛田，才请改为官办。这本是便民的意思。然而后来，官方遂借以筹款，而推行于他处。蔡京时谓之钱引。南宋则始称交子，末造又造会子。成为国家所发行的纸币了。交会本当兑换现钱的，然而后来，往往不能兑换，于是其价日跌。大约每一缗只值二三百文。然而这还算好的。金朝亦行其法于北方，名之为钞，则其末造，一文不值，至于以八十四车充军赏。金朝的行钞，原因现钱缺乏，不得不然。后来屡谋铸钱。然而所铸无多，即铸出来，亦为纸币所驱逐。所以元定天下之后，仍不得不行钞。乃定以钞与丝及金、银相权。丝、金、银是三种东西，岂能一律维持其比价？这本是不通的法子。况且后来所造日多，其价日落，就连对于一物的比价，也维持不住了。至于末年，则其一文不值，亦与金代相同。明有天下，明知其弊，然因没有现钱，仍无法不用钞。而行用未几，其价大落。至宣宗宣德初——一四二六——明朝开国不满六十年，已跌得一贯只值一两文了。于是无可如何，大增税额；又创设许多新税目，把钞都收回，一把火烧掉。从此以后，钞就废而不用了。当金朝末年，民间交易，已大多数用银。至此，国家亦承认了他。一切收入及支出，都银钱并用。银亦遂成为正式的货币。然而量物价的尺，是不能有二的。银铜并用，而不于其间定出一个主辅的关系来，就成为后来币制紊乱的根源了。

第四节　元帝国的瓦解

元朝从太祖称汗，到世祖灭宋，其间不过七十四年，而造成一个空前的大帝国，其兴起可谓骤了。然而其大帝国的瓦解，实起于世祖自立之时，上距太祖称汗之岁，不过五十五年。而其在中国政府的颠覆，事在一三六八年，上距太祖称汗之岁，亦不过一百七十一年；其距世祖灭宋，则不过九十年而已。为什么瓦解得这么快？

原来元朝人既不懂得治中国之法，而其自身又有弱点。蒙古人的汗，本系由部众公推的。忽图剌之立，便系如此。见《元朝秘史》。太祖之称成吉思汗，则是汉南北诸部的大汗，亦系由诸部公推。太祖以后，虽然奇渥温氏一族，声势煊赫，推举大汗，断无舍太祖之后而他求之理。然而公举之法，总是不能遽废的。所以每当立君之际，必须开一“忽烈而台”。译言大会。宗王、驸马和诸管兵的官，都得与议。太宗之立，因有成吉思汗的遗言，所以未有异议。太宗死后，太宗的后人和拖雷的后人，已有竞争。定宗幸而得立。又因多病，三年而死。这竞争便更激烈起来。太宗后人，多不惬众望；而拖雷之妃，很有交际的手腕，能和宗王中最有声望的拔都相结。宪宗遂获登大位。太宗之孙失烈门等谋叛，为宪宗所杀。并杀太宗用事大臣，夺太宗后王兵柄。蒙古本族的裂痕，实起于此。宪宗死后，世祖手下汉人和西域人多了，就竟不待忽烈而台的推戴，自立于现在的多伦。于是阿里不哥亦自立于漠北。拖雷后人之中，又起了纷争。后来阿里不哥总算给世祖打败。而太宗之孙海都，复自擅于远。察合台、钦察两汗国都附和他。蒙古大帝国，遂成瓦解之势。

因海都的抗命，于是常须派亲王宿将镇守和林。世祖是用汉法立太子的，而又早死。其时成宗戍守北边。世祖死后，伯颜以宿将重臣归附成宗，所以未曾有乱。成宗既立，武宗继防北边。成宗死后，皇后伯岳吾氏，要立安西王阿难答。而右丞相哈剌哈孙，要立武宗。因为武宗在远，先使人迎其弟仁宗于怀州，监国以待。武宗既至，杀安西王，弑伯岳吾后而自立。武宗以仁宗为太子。武宗死后，仁宗继之。却自立其子英宗为太子，而出武宗之子明宗于云南。其臣奉之奔阿尔泰山，依察合台后王。仁宗死，英宗立。为奸臣铁木迭儿所弑。无子。泰定帝立。死于上都。子天顺帝立。签密院燕帖木儿，迫胁大都百官，迎立武宗之子。元世祖即位于今多伦，以其地为上都。定都今北平，称为大都。于是抄袭武宗的老文章，一面先使人迎文宗于江陵，先即皇位。发兵陷上都。天顺帝不知所终。明宗至漠南，即位。文宗和燕帖木儿入见，明宗暴死。文宗再即位。然而心不自安。遗命必立明宗之子。文宗死后，燕帖木儿要立其子燕帖古思。文宗皇后翁吉剌氏不肯。于是先迎立宁宗。数月而死。燕帖木儿又要立燕帖古思。翁吉剌氏仍不肯。乃再迎顺帝。顺帝既至，燕帖木儿不让他即位。迁延数月，恰好燕帖木儿死了，顺帝乃得立。既立之后，追治明宗暴死故事。毁文宗庙主。流翁吉剌氏和燕帖古思于高丽，都死在路上。

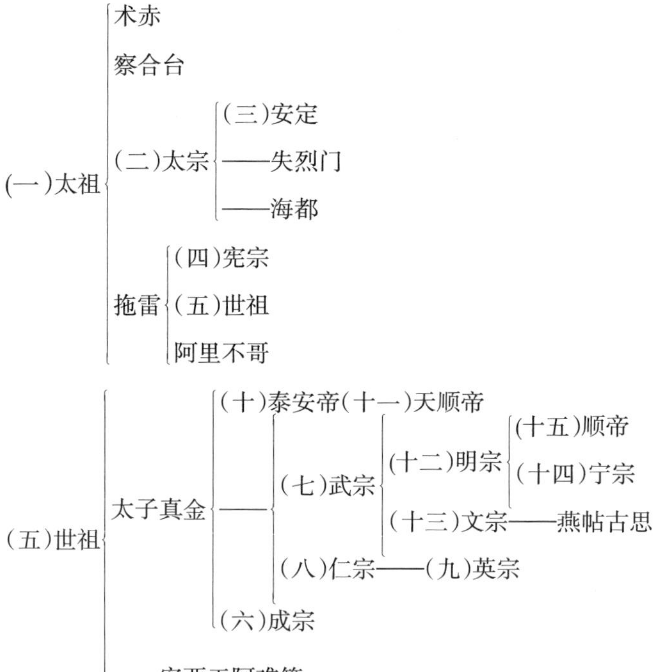

如，每当继承之际，必有争乱，奸臣因之擅政，政治自然不会清明的。况且蒙古人本也不知道治中国之法。他无非想朘削中国人以自

利。试看他户、工二部，设官最多，便可见其一斑。其用人，则宿卫勋臣之家，以及君主的嬖幸、诸王公主的私属，都得以平流而进。真是所谓“仕进有多途，铨衡无定法”。《元史·选举志》语。再加以散居各处的蒙古、色目人对于汉人的陵侮，喇嘛教僧侣的骚扰，自然弄得不成个世界了。

元代之主，惟世祖最为聪明，颇能登用人才，改定制度，然亦好用言利之臣。后来则惟仁宗以李孟为相，政治稍见清明。此外大都仍是游牧部落酋长的性质，全不了解中国文化的——元代诸主，大都不认得汉字的——而又都运祚短促。在位长久的，世祖而外，惟有顺帝，而其荒淫又特甚。客帝的宝位，自然要坐不住了。

元朝当世祖时，江南还屡有叛乱，后来才逐渐镇定。顺帝初年，反者屡起。然尚未为大患。至一三四八年，方国珍起兵于台州，元朝就不能戡定。于是白莲教徒刘福通，起兵安丰，今安徽寿县。奉教主之子韩林儿为主。李二起于徐州。徐寿辉起于湖北。郭子兴起于濠州。今安徽凤阳县。张士诚起于高邮。今江苏高邮县。长江流域，几于非元所有。

顺帝既荒淫无度，其臣脱脱、太平、韩嘉纳等，因而结党相争。嬖臣哈麻、雪雪，初和脱脱相结，后又变而互排。南方乱起，脱脱的兄弟也先铁木儿带兵去征讨，连年无功，反大溃于沙河，军资器械，丧失殆尽。脱脱不得已，自出督师。已把李二打平，进围张士诚。而二人把他排掉。于是大局愈坏。革命军之中，气势最盛的，要算刘福通。居然于一三五八年，分兵三道北上。自挟韩林儿陷开封。但元朝的兵虽无用，而其时，有起兵河南，护卫元朝的察罕帖木儿和李思齐，则颇有能力。刘福通攻陕西的兵，给他打败。回兵再救山东。刘福通的将，遣人把察罕刺死。其子库库帖木儿，代将其军，到底把山东也打平。刘福通还有一支兵，北出晋冀的，虽然打破上都，直攻到辽东，也终于破散了。福通在开封站不住，只得走回安丰。革命军的势力又一挫。然而驻扎大同的孛罗帖木儿，先已因图据冀宁之故，元路名，治今山西阳曲县。和察罕相攻。至此，仍与库库构兵不止。顺帝次后奇氏，生太子爱猷识里达腊。后及太子，都阴谋内禅。哈麻、雪雪，亦与其谋。事发，二人都杖死。然宰相搠思监，仍系因谄事奇后的阉人朴不花而得的。搠思监和御史大夫老的沙不协，因太子言于顺帝，免其职。老的沙奔大同。搠思监遂诬孛罗谋反。孛罗举兵犯阙。杀搠思监和朴不花。太子奔库库。库库奉以还京。此时孛罗已给顺帝遣人刺死。而奇后又要使库库以兵力胁顺帝内禅。库库不可。顺帝封库库为河南王。命其总统诸军，进平南方。李思齐自以和察罕同起兵，耻受库库节制，和陕西参政张良弼连兵攻库库。库库之将貊高、关保，亦叛库库。于是下诏削库库官爵，命太子总统天下兵马讨之。未几，明兵北上，又复库库官爵，叫他出兵抵抗，然而已来不及了。

蒙古骑兵征伐图

明太祖朱元璋，初从郭子兴起兵。后自为一军，渡江，取集庆。元以今首都为集庆路。时徐寿辉为其将陈友谅所杀，据江西、湖北，形势最强。而张士诚徙治平江，亦在肘腋之下。太祖先后把他打定。又降方国珍。一三六八年，乘北方的扰乱，命徐达、常遇春分道北伐。达自河南，遇春自山东，两道并进。会于德州。今山东德县。北扼直沽。顺帝遂弃大都而去。于是命徐达下太原，乘胜定秦陇。库库逃奔和林。顺帝匿居上都，太祖命常遇春追击。顺帝又逃到应昌。城名，在达里泊旁，为元外戚翁吉剌氏之地。未几而死。太祖再命李文忠出击。爱猷识里达腊逃奔和林，未几亦死。子脱古思帖木儿袭。时元臣纳哈出，尚据辽东。

一三八七年，太祖命蓝玉等把他讨平。乘胜袭破脱古思帖木儿于捕鲁儿海。脱古思帖木儿北走，为其下所弑。其后五传都遇弑。蒙古大汗的统绪，就此中绝了。元朝分封诸王，大都不能自振。惟梁王把匝剌瓦尔密，据云南不降。太祖当出兵北伐之时，即已分兵平定闽、广。徐寿辉死后，其将明玉珍，据四川自立，传子升，亦为太祖打平。一三八一年，又遣兵平云南。南方亦都平定。

第十四讲　缓慢发展的明朝

第一节　明初的政局

明朝虽然驱逐胡元，把中国恢复过来，然而论其一代的政治，清明的时候，却是很少的。这个推原其始，亦可说是由于太祖诒谋之不臧。

太祖初定天下，即下诏禁止胡服胡语，把腥膻之俗扫除。所定制度，亦颇详备。边防的规模，亦是很远的。然而专制的气焰太盛，私天下之心又太重。只要看其废除宰相，加重御史之权，及其所定的兵制，就可知道了。见第四节。而其诒害尤巨的，则为封建之制。

太祖定都金陵，称为应天府。以开封为北京。又择名城大都，分封诸子，共计二十五人。虽定制不许干预政治，然而体制崇隆，又各设有卫兵，在地方政治上，总觉得不便。而燕王棣在北平，晋王㭎在太原，均得节制诸将，威权尤重。太祖太子早死，立建文帝为太孙。太祖崩，建文帝立。用齐泰、黄子澄之谋，以法绳诸王。燕王就举兵反。太祖时，功臣宿将，杀戮殆尽。这时候，更无能够抵御的人。燕兵遂陷京城。建文帝不知所终。燕王即位，是为成祖。改北平为北京，于一四二一年迁都。

成祖是个暴虐的人，当其破南京时，于建文诸臣，杀戮甚惨。后来想迁都北京，营建宫室，又极扰累。在位时，北征鞑靼、瓦剌，南平安南，又遣郑和下南洋，见第二节。武功亦似乎很盛的。然而太祖时所定北边的防线，到成祖时，规模反缩小了。原来明初北边的第一道防线，是开平卫。这就是元朝的上都。据此，则可以俯临漠南，宣、大都晏然无事了。后来元朝的大宁路来降，又设泰宁、朵颜、福余三卫。其地直抵今吉林境。都隶北平行都司。使宁王权居大宁以节制之。泰宁卫在元海西的台州站。海西为元代行政区域之名，就是后来扈伦四部之地。见第三节。朵颜卫，在今吉林北珠家城子附近。福余卫，在今吉林省农安县附近。大宁在今热河省赤峰、承德之间。见《清朝全史》第二章。明朝这时候，东北方的防线，实在超越辽河，而达到现在的松花江流域。所以对于女真人，威力所至，亦极远。一四〇九年所设的奴儿干都司，远至黑龙江口，库页岛亦来臣服。《明会典》：永乐七年，设奴儿干都司于黑龙江口。清朝曹廷杰，以光绪十一年，奉命视察西伯利亚东偏。曾在庙尔以上二百五十余里，混同江东岸特林地方，发现明代《敕建永宁寺记》及宣德六年《重建永宁寺记》，均系太监亦失哈述征服奴儿干和海中苦夷的事情。苦夷，即今库页的异译。永乐，成祖年号。宣德，宣宗年号。其七年，为公元一四三二年。成祖起兵，怕宁王议其后，诱而执之，而徙北平行都司于保定。把三卫地方，给了兀良哈。保定，今河北清苑县。兀良哈，即今乌梁海。开平卫的形势就孤了。一四二四年，成祖崩，仁宗立。在位仅一年。宣宗继立。就徙开平卫于独石。独石口，在今察哈尔沽源县南。其南十里，有城，为明代所建。清独石口厅治所。于是宣、大的形势

明太祖像

明太祖朱元璋（1328—1398），明朝的开国皇帝。朱元璋一生高潮迭起，在位期间廷杖大臣、废相、设锦衣卫、大杀功臣等，是中国历史上最富传奇也最具争议的皇帝之一。

赤露，而兀良哈为瓦剌所胁服，其势愈张。遂有土木之变。

明太祖定制，内侍本不许读书。成祖起兵，颇得阉人内应之力。即位后，就选官入内教习。又设京营提督，使之监军。又命随诸将出镇。并有奉使外国的。当太祖时，以锦衣卫治诏狱，本已轶出正式司法机关之外。成祖又立东厂。以司侦缉，亦命宦官主其事。于是自平民以至官吏，无不在宦官伺察之中。终明之世，毒害所及，真乃不知凡几。宣宗崩后，英宗即位。年幼，宠信司礼太监王振。此时瓦剌强盛，王振不度德、不量力，轻与挑衅。瓦剌酋长也先入寇，王振又劝帝亲征。至大同，知不敌，急班师。又因振家在蔚州，想邀英宗临幸，定计走紫荆关，后来又变计走居庸关。回旋之间，遂为敌兵追及于土木堡。蔚州，今察哈尔蔚县。紫荆关，在今河北易县西。土木堡，在今察哈尔怀来县西。英宗北狩。振死于乱军之中。警报达京师，议论蜂起。侍讲徐有贞等主张迁都。侍郎于谦则主张坚守。到底于谦一派战胜了。于是以太后之命，奉英宗的兄弟郕王监国。旋即位，是为景帝。尊英宗为太上皇。也先挟太上皇，自紫荆关入攻京城。于谦督总兵石亨等力战，总算把他击退。谦乃整顿边备，以重兵守大同、宣府。也先屡入寇，总不得志，乃奉太上皇还。

这是明人一天之喜。君主被掳，仍能安稳归来，和西晋、北宋，可谓大不相同了。然而政变即因此而起。徐有贞因于谦有功，自觉惭愧。石亨亦因恃功骄恣，为谦所裁抑，内怀怨望。乃和太监曹吉祥等结托，乘景帝卧病，以兵闯入宫中，迎接太上皇复位。是为“夺门”之变。于谦被杀。有贞旋为石亨所排挤，贬死。亨又以谋反伏诛。英宗复辟之后，亦无善政。死后，宪宗立。宠任太监汪直。于东厂之外，别立西厂，使直主其事。宪宗崩，孝宗立。任用刘健、谢迁、李东阳等，政治总算清明。宪宗之后，武宗继之。则其荒淫，又较前此诸君为甚。初宠东宫旧竖刘瑾，日事游戏。别立内厂，使瑾主其事，并东西厂亦在监察之中。武宗坐朝，有人投匿名书于路旁，数瑾罪恶。瑾便矫诏，诏百官三百余人，跪在午门外，加以诘责。至于半日之久，然后把他送入狱中。其专横如此，朝臣自然无从举发他的罪恶了。后来安化王寘𬞟，反于宁夏。都御史杨一清，前往征讨，把他打平。凯旋之日，杨一清劝监军太监张永，举发刘瑾罪恶。武宗才算省悟，把他除掉。又有个大同游击江彬，交结内监家奴，以蹴踘侍帝。导帝出游宣、大、延、绥等处。于是人心惶惶。宁王宸濠，又因此反于南昌。幸得南赣巡抚王守仁，起兵蹑其后，总算一战而平。武宗却又借亲征为名，出游江南而还。此时畿南、山东，盗贼横行，连年不得平定。其不至于土崩瓦解，只算侥幸罢了。一五二一年，武宗崩。无子，世宗入继大统。世宗颇知学问，性质亦近于严厉。驾御宦官颇严。明自中叶以后，宦官的敛迹，无过于世宗时的。然严而不明。中年以后，又溺于神仙，不问政事。严嵩因之，盗窃朝权，一味蒙蔽。内政既坏，外患又深，明朝遂几成不可收拾之局了。

第二节　明朝的殖民事业和外患

中国人移殖的能力，是很大的。照第九讲第四节和第十一讲第三节所述，则在很古的时代，中国人在海外的航线，业已很远；而第三世纪以后，已几乎把欧、亚的航路打通了。在这很长的时期中，中国人一定有在海外经营拓殖之业的。惜乎年深月久，文献多已无征。现在可考见的，大都是明以来的事迹罢了。

在大陆上，最易和海洋接触的是半岛。亚洲大陆，有三个最大的半岛——前后印度、朝鲜——其中两个，本来都有一部分属于中国的。自唐、五代以来，才逐渐的丧失了。明成祖时，因安南陈、黎二氏的篡夺，安南首脱离中国自立的为丁部领，事在九〇七年。越十年而为黎氏所篡。宋太宗讨之，不克。因其来降而封之。自是安南的自立，遂得中国的承认。一〇一〇年，黎氏为李氏所篡。传国至一二二七年，其末代女主佛金，让位于其夫陈日照。至一三九九年，乃为外戚黎季犛所篡。季犛实姓胡，篡位后，即复姓，改国号为大虞，而传位于其子汉苍。旋为成祖所灭。发兵戡定其地。于一四〇六设立交趾布政司，和内地的制度一样。因守土的官吏，不尽得人，奉使的中官，尤多暴横，土人叛乱不绝。于是一四二七年，宣宗又把他弃掉。然当元、明两代，西南的土司，还几于包括伊洛瓦谛江流域。看《明史·

土司传》可知。安南、暹罗，虽各列为国，亦都朝贡于我。南洋群岛的交通，亦是历代不绝的。所以航行很为便利。

元朝人是好勤远略的。当世祖时，曾遣唆都、李庭璧，招致南洋诸国。当时南洋之国，以俱蓝、马八儿为纲维。马八儿便是今印度的马拉巴尔（Malabar）。俱蓝为其后障，当在马拉巴尔之北。当时先后来朝的，共有十国。都是今印度沿岸和南洋群岛之地。明初，使节所至亦远。成祖又命中官郑和往使。和乃自造大船，长四十四丈，宽十八丈的。共有六十二只，带着士卒三万七千人，从苏州娄家港出海，现在江苏的娄河口。遍历南洋诸国。有不服的，则威之以兵。自一四〇五至一四三三，三十年之间，凡七奉使，三擒番长。后来奉使海外的，无不盛称和以炫耀诸国。其事业，亦可谓之伟大了。《明史·郑和传》，于和事迹，记载不详。近代梁启超作《郑和传》，推考其航路：则当自南海入暹罗湾。沿马来半岛南下，至新加坡。绕苏门答腊和爪哇两岛。入孟加拉湾。循行印度半岛的两岸。绕锡兰岛。又入波斯湾。沿东岸北航，至底格利斯河口。再循西岸南航，至亚丁，越亚丁湾，入红海。北航至麦加。南航，出莫三鼻给海峡，掠马达加斯加岛的南端而东归。其航线所至，亦可谓之极远了。当时华人移殖海外的甚多。在小吕宋一带，尤为繁盛。而作蛮夷大长的，亦大有其人。其见于《明史》的：则有吕宋的潘和五，婆罗的王，爪哇新邦的邦主，三佛齐的梁道明、陈祖义。其事在明开国至万历年间，约当十四世纪后半至十五世纪之末。梁启超作《中国殖民八大伟人传》，得诸口碑的：又有戴燕国王吴元盛，昆仑国王罗大，都是清朝乾嘉年间，战胜土蛮的。又有叶来，则为英属海峡殖民地的开辟者。其事在嘉道之间，则已在十八世纪中叶至十九世纪前半了。还有潮州郑昭，随父流寓暹罗，为其宰相。乾隆时，暹罗为缅甸所灭，郑昭起兵恢复。近代西人的东航，实在明中叶以后。哥仑波的发现美洲，事在一四九三年，葡萄牙人的发现印度新航路，则事在一四九八年，较郑和的下西洋，实后八九十年。西人东航之初，中国人的足迹，早已遍布南洋了。中国西北负陆，而东南面海。闽、广之北，限以重山，其民不易向中原分布，所以移徙到海外的很多。南洋群岛，气候和煦，物产丰饶，实在是中国的一片好殖民地。不但如此，中国人做事平和，凡事都以共存共荣为目的。假使开发南洋的责任，而由中国负之，南洋群岛的土人，决没像现在饱受压迫，濒于灭亡之惨。徒以昔时狃于“不勤远略”之见，有此基础，不能助以国力，向前发展，这真是一个大错误。不但如此，因海防的废弛，通商政策的不得宜，反还因海洋交通，而深受其害，这便是所谓倭寇。

倭寇是起于元、明之间的，至明中叶而大盛。原来日本自与元构衅后，禁止其人民，不许和中国往来。于是冒禁出海的，都是无赖的边民，久之遂流为海寇。当元中叶，日本分为南北朝。后来南朝为北朝所并。遗民亦有入海，与海寇合的。朝鲜沿海，受患最深，而中国亦所不免。所以明初，于沿海设卫甚多；而明代的市舶司，意亦不重于收税，而重于管理制驭。世宗时，废司不设。贸易之事，移主于达官势家。多负倭直不偿。倭人贫不能归，遂都变为海盗，沿海的莠民，亦都附和他；或则冒其旗帜，以海岛为根据地，饥则入掠，饱则远扬。沿海七省，无一不受其患。甚至沿江深入，直抵南京。明朝竟无如之何。直至一五五六年，胡宗宪总督浙江军务，诱诛奸民，绝其内应，倭寇势才渐衰。又约十年，乃为戚继光、俞大猷所剿平。然而沿海之地，已凋敝得不堪了。

倭寇平定未几，复有朝鲜之役，则其事已在神宗时了。日本自开国以来，世与虾夷为敌。八世纪之末，日本拓地益广，乃于东北边置征夷大将军。源、平二氏，世守其地。后来中央政争，多借源、平二氏为助。平氏先以外戚执政，后为源氏所灭。乃遍置武职于诸州，以守护封土，而总其权于征夷大将军。于是大权尽入幕府，皇室徒拥虚名而已——日本皇室，所以始终未曾易姓，就是为此。源氏之后，北条氏、足利氏，相继以家臣覆灭幕府，格外大封将士；而其将士，又以其地分封其下，遂成全国分裂之势。十六世纪之末，有个唤作丰臣秀吉的，起而平定全国。因念乱源终未尽绝，意欲把一班军人，赶到外国去，遂有一五九二年渡海攻朝鲜之举。朝鲜开国之主李成桂，本是以打倭寇出名的。当元朝时候，屡次干预高丽的内政。其国王，多数是元朝的女婿。举国多剃发易服，习为胡化。明兴之后，高丽王氏的末主，还想扶翼元朝。李成桂则倾向中国。于是覆王氏而自立。革新内政，输入中国的文化，气象一新。然而承平日久，兵备亦不免于废弛。日本兵一至，遂势如破竹。其王先奔平壤，后走义州，遣使求援于中国。神宗命李如松前往。一战而胜，尽复汉江以北之地。旋因轻进，败于坡州的碧蹄馆。于是抚议复起。迁延数年，终不能就。直至一五九八年，丰臣秀吉死，日本兵乃解而东归。这一次，明朝运兵筹饷，骚动全国，而竟没有善策，可见其政治军备的废弛了。

第三节　明末的政局

明朝当世宗之时，万事废弛，本已成不能复振之局。世宗崩后，穆宗立，在位六年而崩。神宗立。时为一五七二年。穆宗时，张居正、高拱，相继为相。神宗立，年幼，拱复罢，居正辅政。居正有综核之才。史称其当国之时，一纸文书，“虽万里之外，无敢不奉行维谨”的。当时吏治败坏，又承累朝的奢侈，国计民生，均极困难，居正乃裁减用度，刷新庶政。“行官吏久任之法，严州县讳盗之诛。”在相位十年，颇有“起衰振敝”之效。然神宗本性是昏惰的。所以自居正死后，纲纪便又废弛了。而中年后的怠荒，尤为前此列朝所未有。

明朝的君主，视朝本不甚勤谨的。神宗则中年以后，不视朝者至二十余年。专一听信中官。派他们出去做税使，并到各处开矿，借端诬索，毒流天下。皇帝既不管事，群臣就结党相攻。而言路一攻，其人即自去，于是言路之权反重。明朝人本来和宋朝人一样，喜欢争意气的。当时顾宪成等讲学于无锡的东林书院。往往讽议执政，裁量人物。即朝士亦有遥相附和的。于是党祸复起。

清室之先，就是隋唐时的白山靺鞨。辽时，谓之长白山女真。清人自谓国号满洲。据近人所考证，则满洲二字，明人写作满住，乃大酋之称，不徒非国名，并非部族之名。清室之先，实在是明朝的建州女真。明朝分女真为三卫：曰海西，在今吉林的西部，辽宁的西北部。曰野人，在今吉、黑两省的极东。曰建州，初设于朝鲜会宁府的河谷。事在一四一二年。受职为指挥使的，名猛哥帖木儿，即清人所谓肇祖。后为七姓野人所杀。弟凡察嗣职，迁居佟佳江流域。后来猛哥帖木儿的儿子董山出来，和凡察争印。明朝乃将建州分为左右二卫，以董山为左卫，凡察为右卫指挥使。董山渐渐桀骜。一四六六年，明朝檄调他到广宁，把他杀掉。并出兵攻破其部落。部人拥戴其子脱罗扰边，声言复仇。久之，也就寂然了。于是左卫衰而右卫盛。右卫酋长王杲，其地在今宽甸附近。为李成梁所破。逃到扈伦四部中之哈达。据《清实录》所载，当时的女真，分为满洲、长白山、扈伦、东海四大部。满洲、长白山，就是明朝的建州卫。东海为明朝的野人卫。扈伦则野人部落，南迁而据海西之地的。其中哈达、叶赫，明人称为南北关，哈达为南关，在今辽宁开原县北。叶赫为北关，在今吉林省城西南。倚以捍边，视之尤重。王杲逃到哈达后，哈达酋长把他执送李成梁。李成梁把他杀掉。王杲的儿子阿台，是清景祖的孙婿。景祖，《清实录》名觉昌安，明人谓之叫场，即清太祖之祖。其第四子显祖塔克世，明人谓之他失，为太祖之父。阿台既抱杀父之怨，助叶赫以攻哈达。满洲的苏克苏浒部长尼堪外兰，为李成梁乡导，以攻阿台。阿台被杀。叫场、他失亦俱死。清太祖向明边吏呼冤，明人乃将叫场、他失的尸体还给他。此时清太祖势甚微弱。至一五八三年，乃起兵以攻尼堪外兰。一五八六年，尼堪外兰奔明边。明人非但不加保护，反把他执付清太祖。并开抚顺、清河、宽甸、叆阳四关，许他互市。从此满洲，就渐渐强盛起来了。以上清朝初兴时事迹，可参看日本稻叶君山《清朝全史》（中华书局译本），近人孟森《心史史料》。清人既渐强，满洲五部，都为所征服。扈伦、长白山联合蒙古的科尔沁等部来伐，亦为清太祖所败。太祖又联合叶赫，以灭哈达。至一六一六年，遂起兵叛明。

清兵既起，明以杨镐为经略，发大兵二十万，分四路东征。三路皆败。清人遂陷铁岭，进灭叶赫。明以熊廷弼为经略。旋代以袁应泰。应泰有吏材，无将略，辽、沈遂陷。清太祖自赫图阿拉迁居辽阳。一六二五年，又迁居沈阳。俨然和明朝对抗了。

边事如此，而明朝方忙于三案之争。三案，就是梃击、红丸、移宫。神宗皇后无子，恭妃王氏，生子常洛，贵妃郑氏，生子常洵。常洛长，而神宗宠郑贵妃，欲立常洵，借口待中宫有子，久不建储。群臣屡以为言。一六〇一年，才立常洛为皇太子。一六一五年，忽有不知姓名男子，持梃闯入东宫，击伤守门内侍。把他拘来审讯。他自说姓张，名差，是郑贵妃宫中太监刘成、庞保主使他的。于是众论哗然，都攻击郑贵妃。后来把张差、刘成、庞保三个人杀掉算了结。神宗崩于一六二〇年。常洛立，是为光宗。不久即患病。鸿胪寺丞李可灼，进红丸一粒。光宗服之，明日而崩。有人主张彻究李可灼，有人以为可灼无罪。后来亦未曾彻究。光宗崩后，熹宗即位。时年十六，光宗选侍李氏，亦住在乾清宫。御史左光斗力争，乃移到哕鸾宫。此三案，大致东林党人是主张彻究张差、李可灼，以移宫为然的。非东林党则反是。事虽已过，仍彼此攻击不已。魏忠贤得志之后，恨东林党的人，和他交结。御史崔呈秀，乃将东林党人的名字，都开给他，叫他一网打尽。于是魏忠贤提督东厂，把杨涟、左光斗等东林党中极有名的人物都杀掉。又毁天下书院。而魏忠贤的生祠，反而遍于各处。党祸之烈，阉宦之横，真是从古所未有。东林、非东林，互相攻击。熹宗时，非东林党人结中官魏忠贤，把东林党人一网打尽。忠贤的骄横，尤其前此宦官所未有。直到一六二七年，毅宗即位，才把他除掉。然而外患未平，流寇复起，终于不能支持了。

流寇是毅宗初年，起于陕西的。流入山西。又流入河北。渡河，犯湖广、四川、襄郧。明朝命陈奇瑜督剿。一六三四年，奇瑜蹙贼于车箱峡。在今陕西安康县。贼势业已穷蹙，而奇瑜信其伪降，受之，贼出峡即大掠。于是分为两股：一为高迎祥、李自成。一为张献忠。四处流窜。一六三六年，迎祥为孙传庭所擒，自成逃向甘肃。献忠亦给卢象昇打败，诣湖北伪降。贼势又已衰挫。而满洲又于此时入犯，诸将都撤兵东援，贼势遂复炽。

明自辽、沈陷后，再起熊廷弼为经略。因为广宁巡抚王化贞所掣肘，计不得行。辽西城堡多陷。明逮廷弼、化贞，俱论死。以王在晋为经略。在晋主守山海关。时袁崇焕以佥事监军关外，主张守宁远。大学士孙承宗是崇焕议。乃罢在晋，代以承宗。旋又代以高第。第性恇怯，尽撤守备入关。崇焕誓以死守宁远。一六二六年，清太祖见明大兵已撤，以为机有可乘，自将攻宁远。大败，受伤而死。见《清朝全史》第十二章。太宗立。先定朝鲜。还攻宁远、锦州，又大败。一六二九年，太宗乃避正面，自喜峰口入长城。崇焕亦兼程入援。两军大战，胜负未分。先是崇焕以皮岛守将毛文龙皮岛，今图作海洋岛。跋扈，借阅兵为名，把他杀掉。毅宗虽加抚慰，实则不能无疑。至是，清人纵反间之计，毅宗遂将袁崇焕下狱杀掉。于是边事愈坏。毛文龙死后，其部将孔有德、耿仲明等逃到登州。登州，今山东蓬莱县。后来造反，给官军打败，浮海降清。引清兵攻陷广鹿岛。今图作光禄岛。守将尚可喜降。皮岛亦陷。明人前此，常借海军势力，牵制辽东，至此亦消灭了。然而辽西兵力还厚。太宗乃仍绕道长城各口，于一六三六、三八、四〇等年，入犯京畿，蹂躏山东。明朝剿匪的兵事，因此大受牵制。一六四〇年，清兵大举攻锦州。今辽宁锦县。明蓟辽总督洪承畴往援，战于松山，大败。明年，松山破，承畴降。锦州亦陷。于是关外重镇，只有一个宁远了。然而明兵塞住山海关，清人还不敢深入。

袁崇焕像

袁崇焕（1584—1630），字元素，号自如。崇祯三年（1630），袁崇焕以“通虏谋叛”“擅主和议”“专戮大帅”的罪名“磔”死于北京甘石桥。

李自成、张献忠再叛之后，献忠窜入四川，自成则再攻河南。是时，河南大饥，民从之者如流水，势遂大炽。一六四三年，自成陷西安。明年，称帝。东陷太原。分兵出真定，今河北正定县。而自率大兵陷大同。遂陷宣府，自居庸关陷京师。毅宗自缢死。毅宗死的前一年，清太宗也死了。子世祖立。年才六岁，郑亲王济尔哈朗、睿亲王多尔衮同摄政。明山海关守将吴三桂，闻京城被围，发兵入援。至丰润，京城已陷。李自成招他投降，三桂已经答应了。后闻爱妾陈沅被掠，大怒，走回降清。多尔衮方略地关外，闻之，大喜，疾驰受其降。合兵打破李自成。自成逃回陕西。清兵遂入北京，世祖即迁都关内。

第四节　明的制度

有明一代，政治虽欠清明，制度则颇为详密。其大部，都为清代所沿袭，有到现在还存在的。如鱼鳞册之法。所以明代的制度，在近世的历史上，颇有关系。

明太祖初仍元制，以中书省为相职。后因宰相胡惟庸谋反，遂废省不设。并谕后世子孙，毋得议置丞相。遂成以天子直领六部的局面。这断非嗣世的中主，所能办到的。于是殿、阁学士，遂渐起而握宰相的实权。前代的御史台，明时改称都察院。设都御史、副都御史、佥都御史，都分左右。又有十三道监察御史。除纠弹常职外，提督学校、清军、巡漕、巡盐诸务，亦一以委之。而巡按御史，代天子巡守，其权尤重。给事中一官，历代都隶门下省。明朝虽不设门下省，而仍存此官，以司封驳稽察。谓之科参。六部之官，没有敢抗科参而自行的，所以其权亦颇重。外官则废元朝的行省，而设布政、按察两司，以理政事及刑事。但其区域，多仍元行省之旧。巡抚，本系临时遣使。后来所遣寖广，以其与巡按御史不相统属，乃多以都御史为之。再后来，则以他官奉使，而加以都御史的衔。其兼军务的，则加提督，辖多权重的称总督。已有巡按，而又时时遣使，实亦不免于骈枝。但在明代，还未成为常设之官罢了。

明朝的学校选举制度，是很有关系的。原来自魏、晋以后，国家所设立的学校，久已仅存其名，不复能为学校的重心；而且设立太少，亦不足以网罗天下之士。所以自唐以后，变为学问由人民自习，而国家以考试取之的制度，而科举遂日盛。科举有但凭一日之短长之弊。所以宋时，范仲淹执政，有令士人必须入学若干日，然后得以应试之议。王安石变法，则主张以学校养士。徽宗时，曾令礼部取士，必由学校升贡。其后都未能行。然应举之士，仍宜由学校出身，则为自宋以来，论法制的人所共有的理想。到明朝，而此理想实现了。明制：京师有国子监。府、州、县亦皆有学。府州县学，初由巡按考试，后乃专设提举学校之官。提学官在任三载，两试诸生。一名岁试，是所以考其成绩优劣的。一则开科之年，录取若干人，俾应科举。应科举的，以学校生徒为原则。间或于此之外，取录一二，谓之充场儒士，是极少的。国子监生及府州县学生，应乡试中式的，谓之举人。举人应礼部试中式，又加之以殿试，则为进士。分三甲。一甲三名，赐进士及第。第一人授职修撰，第二三人授职编修。二甲若干人，赐进士出身。三甲若干人，赐同进士出身。都得考选庶吉士。庶吉士是储才之地，本不限于进士。而自中叶以后，非进士不入翰林，非翰林不入内阁。所以进士之重，为历代所未有，其所试：则首场为四书五经义。次场则论、判及诏、诰、表、内科一道。三场试经、史、时务策。乡会试皆同。此亦是将唐时的明经进士，及宋以后经义、词赋两科，合而为一。所试太难，实际上无人能应。于是后来都偏重首场的四书文，其他不过敷衍而已。其四书文的格式：（一）体用排偶，（二）须代圣贤立言，谓之八股。初时还能发挥经义，后来则另成为一种文字，就不懂得经义的人，也会做的。应试之士，遂多不免于固陋了。

明朝的兵制，名为摹仿唐朝，实在亦是沿袭元朝的。其制：以五千六百人为卫，一千一百十二人为千户所，一百十二人为百户所。每所设总旗二人，小旗十人。诸卫或分属都司，或直属中左右前后五军都督府。都司则都属都督府。卫所的兵，平时都从事于屯田。有事则命将充总兵官，调卫所之兵用之。师还，则将上所佩印，兵各归其卫所。于此点最和唐朝的府兵相像。而卫指挥使和千户、百户，大都世袭；都督、同知、佥事等，多用勋戚子孙，则是摹仿元朝的。元朝以异族入居中国，这许多人，多半是他本族，所以要倚为腹心。明朝则事体不同，而还沿袭着他，实在很为无谓。凡勋戚，总是所谓世禄之家。骄奢淫逸惯了，哪里有什么勇气？明朝后来，军政的腐败，这实在是一个很大的原因。其取兵之途有三：一为从征，二为归附，都是开国时的兵，后来定入军籍的。这亦是摹仿元朝。而明朝最坏的是谪发，便是所谓充军。有罪的人，罚他去当兵，这已经不尽适宜，却还有理可说。而一人从军，则其子孙永隶军籍。身死之后，便要行文到其本乡去，发其继承人来充军，谓之句补。继承人没了，并且推及其他诸亲属，这实在是无理可说。而事实上弊窦又多。要算明朝第一秕政。

法律：明初定《大明律》，大致以《唐律》为本。又有《会典》，亦是摹仿《唐六典》的。参看第十一讲第四节。中叶以后，则律与例并行。参看第十五讲第十一节。其刑法，亦和前代相同，惟充军则出于五刑之外。

明代最精详的，要算赋役之制。其制：有黄册，以户为主，备载其丁、粮之数。有鱼鳞册，以土田为主，详载其地形地味，及其属于何人。按黄册以定赋役。据鱼鳞册以质土田之讼，其制本极精详。后来两种册子都失实，官吏别有一本，据以征赋的册子，谓之白册。白册亦是以田从户的。其用意本和黄册一样。但自鱼鳞册坏后，田之所在不可知，就有有田而不出赋役，无田而反出赋役的，其弊无从质正，而赋役之法始坏。明代的役法：系以一百十户为一甲。分为十甲。推丁多之家十人为长。分户为上中下三等以应役。役有“银差”，有“力差”。中国财政，向来量入为出的，惟役法则量出为入。所以其轻重繁简，并无一定。明朝中叶以后，用度繁多，都藉此取之于民。谓之加派。就弄得民不聊生。役法最坏的一点，还不在其所派的多少，而在一年中要派几次，每次所派若干，都无从预知。后来乃有“一条鞭”之法。总计一年的赋役，按照丁粮之数，均摊之于人民。此外更有不足，人民不再与闻。力役亦由官召募。人民乃少获苏息。惟其末年，又有所谓三饷，共加至一千六百七十万，明朝的田赋：一五一四年，武宗因建乾清宫，始加征一百万。一五五一年，世宗因边用，加江浙田赋百二十万。清兵起后，神宗于一六一八、一九、二〇三年，共增赋五百二十万。毅宗又于一六三〇年，加一百六十万。两共六百八十万，谓之辽饷。后来又加练饷、剿饱，先后共加赋一千六百七十万。人民不堪负担，卒至于亡国而后已。赋役而外，仍以盐、茶为收入的大宗。明初，命商人纳粮于边，而给之以盐，谓之开中盐，而以茶易西番之马。商人因运输困难，就有自出资本，雇人到塞下屯垦的。不但粮储丰满，亦且边地渐渐充实。国马饶足，而西番的势力，多少要减削几分。真是个长驾远驭之策。后来其法坏了，渐都改为征银，于是商屯撤废，沿边谷价渐贵，而马群也渐耗减了。茶盐之外，杂税还很多。大抵以都税所或宣课司榷商货，抽分场局，税竹、木、柴薪，河泊所收鱼税，都不甚重要。惟钞关之设，初所以收回纸币，后遂相沿不废，成为一种通过税。在近代财政上，颇有关系。

第十五讲　盛极而衰的清朝

第一节　明清之际

“人必自侮，而后人侮之”，以中国之大，岂其区区东北一个小部落所能吞并？金朝的兵力，不算不强，然而始终不能吞灭南宋，便是一个证据。然则明朝的灭亡，并非清之能灭明，还只是明朝人的自己亡罢了。

北部沦陷之后，明朝的潞王常淓、福王由崧，都避难南来。当时众议，因潞王较贤，多想立他。而凤阳总督马士英，挟着兵力，把福王送到仪征。众人畏惧他，只得立了福王，是为弘光帝。士英引阉党阮大铖入阁，而把公忠的史可法排挤出去，督师江北。正人君子，非被斥，即引去。弘光帝又沉迷声色。南都之事，就不可为了。

清朝的能入关，也并非全靠自己的兵力。占据北京，已为非望，如何会有吞灭全中国的心理呢？所以世祖入关后，给南方的檄文，还有“明朝嫡胤无遗，势难孤立，用移大清，宅此北土。其不忘明室，辅立贤藩，戮力同心，共保江左，理亦宜然，予不汝禁”之语。然而南都既不能自立，清朝就落得进取。当清兵入北京之后，即已分兵打定河南、山东、西。及世祖入关，又遣英亲王阿济格，带着吴三桂、尚可喜出榆、延；豫亲王多铎，带着孔有德出潼关；以攻陕西。李自成走死湖北的通城。多铎的兵，就移攻江南。这时候，史可法分江北为四镇。而诸将不和，互相仇视。可法命刘泽清驻淮北，以经理山东；高杰驻泗水，以经理开、归；刘良佐驻临淮，以经理陈、杞；黄得功驻庐州，以经理光、固。诸将互相仇视。可法乃把高杰移到瓜洲，黄得功移到仪征。高杰感可法忠义，颇愿为之用。多铎陷归德，杰进驻徐州。为睢州镇总兵许定国所杀，定国降清。武昌的左良玉，又和阮大铖不合，以清君侧为名，举兵东下。大铖大惧，急檄可法入援。可法兵到燕子矶，左良玉已死在路上，其兵给守芜湖的黄得功打败了。可法再回江北，则清兵已至。可法檄诸镇赴援，没有一个来的。可法守扬州七日，城陷，死之。清兵遂渡江而南。弘光帝奔芜湖。清兵追袭。黄得功拒战，中箭而死。帝遂北狩。后来殉国于北方。清兵直打到杭州而还。时为一六四五年。

清太祖像

清太祖努尔哈赤（1559—1626），明嘉靖三十八年出生于赫图阿拉城（今辽宁省新宾县）。万历四十四年（1616），他在赫图阿拉举行开国登基大典，定国号为后金。

于是明人奉鲁王以海，监国绍兴。唐王聿键，即位福州，是为隆武帝。当清兵初入北京之日，曾下令，强迫人民剃发。二十日之后，又听民自由。及下江南，复下剃发之令。于是江南人民，纷纷起兵抗拒。然既无组织，又无训练，大多数旬月即败。清廷复遣肃亲王豪格和吴三桂攻四川。张献忠阵殁于西充。其党孙可望、李定国、白文选、刘文秀，溃走川南。旋入贵州。清兵追至遵义，粮尽而还。贝勒博洛攻闽、浙，鲁王走入海。隆武帝颇为英武，而为郑芝龙所制，不能有为。时何腾蛟招降李自成余众，分布湖南、北。杨廷麟也起兵江西，恢复吉安。隆武帝想出就廷麟，未果而清兵至。帝从延平走汀州，入于清军。后来崩于福州。时为一六四七年。

明人又立唐王之弟聿𨮁于广州，桂王由榔于肇庆，是为永历帝。清使李成栋攻广东，聿𨮁殉国。孔有德、尚可喜、耿仲明攻湖南，何腾蛟退守桂林。金声桓攻江西，杨廷麟亦败殁。未几，李成栋、金声桓都反正，何腾蛟乘机复湖南。川南，川东亦来附。于是永历帝有两广、云、贵、江西、湖南、四川七省之地，形势颇张。而张名振亦奉鲁王，以舟山为根据地，出入江、浙沿海。清廷乃使洪承畴镇江宁，吴三桂取四川，耿仲明、尚可喜攻江西，孔有德攻湖南。金声桓、李成栋、何腾蛟都败死。一六五〇年，清兵进陷桂林，瞿式耜亦殉节。明年，张名振和起兵浙东的张煌言合兵攻吴淞，不克，而舟山反为清所袭陷，二人奉鲁王奔厦门。名振死后，把兵事都交给张煌言。郑成功是受知于隆武帝的，鲁王和隆武帝，曾有违言，所以成功不愿推戴鲁王，然和煌言甚睦。成功大举入江之役，煌言曾分兵攻皖南。后因成功兵败，乃收兵出浙东而还。

永历帝避居南宁，遣使封孙可望为秦王。可望遣兵三千，扈桂王居安隆；今广西西隆县。而使刘文秀攻四川，李定国攻桂林。孔有德伏诛。吴三桂也战败，逃回汉中。清乃命洪承畴镇长沙，以保湖南；李国英镇保宁，以守川北；尚可喜镇肇庆，以保广东；无意于进取了。而永历帝因孙可望跋扈，密使召李定国。定国迎帝入云南，可望攻之，大败。遂降清。洪承畴因之请大举。一六五八年，清兵自湖南、四川、广西三道入滇。李定国扼北盘江力战，不能敌。乃奉帝如腾越，而伏精兵于高黎贡山。腾越，今腾冲县。高黎贡山，在保山之西，腾越之东。清兵追之，遇伏，大败而还。时刘文秀已死，李定国、白文选奉帝入缅甸。一六六〇年，三桂发大兵出边。缅人乃奉帝入三桂军。一六六二年，为三桂所弑，明亡。白文选从永历帝入滇。李定国旋卒于缅甸。此时清世祖亦已死，这一年，是圣祖的康熙元年了。

明朝的统绪虽绝，然而天南片土，还有保存着汉族的衣冠，和清朝相抗的，是为郑成功。成功是芝龙的儿子，芝龙降清时，成功不肯顺从，退据厦门，练着海陆兵，屡攻沿海之地。清兵入滇时，成功大举入江以图牵制。破镇江，薄南京，清廷大震。旋为清兵所袭破，乃收军，出海而还。一六六〇年，成功攻取台湾。当时台湾为荷兰人所据。于是务农练兵，定法律，设学校，筑馆以招明之遗臣渡海，归之者如织。天南片土，俨然独立国的规模了。

即以闽、广、云南而论，实亦非清朝实力所及。清朝的定南方，原靠一班汉奸，为虎作伥。所以事定之后，仍不得不分封他们，以资镇摄。于是以尚可喜为平南王，镇广东；耿仲明为靖南王，镇福建；吴三桂为平西王，镇云南；是为三藩。三藩之中，三桂功最高，兵亦最强。他当时用钱用兵，户、兵二部，不能节制。用人亦不由吏部，谓之西选。西选之官半天下。清朝之于南方，简直是徒有其名，不但鞭长莫及而已。然而“偾军之将，不可以言勇；亡国之大夫，不足与图存”，既已靦颜事仇，忽又起而反抗，就不免有些进退失据：天下的人，未免要不直他，士气亦易沮丧，和始终以忠义激厉其下的，大不相同了。这是三藩之所以终于无成。尚可喜受封之时，年已老迈。乃将兵事交给其儿子之信。久之，遂为所制。乃请撤藩归老辽东。清廷许之。时耿仲明已死，传子继茂以及精忠，和吴三桂都不自安，亦请撤藩，以觇清朝的意向。当时明知许之必反，廷议莫敢主持。清圣祖独断许之。一六七三年，三桂遂举兵反。三桂的意思，本想走到中原，突然举事的，而为清朝的巡抚朱国治所逼，以是不得不发。既举兵之后，有人劝他弃滇北上。三桂也暮气深了，不能用。三桂举兵之后，贵州首先响应。明年，攻下湖南。广西、四川和湖北的襄阳，亦都响应。福建、广东，更不必说了。于是三桂亲赴常、澧督战。派一支兵出江西，以应福建；一支兵出四川，以攻陕西。清朝的提督王辅臣，亦据宁夏以应三桂。三桂想亲出兵以应辅臣，不曾来得及，而清朝的兵，反从江西打入湖南。三桂虽然回兵，把他打退，然自此遂成相持之局。这是于三桂不利的。而耿、尚二藩，又因一和郑成功的儿子郑经相攻，一苦三桂征饷，复叛而降清，三桂势穷。乃于一六七八年，称帝于衡州，国号周。建元昭武。世璠改元洪化。以图维系人心。未几而死。孙世璠立。诸将又互相乖离。一六八一年，清兵自湖南、广西、四川，分三道入滇，世璠自杀。尚可喜先已为清人所杀，至此又杀耿精忠。中国大陆之上，就真无汉族自立的寸土了。

然而海外的台湾，还非清朝兵力所及。郑成功以一六六二年卒，子经继立。和耿精忠相攻。曾略取漳、泉等地。后为清兵所败。并失金门、厦门，退归台湾。三藩平后，清廷想照琉球之例，听其不剃发，不易衣冠，与之言和，而闽督姚启圣不可。水军提督施琅，本是郑氏的降将，尤欲灭郑氏以为功。一六八一年，郑经卒。群小构成功之妻董氏，杀其长子克臧。而立其次子克塽。郑氏内部乖离，一六八三年，施琅渡海入台湾，郑氏亡。汉族遂全被满人所征服。

第二节　清初的内政

清朝的盛衰，当以乾隆时为关键。从世祖入关，到三藩平定，这四十年，算是清朝开创之期。自此至雍正之末，五十余年，为乾隆一朝，表面上看似极盛，实则衰机潜伏于其中。至其末年，内乱一起，就步步入于否运了。

清朝的初起，和辽金元情形，又微有不同。辽、金、元初起时，都不甚了解中国的情形。清朝则未入关时，已颇能译汉书、用汉人了。当太祖之时，憎恶汉人颇甚，当时俘获汉人，都发给满人为奴。尤其是读书人，得者辄杀。到太宗时，才知道欲成大业，单靠满洲人是不行的。所俘汉人，都编为民户，令其与旗人分居，且另选汉官治理。对于读书人，则加以考试。录取的或减免差徭，赏给布帛。于明朝的降臣、降将，尤其重视。清朝当日的创业，和一班投效的汉人，如范文程、洪承畴、吴三桂等，确是很有关系的。

但是其了解中国深者，其猾夏亦甚。所以清朝的对待汉人，又非辽、金、元之比。即如剃发一事，历代北族，没有敢强行之于全中国的。据日本稻叶君山所撰《清朝全史》：金太宗天会七年，曾下削发令，然施行之范围，惟限于官吏。元时，华人剃发的甚多。然元朝实未尝颁此禁令，见《东方杂志》三十一卷第三号《中国辫发史》。清朝则以此为摧挫中国民族性的一种手段，厉行得非常利害。入关之后，籍没明朝公、侯、伯、驸马、皇亲的田。又圈占民地，以给旗人。也是很大的虐政。而用兵之际，杀戮尤甚。读从前人所著的《嘉定屠城》《扬州十日》等记，就可以见其一斑了。

北族的政治，演进不如中国之深。所以其天泽之分，也不如中国之严，继嗣之际，往往引起争乱。清朝也未能免此。当太祖死时，其次子代善，五子莽古尔泰和太祖弟舒尔哈齐之子阿敏，还是和太宗同受朝拜，并称为四贝勒的。后来莽古尔泰和阿敏，次第给太宗除去了。代善是个武夫，不能和太宗争权。所以在关外之时，幸未至于分裂。太宗死后，世祖年幼。阿敏的儿子济尔哈朗和多尔衮同摄政。后来实权都入于多尔衮之手。当时一切章奏，都经由多尔衮批答，御宝亦收归其第。一时声势，是很为赫奕的。幸而多尔衮不久就死了，所以没酿成篡弑之局。世祖亲政后，大体还算清明，颇能厘定治法，处理目前的问题。当时中国的遗黎，经死亡创痛之余，实在更无反抗的实力，而又得一班降臣，为虎作伥，就渐渐地给他都压下去了。世祖在位不久。圣祖初立，亦年仅八岁。辅弼大臣鳌拜，颇为专权。然不久，亦就给圣祖除去。圣祖的聪明和勤于政治，在历代君主中，也颇算难得的，而在位又很长久。内政外交，经其一番整顿，就颇呈新气象了。

中国的国民，自助的力量，本来是很大的。只要国内承平，没甚事去扰累他，那就虽承丧乱之余，不过三四十年，总可复臻于富庶。清朝康熙年间，又算是这时候了。而清初的政治，也确较明中叶以后为清明。当其入关之时，即罢免明末的三饷。又厘订《赋役全书》，征收都以明万历以前为标准。圣祖时，曾叠次减免天下的钱粮。后来又定“滋生人丁、不再加赋”之例，把丁赋的数目限定了。参看第十一节。这在农民，却颇可减轻负担。而当时的用度也比较地节俭。所以圣祖末年，库中余蓄之数，已及六千万。世宗时，屡次用兵，到高宗初年，仍有二千四百万。自此继长增高，至一七八二年，就达到七千八百万的巨数了。以国富论，除汉、隋、唐盛时，却也少可比拟的。

圣祖晚年，诸子争立。太子胤礽，两次被废。后来就没有建储。当时觊觎储位的，以圣祖庶长子胤禔和第八子胤禩为最甚。胤礽初以狂易被废。后发觉胤禔命蒙古喇嘛厌魅之状，乃囚胤禔而复立胤礽。然胤礽复立之后，狂易如故，未几，又被废。此事在一七〇八年。圣祖自此以后，就不提建储问题。群臣奏请的多获罪。至世宗时，乃创储位密建之法。皇帝将拟立的儿子，亲自写了名字，密封了，藏在乾清宫最高处正大光明殿匾额之后，到皇帝死后，再行启视。就成为清朝的家法。世宗即位之后，世宗之所以得立，据他自己说，是他的母舅隆科多面受圣祖遗命的。但当时谣传：圣祖弥留时，召隆科多入内，亲写皇十四子四字于其掌内。给世宗撞见了，硬把十字拭去的。这话固无据，况雍正和皇十四子胤禵乃同母兄弟，圣祖断无舍兄立弟之理。和他争立的兄弟，都次第获罪。因此撤去诸王的护兵。清初八旗，有上三旗、下五旗之别。上三旗即正黄、镶黄、正白，为禁军，亦称内府三旗，下五旗为诸王护卫。所以他们都是有兵权的。世宗才借口允禩擅杀军士，把他撤掉。并禁止诸王和内外官吏交通。满洲内部特殊的势力，可以说至此而消灭。但清朝的政治，却亦得世宗整饬之益。圣祖虽然勤政，其晚年亦颇流于宽弛。各省的仓库，多不甚盘查；钱粮欠缴的，也不甚追究。世宗则一反其所为。而且把关税、盐课，彻底加以整顿。征收钱粮时的火耗，亦都提取归公。所谓耗，是官吏征收赋税时，借口转运、存储，都有耗损，额外多取，以为弥补之地的。当钱粮征收本色时，即有耗米等名目。明中叶以后，改而征银，则借口碎银熔成大锭，然后起解，不免有所耗损，所以多取，谓之火耗。如此，财政上就更觉宽裕。而康雍对外的兵事，也总算徼天之幸，成功时多。清朝至此，就臻于全盛。

世宗死后，高宗继之。高宗在表面上，是专摹效圣祖的，但他没有圣祖的勤恳，又没有世宗的明察，而且他的天性是奢侈的，正合着从前人一句话，“内多欲而外施仁义”。在位时六次南巡，供帐之费无艺。对外用兵，所费亦属不赀。凡事专文饰表面，虚伪和奢侈之风养成了。而中年后，更任用和珅，其贪黩为古今所无。内外

清圣祖像

清圣祖康熙（1654—1722），名玄烨，清朝第四位皇帝。在位61年，是中国历史上在位时间最长的皇帝，被称为中国封建历史上的“千古一帝”。

官吏，都不得不用贿赂去承奉他。于是上官贪取于下属，下属诛求于小民，至其末年，内乱就一发而不可遏了。

“国于天地，必有与立。”清朝历代的君主，对于种族的成见，是很深的。他们对于汉人，则提倡尚文。一面表章程、朱，提倡理学，利用君臣的名分，以箝束臣下。一面开博学鸿词科，屡次编纂巨籍，以牢笼海内士大夫。但一面又大兴文字之狱，以摧挫士气。乾隆时，开四库馆，征求天下的藏书，写成六部，除北京和奉天、热河的行宫外，还分置于江、浙两省。北京文渊阁、圆明园文源阁、奉天文溯阁、热河文津阁，谓之内廷四阁。扬州文汇阁、镇江文宗阁、杭州文澜阁，谓之江浙三阁。太平军兴，文汇、文宗都被毁，文澜亦有散亡，庚申之役，文源被焚。文溯现亦流落沈阳。现在幸全的，只有文渊、文津两部而已。看似旷古未有的盛举，然又大搜其所谓禁书，从事焚毁。据当时礼部的奏报，被焚的计有五百三十八种，一万三千八百六十二卷之多。清朝的对于士子，是严禁其结社讲学，以防其联合的。即其对于大臣，亦动辄严词诘责，不留余地。还要时用不测的恩威，使他们畏惧。使臣以礼之风，是丝毫没有的。如此，他们所倚为腹心的，自然是旗人了。确实，他们期望旗人之心，是很厚的。旗人应试，必须先试弓马。旗兵是世袭的。一人领饷，则全家坐食。其驻防各省的，亦都和汉人分居，以防其日久同化，失其尚武的风气。而又把东三省和蒙古，都封锁起来，不准汉人移殖。东三省在清朝，只有少数民地，其余都是官地和旗地。汉人出关耕垦，是有禁的。蒙古亦有每丁私有之地，和各旗公共之地，都不准汉人前往垦殖。其因汉人业已移殖，而设厅管理，都是嘉道以后的事。至于要想移民开拓，则更是光绪末年的事了。他们的意思，以为这是子孙帝王万世之业了。然而旗人的既失其尚武之风，而又不能勤事生产，亦和前代的女真、蒙古人相同。而至其末造，汉人却又没有慷慨奋发，帮他的忙的，于是清朝就成为萎靡不振的状态，以迄于亡。参看第十三节。这是他们在前半期造成的因，至后半期而收其果。

第三节　鸦片战争

鸦片战争，是打破中国几千年来闭关独立的迷梦的第一件大事。其祸虽若天外飞来，其实酝酿已久，不过到此始行爆发罢了。

中英通商问题，有种种轇轕。英国在中国的贸易，自一七八一年以后，为东印度公司所专。至一八三四年才废。公司的代理人，中国谓之大班。公行言“散商不便制驭，请令其再派大班来粤”。粤督卢坤奏请许之。于是英人先派商务监督，后派领事前来，而中国官吏，仍只认为大班，不肯和他平行交接。于是英领事义律，Captain Elliot，此为甲必丹义律。上书本国，说要得中国允许平等，必须用兵；而中英之间，战机就潜伏着了。而其时适又有一鸦片问题，为之导火线。

鸦片是从唐代就由阿剌伯人输入的，但只是作药用。到了明代，烟草从南洋输入，中国人开始吸食，其和以鸦片同熬的，则称为鸦片烟，才成为嗜好品。罂粟之名，初见于宋朝的《开宝本草》——开宝，宋太祖年号，自公元九六九至九七五——《本草》说一名米囊，而唐雍陶《西归出斜谷诗》，已有“万里客愁今日散，马前初见米囊花”之语，可见唐时不但已经输入，而且已有种植的。其物一名阿芙蓉，据近人说，就是阿剌伯语Afyun的异译，所以知其为阿剌伯人所输入。烟草来自吕宋，漳州莆田人种之，盛行于北边，谓可避瘴。明末曾有禁令，然卒无效。其禁旋弛。明、清间，王肱枕的《蚓庵忆语》、张岱的《陶庵梦忆》，都说少时不识烟草为何物，则其盛行，实在明末弛禁之后。黄玉圃《台海使槎录》说：鸦片烟，用麻葛同鸦土切丝，于铜铛内煎成鸦片拌烟，另用竹篙，实以棕丝，群聚吸之，索直数倍于常烟。《雍正朱批谕旨》：“七年，福建巡抚刘世明，奏漳州知府李国治，拿得行户陈远，私贩鸦片三十四斤，拟以军罪。臣提案亲讯，陈远供称：鸦片原系药材，与害人之鸦片烟，并非同物。当传药商认验。佥称此系药材，为治痢必须之品，并不能害人。惟加入烟草同熬，始成鸦片烟。李国治妄以鸦片为鸦片烟，甚属乖缪，应照故入人罪例，具本题参。”这都是中国人吸食鸦片，乃由吸食烟草而引起，并且其由来不久的证据。当时鸦片由葡萄牙人输入，每年不过二百箱。每箱一百二十斤。而吸食鸦片烟，则当一七二九年之时，已有禁例。雍正七年，贩者枷杖，再犯边远充军。自英国东印度公司，垄断在中国的贸易后，在印度地方，广加栽种，而输入遂多。乾隆末年，粤督奏请禁止入口。嘉庆初年，又经申明禁令。鸦片自此遂成为无税的私运品，输入转见激增。其时鸦片趸船，都停泊外洋，而其行销之畅如故。包买的谓之“窑口”。传递的谓之“快蟹”。关泛都受其贿赂，为之包庇。一八二六年，粤督李鸿宾专设水师巡缉。巡船所受规银，日且逾万。一八三三年，卢坤督粤，把他裁撤。至一八三七年，邓廷桢又行恢复，则巡船受贿如故，而且更立新陋规，每烟一万箱，须另送他们数百箱，不但置诸不问，并有代运进口的。所以后来禁烟如此之难；反对禁烟的人，如此其众。我们观于此，可知社会上事，无一非复杂万端，改革真不易言，断不容掉以轻心了。海关每年，漏银至数千万两之巨。不但吸食成瘾，有如刘韵珂所说：“黄岩一邑，白昼无人，竟成鬼市。”林则徐所说：“国日贫，民日弱，十余年后，岂惟无可筹之饷，亦且无可用之兵。”未免不成样子。而银是中国的货币，银价日贵，于财政、经济关系都是很大的。黄爵滋的奏疏，说：“各省州县地丁钱粮，征钱为多。及办奏销，以钱易银。前此多有盈余，今则无不赔垫。各省盐商，卖盐俱系钱文，交课尽归银两。昔之争为利薮者，今则视为畏途。若再三数年间，银价愈贵，奏销如何能办？税课如何能清？”这亦由于币制不立，银钱并用，而无主辅的关系，致有此弊。所以至道光之世，而主张禁烟的空气，骤见紧张。

当时内外的议论，都是偏向激烈的。只有太常寺卿许乃济一奏，较为缓和。宣宗令疆臣会议，覆奏的亦多主张激烈。而一八三八年，鸿胪寺卿黄爵滋奏请严禁的一疏尤甚。当时贩烟一事，因其利太丰，恃以为活的人太多，所以法令之力，亦有时而穷。究竟能否用操切的手段，一时禁绝，实属疑问。许乃济之奏，主张仍用旧制，照药材纳税，但只准以货易货，不得用银购买，亦未始非渐禁的一策。总而言之，当时的问题，不在乎有法无法，法之严与不严，而实在乎其法之能行与否。当时主张激烈的人，对这一点，似乎都少顾及。于是重定禁例，而派林则徐以钦差大臣，驰赴广东，查办海口事件。

则徐既至粤，强迫英商，交出鸦片二万零二百八十三箱，悉数把它焚毁。又布告各国：商船入口，都要具“夹带鸦片，船货充公，人即正法”的甘结，各国都愿遵照。惟英领事义律不可。则徐遂命沿海断绝英人接济。时英国政府，尚未决定对中国用兵；而印度总督，遣军舰两艘至澳门。义律大喜。以索食为名，炮击九龙。时则徐在沿海亦已设防，英人不得逞。乃请葡萄牙人出而转圜，请删甘结中人即正法一语，余悉如命。则徐仍不许。时英议会中，亦分为强硬缓和两派。然毕竟以九票多数，通过“对中国前此的损害，要求赔偿；对英人后此的安全，要求保证”。时为一八四〇年四月。于是英人调印度、好望角的兵一万五千人，命伯麦和加至义律伯麦（Bremer）统海军，加至义律（George Elliot）统陆军。统率前来，而中、英的兵衅遂启。

英兵既至，因广东有备，转攻厦门。亦不克。乃北陷定海。投英国巴里满致中国首相的书。书中要求六事：（一）偿货价。（二）开广州、厦门、福州、定海、上海通商。（三）中、英官交际用平行礼。（四）偿军费。（五）不以英船夹带鸦片，累及岸商。（六）尽裁经手华商浮费。后来和约之意，大抵不外乎此。浙江巡抚不受，乃转赴天津。清宣宗是个色厉而内荏的人。遇事好貌为严厉，而对于事情的本身，实在无真知灼见。又没有知人之明。所以其主意很易摇动。当时承平久了，沿海各省都无备，疆臣怕多事，都不悦林则徐所为，乃造蜚语以闻于上。大致谓烧烟本许价买，而后来负约，以致激变。又有说当时厦门战事，奏报不实的——当时闽督为邓廷桢，本系粤督，和林则徐是取同一步调的。于是朝意中变。命江督伊里布赴浙江访致寇之由。又谕沿海督抚：洋船投书，许即收受驰奏。时林则徐已署理粤督，旋革其职，遣戍伊犁，而命琦善以钦差大臣赴粤查办。

琦善既至，尽撤林则徐所设守备。时加至义律有疾，甲必丹义律代当谈判之任。琦善一开口，就许偿烟价二百万。义律见其易与，又要求割让香港。琦善不敢许。义律就进兵，陷沙角、大角两炮台。副将陈连陞战死。琦善不得已，许开广州，割香港。英兵乃退出炮台。朝廷闻英人进兵，大怒。命奕山以靖逆将军赴粤剿办。英人遂进陷横当、虎门两炮台。提督关天培又战死，奕山既至，夜袭英军，不克。城外诸炮台尽陷。全城形势，已落敌人手中。不得已，乃令广州知府余葆纯缒城出见英人。许偿军费六百万，尽五天之内交出。而将军率兵，退至离城六十里之处。英兵乃退出虎门。奕山乃冒奏：“进剿大挫凶锋，义律穷蹙乞抚，惟求照旧通商，永遵不敢售卖鸦片。”而将六百万之款，改称商欠。朝廷以为没事了。而英人得义律和琦善所订的《草约》，以为偿款太少，对于英人后此之安全，更无保证，乃撤回义律，代以璞鼎查，Pottinger。续调海军东来，于是厦门、定海，相继陷落。王锡朋、郑国鸿、葛云飞三总兵，同日战死。英兵登陆。陷镇海。提督余步云遁走。江督裕谦，时在浙视师，自杀。英军遂陷宁波。清廷以奕经为扬威将军，进攻，不克。而英人又撤兵而北。入吴淞口。陷宝山、上海。又进入长江，陷镇江，逼江宁。清廷战守之术俱穷，而和议以起。

先是伊里布因遣家人张喜，往来洋船，被参奏，革职遣戍。当时通知外情的人太少。伊里布此事，实在亦怪不得他。伊里布起用后，张喜仍参与交涉之事。《中西纪事》记其闻英人索赔款，拂衣而起，则亦并非坏人。至是，乃用他和耆英为全权大臣，和璞鼎查在江宁议和。订立条约十三款。时为一八四二年八月二十九日。道光二十二年七月二十四日。是为中国和外国订立条约之始。约文重要的：

（一）中国割香港与英。

（二）开广州、厦门、福州、宁波、上海五口，许英人携眷居住，英国派领事驻扎。

（三）英商得任意和华人贸易，无庸拘定额设行商。

（四）进出口税则，秉公议定，由部颁发晓示。英商按例纳税后，其货物得由中国商人，遍运

林则徐像

林则徐(1785—1850)，字元抚，又字少穆。中国清朝后期政治家、思想家和诗人，因其主张严禁鸦片、抵抗西方的侵略、坚持维护中国主权和民族利益而深受国人敬仰。

天下，除照估价则例加收若干分外，所过税关，不得加重税则。

（五）英国驻在中国的总管大员，与京内外大臣，文书往来称照会，属员称申陈，大臣批复称札行。两国属员往来，亦用照会，惟商贾上达官宪仍称禀。

这一次条约，和英国巴里满所要求的，可以说是无大出入。总而言之，是所以破前此（一）口岸任意开闭，（二）英人在陆上无根据地，（三）税额繁苛，（四）不许英官和中国平行之局的。

五口通商的条约，可说是中国人受了一个向来未有的打击。当时的不通外情，说起来真也可笑。当时英人进犯鸡笼，因触礁，有若干人为中国所获。总兵达洪阿和兵备道姚莹奏闻。廷寄乃命其将“究竟该国地方，周围几许？所属之国，共有若干？其最为强大，不受该国统束者，共有若干人？英吉利至回疆各部，有无旱路可通？平素有无往来？俄罗斯是否接壤？有无贸易相通？……”逐层密讯，译取明确供词，据实具奏。在今日看起来，真正可笑而又可怜了。当时英人犯台湾，共有三次：第一次犯鸡笼。第三次犯大安港，船均触礁。中国俘获白夷、红夷、黑夷、汉奸，共一百六十余人。台湾本属福建，此时以其隔在海外，特许达洪阿、姚莹得专折奏事。两人谓俘获的人。解省既不可，久羁亦非计，奏请傥夷船大帮猝至，惟有先行正法，以除内患。报可。于是除英酋颠林等九人及汉奸黄某、张某，奉旨禁锢外，余悉杀之。及和议成，订明被禁的英人和因英事被禁的华人，一律释放。于是颠林等都送厦门省释。而英人胁江、浙、闽、粤四省大吏入奏，说台湾所杀，都系遭风难夷。诏闽督怡良渡海查办。怡良乃迫达洪阿、姚莹自认冒功，革职了事。此事的处置，亦出于不得已。当时舆论，很替达洪阿、姚莹呼冤。说怡良因他二人得专折奏事，本有忌他们的心，所以趁此加以陷害，这也未必得实。达洪阿、姚莹，滥杀俘虏，自今日观之，自属野蛮。但在当时，思想不同，亦不能以现在的见解，议论从前的人，姚莹亦是当时名臣。他革职被逮后，写给刘韵珂的信，说：“镇道天朝大臣，不能与夷对质辱国。诸文武即不以为功，岂可更使获咎，失忠义之心？惟有镇道引咎而已。”这亦很有专制时代，所谓大臣的风概的。而内政的腐败，尤可痛心。当时广东按察使王廷兰，写给人家的信，说：“各处调到的兵，纷扰喧呶，毫无纪律。互斗杀人，教场中死尸，不知凡几。”甚而至于“夷兵抢夺十三洋行，官兵杂入其中，肩挑担负，千百成群，竟行遁去。点兵册中，从不闻清查一二”。又说：从林则徐查办烟案以来，“兵怨之，夷怨之，私贩怨之，莠民亦怨之，反恐逆夷不胜，则前辙不能复蹈”。而刘韵珂给人家的信，亦说：“除寻常受雇，持刀放火各犯外，其为逆主谋，以及荷戈相从者，何止万人？”均见《中西纪事》。人必自侮而后人侮之，这真可使人悚然警惧了。然而仅此区区，何能就惊醒中国人的迷梦？

第四节　太平天国和捻党之役

满族入主中原，倏忽二百年了。虽然他治理中国之法，还是取之于中国，然而在民族主义上，总欠光晶。加以他政治腐败，国威陵替，五口通商之役，以堂堂天朝，而受辱于海外的小蛮夷，这在当日，确是个非常之变。英雄豪杰，岂得不乘时思奋？于是霹雳一声，而太平天国以起。

太平天国天王洪秀全，是广东花县人。他以一八一二年诞生，恰在民国纪元之前百年。他是有志于驱除异族，光复河山的人。要做光复事业，不得不和下层民众结合，乃不得不借助于宗教。广东和外国交通早，西教输入的年代亦久。所以洪秀全所创的上帝教，颇与基督教相近。以耶和华为天父，基督为天兄，而自称为基督之弟。和冯云山等同到广西传布，信他的人颇多。大多数都是贫苦的客民。一八四七、四八年间，广西年荒盗起，居民倡团练自卫，和教中人颇有冲突。秀全乘机，以一八五〇年六月，起事于桂平的金田村。

时广西盗贼甚多，清朝派向荣等剿办，不利。洪秀全以起事的明年据永安。始建太平天国之号，自称天王。又明年，突围而出。攻桂林，不克。乃北取全州，浮湘而下。为江忠源乡勇所扼，改由陆道出湘东。攻长沙，亦不克，而清援军渐集，乃舍之，北出洞庭。克岳州，遂下武、汉。沿江东下，直抵江宁，建为天京。时为一八五三年。

当洪秀全在永安时，有人劝他，由湘西出汉中，以图关中。秀全不能用。及克武汉，又有主张北上的，以琦善统大兵扼河南，不果。天京既建，清向荣以兵踵至，营于城东孝陵卫，而琦善之兵，移驻扬州，是为江南、江北两大营。太平军殊不在意。当时派兵两支：一自安徽出河南北伐，一沿江西上。后来北伐的兵，因形势太孤，虽经河南、山西，打入直隶，毕竟为清兵所歼灭。这个从太平军一方面论起来，实在是件可惜的事。当时北伐的兵，由林凤祥、吉文元统带。文元战死于怀庆。凤祥走山西，旋入直隶。至深州，为僧格林沁所败，退据静海。杨秀清遣兵北陷临清，以为之援。凤祥欲南出与之合，然卒不克。乃据连镇，别将李开芳据高唐。至一八五五年春，而为清兵所灭。当太平天国初起时，清朝北方看似兵力雄厚，然都无战斗能力。使洪秀全得武汉之后，即长驱北上，大事殊未可知。及既定金陵，要遣兵北伐，秦大纲力言非全军进据汴梁，则宜先定南省；遣孤军北伐非宜，而杨秀清不听。南人畏寒，北上之兵，士气不免沮丧，战斗力因之减少。然而林凤祥等，犹能支持几及两年。这可见凤翔之不弱，而清军的无用，于此也可见一斑了。其西上之兵，则甚为得势。再破安庆、九江，占据武汉，并南下岳州、湘阴。

此时清朝的兵，不论绿营、八旗，都不足用，乃不得不专靠乡勇。当时办团练的地方很多。而湘乡曾国藩，以在籍侍郎，主持办团之事。国藩仿戚继光之法，倡立营制。专用忠勇的书生，训练诚朴的乡农。又创立水师，以期和太平军相角逐。遂成为太平军的劲敌。湘军以一八五四年，出境作战。初出不利。旋复战胜，克复岳州。又会湖北兵复武、汉。然进攻九江不能克，而石达开坐镇安庆，遣兵尽取江西州县。国藩孤居南昌，一筹莫展，形势甚危。长江中流，太平军仍占优势。而天国于是时顾起了内讧，遂授清军以可乘之隙。

洪秀全的为人，似长于布教，而短于治政和用兵。既据天京之后，就深居简出，把军国大事，一切交给杨秀清。旋又相猜忌，乃召韦昌辉，使杀秀清。石达开闻变回京，昌辉又杀其家属。达开缒城而遁。自此别为一军，不复受天京节制，秀全又使秀清余党，杀掉昌辉。于是太平军初起诸人略尽，洪秀全建国后，以杨秀清为东王，萧朝贵为西王，冯云山为南王，韦昌辉为北王，石达开为翼王，林凤祥为丞相。云山出全州后中炮死。萧朝贵死于攻长沙时。遂呈散漫之象。清军乘之，以一八五七年冬克武汉。明年春，又复九江。胡林翼居武昌，筹饷练兵，屹为重镇。太平军仅据安庆和天京相犄角，形势就很危险了。

然而太平军中，还有后起之秀，足以支持危局的，那就是李秀成。其时清军上流一方面，分遣陆军攻皖北，水军攻安庆。下流一方面，向荣的江南大营，前此被太平军攻破，清朝用其部将张国梁，主持军事，江南大营第一次被破，事在一八五六年。向荣走死丹阳。清廷代以和春，而命荣旧部张国梁帮办军务。战斗之事，实在都是国梁所主持。江北大营，琦善死后，代以托明阿。后又代以德兴阿。因扬州为陈玉成所破，和春劾罢德兴阿，遂不复置帅，由和春兼辖。及再度被破，国梁亦走丹阳自杀。和春则死于常州。时两江总督，亦驻常州，倚江南大营为屏蔽。军事上毫无预备。所以大营一溃，而苏、松、常、太，势如破竹，相继俱下。于九江失陷之际，再逼天京而军。此时捻党已盛于江北。李秀成和其首领张洛行相联络，把皖北的军事，交托悍将陈玉成，而自己入京辅政。玉成歼湘军精锐于三河集，安庆之围亦解。李秀成知道江南大营的饷源出于浙江。其时江北大营，已不置师，归江南大营兼统，泛地更广。乃出兵陷杭州，以摇动其军心。又分军扰乱各处，以分其兵力。而突合各路的兵猛攻之，大营遂溃。国梁走死。苏、松、常、太，相继皆下，太平军的形势又一振。

然而大厦非一木所能支，单靠一个忠勇善谋战的李秀成，到底不能挽回太平天国的末运。清朝此时，胡林翼已死，乃用曾国藩为两江总督。发纵指示之责，集于国藩一身。国藩使弟国荃攻围安庆。陈玉成不能将将，诸将都不听命，遂不能救。一八六一年，秋间，安庆陷落。玉成战败走合肥，为苗沛霖所执，送于清军，被杀。曾国藩乃荐沈葆桢抚赣，左宗棠抚浙，以敌太平军方面李世贤、汪海洋的兵。使鲍超、多隆阿等分攻皖南、北。都兴阿镇守扬州。而使曾国荃沿江东下，杨岳斌、彭玉麟以水师为之声援，以逼天京。又使李鸿章募兵淮、徐，以图苏、松。李秀成力劝洪秀全出兵亲征，不听。请与太子俱出，又不听。秀成曾一度出兵江北，因张洛行已被擒，亦无成功。只得守了苏州，和天京作为声援。

借外力以平内乱是件可耻的事，亦是件可危的事。当道咸之世，清朝的昏愦反复，很为外人所厌恶。太平军在此时，很有和外人联络的机会，而太平军未肯出此——或亦是未知出此——清朝则似非所恤。

一八五八、六〇年两役，外人在条约上所得的权利，实在多了，乃有助清人以攻太平军之议，清廷初亦未敢接受。然至苏、松失陷后，江苏巡抚薛焕和布政使吴煦，避居上海，到底借外人所训练统率的华兵，即所谓常胜军者，以御太平军。此时中国兵弱，洋将多不听命。苏人避居上海的，乃自雇汽船七艘，以迎李鸿章的淮军。太平军既未能邀击。苏州诸生王畹，献策于李秀成，请先设计封锁或扰乱上海，俾外人避居，然后出而招抚，收为己用，秀成又未能用。李鸿章至，淘汰前所募兵，代以淮勇，都强悍能战；常胜军亦隶麾下，辅以精利的器械；而上海此时，饷源又甚丰富；太平军东路的形势，遂亦陷于危急。清朝的借用外力，以攻太平军，其动机实甚早。当太平军出湖南时，就有创守江之议的，说上海、宁波，外人防海盗的水军，可以借用。其议未见听。江宁既陷，向荣因长江水师不备，檄苏松太道吴健彰和外人商议，领事答以两不相助，乃已。后匕首党刘丽川陷上海。当其起事之前，曾托领事温那治先容于太平军。其书为清军所获。书中有“三月间在南京，蒙相待优厚”及“我兄弟同在教中，决不帮助官兵”等语，可见当日外人和太平军，亦有接洽。惜乎太平军不能利用。刘丽川虽据上海，所作所为，殊属不成气候。至一八五五年春间，为英、法军助清兵所攻灭。然外人在此时，实不可谓有助清政府之意。至一八六〇年，《北京条约》既定，法使乃言“愿售卖或遣匠役助造船炮”，并请在海口助剿。俄使亦言：“愿派水兵数百，和清陆军夹攻。”又言：“明年南漕，傥挂俄、美旗，便可无虞。”这可见外人的助清，确和不平等条约有关了。清廷命江浙督抚和漕督议奏。漕督袁甲三和苏抚薛焕，都以为不可。曾国藩则请温诏答之，而缓其出师之期。总署亦以为然。清廷是时，对于外人，猜忌之念正深，所以尚未敢借以为用。及苏州既陷，巡抚薛焕和布政使吴煦，都避居上海，始募印度人防守，以美人华尔（Ward）为将，白齐文（Burgevine）副之。又想募吕宋人。而苏州人王韬献策，说募洋兵费巨，不如募华兵而统以洋人，教练火器，从之。是为常胜军所自始。时吴煦所募兵甚弱，洋将都不为用，及李鸿章的淮军至，而情形乃一变。常胜军尝会同上海的英、法兵，攻破嘉定、青浦，防守松江。又随淮军入浙，攻陷慈溪。华尔受伤而死，代以白齐文。白齐文和李秀成交通，李鸿章言于美领事，撤其职，代以英人戈登（Gordon），又随李鸿章破苏州。及常州既下，乃将其兵裁撤。——当时其军额为三千人。上海地处海隅，以旧时用兵形势言之，本是所谓绝地。当这时候，则因海洋交通，而其后路不断；

前多汊港，敌军不易进犯；转成为形胜之地。而且税入很多，而户部并未注意搜括到，所以饷源亦很优裕。客将训练之精，兵器之利，上海饷源之裕，实系淮军成功的很大原因。当时华尔、白齐文，都奉旨赏给四品衔。华尔后加至三品。死后，于松江、宁波，建立专祠。戈登则加至提督。常胜军裁撤时，洋弁受宝星的，共六十四人。而上海的外国水陆军队和经理税务的商人，亦时时传旨嘉奖。清朝的利用外力，亦不可谓之薄了。其在太平军方面，则白齐文撤职后，投降李秀成。劝其弃去江、浙，北据秦、晋，其地为清水师及外人之力所不及，乃可以逞。此时太平军的士气，已非初起时比，所以秀成不能用。其时避难上海的人很多。苏州诸生王畹，劝李秀成以水军出通、泰，掠商船，使物品不入上海，则外人必惧而求和。否则以精卒数千，冒充避难的人，入租界中，夜起放火劫掠，外人必逃到海船上，我乃起而镇定，招之使归，外人必和我联络了。秀成亦未能听。这是中国内乱，最初和外力有关的一段历史。梁启超做《李鸿章传》，说使太平军当日，亦如湘、淮军，各引外国以为助，中国的大局，早就不堪设想了。我们现在读起来，能无感慨。

李秀成此时，以一身负天京和苏州两方面守御的重任，兼负调度诸军之责。当一八六二年时，曾国荃已攻破沿江要隘，直逼天京。是年秋间，其军大疫。秀成合李世贤攻浙的兵，猛攻其营。凡四十六日，卒不能破。天京之围，自此遂不能解。至一八六三年初冬，而苏州又失陷，秀成乃入天京死守。明年六月，天京亦陷。天王已死，秀成奉太子福瑱出走。于路相失，为清军所获，死之。太子会李世贤、汪海洋之师入赣，亦为清军所执，殉国于南昌。海洋、世贤的兵，没于闽、粤。李世贤是李秀成入天京城守时，派他到江西去的。汪海洋则在浙江，为左宗棠所败，而入江西的。后来两军会合入福建，又入广东。世贤为海洋所杀。海洋战死。石达开先别为一军，历赣、闽、湘、桂而入川，欲图割据，亦为清兵合土司所擒。陈玉成败后，在皖北的陈德才，北入河南，闻天京紧急，率兵还救，不及，自杀。太平天国自立凡十五年，兵锋所至，达十六省，内地十八省中，惟陕、甘两省未到。卒仍为满族所征服。

然而其余众合于捻党，犹足使清廷旰食者数年。所谓捻党，是很早就有的。当时江苏的淮、徐，安徽的颍、亳，山东的兖、沂、漕、济，河南的光、固，为捻众最盛的区域。太平军起而捻势亦盛。蔓衍于苏、皖、鲁、豫四省之间。捻匪的起源很早。有人说："乡人逐疫，撚纸然脂，共为龙戏，谓之为捻，后遂相聚为盗，故得此称。”亦有人说：“皖北之民，称一聚为一捻，所以称股匪为捻匪。”未知孰是。康熙时已有其名。嘉道时，渐肆劫掠。至咸丰初年乃盛。雉河集的张洛行、李兆受为其首领。寿州练总苗沛霖，亦阴和太平军和捻党相通。清命袁甲三等剿之，无效。一八六〇年，英、法兵陷京城。捻众亦乘机北略，至济宁。英、法兵既退，乃命僧格林沁剿办。僧格林沁攻破雉河集，张洛行、李兆受都死。苗沛霖亦被陈玉成余众所杀，捻势稍衰。太平天国既亡，余众多合于捻，其势复盛。僧格林沁勇而无谋。捻众多马队，其势飘忽，僧格林沁常为所致。遂以一八六五年，败死于曹州。清廷命曾国藩往剿。国藩首创圈制之法。练黄河水师。以济宁、徐州、临淮关、周家口为四镇，各派重兵驻扎。于运河东岸，贾鲁河西岸筑长墙，想把捻众蹙之一隅。

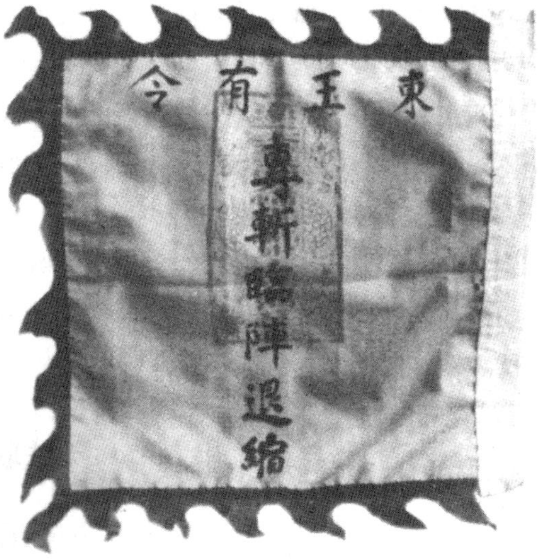

太平天国军法令旗

然而止不住捻众的冲突，一八六六年，捻众突围而出，张宗禹入陕，赖文光入山东，于是罢国藩，代以李鸿章。鸿章仍守国藩遗策，倒守运河，把东捻逼到海隅。于一八六七年打定。其西捻则由左宗棠剿击。宗棠败之渭北。捻众乃北犯延绥，渡河入山西。再出河南，以入直隶。宗棠率兵追击。李鸿章亦渡河相助。命直隶之民，多筑寨堡以自卫，而沿黄、运二河筑长墙以守。至一八六八年，才把他逼到黄、运、徒颊之间打平。

捻匪不过是扰乱，说不上什么主义的。太平天国，则当其兵出湖南时，即已发布讨胡之令。可谓堂堂之阵，正正之旗。其定都金陵后，定田制，改历法，禁蓄妾及买卖奴婢，并禁倡伎，戒缠足，颁天条以为法律，开科举以取士，亦略有开创的规模，且颇富于新理想。有人说：

“中国当日，恶西教正甚，而太平天国，带西教的色彩很重，这是其所以失人心的原因。”然而天王的创教，本不过是结合的一种手段，兵势既盛之后，亦未曾尽力推行。太平天国的灭亡，其中央无真长于政治和军事的人才，实在是其最大的原因。而其据天京之后，晏安鸩毒，始起诸人，不能和衷共济，反而互相残杀。又其后来，所谓老兄弟者日少，新兄弟日多，广西初起事的兵，谓之老兄弟；后来附从的，谓之新兄弟。军纪大坏，亦是其致亡的原因。太平天国，提倡民族主义，曾国藩等则揭橥忠君主义，以与之对抗。在当日，自然是忠君主义，易得多数人的扶助，然而民族主义的源泉，终不绝灭，遂潜伏着，以待将来的革命。

第五节　英法联军之役

鸦片战争，在中国历史上，为从古未有的奇变，然其实不过外人强迫通商的成功而已。在实际上，关系还不算很大。其种种丧权辱国的条约，实在又是五口通商以后，陆续所造成的，至一八五八年的《天津条约》，一八六〇年的《北京条约》，而作一总汇。

《江宁条约》成后，伊里布以钦差大臣赴广东办理通商事宜。死后，耆英代之，与英另订《五口通商章程》十五条。而法、美、瑞典，亦相继和中国订立条约。惟俄国仍不准在海口通商。法、美条约，均定于一八四四年。瑞典条约，定于一八四七年。都系在广东所订。

交涉的轇轕，起于广东英人入城问题。先是一七九三年，高宗曾有“西洋各国商人，不得擅入省城”之谕。此时另订条约，国交一新，此项上谕，自然无效，而粤民仍执之以拒各国领事入城。粤中大吏，既不能以法令效力，后胜于前的道理，晓谕人民，又不敢明拒外人；而依违其间，于是粤民遂自办团练，欲以拒绝外人。以为官吏软弱，浸至官民亦生龃龉。耆英知道交涉是棘手的，乃阴谋内召。先是《江宁条约》，订明舟山、鼓浪屿的英兵，须俟赔款交清后，方行撤退。一八四六年，赔款清了，耆英要求英人撤兵。又另订条约五条，申明许英人入城，而中国不得以舟山群岛，割让他国。第三款申明中国不得以舟山群岛割让他国。

第四款说他国如犯舟山，英必出而保护，毋须中国给与兵费。后来法越之役，法兵谋占舟山，宁绍台道薛福成，在西报申明此约，英政府亦出而申明，舟山遂得不陷。然亦很可羞耻了。明年，耆英内用，英人请实行入城之约。耆英知道广东民气难犯，请展期两年。英人也答应了。

于是徐广缙为总督，叶名琛为巡抚。两人都是有些虚怯之气，好名而不通外情的。一八四九年，英人以入城之期已届，又请实行。广缙登舟止之。英人谋劫广缙，以求入城，广东练勇数万人，同时聚集两岸，呼声震天。英人惧，乃罢入城之议。事闻于朝，封广缙一等子，名琛一等男，都世袭。余官均照军功例，从优议叙。并传旨大奖粤民。上谕有“难得十万有勇知方之众，势不夺而利不移，朕念其翼戴之忱，能无怦然有动于中”等语。于是广东人民，更为得意。遂散布流言要破坏通商之局。英人闻之，写信给广缙，请另定《广东通商专约》。广缙要求其将不入城列入《专约》之中，英人也答应了。此时广缙，名琛，都很负时望。

一八五〇年，宣宗死了，文宗继立。明年而徐广缙移督湖广，叶名琛代为总督。此时太平天国正盛，清廷怕多生枝节，亦谕令交涉谨慎；而名琛以为外国人不过虚声恐喝，遇事多置诸不理。既不能措置妥帖，而又不设防备。这时候，沿海的中国船，颇有恃外国旗号为护符的。桂良等在上海议商约时，曾照会英、法、美三使，说“上海近有中国船户，由各国领事，发给旗号。此等船户，向系不安本分，今恃外国旗号为护符，地方官欲加之罪，踌躇不决，遂至无所不为，犯案累累。上海如此，各口谅均不免。拟请贵大臣即饬各口领事，嗣后永不准以贵国旗号，发给中国船户，从前已给者，一概撤销”。可知此时确有依靠外国旗号，为非作歹之事。一八五六年，有在英国登记，而业经满期的亚罗船，Arrow。停泊粤河，为水师千总捕去十三人。英领事巴夏礼，H.S.Parkes。要求省释。叶名琛也把所捕的人送还了。而英人又要趁此要求入城，拒绝弗受；而提出四十八小时内无确实答复，作为谈判破裂的警告。名琛置诸不答，英兵遂陷广州。然既不得本国政府的允许，而兵又少，旋又退出。而粤人又尽焚英、法、美诸国商馆。巴夏礼遂驰书本国政府请战。

时英国议会，亦不主开衅。英相巴马斯顿，Palmerston。把他解散，另行召集。通过“要求中国改订条约，并赔偿损失，否则开战”的议案。英国又要约俄、法、美三国。俄、美仅派使臣偕行，而法国因广西地方，教士被杀，派兵和英国同行。一八五八年，《法国补遗条约》第一款，规定西林县知县张鸣凤，因法神父被害，处以革职。第二款规定革职后照会法使，并将其事由载明《京报》。是为因教案处分官吏之始。

一八五七年，四国使臣到广州。英使先致书名琛，要求会议改约和赔偿损失，法美愿任调停。名琛均置不答。英、法兵遂陷广州，名琛被虏。一八五九年卒于印度的加尔各答。四国要求派遣全权大臣至上海议善后。由江督何桂清奏闻。朝命革名琛职，代以黄宗汉。命英、法、美三使回广东，听候查办。对俄国，则申明海口不许通商之旨，令回黑龙江，和将军会议。四使不听，径行北上。明年三月，至天津。四月，陷大沽炮台。清廷乃派大学士桂良、吏部尚书花沙纳赴津，和四使会议。各订条约。其税则，命其赴沪会同何桂清，是时广州人民，在佛山设立团练局。侍郎罗惇衍等主持其事。曾袭击广州，不克。和议既定，英人一定要撤去黄宗汉，并惩办主持团练的绅士。时粤人有伪造廷寄，说"英夷心存叵测，已密饬罗惇衍相机剿办"的。乃发上谕，严拿伪造廷寄的人，而夺黄宗汉钦差大臣的关防，以给何桂清。和各国会议。又成《通商章程》十条。英、法、美三国相同。是为一八五八年的《天津条约》。

其明年，英、法二使来换约。时僧格林沁在大沽设防，请其改走北塘。弗听。强航白河。为炮台守兵所击，狼狈走上海。一八六〇年，英、法再派兵来。先照会何桂清，说："若守《天津原约》，仍可罢兵。"而清廷上谕，又说他"辄带兵船，毁我海口防具。首先背约，损兵折将，实由自取，所有八年议和条款，概作罢论。若彼自知悔悟，必于前议条款内，择道光年间曾有之事，无碍大体者，通融办理。仍在上海

签订《天津条约》

定议，不得率行北来”。于是兵端之启，遂无可避免，此时清廷亦怕启衅，所以美使后至，遵命改走北塘，即许其在天津换约。上谕云：“换约本应回至上海，念其航海远来，特将和约用宝发交恒福，即在北塘海口与该国使臣互换。”虽封锁大沽，然仍留北塘为款使议和之地。而僧格林沁又惑于“纵洋人登陆，以马队蹙而歼之”之说，遂弃北塘不守。其所埋地雷，为汉奸告知英人掘去。于是英、法兵从北塘登陆，攻陷大沽炮台。僧格林沁退驻张家湾。清廷不得已，再派怡亲王载垣和英、法议和。有人告载垣，说“巴夏礼衷甲将袭我”。载垣惧，以告僧格林沁。僧格林沁执巴夏礼。英、法兵进攻，僧格林沁败绩。助守的禁军和旗兵亦都败。文宗乃逃往热河，而留恭亲王奕䜣守京城。旋以为全权大臣。英、法兵胁开京城，又焚圆明园。奕䜣惧不敢出。因俄使伊格那提业幅的保证，Ignatieff。乃出而与英、法议和，重行订定条约，是为《北京条约》。

这两约，实在是把五口通商以后，英、法两国所订的条约，合并整理而成的；一八四三年，英国所定的《五口通商章程》和一八四四年法美两约，已均有领事裁判和最惠国条款。其进出口税，耆英在广东时，亦有和英人协定的表，大致都是值百抽五而又有新丧失的权利。论口岸，则增开牛庄、登州、台湾、淡水、潮州、琼州及沿江各口。因此内河航行之权，亦和外人相共。《天津英约》，沿海开牛庄、登州、台湾、潮州、琼州；沿江自汉口而下，开放三口——后开汉口、九江、镇江。《法约》多淡水、江宁而无牛庄。《北京英约》又增开天津。领事裁判和关税协定，都自此确定。内地游历通商和传教的条文，亦起于此两约。前此清朝中央政府，恒不愿与外人直接交涉，至此则接待驻使，亦成为条约上的义务了。《天津美约》第五款，规定美使遇有要事，准到北京暂住，与内阁大学士或派出平行大宪酌议；但每年不得逾一次。到京后应迅速定议，不得耽延。若系小事，不得因有此条，轻请到京。《北京英约》第二款，则说“英使在何处居住，总候本国谕旨遵行”，其权全操之外人了。又《天津英约》五款，规定“特简内阁大学士尚书中一员，与英国钦差大臣，文移会晤，商办各事”。这是后来总理各国通商事务衙门的所以设立。而又把九龙割给英国。赔英、法军费及商亏，各八百万两。《天津英约》，偿英商亏一百万，军费二百万。《法约》，赔款军费共百万。《北京英约》，改为商欠二百万，军费六百万，《法约》亦改为军费七百万，赔偿法人在粤损失一百万。《美约》还是一八五八年所定的，所以和英、法两约，又有不同。美人所拟条约，一八五八年，由直隶总督谭廷襄奏闻，时奉谕："贸易口岸，准于闽、粤两省，酌添小口各一处。至于大臣驻扎京师，文移直达内阁、礼部，赔偿焚劫船货等条，不能准行。"桂良、花沙纳至津后，美遂照此删改。所以《美约》无赔款，而于五口外仅增开台湾、潮州两口，而关于驻使的规定，亦如前注所述。但既有最惠国条文，则他国以干戈得之者，美国人并不费笔舌，而坐享其成了。然各国的条约，都有最惠国条款，则此等异同，也不足计较了。至对于俄国的条约，则损失尤大。

第六节　晚清的政局

中国地方大而政治疏阔，要彻底改变，是很不容易的。所以一朝中衰之后，很难于重振。何况清朝，从道光以来，所遭遇的，是千古未有的变局？然而这时候，清朝还能削平内难，号称中兴，这是什么理由呢？这都是汉人帮他的忙。

清朝人满、汉之见，是很深的。从道光以前，总督用汉人的很少，专征更不必论了。到咸丰初年，而局面一变。清仁宗中岁以后，是信任曹振镛的。振镛的为人，琐屑不知大体。陈康祺《燕下乡脞录》说：宣宗初即位，苦章奏之多，以问曹振镛。振镛说："皇上几暇，但抽阅数本，摘其字迹有误者，用朱笔乙识发出。臣下见皇上于细节尚且留心，自不敢欺罔矣。"此说未知确否。总之不知大体，不能推诚布公，而好任小数，拘末节，则是实在的。宣宗则初任曹振镛，后相穆彰阿。穆彰阿是个柔佞之徒。鸦片战争之役，他竭力主持和议。旧时人的议论，有诋为权奸的。其实他哪里说得上权奸？不过坐视宣宗的轻躁，宣宗是性质轻躁，好貌为严厉，而实无真知灼见的人。但看其鸦片战争时的举动，就可知了。当时下情的不能上达，于此亦很有关系。而不能匡正罢了。宣宗死于一八五〇年，子文宗继立。文宗在清代诸帝中，汉文的程度号称第一。亦颇有志于图治。这时候，正值海疆多事，太平军又已起兵之际，时事很为艰难。文宗乃罢斥穆彰阿、耆英，昭雪林则徐、达洪阿、姚莹等。又下诏求直言。曾国藩、倭仁等，都应诏有所论列。海内翕然，颇有望治之意。此时因内外满员，多属昏愦庸懦，不足任用。军机大臣文庆，力言于帝，说要重用汉人。文宗颇能采纳。这是咸同时代，所以能削平内乱的根本。

专制政体，把全国的事情，都交给一个人做主。于是这一个人的智愚仁暴，就能使全国的人民，大受其影响。而君位继承之法，又和家族中的承继，并为一谈。于是家庭间的争夺，亦往往影响于国事。这是历代都是如此的，到晚清仍是其适例。清文宗因时事艰难，图治无效，意思就倦怠了。其宗室中，载垣、端华、肃顺，因此导之以游戏，而暗盗政权。军机拱手而已。一八六〇年，文宗因英、法联军进逼，逃到热河。英、法兵退了，群臣都恳请回銮，载垣等以在热河便于专权，暗中阻止。明年，文宗就死在热河。文宗皇后钮钴禄氏无子，贵妃叶赫那拉氏，生子载淳，是为穆宗。年方六岁。载垣等宣布遗诏，自称赞襄政务大臣。载垣、端华、肃顺外，御前大臣景寿，军机大臣穆荫、匡源、杜翰、焦祐瀛，共八人。叶赫那拉氏和奕䜣等密谋回銮。到京，便把载垣、端华、肃顺执杀。当时肃顺护送梓宫，两宫及载垣、端华，自间道先归。至京，猝发载垣、端华之罪，杀之。肃顺则被执于途，亦被杀。于是尊钮钴禄氏为母后皇太后，叶赫那拉氏为圣母皇太后，同时垂帘听政。而实权都在那拉氏。钮钴禄氏徽号为慈安，谥孝贞，当时称东宫皇太后。叶赫那拉氏号慈禧，谥孝钦，当时称西宫皇太后。

载垣等三人之中，肃顺颇有才具。重用汉人之议，肃顺亦是极力主张的。那拉后、奕䜣，虽和肃顺是政敌，却于此点能遵循而不变。当时沈桂芬、李棠阶等，尽忠于内；湘淮诸将，戮力于外；所以能把内难削平。内难既定之后，那拉后渐渐的骄侈起来。穆宗虽是那拉后所生，却和钮祜禄后亲昵。一八六九年，那拉后所宠的太监安德海，奉后命到广东。路过山东，山东巡抚丁宝桢，把他捉起来，奏闻。清朝的祖制，太监不准外出，出宫门便要处死的。那拉后无可如何，只得许其照办。有人说：此事实是穆宗授意的。从此母子之间，更生隔阂。一八七二年，穆宗将立皇后。钮祜禄氏属意于尚书崇绮之女阿鲁特氏。那拉后欲立凤秀之女富察氏，相持不能决。乃命穆宗自择。穆宗如钮祜禄后之意，那拉后大怒。大婚之后，禁止穆宗和皇后同居。穆宗郁郁，遂为微行，因以致疾，于一八七四年病死。宫中讳言是出天痘死的。

清朝当高宗时，曾定立嗣不能逾越世次之例。穆宗死后无子，照清朝的家法，自应在其侄辈中选出。但如此，那拉氏便要做太皇太后，未免位高而无权。加以醇亲王奕譞的福晋，是那拉氏的妹妹。所生的儿子载湉，就是那拉氏的外甥。于是决意迎立了他是为德宗。德宗立后，穆宗皇后饮药死。时懿旨说以德宗嗣文宗，生子即承大行皇帝。侍读学士广安上疏，援宋太宗故事，请颁铁券，奉旨申饬。及穆宗后既葬，吏部主事吴可读自杀，遗疏请长官代奏，请再下明文，将来大统，必归继承大行皇帝之子。懿旨说："皇帝将来诞生皇子，自能慎选贤良，缵承统绪，继大统者即为穆宗毅皇帝嗣子，皇帝必能善体是意也。"因清朝家法，不许建储，所以不能说德宗哪一个儿子继承穆宗，而只能说缵承统绪的，即为穆宗嗣子。年方四岁，两宫再垂帘。钮祜禄氏虽然无用，毕竟是嫡后，那拉氏终有些碍着她。一八八一年，钮祜禄后忽然暴死。那拉氏从此更无忌惮。宠太监李莲英。罢奕䜣，而命军机大臣遇事和奕譞商办。卖官鬻爵。把海军衙门经费，移修颐和园。一八九一年，德宗大婚亲政。然实权仍都在那拉后之手。因此母子之间，嫌隙更深。遂成为戊戌政变的张本。

中国当道咸之世，很不愿意和外人交接。被迫通商，实在是出于无奈。同治初年，还是这等见解。所以当时欧美各国来求通商，还是深闭固拒。但是到后来，迫于无可如何，也就只得一一和他们订约了。各国立约，除英、法、俄、美外，惟瑞典在一八四七年，在《天津》《北京》两约之前，余则皆在其后。当一八五八、六〇年间，清廷虽胁于兵力，和英、法、俄、美订约，对于其余诸国，还是深闭固拒的。所以桂良、花沙纳在上海议商约时，西、葡两国来求通商，桂良据以奏闻，上谕还是不许。后来有许多国请于薛焕奏闻，上谕仍令严拒，并令晓谕英、法、美三国，帮同阻止。有"如各小国不遵理谕，径赴天津，惟薛焕是问"之语。然一八六一年，普鲁士赴上海求通商，为薛焕所拒，径赴天津入京，由法使为之代请，清廷卒无可如何，与之立约。于是荷兰、丹麦，于一八六三年，西班牙于一八六四年，比利时于一八六五年，意大利于一八六六年，奥斯马加于一八六九年，相继与中国订约。当其请求立约时，大率由英、法等国，为之介绍。而所订条约，即以介绍国之条约，为其蓝本，所以受亏益深。这都是同治一朝中之事。其中惟秘鲁，因有苛待华工，葡萄牙因有澳门交涉，在同治朝商订条约，久无成议。《秘约》直至一八七四年，即同治十三年才商定。明年，即光绪元年才互换。《葡约》则到一八八七年才订定，清代所订条约，以《南京条约》为始，至《天津》《北京》两条约而集其大成。同治一朝所订条约，差不多全是抄袭成文的。至一八七四年的《秘鲁条约》以后，则所订条约，较前已略有进步了。但大体上，因为前此的条约所束缚，所以总不能免于不平等之讥。至后此所订条约，其吃亏又出于《天津》《北京》两约之外的，则以一八九五年和日本所立的《马关条约》为始，参看第七节。至一八六七年，总署乃奏派志刚、孙家穀及美人蒲安臣等Hon Anson Burlingame。出聘有约各国。在美国定约八条。在欧洲各国，则申明彼此交涉。当以和平公正为主，不可挟持兵力，约外要求。在美所定《续约》八条，最要的，第一条申明“通商口岸及水路洋面贸易行走之处，并未将管辖地方水面之权给与。美与他国失和，不得在此争战，夺货，劫人。凡中国已经及续有指准美国或别国人居住贸易之地，除约文内指明归某国官管辖外，皆仍归中国地方官管辖”。第二条：“嗣后与美另开贸易行船利益之路，皆由中国做主，自定章程——惟不得与原约之意相背。”都与国权很有关系。第三条：中国可在美国设领。第四、五、六、七条，都是关于华人入美及入美后待遇问题，因为当时华人往美的，已经很多了。第八条关于襄理中国制造，“美国愿指派熟练工程师前往，并劝别国一体相助。惟中国内治，美国并无干预催问之意。于何时，照何法办理，总

同治帝像

同治帝载淳（1856—1875），6岁即位，18岁亲政，次年即病死。同治在位期间，清室兴办洋务，颇有发愤图强之心。此段时期被称为“同治中兴”。

由中国自主酌度”，并含有利用外国技术，开发中国之意。在美定约后，志刚等又历英、法、普、俄、瑞典、丹马、荷兰等国。一八七〇年，蒲安臣死于俄都。志刚等又历比、意、西三国而归。这实在是中国外交更新的第一声。惜乎后来未能继续进行。至于改革，前此是说不到的。同治以后，湘淮军中人物，主持政事。他们都是亲身经历，知道西洋各国，确有其长处，我们欲图自强，是万不能不仿效的。于是同文馆、广方言馆、制造局、船厂、水师和船政学堂，次第设立。轮船、电报、铁路、邮政、新法采矿等，亦次第兴办起来。一八六二年，李鸿章抚苏，奏设广方言馆于上海——后移并制造局，译出西书颇多。一八六四年，又在上海设制造局。一八六六年，以左宗棠请，于福建设船厂。由沈葆桢司其事。是年，又于北京设同文馆。一八七一年，曾国藩、李鸿章始奏派学生，赴美留学。一八七二年，设轮船招商局。筹办铁甲兵船。一八七六年，设船政学堂于福州。一八八〇年，设水师学堂于天津。又设南北洋电报。一八八一年，设开平矿务局。同时创办唐胥铁路。但所学的，都不过军械和技艺的末节，这断不足以挽回国势，而自进于世界强国之林。而且当时，还有顽固守旧之士，听说要造铁路，就说京津大路，从此无险可守的。闻同文馆将招正途出身的人学习，就以为于人心士气，大有关系的。同文馆设立时，御史张盛藻请毋庸招集正途。奉批：“天文算学，为儒者所当知，不得目为机巧。”倭仁时为大学士，因此上疏谏诤，其疏，很可以代表当时守旧者的意见。今节录如下。疏说：“天文算学，为益甚微，西人教习正途，所损甚大。立国之道，尚礼义不尚权谋；根本之图，在人心不在技艺，今求之一艺之末，而又奉夷人为师。无论夷人谲诡，未必传其精巧；即使教者诚教，学者诚学，所成就者，亦不过术数之士；古往今来，未有恃术数而能起衰弱者也。议和以来，耶稣之教盛行，无识愚民，半为扇惑，所恃读书之士，讲明义理，或可维持人心。今复举聪明儁秀，国家所培养而储以有用者，变而从夷；正气为之不伸，邪气因而弥炽；数年以后，不尽驱中国之众，咸归于夷不止。伏读《圣祖文集》，谕大学士九卿科道云：西洋各国，千百年后，中国必受其累。仰见圣虑深远，虽用其法，实恶其人。今天下已受其害矣，复扬其波而张其焰邪？……”又有一种不谙国际情势，而专唱高调，自居于清流之列的。在民间，则因生产方法之不同。而在经济上，渐渐受外国的侵削。而大多数平民，依旧是耕凿相安，不知道今日是何世界；即读书人亦是如此。这都是几千年以来的积习，猝难改革，而外力却愈逼愈深，就演成晚清以后种种的事变。

第七节　中日战争

使中国历史大变局面的，前为鸦片战争，后为中日战争。

欢迎西学，而畏恶西教；西人挟兵力以求通商，则深闭固拒，以致危辱；到外力的压迫深了，才幡然改图，以求和新世界适应；这是欧人东略以后，东洋诸国所同抱的态度；而日本因缘凑合，变法维新，成功得最快，遂转成为东方的侵掠者。

中国在明代，受倭寇之患是很深的。所以清开海禁以后，仍只准中国人去，而不准日本人来。而且对于日本，戒备之情很深。康熙时，风闻日人将为边患，曾遣织造马林达麦尔森改扮商人往探。雍正六年，即一八二七年，苏州洋商余姓，言日本将军，聘请中国人教演战阵，制兵器战船。浙督李卫，因此请严边备，密饬沿海文武，各口税关严查出洋包箱。水手、舵工、商人、搭客，均令具结限期回籍，于进口时点验人数，缺少者拿究。朝命卫兼辖江南沿海。卫请密饬闽、广、山东、天津、锦州访察。后访得别无狡谋，且与天主教世仇，备乃稍弛。在一八六八年以前，实无国交之可言。这一年，日本明治天皇立，和各国订立条约。乃与其明年，遣使到中国来请立约。这时候，中国对于外国，还有深闭固拒之心。所以总署对于日本之请，是议驳的。一八七一年，日人复遣使臣前来。总署令其另派大臣再议。其时疆臣仍有以倭寇为言，奏请拒绝的。朝命曾国藩、李鸿章筹议。二人都说不可。国藩原奏，谓“前此与西人立约，皆因战守无功，隐忍息事。……日本与我无嫌，援例而来，其理甚顺，若拒之太甚，彼或转求西国介绍，势难终却。且使外国前后参观，疑我中国交际之道，逆而胁之则易，顺而求之则难。既令其特派大员，岂可复加拒绝？惟约中不可载明比照泰西各国通例办理；尤不可载恩施利益，一体均沾等语”。鸿章奏意略同。拒绝之议乃罢。由李鸿章与立《修好规条》和《通商章程》：（一）领事裁判权，彼此都有。（二）进口货照海关税则完纳；税则未载明的，则值百抽五；亦彼此所同。（三）内地通商，明定禁止。都和泰西各国不同。明年，日本就派人来，要想议改。鸿章说约未换而先议改，未免失信诒笑，把他拒绝。

琉球是两属于中日之间的。一八七一年，琉球人遭风飘至台湾，为生番所杀。一八七三年，日本小田县民漂至，又被杀。这一年，日本副岛种臣来换约。命其副使柳原前光诘问总署。总署说："琉球亦我属土。属土之民相杀，与日本何预？小田人遇害，则没有听见。"又说："生番是化外之民。"日本人说："既如此，我们将自往问罪。"又争琉球是日本属国。彼此议不能决而罢。明年，日本派兵攻台湾。又派柳原前光到中国来，说系问罪于中国化外之地。中国声教所及，秋毫不犯。中国派沈葆桢巡视台湾，调兵渡海。日人气馁。其兵又遇疫。乃由英使调停，在津立专约三款：中国恤日本难民家属银十万两，偿还日本修筑道路房屋之费银四十万两了事。一八七九年，日本竟灭琉球，以为冲绳县。中国和他交涉，迄无结果。琉球亡后，中国与日交涉，日本坚执前言，谓琉球系彼属国。一八七九年，美前总统格兰德来游，复往日本。恭亲王、李鸿章都托其从中调停。日本乃议分琉球宫古、八重山两岛归我，而请于条约添入内地通商和最惠国条款。鸿章不许。一八八二年，日本驻津领事竹添进一谒鸿章申前论。鸿章议还中山旧都，仍以中山王之族尚氏主其祀。日本亦不允。

朝鲜离中国，本较日本为近；其文化程度，实亦较日本为高。不幸欧人东略之时，适直其国党争积弱之际，遂致一蹶不振。当清朝同光之际，正直朝鲜国王李熙初立之时。其父昰应摄政。朝鲜国王本生之父，称为大院君。昰应的为人，颇有才气，而智识锢蔽，持闭关主义甚坚。欧美诸国去求通商，辄遭拒绝，各国来告中国。中国辄以向不干预朝鲜内政答之。在中国的习惯，固然如此。然和国际法属国无外交之例，却是相背的。日人乘此机会，一八七六年，用兵力强迫朝鲜立约通商，约文中竟订明朝鲜为独立自主之国。这时候，李鸿章主持中国外交，主张引进各国势力，互相牵制。乃劝朝鲜和美、英、法、德，次第立约。约文中都申明朝鲜为中国属邦。然和属国无外交之例，仍属相背。这时候，李熙已亲政。其妃闵氏之族专权。昰应失职怏怏。一八八二年，朝鲜因聘日武官教练新兵，被裁的兵作乱，焚日使馆，复拥昰应摄政。驻日公使黎庶昌，急电直隶总督张树藩。树藩立遣提督丁汝昌督兵船前往。总署又派吴长庆率兵继往。代定其乱，执昰应以归。把他拘留在保定，到一八八五年才释归。这一次，日本亦派兵前往，而较中国兵迟到，所以于事无及。事定之后，吴长庆遂留驻朝鲜。这时候，朝鲜分为事大、独立两党。在朝的事大党，以王妃闵氏之族为中心。一八八四年，独立党作乱。为吴长庆所镇定。日公使自焚其使馆，说是我兵炮击他的。明年，日本派伊藤博文来，和李鸿章在天津立约：（一）两国均撤兵。（二）勿派员教练朝鲜兵士。（三）朝鲜有变乱事件，两国派兵，均先行文知照；事定仍即撤回，中国和日本，对朝鲜遂立于同等地位了。此约论者多归咎鸿章。然据鸿章原奏：则（一）因隔海远役，将士苦累异常，本非久计。（二）则朝鲜通商以后，各国官商，毕集王城；又与倭军逼处；带兵官刚柔操纵，恐难一一合宜，最易生事。（三）则日兵驻扎汉城，用心殊为叵测，正可趁此令其撤兵。因此鸿章谓："该使臣要求，惟撤兵一层，尚可酌量允许。惟若彼此永不派兵，无事时固可相安，万一倭人嗾朝叛华；或朝人内乱；或俄邻侵夺；中国即不复能过问，此又不可不审处。"旋奉电旨："撤兵可允，永不派兵不可允，万不得已，当添叙两国遇有朝鲜重大事变，各可派兵，互相知照等语。"鸿章乃又与博文磋议定约，则当时亦自有其不得已的苦衷；而彼此派兵，互相知照一层，并不出于鸿章的意思。鸿章又说："即西国侵夺朝鲜土地，我亦可会商派兵。"这一层，在后来固然成为虚语。然在当时，视耽欲逐者，并不止一日本。后来的事情，此时岂能豫料？鸿章当时的用心，亦不能一笔抹杀的。其明年，出使英、法、德、俄大臣刘瑞芬建议，和英、美、俄诸国立约保护朝鲜。李鸿章颇赞成之，而总署持不可，其议遂罢。

李鸿章像

李鸿章（1823—1901），字子黻、渐甫，号少荃、仪叟。中国清朝末期重臣，洋务运动的主要倡导者之一，淮军创始人和统帅。

一八九四年，朝鲜东学党作

乱。全罗道求救于我。李鸿章派叶志超率兵前往。未至而乱已平。日兵亦水陆大至。屯据京城。鸿章责其如约撤兵，日本不听。而要求中国共同改革朝鲜内政。中国亦拒绝。日使大鸟圭介，遂挟众入朝鲜王宫。诛逐闵氏之党。复起昰应摄政。派兵屯据朝鲜要害。李鸿章知道中国兵力，是靠不住的，不欲轻于言战。遍告英、俄、德、法、美诸国，希望他们出来调停，而事终不就。中国租英船运兵，为日本所击沉。中国主战派，纷纷责备鸿章。中国乃正式宣战。

时中国续派左宝贵等赴朝鲜，而前所派的叶志超等，已为日本所袭败，退至平壤。日兵来攻，诸军败绩。左宝贵死之。海军亦败绩于大东沟，自此蛰伏威海不能出。日人遂纵横海上。宋庆总诸军守辽东。日兵渡鸭绿江，连陷九连、安东。庆退守摩天岭。日兵遂陷凤凰城、宽甸、岫岩。其第二军又从貔子窝登陆，陷金州。进陷大连湾，攻旅顺。宋庆把摩天岭的防守，交给聂士成，后来士成入卫畿辅，摩天岭之防，改由东边道张锡銮接任。自统大军往救，亦不克。旅顺又陷落，于是中国仅以重兵塞山海关至锦州。此时吴大澂、魏光焘，亦率湘军出关，与宋庆兵合。而日兵又分扰山东。自成山登陆，陷荣城。攻威海。海军提督丁汝昌以兵舰降敌，而自仰药死。山东巡抚李秉衡，自芝罘退守莱州。日兵复陷文登、宁海。明年二月，日兵并力攻辽东，陷营口、盖平、海城。辽阳、沈阳，声援俱绝。其舰队又南陷澎湖，逼台湾。于是中国势穷力竭，而和议以起。

当旅顺危急时，中国即派德璀琳G.Detring，津海关税务司，德国人。赴日议和。后又改派张荫桓、邵友濂。均给日本拒绝。德璀琳之往，日人谓其未奉敕书，且系西员，不应当交涉之任。张荫桓、邵友濂之往，则日人谓敕书未载便宜行事，不足为全权，被拒。乃改由李鸿章自往。日本要求驻兵大沽口、天津、山海关，方行停战。鸿章不许。而日人持之甚坚。鸿章乃请缓停战，先议和。议未定，鸿章为刺客所伤，日人惭惧，乃定停战之约。旋议定《和约》十款。其中重要的：（一）中国认朝鲜自主。（二）割让奉天南部和台湾、澎湖。（三）赔款二万万两，分八次交清。（四）换约后订立《通商行船条约》《陆路通商章程》，均以中国与泰西各国现行约章为准。（五）添开沙市、重庆、苏州、杭州。（六）日军暂占威海，俟一二次赔款缴清；通商行船约章批准互换；并将通商口岸关税，作为余款及利息的抵押；方行撤退。此约割地之多，赔款之巨，不待更论。通商行船。一照泰西各国条约，是日本求之多年而不得的。而（七）约中又订明“日本臣民，得在中国通商口岸城邑，从事各项工艺制造；又得将各项机器，任便装运进口”，则又是泰西各国，所求之而不得的。普鲁士与中国议约时，尝议及将土货改造别货，总署咨李鸿章拒绝。从此以后，中国新兴幼稚的工业，就更受帝国资本主义的压迫，求自振更难了。

约既定，台湾人推巡抚唐景崧为总统，总兵刘永福主军政，谋自立。旋因抚标兵变，景崧出走，台北失陷。永福据台南苦战，亦以不敌内渡，台湾遂亡。

其奉天南部之地，则因俄、德、法的干涉而还我。三国当时由驻使照会日本外部，以妨碍东洋平和为辞，劝日本将辽东归还中国。日人得照会，急开御前会议，筹商或许，或拒，或交列国会议。多数主张第三策。而其外相大为反对，说：“列国会议，各顾其私，势必不能以辽东问题为限，全部条约，都要生变动了。”于是日人运用外交手腕，请美国劝俄国不必干涉。又求英国援助，愿意给与报酬。英、美都不肯援助。日本再和俄国交涉，愿意归还辽东，但求割一金州，俄人亦不许。日人不得已，乃照三国的要求，径行承诺。而要求我出偿款一万万两。后由三国公议，定为三千万两。由李鸿章和日人另订《交还辽东条约》，把拟订陆路章程之事取消。

第八节　维新运动和戊戌政变

中国的该变法，并不是和外国人接触了，才有这问题的。一个社会和一个人一样，总靠新陈代谢的作用旺盛，才得健康。但是总不能无老废物的堆积。中国自秦汉统一之后，治法可以说是无大变更。到清末，已经二千多年了，各方面的积弊，都很深了。便是没有外人来侵略，我们种种治化，也是应当改革的。譬如君主专制，是从前视为天经地义的，然而明末，黄宗羲著《明夷待访录》，对于君臣之义，即已根本怀疑，便是其一例。但是物理学的定例，物体静止的，不加之以力，则不能动，社会亦是如此。所以我们近代的改革，必待外力的刺激，做一个诱因。

中国受外力刺激而起反应的第一步，便是盲目的排斥，这可谓自宋以来，尊王攘夷思想的余波。排斥的目的，已经非是，其手段就更可笑了。海通以后，最守旧的人，属于这一派。拳匪乱时，守旧大臣的意见，仍属此派，可参看下节。其第二步，则是中兴时代湘淮军中一派人物。大臣如曾国藩、李鸿章，出于其幕府中的，则如薛福成、黎庶昌之类。此派知道闭关绝市是办不到的。既已入于列国并立之世，则交际之道，不可不讲，内政亦不得不为相当的改革。但是他们所想仿效他人的，根本上不离乎兵事。因为要练兵，所以要学他们的技艺；因为要学他们的技艺，所以要学他们的学术；因此而要学他们的语文。如此，所办的新政虽多，总不出乎兵事和制造两类。当这世界更新，一切治法，宜从根本上变革的时候，这种办法，自然是无济于事的。再进一步，便要改革及于政治了。

但是从根本上改革，这句话谈何容易？在高位的人，何能望其有此思想？在下位的人而有此思想，谈何容易能为人所认识？而中日之战，以偌大的中国，而败于向所轻视的日本，这实在是一个大打击。经这一个打击，中国人的迷梦，该要醒了，于是维新运动以起。

当时的维新运动，可以分作两方面：一是在朝，一是在野。在朝一方面，清德宗虽然无权但其为人颇聪明，颇有志于变法自强，特为太后所制，不能有为。德宗的有志于变法，是很早的，当一八九四年，即中日开战的一年，即擢编修文廷式为侍读学士。那拉后因廷式为德宗所宠珍、瑾二妃之师，杖二妃；妃兄志锐，亦谪乌里雅苏台，廷式托病去。后亦革其职，至一八九五，即和日本定和约的一年，德宗和翁同龢谋变法，那拉后知之，又撤去同龢的毓庆宫行走，戊戌政变后，又夺其前大学士之职，交地方官严加管束。在野一方面，则有南海康有为。他是个深通旧学，而又讲求时务，很主张变法的。清朝是禁止讲学的。但到了末年，其气焰也渐渐地衰了，其禁令，在事实上，也就渐渐地松弛了。有为很早的就在各处讲学，所以其门下才智之士颇多。一八八九年，有为即以荫生上书请变法，格未得达。中日和议将成时，又联合各省入都会试的士子，上书请迁都续战，陈变法之计。书未上而和约已换，事又作罢。有为乃想从士大夫一方面提倡。立强学会于京师。为御史杨崇伊所参，被封。而其弟子梁启超，设《时务报》于上海，极力鼓吹变法，海内耸动。一时维新的空气，弥漫于好新的士大夫间了——虽然反对的还是多数。

公车上书之后，康有为又两次上书请变法。其中有一次得达，德宗深以为然。德国占据胶州湾时，有为又走京师，上书陈救急之计，亦未得达。其明年，恭亲王奕䜣死了。朝廷之上，少了一个阻力。德宗乃和其师傅翁同龢商议，决意变法，遂下诏定国是，召用康有为、梁启超等。

此时所想摹仿的，是日本的睦仁、俄国的大彼得，想借专制君主的力量，把庶政改革得焕然一新。于是废八股，设学校，奖励著新书，制新器，裁冗兵，练新操，办保甲，筹设银行，造铁路，开矿山，设农工局，立商会。大开言路，广求人才。从戊戌四月至八月间，变法之诏，连翩而下。虽然不能尽行，然而海内的精神，确已为之一振了。

专制君主的权力，在法律上是无制限的，在事实上则不尽然。历代有志改革的君主，为旧势力所包围，以致遭废弑幽禁之祸的，正自不乏。这其间，由于意见的不同者半，由于保存权位之私者亦半。康有为是深知旧势力之不可侮的。所以他于德宗召见之时，力言请皇上勿去旧衙门，但增设新差使；擢用的小臣，赏以虚衔，许其专折奏事；就够了。有为此等见解，为其素定的宗旨，可参看其所著《官制议·宋官制最善》篇。有为此等见解，原以为如此，则旧人不失禄位，可以减少其反对之力，然而权既去，禄位亦终于难保；即可保，亦属无味。这仍不足以满守旧阻挠者之所欲。况且亦有出于真心反对，并不为禄位起见的。而那拉后和德宗的不和，尤其是维新的一大阻力。

那拉后是很不愿意放弃权势的，他当时见德宗变法，很不谓然。于是以其党荣禄为直隶总督，总统近畿诸军，以巩固其势力。而使裕禄在军机上行走，以侦察德宗的举动。自然有不满意于德宗的大臣，用半虚半实的话，谮诉于那拉后。而德宗也有“不容我变法，毋宁废死”的决心。于是帝后之间，嫌隙愈深。就有旧党将乘德宗到天津去阅兵，实行废立的风说；又有新党将利用袁世凯的新兵，围颐和园之说。而政变以起。

这一年八月，那拉氏由颐和园还宫，说德宗因病不能视事，复行垂帘听政，而幽帝于南海的瀛台。康有为之弟广仁和新党谭嗣同、刘光第、林旭、杨锐、杨深秀，同时被杀。时人谓之六君子。杨锐、林旭、刘光第、谭嗣同，当时都为军机章京。变法谕旨，大抵出此四人之手。章奏亦都交此四人阅看，当时旧党侧目，谓之四贵。康有为因奉德宗密诏，先期出京走香港。梁启超则于事变后走日本。新政一切废罢。和新政有关连的人，一切罢斥，朝右的新党一空。

然政治虽云复旧，人心则不能复变。于是康有为在海外立保皇党。图推翻那拉后，扶助德宗亲政。一九〇〇年，其党唐才常谋在武汉举事，事泄被杀。有为等游说当时的大臣，亦没有敢听他的话，实行清君侧的。然而舆论的势力，则日日增长。梁启超走日本后，发行《清议报》，痛诋那拉后。便国内诸报，如上海的《苏报》等，亦有明目张胆，反对旧党的。其余各报，虽不敢如此显著，亦大都偏向维新。那拉后要想禁绝他，以其地在租界，未能办到。要想照会外国，拘捕康、梁，外人又认为国事犯，加以保护。于是守旧之念，渐变而为仇外之念。而帝后间的嫌隙，积而愈深。那拉后想行废立，其党以意讽示各公使，各公使都表示反对。乃先立端郡王载漪之子

康有为像

康有为（1858—1927），字广厦，号长素，著名政治家、思想家、教育家，戊戌变法领袖之一。他信奉孔子的儒家学说，并致力于将儒家学说改造为可以适应现代社会的国教。

溥儁为大阿哥，以觇舆情。而海外的华侨，又时时电请圣安，以示拥戴德宗。经元善在上海，亦合绅民等电争废立。太后要拘捕他，又被逃到澳门。于是后党仇外的观念愈甚，遂成为庚子拳乱的一因。

第九节　八国联军和辛丑条约

天下事无其力则已，有其力，是总要发泄掉，才得太平的。义和团之事，亦是其一例。

中国从海通以来，所吃外国人的亏，不为不多了。自然，朝野上下，都不免有不忿之心。然而忿之而不得其道。这时候，大众的心理，以为：（一）外国人所强的，惟是枪炮。（二）外国人是可以拒绝，使他不来的。（三）而民间的心理，尤以为交涉的失败，由于官的惧怕洋人。傥使人民都能齐心，一哄而起，少数的客籍，到底敌不过多数的土著。（四）而平话、戏剧，怪诞不经的思想，又深入民间。（五）在旧时易于号召的，自然是忠君爱国之说。所以有扶清灭洋的口号，所以有练了神拳，能避枪炮之说，所以他们所崇奉的孙悟空、托塔李天王之类，无奇不有。这是义和团在民间心理上的起源。而自《天津条约》缔结，教禁解除以来，基督教的传布，深入民间，不肖的人民，就有借教为护符，以鱼肉良懦，横行乡里的，尤使人民受切肤之痛。所以从教禁解除以来，教案即联绵不绝，而拳匪的排外、闹教，亦是其中重要的一因。参看第十三节。

这是说民间心理。至于堂堂大臣，如何也会相信这种愚谬之说呢？这真百思而不得其解了。须知居于高位的人，并不一定是聪明才智的，而位高之后，习于骄奢怠惰，尤足使其才智减退。所以怪诞不经之事，历代的王公大人，迷信起来，和平民初无以异，况且当时的中朝大臣，还有几种复杂的心理。（一）端郡王载漪，是想他的儿子早正大位的。（二）其余亲贵，也有人想居翊戴之功。当时欲行废立，既惧外人反对；国内舆情，又不允洽，计惟有于乱中取事。当秩序全失之时，德宗已废，溥仪已立；事定之后，本国人虽反对，亦无可如何。至对于外人，则无论怎样割地、赔款，丧失国权，都非所恤。这是当时载漪等人所愿出的拥立溥仪的代价。其立心之不可问如此。说他迷信拳匪，还是浅测他的。见恽毓鼎《崇陵传信录》。（三）有一派极顽固的人，还是鸦片战争时代的旧思想，想把外国人一概排斥。如此，自然要以义和团为可信；或虽明知其不可信，而亦要想利用他了。

拳匪是起于山东的，本亦无甚大势力。而当时巡抚毓贤，加以奖励，其势遂渐盛。地方上教案时起。山东是德国人的势力范围，自然德人不能坐视，于是向总署交涉。政府无可如何，把他开缺，代以袁世凯。袁世凯知道拳匪是靠不住的，痛加剿办，其众遂流入直隶。直隶总督裕禄是那拉后的心腹。其人是不懂事的，只知道仰承意旨。当时中央既有此顽固复杂的心理，自然要利用拳匪，裕禄自然也要加以奖励了。于是拳匪大盛于京、津之间。自地方绅民，以至朝贵，也有慑于势，不得不然；也有别有用心的，到处都迎奉他们，设坛练拳。于是戕教民，杀教士；焚教堂；拆铁路；毁电线；见洋货则毁；身御洋货的人，目为二毛子，则杀。京、津之间，交通为之断绝。其事在一九〇〇年夏间。

外国公使，纷纷责问。极端守旧顽固之人，固然不知所谓。略明事理而有权的人，也开不得口。别有用心的人，又说外国人要如何，借此恐吓那拉后。遂至对各国同时宣战。诏云："朕今涕泪以告宗庙，慨慷以誓师徒。与其苟且图存，贻羞万古，孰若大张挞伐，一决雌雄？彼尚作谋，我恃天理。彼凭悍力，我恃人心。无论我国忠信甲胄，礼义干橹，人人敢死；即土地广有二十余省，人民多至四百余兆，何难翦彼凶焰，张国之威。"其实这时候，英、美、德、奥、意、法、俄、日八国联军已到，大沽已失陷四日了。宣战上谕，在庚子五月二十五日，大沽失陷在二十一日。

其时驻守津、沽之间的为聂士成。因拳匪淫掠，痛加剿击。拳匪很恨他。联军攻其前，拳匪亦攻其后。士成战死。天津失陷。裕禄兵溃，自杀。巡阅长江大臣李秉衡，率兵北上勤王。兵溃，亦自杀。京城之中，其初命董福祥率甘军，合着拳匪去攻使馆。因有阴令缓攻的，所以使馆没有打破。而德国公使克林德，Ketteler。日本使馆书记杉山彬，都为乱民所戕。天津失陷。联军进逼通州，遂逼京城。德宗及太后出居庸关，走宣、大以达太原，旋闻联军有西进之说，再走西安。联军的兵锋，东至山海关，西南至保定而止。

这时候，两江总督刘坤一、湖广总督张之洞、两广总督李鸿章等，相约不奉伪命。派人和上海各国领事，订结保护东南，不与战事之约。战祸的范围，幸得缩小。而黑龙江将军寿山，举兵攻入俄境。于是俄人从阿穆尔和旅顺，两路出兵。阿穆尔的兵，分陷（一）墨尔根、齐齐哈尔；（二）哈尔滨、三姓；（三）珲春、宁古塔；合陷呼兰、吉林。旅顺的兵，（一）西陷锦州；（二）东陷牛庄、辽、沈；新民、安东；挟奉天将军增祺，以号令所属。东三省不啻全入俄人的掌握。

事势至此，无可如何。乃复派庆亲王奕劻和李鸿章为全权大臣，和各国议和。鸿章未能竣事而卒。代以王文韶。明年秋，和议成。与议的凡十一国。德、奥、比、西、美、法、英、意、日、荷、俄其条件是：

（一）派亲王大臣，赴德、日，表示惋惜之意。

（二）惩办首祸诸臣，开复被害诸臣原官。首祸诸臣：端郡王载漪，辅国公载澜，发往新疆，永远监禁。庄亲王载勋，都察院左都御史英年，刑部尚书赵舒翘赐自尽。山西巡抚毓贤，礼部尚书启秀，刑部左侍郎徐承煜正法。协办大学士礼部尚书刚毅，大学士徐桐，前四川总督李秉衡，均已身故，追夺原官。被害诸臣：兵部尚书徐用仪，户部尚书立山，吏部左侍郎许景澄，内阁学士兼礼部侍郎衔联元，太常寺卿袁昶，均与各国宣战时，为载漪等所杀。

（三）诸国人民遇害被虐城镇，停止考试五年。

（四）军火暨制造军火之物，禁止进口二年。诸国如谓应续禁，亦可展限。

（五）赔款总数，海关银四百五十兆两，照市价易为金款，年息四厘，分三十九年偿还。一九〇二至一九四〇。以（一）新关；（二）通商口岸常关，均归新关管理；（三）盐政各进项为担保。

（六）划定使馆境界，界内由使馆管理，亦可自行防守。中国人概不准在界内居住。诸国得常留兵队，分保使馆。

（七）大沽及有碍京师至海口通路的各炮台，一律削平。

（八）许诸国驻兵黄村、廊坊、杨村、天津、军粮城、塘沽、芦台、唐山、滦州、昌黎、秦皇岛、山海关，以保京师至海口的交通。

（九）许改订通商行船各条约。

后来通商条约改订的，有英、美、日、葡四国。（一）因赔款重了，许我加海关进口税至值百抽一二点五，出口税至七点五，而以裁厘为交换条件。《英约》第八款，《美约》第七款，《葡约》第十三款。（二）中国许修改矿务章程，招致外洋资财，《英约》第九款，《美约》第七款，《葡约》第十三款。及修改内河行轮章程。《英约》第十款，《美约》第十二款，《葡约》第五款。修改章程，作为《中英商约》附件，《日约》同。（三）中国厘定国币，外人应在中国境内遵用。《英约》第二款，《美约》第十二款，《葡约》第十一款，《日约》七款，言中国改定度量衡之事。（四）律例、审断及一切相关事宜，均臻妥善，则外人允弃其治外法权。《英约》第十款，《美约》第十五款，《日约》第十一款，《葡约》第十六款。（五）英允除药用外，禁烟进口。惟须有约各国，应允照行，方可照办。中国亦禁本国铺户制炼。见《英约》第十一款，《美约》第十六款，《葡约》第十二款。亦皆在此约中。又开商港多处。《英约》开长沙、万县、安庆、惠州、江门，除江门外，裁厘加税不施行，不得索开。其白土口、罗定、都城，许停轮上下客货，容奇、马宁、九江、古劳、永安、后沥、禄步、悦城、陆都、封川十处，许停轮上下搭客。《美约》开奉天、安东。日约开北京、长沙、奉天、安东。《葡约》许自澳门往来"一八九七年《英缅约》专款，一九〇二年《中英商约》十款西江上下客货及搭客之处"。

其俄国，当奕劻、李鸿章与各国议和时，借口东三省事件与中国有特别关系，当另议。于是以驻俄公使杨儒为全权大臣和俄国外交部商议。俄人要求甚烈。日、英、美、德、奥、意等，均警告中国，不得和俄人订立密约，交涉遂停顿。各国和约大致议定后，乃由李鸿章和俄人磋议。一九〇二年，奕劻、王文韶和俄使订立《交收东三省条约》。俄人许分三期撤兵。以六个月为一期。第一期，自庚子年九月十五起，撤盛京西南段至辽河之兵。第二期撤盛京其余各段及吉林之兵。第三期撤黑龙江之兵。将军会同俄官订定俄兵未退前三省驻兵之数，及其驻扎之地，不得增添。撤退后如有增减，随时知照俄人。俄人交还山海关、营口、新民屯各路，中国不许他人占据，并不得借他国兵护路。第一期如约撤退，第二期则不但不撤，反要求别订新约，且续调海陆军。一九〇三年六月，俄人合阿穆尔、关东，设极东大都督府，以亚历塞夫为总督。Alexeiff。九月，俄兵复占奉天。而日、俄二国，作战于我国境内的活剧，就不可免了。

第十节 清末的宪政运动

戊戌变法、庚子拳乱，清朝的失政，一步步地使人民失望。而其时人民的程度亦渐高，于是从改革政治失望之余，就要拟议及于政体了。

中国的民主思想，在历史上，本是酝酿得很深厚的。不过国土大，人民多，没有具体的办法罢了。一旦和外国交通，看见其政体有种种的不同，而且觉得他们都比我们富强；从国势的盛衰，推想而及于政权的运用，自然要拟议及于政体了。于是革命、立宪，遂成为当日思潮的两流。

戊戌政变以后，康有为在海外设立保皇党。梁启超则在日本横滨发行《清议报》，痛诋那拉后，主张拥戴德宗，以行新政。这时候，还是维新运动的思想。但是空口说白话，要想那拉后把政权奉还之于德宗，是无此情理的，所以虽保皇党要想夺取政权，亦不得不诉之于武力。人民哪里来武力呢？其第一步可以利用的，自然是会党。原来中国各种会党，溯其原始，都是人民受异族的压迫，为此秘密组织，以为光复之豫备的。日久事忘，固然不免渐忘其原来的宗旨，然而他们，究竟是有组织的民众，只要有有心人，能把宗旨灌输给他们，用以举事，自较毫无组织的人民为易。所以在当时，不论保皇党、革命党，都想利用他们。就是八国联军入京

梁启超像

梁启超（1873—1929），字卓如、任甫，号任公、饮冰子，别署饮冰室主人，著名思想家、政治活动家、学者、政治评论家，戊戌变法领袖之一。

的这一年，康有为之党唐才常，在上海设立国会总会，汉口设立分会。才常居汉口。后来的革命党人黄兴居湖南，吴禄贞居安徽的大通，联络哥老会党，广发富有会票，谋以这一年七月间，在武汉同时举事，而湖南、安徽，为之策应。未及期而事泄。才常被杀。鄂、湘、苏、皖四省，搜捕党众，杀戮颇多。当时鄂督张之洞，有一封信，写给上海国会总会中人，劝他们不要造反。国会中人，也有一封信复他，署名为是中国民。畅发国家为人民所公有，而非君主所私有之义，为其时之人所传诵。保皇运动，浸浸接近于革命了。

但是到十九世纪的初年，而保皇党宗旨渐变。《清议报》发刊，满一百期而止。梁启超改刊《新民丛报》。其初期，颇主张革命。后来康有为鉴于法国大革命杀戮之惨及中南美诸国政权的争夺，力主君主立宪，诒书诤之，梁启超渐渐改从其说。于是《新民丛报》成为鼓吹立宪的刊物，和当时革命党所出的《民报》对峙。见第十六讲第一节。以立宪之说，可以在国内昌言之故，《新民丛报》在国内风行颇广，立宪的议论渐渐得势。到日俄战争以后，舆论都说日以立宪而胜，俄以专制而败，立宪派的议论，一时更为得势。

庚子一役，相信一班乱民，做这无意识开倒车的运动，以致丧权辱国，赔款之巨，尤其诒累于人民，清朝自己，也觉得有些难以为情了。于是复貌行新政，以敷衍人民。然而所行的都是有名无实，人民对于朝廷的改革，遂觉灰心绝望。除一部分从事于革命外，其较平和的，也都想自己参与政权，以图改革，这是十九世纪初年立宪论所以兴盛的原因。而其首将立宪之举，建议于清朝的，则为驻法公使孙宝琦。其后两江、两湖、两广诸总督，相继奏请。当时江督为周馥，鄂督为张之洞，粤督为岑春煊。到一九〇五年，直督袁世凯，又奏请简派亲贵，分赴各国，考察政治。于是有派五大臣出洋考察之举。当时所派的为载泽、戴鸿慈、徐世昌、端方、绍英，临发时，革命党人吴樾炸之正阳门车站。载泽、绍英都受微伤。行期遂展缓。后来改派李盛铎、尚其亨以代徐世昌、绍英。明年回国，一致主张立宪。于是下上谕："先将官制改革，次及其余诸政治，使绅民明悉国政，以备立宪基础。数年之后，查看情形，视进步之迟速，以定期限之远近。"是为清末的所谓豫备立宪。于是改订内外官制。设资政院、谘议局，以为国会及省议会的基础，颁布《城镇乡自治章程》。立审计院，颁布《法院编制法》及《新刑律》。设省城及商埠的检察、审判厅，又设立宪政编查馆，以为举行宪政的总汇。看似风起云涌，实则所办之事，都是不伦不类的，而且或格不能行，或行之而名不副实，人民依旧觉得失望。于是即行立宪和豫备立宪，遂成为当日朝廷和人民的争点。

朝廷上说："人民的程度不足，是不能即行立宪的。"舆论则说："程度的足不足，哪有一定标准？况且正因为政治不良，所以要立宪。若使把件件政治都改好了，然后立宪，那倒无须乎立宪了。"当时政府和人民的争点，大要如此。当时的政府，是个软弱无力的。既没有直接痛快拒绝人民的勇气，又不肯直接痛快实行人民的主张。一九〇八年，各省主张立宪的政团和人民其时的政团，为江苏预备立宪公会、湖北宪政筹备会、湖南宪政公会、广东自治会。人民参与的，有直隶、山东、山西、河南、安徽、浙江、四川、贵州各省。上书请速开国会。朝廷下诏，定以九年为实行之期。这一年冬天，德宗死了。那拉后立醇亲王载沣之子溥仪，年四岁，以载沣为摄政王。明日，那拉后也死了。其明年，各省谘议局成立，组织国会请愿同志会，于一九一〇年，入都请愿，亦不许。这一年，京师资政院开会，亦通过请愿速开国会案上奏。清廷乃下诏，许缩短期限，于三年之后，开设国会。人民仍有不满，请愿即行开设的，遂都遭清廷驱逐。并命京内外，有唱言请愿的，即行弹压拿办。其訑訑的声音颜色，可谓与人以共见了。

当时的清廷，不但立宪并无诚意，即其政治亦很腐败。政府中的首领，是庆亲王奕劻。他是个老耄无能的人，载沣性甚昏庸。其弟载洵、载涛，亦皆欲干预政治，则又近于胡闹。到革命这一年，责任内阁成立，仍以奕劻为总理。阁员亦以满族占多数。内阁总理奕劻，协理世续、徐世昌。外务部大臣邹嘉来，民政部大臣桂春，陆军部大臣荫昌，海军部大臣载洵，军谘府大臣载涛，度支部大臣载泽，学部大臣唐景崇，法部大臣廷杰，农工商部大臣溥伦，邮传部大臣盛宣怀，理藩部大臣善耆。除徐世昌、邹嘉来、唐景崇、盛宣怀之外，都系满人。人民以皇族内阁，不合立宪公例，上书请愿。谘议局亦联合上书，不听。到第二次上书，就遭政府的严斥。这时候的政治家，鉴于中国行政的无力，颇有主张中央集权之论的。政府也颇援为口实。但政治既不清明，又不真懂得集权的意义，并不能励精图治，将各项政权集中，而转指人民奔走国事的，为有妨政府的大权，一味加以压制。于是激而生变，酝酿多年的革命运动，就一发而不可遏了。

第十一节　清代的制度

清代的制度，在大体上可以说是沿袭前朝的。至于摹仿东西洋，改革旧制，那已是末年的事了。

清代的宰相，亦是所谓内阁。但是只管政治，至于军事，则是交议政王大臣议奏的。世宗时，因西北用兵，设立军机处，后遂相沿未撤。从此以后，机要的事务，都归军机，惟寻常本章，乃归内阁。军机处之权，就超出内阁之上了。六部长官，都满、汉并置。尚书满、汉各一人，侍郎各二人。而吏、户、兵、刑四部，尚侍之上，又有管部大臣，以至互相牵制，事权不一。还有理藩院，系管理蒙古的机关，虽以院名，而其设官的制度亦和六部相同。都察院，左都御史和左副都御史亦满、汉并置，左都御史满、汉各一人，左副都御史各二人。其右都御史和右副都御史，则为总督、巡抚的兼衔。外官：督、抚在清代，亦成为常设的官。而属于布、按两司的道，亦若自成一级。于是督、抚、司、道、府、县，几乎成为五级了。压制重而展布难，所以民治易于荒废；统辖广而威权大，所以长官易于跋扈。和外国交通以后，首先设立的，为总理各国事务衙门，后来改为外务部。这是有条约上的关系的。参看第五节。其改为外务部，亦系《辛丑和约》所订定。末年因办新政，复增设督办政务处等，其制度都和军机处相像。到一九〇六年，筹备宪政，才把新设和旧有的机关，改并而成外务、吏、民政、度支、礼、学、陆军、农工商、邮传、理藩、法十一部。民政部，新设之巡警部改。度支部，户部改，新设的财政处、税务处都并入。礼部，太常、光禄、鸿胪三寺并入。学部，新设的学务处改，国子监并入。陆军部，兵部改，太仆寺和新设的练兵处并入。农工商部，工部改，新设的商部并入。理藩部，系理藩院改称。法部，刑部改。革命的一年，设立责任内阁，并裁军机处和吏、礼两部，而增设海军部和军谘府。省的区域，本自元明两代，相沿而来，殊嫌其过于庞大。末年议改官制时，很有主张废之而但存道或府的，但未能实行。当时改订外官制，仍以督抚为一省的长官。但改按察司为提法、学政为提学，而增设交涉司；裁分巡，而增设劝业、巡警两道。东三省和蒙、新、海、藏的官制，在清代是和内地不同的。奉天为陪京，设立户、礼、兵、刑、工五部，而以将军管旗人，府尹治民事。且有奉天、锦州两府。吉黑则只有将军、副都统等官。后来逐渐设厅。奉天将军，统辖旗人，惟实际只问军事，其旗人民刑事件，多归户、刑二部办理，旗人和汉人的词讼，旧例由州县会同将军的属官，如城守尉等办理——因旗人不属汉官——但因他们往往偏袒旗人，而又不懂得事，所以后来于知府以下，都加理事衔。令其专司审判，清代同知通判，通常冠以职名，如捕盗、抚民、江防、海防等是。其设于八旗驻防之地，以理汉人和旗人词讼的，谓之理事同知。同知所驻之地称厅。旗人是兵民合一的，所以将军、副都统以下，凡带兵的官，也都是治民的官。汉人则不能如此。所以后来允许汉人移住，设立管理的机关，都是从设厅始。直至日俄战后，方才改设行省。其蒙古和新疆、青海、西藏，则都治以驻防之官。新疆改设行省，在中俄伊犁交涉了结之后。青海、西藏，则始终未曾改制。

清代取士之制，大略和明代相同。惟首场试四书文，次场试五经文。明代次场所试，在清则不试。惟官缺都分满、汉。而蒙古及汉军、包衣，亦各有定缺，为其特异之点。戊戌变法时，尝废八股文，改试论策经义。政变后复旧。义和团乱后，又改。至一九〇五年，才废科举，专行学校教育。但学校毕业之士，仍有进士、举贡、生员等名目，谓之奖励。到民国时代才废。当时京师立大学堂，省立高等学堂，府立中学堂，县立高、初两等小学堂。高等小学毕业的，为廪、增、附生。中学毕业的，为拔贡、优贡、岁贡。高等学堂毕业的为举人。大学毕业的为进士。其实业、师范等学校，各按其程度为比例。

兵制有八旗、绿营之分。八旗编丁，起于佐领。每佐领三百人。五佐领设一参领。五参领设一都统，两副都统。此为清朝初年之制。后来得蒙古人和汉人，亦都用此法编制。所以旗兵又有满洲、蒙古、汉军之分。入关以后，收编的中国兵，则谓之绿营，而八旗又分禁旅和驻防两种。驻防的都统，改称将军。乾嘉以前，大抵出征以八旗为主，镇压内乱，则用绿营。川楚教匪之乱，八旗绿营，都不足用，反靠临时招募的乡勇，以平乱事，于是勇营大盛。所谓湘、淮军，在清朝兵制上，亦是勇营的一种。中、法之战，勇营已觉其不足恃，到中、日之战，就更形破产了。于是纷纷改练新操，是为新军。到末年，又要改行征兵制，于各省设督练公所，挑选各州县壮丁有身家的，入伍训练，为常备兵。三年放归田里，为续备兵。又三年，退为后备兵。又三年，则脱军籍。当时的计划，拟练新军三十六镇，未及成而亡。水师之制，清初分内河、外海。太平天国起后，曾国藩首练长江水师和他角逐，而内河水师的制度一变。至于新式的海军，则创设于一八六二年。法、越战后，才立海军衙门。以旅顺和威海卫为军港，一时军容颇有可观，后来逐渐腐败。而海军衙门经费，又被那拉后修颐和园所移用。于是军费亦感缺乏。中日之战，遂至一败涂地。战后，海军衙门既裁，已经营的军港，又被列强租借，就几于不能成军了。

清朝的法律，大体是沿袭明朝的。其初以例附律。后未就将两种合纂，称为《律例》。其不平等之处，则宗室、觉罗和旗人，都有换刑。而其审判机关，亦和普通人民不同。笞杖，宗室、觉罗罚养赡银，旗人鞭责。徒流，宗室、觉罗板责圈禁，旗人枷号。死罪，宗室、觉罗，都赐自尽。凡宗室、觉罗犯罪，由宗人府审问。八旗、包衣，由内务府审问。徒以上咨刑部。旗人，在京由都统，在外由将军，都统、副都统审问。在京者徒以上咨刑部，在外的流以上申请。盛京旗人狱讼，都由户、刑两部审讯。徒流以上，由将军各部，府尹会断。流寓中国的外国人，犯了罪，由他自己的官长审讯，这是中国历代如此。《唐律疏议》卷六名例云："诸化外人同类自犯者，各依本俗法。异类相犯者，以法律论。"《疏义》说："化外人，谓蕃夷之国别，立君长者。各有风俗，制法不同，所以须问其本国之制，依其俗法断之。"这是各适其俗之意。惟异类相犯，若"高丽、百济相犯之类"，则穷于措置，所以即用中国之法定罪。从前法律，以各适其俗为原则，所以外人犯罪，多令其自行处治，如《宋史·日本传》，倭船火儿藤太明殴郑作死，诏械太明付其纲首，归治以其国之法，是其一例。详见《唐宋元时代中西通商史》本文二，考证十一、十二。在从前，原无甚关系。但是海通以后，把此项办法，订入条约之中，就于国权大有损害了。末年，因为要取消领事裁判权，派沈家本、伍廷芳为修订法律大臣，把旧律加以修改。改笞杖为罚金，徒流为工作，死刑存绞斩，而废凌迟、枭首等。曾颁行《商律》和《公司律》。其民、刑律和民商、刑事诉讼律，亦都定有草案，但未及颁行，审判机关，则改大理寺为大理院，为最高审判，其下则分高等、地方、初等三级。但亦未能推行。

赋役是仍行明朝一条鞭之制的。丁税既全是征银，而其所谓丁，又不过按粮摊派，则已不啻加重田赋，而免其役，所以清朝的所谓编审，不过是将全县旧有丁税若干，设法摊派之于有粮之家而已。当时之人，谓之“丁随粮行”。和实际查验丁数，了无干涉。即使按期举行，所得的丁额，亦总不过如此。清圣祖明知其故，所以于一七一二年，康熙五十一年。特下“嗣后滋生人丁，永不加赋；丁赋之额，以康熙五十年册籍为准”之诏。既然如此，自然只得将丁银摊入地粮，而编审的手续，也当然可省，后来就但凭保甲以造户口册了。地丁而外，江苏、安徽、江西、湖北、湖南、浙江、河南、山东八省，又有漕粮。初征本色，末年亦改征折色。田赋而外，以关、盐两税为大宗。盐税仍行引制。由国家售盐于大商，而由大商各按引地，售与小民。此法本有保护商人专利之嫌。政府所以要取此制，只是取其收税的便利。但是初定引地时，总要根据于交通的情形，而某地定额若干，亦是参照该地方消费的数量而定的。历时既久，两者的情形，都不能无变更，而引地和盐额如故，于是私盐贱而官盐贵，国计民生，交受其弊，而商人也不免于坐困了。关有常关和新关两种。常关沿自明代，新关则是通商之后增设于各口岸的。税率既经协定，而总税务司和税务司，又因外交和债务上的关系，限用外国人。革命之后，遂至将关税收入，存入外国银行，非经总税务司签字，不能提用。甚至偿还外债的余款，就是所谓关余的取用，亦须由其拨付，这真可谓太阿倒持了。厘金是起于太平军兴之后的。由各省布政司委员，设局征收。其额系值百抽一，所以谓之厘金。但是到后来，税率和应税之品，都没有一定，而设局过多，节节留难，所以病商最甚。《辛丑和约》，因我国的赔款负担重了。当时议约大臣，要求增加关税，外人乃以裁厘为交换条件。许我裁厘后将关税增加至值百抽五，然迄清世，两者都未能实行。

第十二节　清代的学术

清代学术的中坚，便是所谓汉学。这一派学术，以经学为中心。专搜辑阐发汉人之说，和宋以来人的说法相对待，所以得汉学之称。

汉学家的考据，亦可以说是导源于宋学中之一派的。见第十二讲第七节。而其兴起之初，亦并不反对宋学。只是反对宋学末流空疏浅陋之弊罢了。所以其初期的经说，对于汉宋，还是择善而从的。而且有一部分工作，可以说是继续宋人的遗绪。如江永所编的《礼书纲目》，即系有志于继续朱子的《仪礼经传通解》的。但是到后来，其趋向渐渐地变了。其工作，专注重于考据。考据的第一个条件是真实。而中国人向来是崇古的。要讲究古，则汉人的时代，当然较诸宋人去孔子为近。所以第二期的趋势，遂成为专区别汉、宋，而不复以己意评论其短长。到此，才可称为纯正的汉学。所以也有对于这一期，而称前一期为汉宋兼采派的。

第一期的人物，如阎若璩、胡渭等，读书都极博，考证都极精。在这一点，可以说是继承明末诸儒的遗绪的。但是经世致用的精神，却渐渐地缺乏了。第二期为清代学术的中坚。其中人物甚多，近人把他分为皖、吴二派。皖派的开山，是江永，继之以戴震。其后继承这一派学风的，有段玉裁、王念孙、引之父子和末期的俞樾等。此派最精于小学，而于名物制度等，搜考亦极博。所以最长于训释。古义久经湮晦，经其疏解，而灿然复明的很多。吴派的开山，是惠周惕、惠士奇、惠栋，父子祖孙，三世相继。其后继承这一派学风的，有余萧客、王鸣盛、钱大昕、陈寿祺、乔枞父子等。这派的特长，尤在于辑佚。古说已经亡佚，经其搜辑而大略可见的不少。

汉学家的大本营在经。但因此而旁及子、史，亦都以考证的方法行之。经其校勘、训释、搜辑、考证，而发明之处也不少。其治学方法，专重证据。所研究的范围颇狭，而其研究的功夫甚深。其人大都为学问而学问。不掺以应用的，亦颇有科学的精神。

但是随着时势的变化，而汉学的本身，也渐渐地起变化了。这种变化，其初也可以说是起于汉学的本身，但是后来，适与时势相迎合，于是汉学家的纯正态度渐渐地改变。而这一派带有致用色彩的新起的学派，其结果反较从前纯正的汉学为发达。这是怎样一回事呢？原来汉学的精神，在严汉、宋之界。其初只是分别汉、宋而已，到后来，考核的功夫愈深，则对于古人的学派，分别也愈细。汉、宋固然不同，而同一汉人之中，也并非不相违异。其异同最大的，便是前述今、古文之学。其初但从事于分别汉、宋，于汉人的自相歧异，不甚措意。到后来，汉、宋的分别工作，大致告成，而汉人的分别问题，便横在眼前了。于是有分别汉人今古文之说，而专替今文说张目的。其开山，当推庄存与，而继之以刘逢禄和宋翔凤，再继之以龚自珍和魏源。更后，更是现代的廖平和康有为了。汉代今文学的宗旨，本是注重经世的。所以清代的今文学家，也带有致用的色彩。其初期的庄、刘已然，稍后的龚、魏，正值海宇沸腾，外侮侵入之际。二人都好作政论，魏源尤其留心于时务。其著述，涉及经世问题的尤多。最后到廖平，分别今古文的方法更精了。前此分别今古文的，都不免泥定某部书为今文，某部书为古文，到廖平，才知道多数古书中，都不免两派夹杂，提出几种重要的学说做根据，逐一细加厘剔。所以从此以后，今古文的派别，分别得更精细了。此法并可利用之以看古人各家的学说，都易于明了其真相，并不限于治经。至康有为，则利用经说，自抒新解，把春秋三

魏源像

魏源（1794—1857），原名远达，晚清思想家，新思想的倡导者，近代中国“睁眼看世界”的首批知识分子的优秀代表。

世之义，推而广之。而又创托古改制之说，替思想界起一个大革命。康有为学说的精髓，在《孔子改制考》一书。此书说古代世界，本是野蛮的；经子中所说高度文化的情形，都系孔子和其余诸子意图改革，怕人家不信，所以托之于古，说古人已是如此。这话在考据上很成问题。但是能引诱人向前进取，不为已往的习俗制度所囿，在鼓舞人心、增加改革的勇气上，实在是很有效力的。三世是《公羊春秋》之义，说孔子把春秋二百四十年之中，分为据乱、升平、太平三种世界，表示着三种治法。也是足以导人进取，而鼓舞其改革的勇气的。

清学中还有一派，是反对宋学的空谈，而注意于实务的。其大师便是颜元。他主张仿效古人的六艺，留心于礼、乐、兵、刑诸实务。也很有少数人佩服他。但是中国的学者，习惯在书本上做功夫久了，而学术进步，学理上的探讨和事务的执行，其势也不得不分而为二。所以此派学问，传播不甚广大。

还有一派，以调和汉、宋为目的，兼想调和汉、宋二学和文士的争执的，那便是方苞创其前，姚鼐继其后的桐城派。当时汉、宋二学，互相菲薄。汉学家说宋学家空疏武断，还不能明白圣人的书，何能懂得圣人的道理？宋学家又说汉学家专留意于末节，而忘却圣人的道理，未免买椟还珠。至于文学，则宋学家带有严肃的宗教精神，固然要以事华采为戒；便是汉学家，也多自矜以朴学，而笑文学家为华而不实的——固然，懂得文学的人，汉、宋学家中都有，然而论汉、宋学的精神，则实在如此。其实三者各有其立场，哪里可以偏废呢？所以桐城派所主张义理、考据、辞章三者不可缺一之说，实在是大中至正的。但是要兼采三者之长而去其偏，这是谈何容易的事？所以桐城派的宗旨，虽想调和三家，而其在汉、宋二学间的立场，实稍偏于宋学，桐城派中的方东树，著《汉学商兑》一书，攻击汉学家最烈。而其所成就，尤以文学一方面为大。

清朝还有一位学者，很值得介绍的，那便是章学诚。章学诚对于汉、宋学都有批评。其批评，都可以说是切中其得失。而其最大的功绩，尤在史学上。原来中国人在章氏以前不甚知道“史”与“史材”的分别，又不甚明了史学的意义。于是（一）其作史，往往照着前人的格式，有的就有，无的就无，倒像填表格一样，很少能自立门类或删除前人无用的门类的。（二）则去取之间，很难得当。当历史读，已经是汗牛充栋，读不胜读了，而当作保存史材看，则还是嫌其太少。章氏才发明保存史材和作史，是要分为两事的。储备史材，愈详愈妙，作史则要斟酌一时代的情势，以定去取的，不该死守前人的格式。这真是一个大发明。章氏虽然没有作过史，然其借改良方志的体例，为豫备史材的方法，则是颇有成绩的。

理学在清朝，无甚光彩。但其末造，能建立一番事功的曾国藩却是对于理学，颇有功夫的，和国藩共事的人，如罗泽南等，于理学亦很能实践。他们的成功，于理学可谓很有关系。这可见一派学问，只是其末流之弊，是要不得，至于真能得其精华的，其价值自在。

以上所说，都是清朝学术思想变迁的大概，足以代表一时代重要的思潮的。至于文学，在清朝比之前朝，可说无甚特色。梁启超说。见所撰《清代学术概论》。称为古文正宗的桐城派，不过是谨守唐、宋人的义法，无甚创造。其余模放汉、魏、唐、宋的骈文……的人，也是如此。诗，称为一代正宗的王士祯，是无甚才力的。后来的袁、赵、蒋，袁枚、赵翼、蒋士铨。虽有才力，而风格不高。中叶后竞尚宋诗，亦不能出江西派杵臼。词，清初的浙派，尚沿元、明人轻佻之习。常州派继起，颇能力追宋人的作风，但是词曲，到清代，也渐成为过去之物。不但词不能歌，就是曲也多数不能协律，至其末年，则耳目的嗜好也渐变，皮黄盛而昆曲衰了。平民文学，倒也颇为发达。用语体以作平话、弹词的很多。在当时，虽然视为小道，却是现在平民文学所以兴起的一个原因。书法，历代本有南北两派。南派所传的为帖，北派所传的为碑。自清初以前，书家都取法于帖。但是屡经翻刻，神气不免走失。所以到清中叶时，而潜心碑版之风大盛。主持此论最力，且于作书之法，阐发得最为详尽的，为包世臣。而一代书家，卓然得风气之先的，则要推邓完白。清代学术思想，都倾向于复古，在书法上亦是如此的。这也可见一种思潮正盛之时，人人受其鼓荡而不自知了。

第十三节　清代的社会

论起清代的社会来，确乎和往古不同。因为他是遭遇着旷古未有的变局的。这旷古未有的变局，实在当十六世纪之初——欧人东略——已开其端。但是中国人，却迟到十八世纪的中叶——五口通商——方才感觉到。自此以前，除少数——如在海口或信教——与西人接近的人外，还是丝毫没有觉得。

清代是以异族入主中国的（此为作者其时观点。——编者注）。而又承晚明之世，处士横议、朋党交争之后，所以对于裁抑绅权、摧挫士气二者，最为注意。在明世，江南一带，有所谓投大户的风气。仕宦之家，僮仆之数，盈千累百。不但扰害小民，即主人亦为其所挟制。到清代，此等风气，可谓革除了。向来各地方，有不齿的贱民，如山、陕的乐籍，绍兴的惰民，徽州的伴当，宁国的世仆，常熟、昭文的丐户，江、浙、福建的棚民，在清世宗时，亦均获除籍。此等自然是好事。然而满、汉之间，却又生出不平等来了。旗人在选举、司法种种方面，所占地位都和汉人不同，具见第十一节所述。而其关系最大的，尤莫如摧挫士气一事。参看第二节。宋、明两朝，士大夫都很讲究气节。风会所趋，自然不免有沽名钓誉的人，鼓动群众心理，势成一哄之市。即使动机纯洁，于事亦不能无害，何况持之稍久，为野心者所利用，杂以他种私见，驯致酿成党争呢？参看第十二讲第八节。物极必反，在清代，本已有动极思静之势，而清人又加之以摧挫，于是士大夫多变为厌厌无气之流，不问国事。高者讲考据、治词章，下者遂至于嗜利而无耻。管异之有《拟言风俗书》，最说得出明清风气的转变。他说：

> 明之时，大臣专权，今则阁、部、督、抚，率不过奉行诏命。明之时，言官争竞，今则给事、御史，皆不得大有论列。明之时，士多讲学，今则聚徒结社者，渺焉无闻。明之时，士持清议，今则一使事科举，而场屋策士之文，及时政

者皆不录。大抵明之为俗，官横而士骄。国家知其敝而一切矫之，是以百数十年，天下纷纷，亦多事矣。顾其难皆起于田野之间，闾巷之侠，而朝廷学校之间，安且静也。然臣以为明俗敝矣，其初意则主于养士气，蓄人才。今夫鉴前代者，鉴其末流，而要必观其初意。是以三代圣王相继，其于前世，皆有革有因，不力举而尽变之也。力举而尽变之，则于理不得其平，而更起他祸。

清朝当中叶以后，遇见旷古未有的变局，而其士大夫，迄无慷慨激发，与共存亡的，即由于此。此等风气，实在至今日，还是受其弊的。

我们今日，翻一翻较旧的书，提到当时所谓“洋务”时，率以通商、传教两个名词并举。诚然，中西初期的交涉，不外乎此两端。就这两端看来，在今日，自然是通商的关系，更为深刻——因为帝国主义者经济上的剥削，都是由此而来的——其在当初，则欧人东来，所以激起国人的反抗的，实以传教居先，而通商顾在其次。欧人东来后，中国反对他传教的情形，有文章可见其大略。但这还是士大夫阶级的情形。至一八六一年，《天津》《北京》两条约发生效力以来。从前没收的教堂，都发还。教士得在中国公然传教。从此以后，洋人变为可畏之物，便有恃入教为护符，以鱼肉邻里的。地方官遇教案，多不能持平，小民受着切肤之痛，教案遂至连绵不绝。一八四五，即道光二十五年，法人赴粤，请弛教禁。总督耆英奏闻，部议准在海口设立天主堂，然内地之禁如故。至《天津条约》，则英、法、俄、美，都有许传教的明文，《北京条约》第六款，又规定将前此充公的天主堂均行发还。教士得在各省租买田地，建造房屋，教禁至此，始全解除，然是年，江西、湖南两省，即有闹教之事。此后教案迭起，而一八七〇，即同治九年天津一案，尤为严重。此案因谣传教堂迷拐人口而起。法国领事丰大业，以枪击天津知县刘杰，不中，为人民所殴毙。并毁教堂、医院，教民、洋人死者二十余人。法人必欲以刘杰及天津府张光藻、提督陈国瑞抵偿，调军舰至津迫胁。中国舆论，亦有主战的。曾国藩以署直督往查办，力主持重。结果，将张光藩、刘杰遣戍，滋事之人，正法者十五，军流者四，徒者十七，国藩因此，大为清议所不直。然当时情势，实极危急。国藩赴津之时，至于先作遗书，以诫其子。其情势亦可想见了。直至一九〇〇年，拳匪乱后，而其祸乃稍戢。

至于在经济上，则通商以后，中国所受的侵削尤深。通商本是两利之事，历代中外通商，所输入的，固然也未必是必需品。如香药、犀、象等。然中国所受的影响有限。至于近代，则西人挟其机制之品，以与我国的手工业相竞争。手工业自然是敌不过他的。遂渐成为洋货灌输，固有的商工业亏折，而推销洋货的商业勃兴之象。不但商工业，即农村亦受其影响，因为旧式的手工，有一部分是农家的副业。偏僻的农村，并有许多粗制品，亦能自造，不必求之于外的。机制品输入而后，此等局面打破，农村也就直接间接受着外人的剥削了。此等情势，但看通商以后，贸易上的数字，多为入超可见。资本总是向利息优厚之处流入的，劳力则是向工资高昂之处移动的。遂成为外国资本输入中国，而中国劳工纷纷移殖海外的现象。

外人资本的输入，最初是商店——洋行——和金融机关。从《马关条约》以后，外人得在我国通商口岸设厂，而轻工业以兴。其后外人又竞攫我的铁路、矿山等，而重工业亦渐有兴起。此等资本，或以直接投资，或以借款，或以合办的形式输入，而如铁路矿山等，并含有政治上的意味。至于纯粹的政治借款，则是从一八六六年，征讨回乱之时起的。此后每有缺乏，亦时借洋债，以资挹注。但为数不多。中、日战后，因赔款数目较巨，财政上一时应付不来，亦借外债以资应付。但至一九〇二年，亦都还清。而其前一年，因拳乱和各国订立和约，赔款至四万五千万两之巨。截至清末，中国所欠外债，共计一万七千六百万，仅及庚子赔款三之一强，可见拳乱一役，贻累于国民之深了。

我国的新式工业初兴起时，大抵是为军事起见，已见第六节。其中仅一八七八年，左宗棠在甘肃倡办织呢局；稍后，李鸿章在上海办织布局；张之洞在湖北办织布、纺纱、制麻、缫丝四局，可称为纯粹工业上的动机。此等官办或官商合办的事业，都因官场气习太深，经营不得其法，未能继续扩充，而至于停办。前清末造，民间轻工业，亦渐有兴起的，亦因资本不足，管理不尽合宜，未能将外货排斥。在商业上，则我国所输出的，多系天产及粗制品。且能直接运销外国者，几于无之，都是坐待外商前来采运，其中损失亦颇巨。

华人移殖海外，亦自前代即有之。但至近世，因交通的便利，海外事业的繁多，而更形兴盛。其初外人是很欢迎中国人前往的。所以一八五八年的《中英条约》，一八六一年的《中俄条约》，一八六四年的《西班牙条约》，一八六八年的《中美续约》，都有许其招工的明文。今日南洋及美洲繁盛之地，原系华人所开辟者不少。到既经繁盛，却又厌华人工价的低廉，而从事于排斥，苛待、驱逐之事，接踵而起了。外人排斥华工，起于一八七九年，美国嘉理福尼省的设立苛例，其后一八九八年，檀香山属美，一九〇二年菲律宾属美，都将此例推行，南洋等处，设立苛例，以待华侨者，亦属不少。

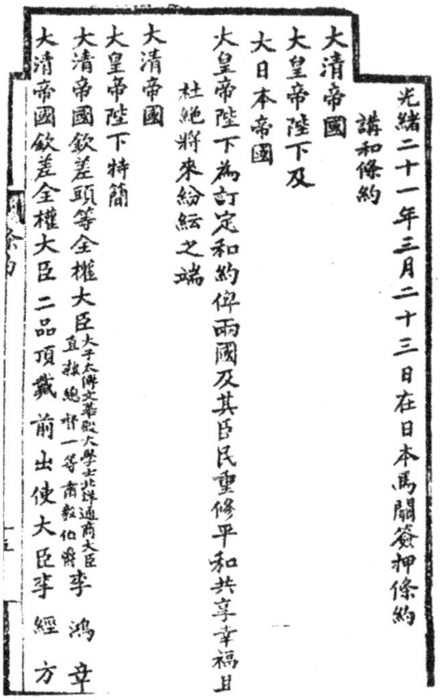
光緒二十一年三月二十三日在日本馬關畫押條約
講和條約
大清帝國
大皇帝陛下及
大日本帝國
大皇帝陛下為訂定和約俾兩國及其臣民重修平和共享幸福且
杜絕將來紛紜之端
大清帝國
大皇帝陛下特簡
大清帝國欽差頭等全權大臣太子太傅文華殿大學士北洋通商大臣直隸總督一等肅毅伯爵李鴻章
大清帝國欽差全權大臣二品頂戴前出使大臣李經方

《马关条约》局部

但在今日，华侨之流寓海外者还甚多。虽无国力之保护，到处受人压迫，然各地方的事业，握于华人之手者仍不少。譬如暹罗、新加坡等，一履其地，俨然有置身闽、粤之感。我国的国际收支，靠华侨汇回之款，以资弥补者，为数颇巨。其人皆置身海外，深受异民族压迫之苦，爱国之观念尤强，对于革命事业的赞助，功绩尤伟。若论民族自决，今日华侨繁殖之地，政权岂宜握在异族手中？天道好还，公理终有伸张之日，我们且静待着罢了。

第十六讲　辛亥革命及近世

第一节　清季的革命运动

清季的革命运动，有同盟会所指导的；亦有同盟会员非秉承会的计划而自行行动的；并有并非同盟会会员怀抱政治革命或种族革命的思想而行动的。三者比较起来，自以同盟会所策划的为最多，而其声势也较壮。

一九〇三年一月，洪秀全的第三个兄弟洪福全，曾联络内地洪门会，谋以旧历壬寅除夕，乘清朝官吏聚集在万寿宫时加以袭击，然后起事。因事泄，未成。明年，黄兴组织华兴会。联络哥老会党，谋以秋间起事于长沙，亦不克。又明年，便是同盟会成立的一年了。

革命运动的初期，所联络的不过是会党。虽亦曾运动防营，而防营武力有限，且其人见解多陈旧，不易受主义的感动。会党虽徒众颇多，究不能公然行动，而其组织也并不十分紧密，所以其收效颇迟。到同盟会成立的前后，则中流社会觉悟的渐多。其时在上海报馆中，则有从戊戌政变以后，始终反对旧党的《苏报》。又有章炳麟所著的《訄书》，邹容所著的《革命军》等发行。在日本的留学界，定期和不定期的刊物尤多，此时各省的留学生，大概都有一种定期刊物，如江苏人所出的名《江苏》，浙江人所出的名《浙江潮》等，鼓吹革命的居多。大都带有革命色彩。人心风动，而革命主义的传播，遂一日千里。到同盟会成立后，更加以组织和策划。于是各种革命的势力，渐汇于一，其行动就更有力了。

此时同盟会在日本，发刊《民报》，以为宣传主义的机关。派遣同志入内地，联络各陆军学堂的学生及新军、工人。海外的同志，则担任筹募军费、接济军械等。一九〇六年，同盟会会员刘道一、蔡绍南等，联络会党，并运动防营和工人，以初冬在萍乡、醴陵、浏阳三处，同时举事。以力薄致败。这一次，系同盟会会员个人的行动，未秉承会中计划。事发之后，会中分筹应援，亦无所及，然而清廷合湘、鄂、苏、赣四省的兵力，然后把他打平。可见清廷的无用，而革命党人身殉主义的坚强了。明年，党员许雪秋又以夏初起事于广东饶平县的黄冈，亦以势弱致败。

然而黄冈事定后，未几，即有安徽候补道徐锡麟枪杀巡抚恩铭之事。徐锡麟此时，系警察学堂的提调，而恩铭则系总办。锡麟潜以革命思想，灌输学生。乘学堂毕业之时，把恩铭枪毙。率领学生，占据军械局。旋因被围攻致败。清人剖其心以祭恩铭。锡麟在其本籍绍兴，办有大通学堂。其表妹秋瑾，在学堂中担任教员，暗中主持革命事务。清人又加以围捕，把秋瑾杀害。

这一年秋间，同盟会策划在广东的钦州举事。占据防城，旋以接济不至，退入十万大山。冬间，又袭据镇南关，以百余人守三炮台。清兵攻击的数千人不能进。旋亦以无接济退出。别将入钦、廉、上思的，同时退回。此时孙中山先生，身居越南，为之调度。清朝和法国交涉。法国强迫先生退出。先生乃和党员遍历南洋英、荷各属和暹罗、缅甸。在新加坡设立同盟会南洋支部。而这一年，同盟会会员，还有拟在四川举事的。虽然未能有成，而清廷处此，真觉得风声鹤唳，草木皆兵了。

一九〇八年春，我军复集合越边之众，举义于河口。一战而清兵大败。我师进迫蒙自。这一役，革命军可谓声势百倍。旋亦以无接济退却。是年冬，清德宗和孝钦后都死了。适会湖北、两江的陆军，因秋操聚于安徽的太湖县。安徽炮营队官熊成基，乘机起事。攻城不克。乃整队北行，沿途解散其众，而自赴东三省。明年，清摄政王载沣之弟载洵赴欧洲视察海军，路经哈尔滨，成基谋把他炸死，事泄，被执，就义。

这一年秋天，同盟会在香港成立支部，策划进行。此时广东的新军，因党员的运动，充满革命空气，乃派人和他联络。一九一〇年春，广东新军举事，不克。事败之后，同盟会中人因屡次举事不成，乃有谋暗杀以摇动清廷的。于是汪兆铭只身入北京，谋炸载沣，亦因事泄被执。

一九一一年，便是武昌举义的一年了。革命党人决意更图大举。乃选各路敢死之士五百人为选锋，以为新军和防营的领导。决议由黄兴率之，以攻督署。拟事成之后，分为两军：黄兴出湖南，以攻湖北，赵声出江西，以攻南京。乃因各路选锋和器械，未能同时到达，而会城之内，人多口杂，风声漏泄，未能按照预定的计划行事，遂尔又无所成。这一役，党人攻督署殉难，事后觅得尸体，丛葬于黄花岗的，共计七十二人，世称为七十二烈士。其事在三月二十九日，为自有革命以来最壮烈的一举。不及二百天，而武昌城头，义旗高举，客帝遂以退位，河山由之光复，忘身殉国的志士，也可以含笑于九原了。

第二节　辛亥革命和中华民国的成立

雄鸡一声天下白，武昌城头，义旗高举。满族占据了中国二百五十八年，就不得不自行退让了。

中国国土大，边陲的举动，不容易影响全局。要能够振动全国，必得举事于腹心之地。但是登高一呼，亦必得四山响应，而其声势方壮。此种情势，亦是逐渐造成的。革命党的运动，固然是最大的原因，而清廷的失政，亦有以自促其灭亡。

清廷到末造，是无甚真知灼见的，只是随着情势为转移。当时的舆论，因鉴于政府的软弱无力，颇有主张中央集权的。政府感于中叶以后，外权渐重，亦颇想设法挽回。但不知道集权要能办事，其举动依然是凌乱无序，不切实际，而反以压制之力，施之于爱国的人民，就激成川、鄂诸省的事变，而成为革命的导火线。

当清末，外人图谋瓜分中国，以争筑铁路，为其一种手段，这是人人共知的事实。国民鉴于情势的严重，于是收回外人承造的铁路和自行筹办铁路之议大盛。因资力和人才的缺乏，能成功的颇少，这也是事实。清廷因此而下铁路干线都归国有的上谕。事在辛亥年四月二十二日。粤汉铁路，初由清廷和美国合兴公司订立草约。后来合兴公司逾期未办，乃由中国废约收回自办。此事颇得舆论的鼓吹和人民的助力。于是清廷派张之洞督办川汉、粤汉铁路。之洞和英、美、德、法四国银行，订立借款草约。约未定而之洞死。宣统末年，盛宣怀做了邮传部尚书，就把这一笔借款成立。川、鄂、湘、粤四省人民，争持自办颇烈，清廷把“业经定为政策”六个字拒绝。川督王人文，湘抚杨文鼎，代人民奏请收回成命，都遭严旨申饬。又以王人文为软弱，派赵尔丰代之。尔丰拘捕保路同志会和股东会的会长和谘议局议长。成都停课，罢市各州县亦有罢市的。朝命端方带兵入川查办。人民群集督署，要求阻止端方的兵。尔丰纵骑兵冲杀。成都附近各县人民，群集省外。尔丰又纵兵屠杀，死者甚多。于是人心益愤。

其时革命党人，虽屡举无成，然仍进行不懈。川省事起，党人乘机，运动湖北陆军，约以旧历中秋起事。旋改迟至二十五日。未及期而事泄，乃以十九夜，即新历十月十日起事。清鄂督瑞澂统制张彪都逃走。众推黎元洪为中华民国军政府鄂军都督。元洪时为混成协统。连克汉口、汉阳。照会各国领事。照会大旨：以前所订条约，军政府均承认其有效。各国既得权利，亦一律承认。人民生命、财产，在军政府领域内的，都尽力保护。赔款、外债，仍由各省如数摊还，惟此后与清政府订立条约，概不承认。助清战事用品，一概没收。有助清的，军政府即以敌人视之。请其转呈各国政府，恪守局外中立。领事团即宣告中立，旋都承认我为交战团体。

清廷闻武昌事起，即调近畿陆军南下。派陆军大臣荫昌督师。并命海军和长江水师赴鄂。旋召荫昌回。起袁世凯为湖广总督。辛丑和议定后，袁世凯为直隶总督，在任内练新兵，共成六镇。一九〇三年，清廷设练兵处，以世凯为会办大臣。一九〇六年，练兵处裁撤。除第二、第四两镇，仍归世凯督练外，其一、三、五、六四镇，改归陆军部直辖，称为近畿陆军。明年，世凯入军机，载沣摄政，世凯以足疾罢居彰德，至是起为湖广总督。清兵连陷汉口、汉阳。而各省亦次第光复。惟清提督张勋，负固南京，亦为苏、浙两省联军攻克。各省光复的事实，今列一简表如下：

省名	光复月日	民军都督	光复事实大略
湖南	十月二十二日（辛亥九月一日）	焦大章 陈作新 谭延闿	焦、陈本会党首领，和新军合力光复，众推为正、副都督，旋为新军所杀，推谭延闿继任
陕西	十月二十五日（辛亥九月四日）	张凤翙	新军于二十二日起义，二十三日攻克满城，二十五日推张为都督
山西	十月三十日（辛亥九月九日）	阎锡山	锡山本新军协统，新军起义后推为都督
云南	同上	蔡锷	锷为新军协统，与统带罗佩金、唐继尧同起义
江西	十月三十一日（辛亥九月十日）	吴介璋 彭程万 马毓宝	毓宝本新军协统，以十月二十三日起义，复九江。介璋为新军协统，以三十一日复南昌。后彭程万称奉孙中山命为赣军都督，介璋让之，毓宝不服，程万旋去，毓宝入南昌为都督
江苏	十一月四日（辛亥六月十四日）	程德全	江苏情形最复杂。十一月三日革命党人和商团巡警先恢复上海，推陈其美为都督，明日苏抚程德全反正，众推为都督。而清总督张人骏，将军铁良、提督张勋仍据南京。十一月七日镇江新军起义推林述庆为都督，明日新军统制徐绍桢起义，攻南京不克，亦退镇江。十三日镇江独立，推蒋雁行为都督，故此时江苏共有四都督府。至三十日苏、浙、沪、镇联军乃攻克南京
浙江	十一月四日（辛亥九月十四日）	汤寿潜 蒋尊簋	革命党人及新军起义，推寿潜为都督，后寿潜为交通总长，尊簋代之
广西	十一月六日（辛亥九月十六日）	沈秉堃 陆荣廷	秉堃本清巡抚，广西由谘议局宣布独立，推为都督，旋去职，由陆荣廷代之
安徽	十一月八日（辛亥九月十八日）	朱家宝 孙毓筠	家宝本清巡抚，安徽亦由谘议局宣布独立，推为都督，旋去职，由毓筠代之
福建	同上	孙道仁	革命党人及新军起义，推道仁为都督
广东	十一月九日（辛亥九月十九日）	胡汉民 陈炯明	广东由谘议局宣布独立，推巡抚张鸣岐为都督，鸣岐不受，遁去，乃举汉民为都督，炯明副之
奉天	十一月十二日（辛亥九月廿二日）	赵尔巽 吴景濂	尔巽本清东三省总督，景濂为谘议局长，保安会立，众推为正、副会长

续表

省名	光复月日	民军都督	光复事实大略
山东	十一月十三日（辛亥九月廿三日）	孙宝琦	宝琦本清巡抚，由保安联合会举为都督，后又取消。宝琦旋去，清以胡建枢为巡抚，至元年二月中乃降。
四川	十一月二十七日（辛亥十月七日）	蒲殿俊 尹昌衡	四川民军和官军冲突最久，外县以次先下，至是日成都乃反正。举谘议局议长蒲殿俊为都督，旋改举尹昌衡。赵尔丰被杀，端方亦死于资州。

以上都是辛亥年中独立的。惟甘肃至民国元年一月七日，新疆至一月八日，方才独立。其直隶、河南、吉林、黑龙江四省，则未能宣布独立。停泊九江、镇江的海军，又先后反正。清以吴禄贞为山西巡抚。禄贞屯兵石家庄，截留清军前敌军火，为清廷遣人刺杀。而张绍曾驻兵滦州，亦对清廷发出强硬的电报。清廷乃罢盛宣怀，下罪己之诏。又罢奕劻，以袁世凯为内阁总理。旋宣布十九信条。其中第八条："总理大臣，由国会公选。"第十九条："国会未开会时，资政院适用之。"于是载沣退位。资政院选举袁世凯为内阁总理。

孙中山像

孙中山（1866—1925），原名孙文，字载之，号逸仙。近代中国的民主革命家，中国国民党总理，第一任中华民国临时大总统。

先是各省都督府，于上海设立代表联合会。由苏浙两都督府发起，电请各省都督府各派代表到上海开会。其资格，系各省谘议局及都督府各举一人，各省复电，多派本在上海的人为代表，所以齐集得很快。旋以一半赴湖北，一半留上海。赴湖北的，议决《临时政府组织大纲》。南京光复后，又议决："以南京为临时政府所在地。各省代表，限七日内齐集。有十省的人到齐，即开临时大总统选举会。"其时武昌民军，以英领事介绍，自十一月三十日起，辛亥十月十日。许清军停战三天，旋又续停三天。期满之后，又续停十五天。袁世凯派唐绍仪为代表，和黎都督或其代表人讨论大局。民军以伍廷芳为代表。旋以廷芳为民军外交代表，不能离沪，乃改以上海为议和地点。其时民军闻袁世凯亦赞成共和，乃议缓举总统，举黎元洪为大元帅，黄兴为副元帅。临时大总统未举定前，由大元帅暂任其职权，而由副元帅代大元帅，组织临时政府。议和代表旋在上海开议。议决开国民会议，解决国体。其会议之法：以每一省为一处，内外蒙古为一处。前后藏为一处。每处各选代表三人，每人投一票，某处到会代表不及三人的，仍有投票之权。有四分三之代表到会，即可开议。

十二月二十五日，辛亥十一月六日。孙中山到上海。二十九日，十七省代表，江苏、安徽、江西、浙江、福建、湖北、湖南、广东、广西、四川、云南、河南、山东、山西、陕西、奉天、直隶。开临时大总统选举会。选举孙中山为临时大总统。通电改用太阳历。以其后三日，为中华民国元年元月元日。孙中山即以是日就职。

于是唐绍仪因交涉失败，电清廷辞职。和议停顿。其时清廷亲贵中，最反对共和的，为军谘使良弼，被革命党人彭家珍炸杀。段祺瑞复合北方将士，时清以冯国璋统第一军，段祺瑞统第二军，并受袁世凯节制。电请改建共和。并说要带队入京，和各亲贵剖陈利害。清廷乃以决定大计之权，授之内阁总理。由袁世凯和民国议定优待满、蒙、回、藏暨清室条件，而清帝于二月十二日退位。失陷二百五十八年的中华，至此恢复。

第三节　二次革命的经过

革命是要把一切旧势力，从根本上打倒的，这是谈何容易的事？辛亥革命，不过四个月就告成功，自然不是真正的成功了。

当清帝尚未退位时，孙中山先生曾提出最后协议条件，由伍代表转告袁世凯。（一）袁世凯须宣布政见，绝对赞成共和。（二）中山辞职。（三）由参议院举袁世凯为大总统。参议院是根据《临时政府组织大纲》，由各省都督府所派参议员，组织而成的。于元年一月二十八日成立。到清帝退位之后，袁世凯电参议院，表示绝对赞成共和。于是中山向参议院辞职，并荐举袁世凯。参议院于二月十五日，选举袁世凯为临时大总统。

袁世凯既当选，就发生国都在南在北的问题。当时民党中人，多数主张在南。以为南方空气较为清新，多少可以限制旧时的恶势力——但亦有主张在北，以为较便于统驭北方的。参议院本已议决临时政府移设北京。后来复议，又议决仍设南京。于是派员北上，欢迎袁世凯南下就职。而北京和天津、保定，相继兵变。乃又议决：许袁世凯在北京就职。袁世凯派唐绍仪南下，组织新内阁，办理接收事宜。而临时政府和参议院，遂先后北迁。孙中山先生于四月一日去职。

依据《临时政府组织大纲》，临时政府成立后六个月，即应召集议会。这时候，因为来不及，由参议院将《临时政府组织大纲》修改为《临时约法》。于三月十一公布。依照《临时约法》，本法施行后十个月内，应由临时大总统召集国会。于是由参议院制定《国会组织法》《参众两院选举法》，据以选举、召集。于二年四月初八日成立。

当袁世凯当选后，孙中山知道新旧势力一时不易合作，主张革命党人退居在野的地位，而自己愿意专办实业。但是这时候的革命党人，步调未能一致。于是同盟会于元年八月，改组为国民党——从革命团体变为政党。此时国民党的宗旨，近于急进，其主张偏于分权。其倾于保守，而主张扩张中央政府的权力的，则集合而为共和党。国会选举，参众两院，都以国民党占多数。共和党乃和统一党、民主党合并而成进步党。在众院中，席数差足相敌，而在参院中，则仍以国民党占多数。此时进步党是接近于政府的，国民党则与政府立于反对的地位。当国民党未成立时，袁世凯和唐绍仪内阁的同盟会阁员，已有龃龉。唐绍仪所组织的内阁，本系混合内阁。后来唐又加入同盟会。唐氏任王芝祥督直，而袁世凯命其赴南京遣散军队。唐氏拒绝副署。袁乃径以命令付王。唐氏愤而辞职。同盟会阁员，亦皆辞职，内阁遂瓦解。时为元年六月十五日。时共和党主张超然内阁。通过陆征祥为总理。陆亦称病不出。乃由赵秉钧暂代。后遂即真。宋案起后，赵亦称病，以段祺瑞代理。至国会开后，乃由熊希龄出而组阁。到国民党改组完成，国会开幕之后，两者间隔阂的情势，就更形显著了。

但是政治既未上轨道，则借为政争武器的，自然还不是议会中的议席，而是实力。以实力论，自然北政府为强。当孙中山辞职之后，曾在南京设留守府，以黄兴为留守，然未久即撤消。此时民党中人为都督的，只有安徽的柏文蔚、江西的李烈钧、湖南的谭延闿、福建的孙道仁、广东的胡汉民而已。

旧势力既已弥漫，则二次革命已势不可免。但是当时民党中人，还不能一致。而其与二次革命以刺激，而为之导火线的，则有善后大借款、俄蒙交涉和刺宋案三事。善后大借款和俄蒙交涉，至于刺宋案：则唐绍仪内阁的阁员宋教仁，亦系民党中人。系主张政党内阁的。去职之后，为国民党理事，游历长江流域各省，发表其政见。二年三月二十日，在上海车站遇刺。越二日身故。政府命江苏都督，民政长查究。据其宣布证据，则凶手武士英，系受应桂馨主使，而应桂馨又系受国务院秘书洪述祖主使。于是舆论大哗。后来武士英暴死狱中。应桂馨乘乱出狱，逃往北京，在京津火车中，被人暗杀。洪述祖于民国八年，在上海为宋教仁之子所捕，乃归案处死刑。

南北新旧的裂痕，既日益显著。袁世凯乃于六月中，下令免柏文蔚、李烈钧、胡汉民之职。于是李烈钧以七月十二日起兵，称讨袁军。安徽、湖南、福建、广东，相继俱起。黄兴亦入南京。陈其美又起兵于上海。时任广东军事者为陈炯明。黄兴去后，何海鸣入南京拒守。袁世凯早有布置。命李纯扼守九江、郑汝成守上海制造局。这时候，又派段芝贵、冯国璋率军南下，而以倪嗣冲都督安徽，龙济光都督广东，张勋为江北宣抚使。安徽、江西、广东、南京、上海，均因兵力薄弱失败。湖南、福建两省，则自行取消独立。二次革命遂告失败。

《临时约法》第五十四条，以制定宪法之权，属之国会。《大总统选举法》本宪法的一部分，二次革命之后，乃有先举总统，后制宪法之议。于是由宪法会议，将《大总统选举法》，先行议决公布。十月初六日，开总统选举会。有自称公民团的，包围议院，迫令当天将总统选出。投票三次，袁世凯乃当选为大总统。次日，又选举黎元洪为副总统。第一、二次，袁世凯得票虽最多，而均不满四分之三。第三次，乃就袁世凯和得票次多的黎元洪决选。袁以过半数当选。黎自临时政府初成，即被选为副总统。中山去职后，黎亦辞职。后仍被选。至此又当选。袁世凯于十月十日就职。

袁世凯像

袁世凯(1859—1916)，字慰亭，号容庵。民国成立，袁世凯当选首任大总统，并于1916年称帝，但终归失败。

袁世凯就职后，两次通电各省都督、民政长，反对国会所定《宪法草案》。十一月四日，又称查获乱党魁首和议员往来密电。遂下令解散国民党。凡国会议员，籍隶国民党的，一律追缴证书、徽章。旋又下令：各省议会，也照此办理。籍隶国民党的候补当选人，亦一律取消。议员缺额，无从递补，国会遂不能开会。

这时候，熊希龄为内阁总理，拟定大政方针。因为要设法实行，所以命各省行政长官，派员来京会议。适逢国会停顿，遂改组为政治会议。加入国务总理、各部总长、蒙藏事务局所举人员、大总统特派人员和法官两人。各都督民政长，呈请将残余议员遣散。大总统据以咨询政治会议。三年正月四日，据其呈复，停止两院议员职务。其省议会，亦于三月二十八日解散。又令停办地方自治，由内务部另行厘订章程。政治会议呈请特设造法机关。乃议决《约法会议组织条例》，据以选举议员。将《临时约法》修改为《中华民国约法》，于五月一日公布，此项《约法》，亦称为《新约法》。改内阁制为总统制。废国务院，于总统府设政事堂。另设参政院，以备大总统的咨询，审议重要政务，其组织：参政五十人至七十人，由大总统简任。院长一人，由大总统特任。副院长一人，由大总统于参政中特任。并令其代行立法。

革命尚未成功，国内到处充满着旧势力。于是孙中山先生另行组织中华革命党，以三年七月八日成立于日本的东京。以达到民权、民生主义，扫除专制政治，建设真正民国为目的。时因清政府，业已推翻，故未提民族主义。其实行的方法，仍和从前所定相同。如分军法、约法、宪法三时期等。因鉴于前此党员，多有自由行动的，党的纪律，未免松弛，所以此次组织，以服从党魁命令为重要条件。

第四节　帝制运动和护国军

凡事总免不了有反动的。中国行君主制度二千余年，突然改为共和，自不免有帝制的回光反照，然不过八十三日而取消，这也可见民意所在了。

当民国四年八月间，总统府顾问美人古德诺氏，忽然著论，论君主与共和的利弊，登载在北京报纸上。旋有杨度等发起筹安会，当时列名发起者六人：杨度外，为孙毓筠、严复、刘师培、李燮和、胡瑛，世称为筹安六君子。但这六个人，并不是都真心赞成的。说从学理上，研究君主、民主两种制度，在中国孰为适宜。通电各省军民长官，上海、汉口各省城商会，请派代表来京。旋由各省旅京人士组织公民请愿团。请愿于参政院代行立法院，《新约法》第六十七条："立法院未成立前，以参政院代行其职权。"要求变更国体。参政院建议：召开国民会议，以谋解决。已而国民代表一千九百九十三人，所投的票，全数主张君主立宪。并委托参政院为总代表，推戴袁世凯为皇帝。袁氏于十二月十二日，下令允许。于是设立大典筹备处。改明年为洪宪元年。

已而前云南都督蔡锷，秘密入滇。蔡锷时在京任经界局督办，秘密赴津，从日本走越南到云南。和督理军务唐继尧、巡按使任可澄于二十三日发出电报，请袁氏取消帝制，限二十五日答复。届期无复。遂宣告独立。定军名为护国军。并通电，宣布袁氏伪造民意的证据。

护国军兴后，贵州首先响应。事在十二月二十七日。五年，正月一日，云南成立都督府。推唐继尧为都督。以蔡锷为第一军长，李烈钧为第二军长。蔡锷即率师入川。

袁世凯闻护国军兴，派兵分驻上海和福建。又命原驻岳州的兵，择要进扎。而命张敬尧率师入川，龙继光以广东兵攻广西。北军在四川不利。而广西、广东、浙江、四川、湖南，先后独立。陕西为反帝制的兵所占。山东亦有民军起事。广西于三月十六日独立。广东四月五日。浙江十一日。四川五月二十三日。湖南二十九日。陕西则陕北镇守使陈树藩出兵，将军于五月十七日出走，山东则吴大周起兵占周村，居正占潍县，和省军相持。而日、英、俄、法、意诸国，又先后提出警告，劝袁氏缓行帝制。袁氏派往日本的专使，日人又请其延期启行。日英俄三国，于四年十月二十八日，提出劝告。法、意两国，于十一月初一、十二两日，提出劝告，十五日，五国公使，又提出第二次劝告。袁氏乃于三月二十二日，下令取消帝制。恢复黎元洪的副总统。袁氏筹备帝制时，曾封黎元洪为武义亲王，黎未受。以徐世昌为国务卿，段祺瑞为参谋长。由黎、徐、段三人通电护国军，请停战商善后。

护国军复电，要求袁氏退位。并通电，恭承黎副总统为大总统。暂设军务院，设抚军若干人，以合办制裁决庶政。《大总统选举法》："副总统缺，由国务院摄行。"其时黎氏未能躬亲职务，国务院亦无从组织，故暂设军务院，以裁决庶政。对内命令，对外交涉，都以军务院的名义行之。声明俟国务院成立，即行裁撤。六月六日，袁氏因病身故。遗命命以副总统代行职权。黎氏于七日就职。黎氏就职后，下令恢复临时约法，召集国会。国会于八月一日开会。旋重开宪法会议。并选举冯国璋为副总统。独立诸省，相继取消。军务院亦即裁撤。

一场帝制的风波，表面上总算过去了。然而暗中隐患，还潜伏着。原来天下大事，都生于人心。当袁氏帝制自为时，虽然拂逆民心，而中外有权力的人，却多持着观望的态度。所以护国军初起时，通电各省说：

> 尧等志同填海，力等戴山。力征经营，固非始愿所及。以一敌八，抑亦智者不为。麾下若忍于旁观，尧等亦何能相强？然长此相持，稍亘岁月，则鹬蚌之利，真归渔人，萁豆相煎，空悲轹釜。言念及此，痛哭何云。而尧等与民国共存

亡，麾下为独夫作鹰犬，科其罪责，必有攸归矣。

这真可谓语长心重了。然而谁肯觉悟？谈何容易觉悟？当南方要求袁氏退位，而袁氏尚未身故时，江苏将军主张联合未独立各省，公议办法。通电说："四省若违众论，固当视同公敌；政府若有异议，亦当一致争持。"正在南京开会，而袁氏病殁。长江巡阅使张勋，其时驻扎徐州，就邀各省代表到徐州开会。到会省区，为京兆、直隶、山西、河南、安徽、热河、察哈尔、奉天、吉林、黑龙江。后又组织各省区联合会。于是全国的重心，既不在西南，连北政府也把握不住，而其余各方面的人，也无甚觉悟。就近之酿成复辟之役，和护法之战，远之则伏下军阀混战的祸根了。

第五节 《二十一条》的交涉

城门失火，殃及池鱼。这看似无妄之灾，其实不然，凡事总有因果的，不过人不能知罢了。当十九世纪末叶，中国的安全，久和世界大局，有复杂的关系。当这改革还没有成功的时候，在中国，是利于列强的均势的。而民国三年，即一九一四年，欧战爆发，各国都无暇顾及东方，日本大肆其侵略的野心，中国就要受着池鱼之殃了。

欧战的爆发，事在民国三年六月间。中国于八月初六日，宣告中立。日本借口英、日同盟，于八月十五日，对德国发出最后通牒。要求：（一）德国舰队，在日本、中国海洋方面的，即时退去，否则解除武装。（二）将胶州湾租借地全部，以还付中国的目的，于九月十五日以前，无偿无条件，交付日本。以二十三日为最后的限期。届期，德国无复，日本遂对德宣战。

胶州湾本非德国土地，日本即欲对德宣战，亦只该攻击胶州湾。乃日人于九月初二日，派兵由龙口登岸。中国不得已，划莱州龙口接近胶州湾的地方为战区。而与日本约，不得越过潍县车站以西。其时英国兵亦从劳山湾登陆，与日军会攻胶州湾。至十一月初七日，胶州的德人降伏。而日军先已于九月二十六日，占领潍县车站。十月六日，并派兵到济南，占领胶济铁路全线和铁路附近的矿产。中国提出抗议。日本说："这是胶州湾租借地延长的一部。"到青岛降伏后，又将中国海关人员，尽行驱逐。照一八九九年四月十七日《青岛设关条约》和一九〇五年修订条约，海关由德国管理，海关人员，则由中国自派。中国据此提出抗议，日人置诸不理。中国于四年一月七日，要求英、日两国撤兵。英国无异议，而日本公使日置益，于十八日径向袁世凯，提出五号二十一条的要求。你道那五号二十一条：

【第一号】（一）承认日后日、德政府协定德国在山东权利，利益让与的处分。（二）山东并其沿海土地及各岛屿，不得租借割让与他国。（三）允许日本建造，由烟台或龙口接连胶济的铁路。（四）自开山东各主要城市为商埠——应开地方，另行协定。

【第二号】（一）旅顺、大连湾、南满、安奉两铁路的租借期限，均展至九十九年。（二）日本人在南满、东蒙，有土地所有权及租借权。（三）日人得在南满、东蒙，任便居住往来，经营工商业。（四）日人得在南满、东蒙开矿。（五）南满、东蒙，（甲）许他国人建造铁路，或向他国人借款建造铁路；（乙）以各项课税，向他国人抵借款项，均须先得日本同意。（六）南满、东蒙，聘用政治、财政、军事各顾问、教习，必须先向日政府商议。（七）吉长铁路，委任日政府管理、经营。从本条约画押日起，以九十九年为期。

【第三号】（一）将来汉冶萍公司，作为合办事业。未经日政府同意，该公司一切权利产业，中国政府不得自行处分；并不得使该公司任意处分。（二）汉冶萍公司各矿附近的矿山，未经该公司同意，不得准公司以外的人开采。此外凡欲措办，无论直接、间接，恐于该公司有影响的，必先经该公司同意。

【第四号】（一）中国沿岸港湾及岛屿，概不租借或割让与他国。

【第五号】（一）中国政府，聘日本人为政治、财政、军事等顾问。（二）日本人，在内地设立寺院、学校，许其有土地所有权。（三）必要地方的警察，作为中、日合办。或由地方官署，聘用多数日本人。（四）由日本采办一定量数的军械。或设中日合办的军械厂，聘用日本技师，并采买日本材料。（五）接连武昌与九江、南昌的铁路，及南昌、杭州间，南昌、潮州间铁路的建造权，许与日本。（六）福建筹办路矿，整理海口——船厂在内——和需用外资，先向日本协议。（七）允许日人在中国传教。

并要求严守秘密。如其泄漏，日本当另索赔偿。

中国以陆征祥、曹汝霖为全权委员。于二月初二日，和日本开始会议。日使日置益，旋因堕马受伤，乃即在日使馆中，就其床前会议。至四月十七日，会议中止。二十六日，日使提出修正案二十四条。声言“系最后修正。傥使中国全行承认，日本亦可交还胶澳”。五月一日，中国亦提出最后修正案，说明无可再让。七日，日本发出《最后通牒》。“除第五号中，关于福建业经协定外，其他五项，俟日后再行协议。其余应悉照四月二十六日修正案，不加更改，速行承诺。以五月九日午后六时为限。否则当执必要的手段。”中国政府，于五月九日午前，答复承认。到二十五日，由陆征祥和日使日置益，订立条约《二十一条》。

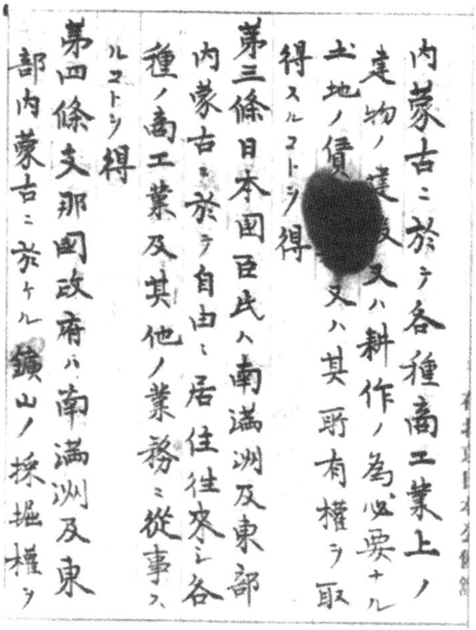
内蒙古ニ於テ各種商工業上ノ
建物ノ建[illegible]又ハ耕作ノ為必要ナル
土地ノ賃[illegible]又ハ其所有権ヲ取
得スルコトヲ得
第三條日本国臣民ハ南滿洲及東部
内蒙古ニ於テ自由ニ居住往來シ各
種ノ商工業及其他ノ業務ニ従事ス
ルコトヲ得
第四條支那国政府ハ南滿洲及東
部内蒙古ニ於ケル鑛山ノ採掘權ヲ

《二十一条》局部

其后日人又于六年十月，在青岛设立行政总署。潍县、济南等处，都设分署。受理人民诉讼，抽收捐税，并于署内设立铁路科，管理胶济铁路及其附近矿产。中国抗议，日本置诸不理。到七年九月，才由驻日公使章宗祥和日本订立《济顺高徐豫备借款契约》，并附以照会，许胶济铁路所属确定后，由中、日合办，而日本将胶济路沿线军队，除留一部于济南外，余悉调回青岛，并将所施民政撤废。中有“中国政府，欣然同意”字样。遂为巴黎和会我国交涉失败之一因。见下节。

第六节　参战的经过和山东问题

中国和德、奥宣战的经过，此不详述。当这时期，中国曾设立参战事务督办处，并借入参战借款二千万，练成参战军，但实际都用之于内争，对于欧战，不过曾招募华工赴欧而已。

这时候，日本正想独霸东洋。当中国对德提出抗议时，其公使即向我国外交部说："日本赞成中国的抗议，然而如此大事，中国竟不通知日本，甚为遗憾。"又向英、俄、法、意交涉，日本承认中国参战，各国却要保证日本接收德国在山东的权利。于是英法两国和日本都立有密约，俄、意亦经谅解。

八年一月十八日，欧洲和会在巴黎开幕。我国亦派代表参与，先是七年一月间，美总统威尔逊，曾提出和平条件十四条。中有外交公开、减缩军备、组织国际联盟等项。各国都认为议和的基本条件。所以我国对于和会，当时颇抱热望。曾作成希望条件，和《取消对日二十五条条约》，和《换文的陈述书》，一并提出。各国说："这不是和会权力所及。当俟国际联盟的行政部能行使权力时，请其注意。"

时英、美、法、意、日五国，别组所谓最高会议。一切事情，颇为其所垄断。关于山东问题，我国要求由德国直接交还，而日本则主张德国无条件让与日本，相持不决。到四月二十四日，最高会议开会，招我国代表出席。威尔逊朗诵英法两国和日本的《秘密换文》。又诵《中日条约》和《换文》的大要。问为什么有这条约？我国代表说："是出于强迫。"威尔逊又问："七年九月，欧战将停，日本决不能再压迫中国，为什么还有欣然同意的换文？"这消息传到我国，舆情大为激昂。于是有五月四日，北京专门以上学校学生停课，要求惩办曹汝霖、章宗祥、陆宗舆之举。风声所播，到处学校罢课，商店罢市，又有铁路工人，将联合罢工之说。政府乃于六月初十日，将三人罢免。时曹为交通部长，章为驻日公使，陆为造币厂总裁。是之谓"五四运动"。

当时山东问题，在和会中，交由英、法、美专门委员核议。卒因英法的袒日，依照日本的意思，将德国在山东的权利，让与日本。时中国代表，亦提出一让步案。“德人在山东权利，移让英、美、法、意、日；由英、美、法、意、日交还中国。中国偿日攻青岛兵费。其额，由英、美、法、意议定。”因英、法袒日，未能有效。惟美国委员，另递一《节》略于威尔逊，说：“实行《中日条约》；或照《中德条约》，将德国所享权利，移转于日本；均不甚妥。不如照中国所提让步案。”但亦未能生效。插入《对德和约》第一五六、一五七、一五八三条中，中国代表提出保留案。声明中国可以在《和约》上签字，但关于山东条项，须保留另题——始而要求于《和约》内山东条项之下，声明保留，不许。继而要求于《和约》全文之后，声明保留，不许。改为《和约》之外，声明保留，不许。再改为不用保留字样，但声明而止，不许。最后要求临时分函声明，不能因签字有妨将来的提请重议，不许。代表电告政府，说：“不料大会专横至此，若再隐忍签字，我国将更无外交之可言。”二十八日，《和约》签字，我国代表，就没有出席。于是对德战争，由大总统以《布告》宣布中止。至于《奥约》，则由代表于九月初十日签字。《国际联盟条约》，美国提出后，经各国同意，插入《和约》中，作为全约的一部，我国虽未签字于《德约》，而曾签字于《奥约》，所以仍为会员国之一。《德奥和约》，两国都应放弃因庚子拳匪在中国所得的权利和赔款，将专用的租界，改为各国公用。德国并须将庚子年所掠天文仪器交还。我国虽未在《德约》签字，德国仍照《约》履行。其后德、奥两国，于十年、十一年，先后和我国订立条约，亦改为平等关系，和从前的条约不同。

至于对俄国的问题，则最为复杂。原来俄国从革命以后，其所采取的政体，业已和各国格不相入。而俄又于七年二月间，对德国成立和议。于是德奥武装俘虏，在俄国大为活动。反俄的捷克军，为其所制。各国乃有共同出兵之议。中国亦追随其后，于七年三月、五月间，与日本订立《共同防敌海陆军协定》。所谓《军事协定》：（一）为七年三月二十五日，驻日公使和日外务部交换的《共同防敌公文》。（二）为是年五月十六日，两国陆军委员所订《共同防敌协约》。（三）为是年五月十九日，两国海军委员所订《海军共同防敌协约》，后至十年一月二十八日，由外交部和日本大使互换照会废止。而中国兵舰和英、美、法、意、日军舰，亦先后驶入海参崴。旋又联合俄国，组织一铁路委员会，会设于海参崴，会长用俄人充之。将西伯利亚和中东两铁路，置于管理之下。此时各国的出兵，都不甚起劲。惟日本则拥立俄旧党谢米诺夫于赤塔、卡尔米哥夫于哈巴罗甫喀。谢米诺夫，Semiounoff。卡尔米哥夫，Kalmykoff。并分兵占据海兰泡、阿穆尔、伊尔库次克。直至十四年三月，方才和俄国订约撤兵。而当共同出兵之时，日兵由中东路运出的甚多。吉、黑两省，大受骚扰。而铁路委员会的技术部长，且有共管中东铁路的提议，在华盛顿会议席上提出。经我国代表力争，方才作罢。这反是中国因参战所受的损失了。

《和约》既经批准，《欧战和约》，英、意、法、日等国，均旋即批准。惟美国法律，和约须得上院三分之二同意，方能批准。后来美国上院，对于《和约》，共提出保留案十四起。声明此项保留案，须得五强国中三国的承认和保证，作为原约的附件，和原约有同等效力，方可批准施行。山东问题，亦是其中之一。日本遂要求中国，直接办理交还胶澳交涉。中国舆论，都主张提出国际联盟，经政府拒绝，到十年十一月，华盛顿会议开会。我国决将山东问题提出。乃由英、美两国调停，在会外交涉。英、美两国，都派员旁听。直至十一年一月，才订成条约二十八条。胶济铁路，由我发国库券赎回，后来议定其数，为日金三千万元。期限十五年。但五年之后，以先期六个月的知照，得随时为全部或一部的偿还。在偿款未清以前，用日人为车务总管和总司计。其高徐、济顺铁路，让归国际财团。烟潍铁路，中国如用本国资本筑造时，日本不要求并归国际银团办理。淄川、坊子、金岭镇三矿，由中政府许与中、日合组的公司。胶州湾由中国宣告开放。盐业及公产，都交还中国，其偿价为日金一千六百万元。其中二百万元为现款，余为十五年期的国库券。青岛佐世保间海电，亦交还中国。青岛一端，由中国运用，佐世保一端，由日本运用，而日兵于是年四五月之间撤退。

第七节　中国国民党的改组和国民政府的成立

二次革命失败以后，孙中山先生在海外组织中华革命党，已有文章中说过了。袁世凯死后，中华革命党的本部移于上海。八年十月十日，改称中国国民党。此时在国内还未明白组党。到十二年一月，才发表宣言，宣布党纲和总章，这一年十一月，中山先生鉴于苏俄革命的成功，由于组织严密，决意将国民党改组。于是月十一日，发表改组宣言。十三年一月二十日，开全国代表大会。议决将大元帅府改组为国民政府。发表宣言，表明主义政纲和对内对外的政策。六月，又在黄埔设陆军军官学校。又就原有的军队中，设立党代表，宣传主义。于是南方的组织，骤见精严，旌旗变色了。

当十二年六月间，北京军警包围总统府索饷。旋又全体罢岗。黎总统移居私宅办公。又被便衣队包围。并有人在天安门自称开国民大会，主张驱黎的。十三日，黎总统赴津，总统印信，由其妾危氏携带，住居法国医院。至天津，被邀于火车站。迫令打电话给危氏，将印信送国务院，然后放行。黎总统通电："离京系为自由行使职权起见，并非辞职。"并通告外国公使。北京一方面，则宣告总统辞职，由国务院摄行。议员亦分为两派：一部分赴上海开会，一部分留京，都不足法定人数。照《大总统选举法》，国务院摄职，只能以三个月为限，九月十二日，北京的国会，人数依然不足。到十月十日，就连国会也要任满了。于是由众议院提出延长任期案，通过。十月初五日，选举曹锟为大总统。初八日，通过《宪法》。初十日，曹锟就职。是日，《宪法》由众议院公布。曹锟既就职，以吴佩孚为直鲁豫巡阅使，萧耀南为两湖巡阅使，齐燮元为苏皖赣巡阅使。十三日，浙江和北京政府断绝公文往来。云南和东三省旋都通电讨曹。

十三年九月初旬，江苏和浙江开战。江苏方面，号称苏、皖、赣、闽四省联合，而浙江方面，则联合淞沪镇守使，组成浙沪联军。主力军相持于昆山。别将则在苏州、嘉兴间，宜兴、长兴间作战。至九月中旬，而奉直战事亦作。奉军于九月廿二陷朝阳。进攻山海关，陷九门口。吴佩孚亲临前敌指挥。自十月六日，大战开始。江、浙方面，孙传芳自福建入浙。九月十八日，陷杭州。卢永祥宣言：将浙江交还浙江人。把军队都撤至淞沪之间。十月九日，松江陷落。十三日，卢永祥下野。二十二日，冯玉祥自古北口回兵北京。和胡景翼、孙岳胡景翼系陕西第一师长，时亦自前线撤回。孙岳系第十五混成旅长，大名镇守使，时驻防南苑。宣言组织国民军。冯为第一军，胡为第二军，孙为第三军。十一月二日，曹锟辞职。于是山东宣告中立。山西兵扼守正太路和京汉路的交点。国民一军占杨村，三军入保定。奉军陷滦州、山海关、秦皇岛，抵塘沽。吴佩孚自海道南下，经南京、汉口回河南。冯玉祥、张作霖会于天津，推段祺瑞为临时执政。段于十一月二十四日入京。

当直奉大战时，南方亦出兵北伐，分攻湖南、江西。北方政局既变，段祺瑞请孙中山北上。中山于十二月三十一日至北京。时孙中山主张开国民会议，以解决时局。段祺瑞就职后，亦宣言于一个月内，召集善后会议，以解决时局纠纷，三个月内，召集国民代表会议，以解决根本问题。并声言："会议成功之日，即为祺瑞卸职之时。"孙中山以其所谓两会议者，人民团体，无一得与，孙中山所主张的国民会议，系：（一）现代实业团体。（二）商会。（三）教育会。（四）大学。（五）各省学生联合会。（六）工会。（七）农会。（八）反对曹吴各军。（九）政党。其代表由团员选出。先开一预备会议，其代表则由团体指派，以期迅速。北方之国民会议，则兼采一般选举及特别选举。以省、区及大学、商业、实业所选出的代表组织。命国民党员，勿得参与。十四年三月十二日，孙中山卒于北

段祺瑞像

段祺瑞（1865—1936），原名启瑞，字芝泉，安徽合肥人，民国时期政治家，皖系军阀首领。

京。段祺瑞所召集的善后会议，于三月一日开会，仅议决军事、财政两善后委员会的条例而止。后来两委员会于十月五日开会。因时局纷乱，也就无从议起了。

段祺瑞就职后，裁巡阅使、督军。管理一省军务的，都改称督办军务善后事宜。以张作霖为东北边防督办。冯玉祥为西北边防督办。胡景翼督办河南军务善后事宜，孙岳为省长。免齐燮元，以卢永祥为苏皖赣宣抚使。齐走上海，组织苏浙联军。卢永祥以奉军张宗昌的兵南下。齐走日本。浙奉军在上海定约。浙军退松江。奉军退昆山以西。上海则彼此均不驻兵。时在十四年二月间。其时胡景翼的兵，自河北下河南。而镇嵩军的憨玉琨，已先据洛阳，东下郑县和开封。时政府又以孙岳为豫陕甘剿匪总司令。即以憨为副司令，命其退出。憨军退至洛阳以西。二月下旬，胡憨的兵冲突。三月八日，胡军入洛阳。镇嵩军援憨，不克，退入山西边境。四月初十日，胡景翼卒。乃以岳维峻督豫。于是国民二军的李云龙师入西安。冯玉祥亦让出南苑防地。至八月杪，遂以玉祥督甘，孙岳督陕。李云龙为帮办。直隶当段祺瑞就职后，即以卢永祥为督办。永祥南下后，改李景林。四月间，以张宗昌督山东。至是，又以杨宇霆督江苏，姜登选督安徽。时奉军张学良、郭松龄驻兵于京、津、山海关之间。自五卅案起后，见下节。奉军并驻扎到上海。

是年十月十五日，孙传芳自称浙闽苏皖赣五省联军总司令。发兵入江苏。上海的奉军即撤防。杨宇霆、姜登选亦北走。孙军入南京。渡江，取浦口、蚌埠。十一月十七日，入徐州。越四日，吴佩孚起兵汉口，称讨贼军总司令。其明日，郭松龄自称东北国民军，率兵出关。十二月二十三日，败死于巨流河。当郭松龄起兵时，近畿和热河的奉军都退出。旋直，鲁组织联军。十二月八日，国民一军段祺瑞就职之日，冯玉祥即通电下野，将国民军名义取消，但是后来人家仍称其兵为国民军。执政对冯，亦仅准假一个月。和直军开战。二十四日，陷天津。李景林走济南。是时吴佩孚的兵，正作战于山东，三十一日，吴通电，停止讨奉军事。十五年一月一日，冯玉祥下野。十九日，奉军复占山海关。二十三日，东三省各法团制定《联省自治规约》，推张作霖维持东北治安。此时东三省复对北京独立。二月杪，吴佩孚兵入开封。三月，镇嵩军入洛阳。直鲁联军亦北上。二十三日，入天津。吴军亦占据保定。三十日，国民一军退出北京。四月九日，曹锟恢复自由。曹锟辞职后，因北京地方检察厅检举其贿选，执政府命监禁之以俟公判。至此乃恢复自由。段祺瑞走东交民巷。十七日，复入执政府。二十日，复走天津。通电引退。五月一日，曹锟通电引退。十七日，国民军将领宣言："专意开发西北。未有适合民意的政府以前，一切命令，概不承认。"于是热河的国民一军亦退出。奉军以七月一日，攻占多伦，八月十九日，占张家口。吴军攻南口，不克。后由奉军会攻，于八月十四日占领。山西军以八月十八日占大同，九月一日占绥远，十日占包头。而镇嵩军攻西安，迄未能下。此时国民政府的北伐军，业已整队北上了。

第八节　五卅惨案和中国民族运动的进展

近代的外侮和前代不同。前代的外侮，只是一个政治问题，近代则兼有经济、文化诸问题。非合全民族的力量奋斗，无以图存。这是孙中山先生所以要提倡民族主义的理由。从中山先生提倡而后，我民族就渐渐地觉悟；而其实际的运动，也就逐步进展了。

讲起中国民族运动的进展来，却要连带到一件伤心的历史。这便是民国十四年上海地方的所谓五卅惨案。原来从一八九五年，中、日订立《马关条约》以来，外人便有在我国设立工厂，以利用我国的原料和低廉的工价的，劳资之间，自然免不了有些纠纷。这一年五月十五日，日本人在上海所设的内外棉织会社，无故停工。工人要求上工。日人竟尔开枪。死顾正红一人，重伤者三十七人。被捕者无数。各学校学生大愤，起而援助。因此募捐和赴追悼会的学生，为租界捕房所拘捕者数人。三十日，学生大队游行讲演。又有二百余人被拘。群众聚观的，群趋捕房，要求释放。英捕头竟下令开枪轰击。当场死者四人。送至医院后因伤毙命者七人。六月一日，公共租界全体罢市。三四两日，外人所经营的事业和有关交通事业的华人，继之以罢工。如中国海员、码头小工等。英人调兵舰至沪。工部局宣布戒严。调海军陆战队和万国义勇队压迫。续有被枪伤、拘捕的人。于是罢课、罢工、罢市的风潮蔓延各处。到处游行讲演，以促民众的觉悟。提倡和英、日经济绝交。民族运动的气势，一时异常蓬勃。而惨案亦即继之而起。其中最为重大的，要算广东的沙基惨案。次之则是汉口同重庆的事件。

汉口事件，发生于是年六月十日。因英商大古公司的船抵岸，船员和工人冲突，工人被殴伤。明日，工人二千余人，集队游行。英人调义勇队及海军陆战队，分布租界。并于要路架设机关枪。后因群众拥挤，竟尔开枪扫射，死者八人，伤者数十。其时英国的兵舰，并上溯到重庆。华人聚集观看，英人又调海军登陆，用刺刀驱逐。死伤多人。事在七月二日。沙基惨案，则发生于六月二十三日。当五卅惨案消息达到广东之后，广东即起一种抵制运动。香港工人，都回内地。英租界的工人，亦都回广州。这一天，广东开市民大会。会后游行。经过租界对岸的沙基。对岸外兵，突然开枪射击。继以机关枪扫射。华人死者五十，伤者百余。此外九江、汕头等处，还有较小的冲突。

当五卅惨案发生后，北京政府即行派员调查。英、美、法、意、比、日六国公使馆，亦派委员团赴沪调查真相。交涉于六月十六日，在上海开始。未几即行破裂。九月中，公使团提出司法调查之议，要求我亦派员。经我国拒绝。但彼仍自行派员。其结果，令上海总巡捕和捕头辞职，而略给死者家属恤金。我国否认。外人亦遂置诸不理。直到十九年二月，工部局径将银十五万元交给死者家属，这件事就算如此结局了。汉口方面，我国亦曾提出条件多款。其结果，则十四年十月间，仅将先决条件签字。英军舰撤退，巡捕的武装解除，太古公司在租界外的行栈码头撤消。英人并允赔偿损失。其余的交涉，就未有结果。重庆交涉，亦是如此。广东一方面对英抵制最久。华人设立罢工委员会，以谋罢工工人的善后。又设立工商检验处，以检查输入的货物。直到十五年十月十一日。乃由英人许我在海关抽收内地税，普通货物二·五，奢侈品加倍，以谋罢工工人的善后，而我许将工商检查处取消。

因五卅惨案而引起的民族运动，似乎是失败了。然而决非如此。因此惨案，而我国人的民族意识，格外发达。从此以后，民族运动就更有不断的进展。大之则如取消不平等条约呼声的加高，小之则如上海会审公廨的收回，会审公廨，起源于一八六八，即前清同治七年。先是一八五三年，上海县城陷落，中国官吏尽逃。租界的华人，无人管理。英、法、美三国领事，对于轻微罪和违警罪，遂擅行处罚。至是年，乃由上海道和三国领事协议，订定《洋泾浜设官会审章程》十条。公廨由此设立。其中条约仅许观审的案件——如外国人为原告，中国人为被告时——竟许其会审；并不许观审的——如外人所雇用的华人为被告时——亦许其观审；殊属有损主权。辛亥革命，上海道和会审官都避匿。各国领事，竟将会廨接管，擅委官员，并将权限肆行扩充，更成为毫无根据的机关。民国十五年，江苏省政府和领事团订立《收回上海会审公廨暂行章程》九条。于十六年一月一日，实行收回。改组为临时法院。并设上诉院，为上诉机关。但观审之制，依然存在。且上诉院即为终审，亦与吾国司法制度不合。该项章程，原定三年期满，惟其时国民政府，业已照会各国，声明取消领事裁判权。乃于十九年四月，径行改组为上海特区法院。当五卅惨案交涉时，上海工商学联合会提出交涉条件，由总商会删并为十三条，其中即有收回会审会廨一款，当时政府即据以交涉。虽然未得解决，然而会审公廨的收回，实在是发动于此的。以至国民军到达长江流域后，汉口、九江、镇江等地租界的交还，民国十六年一月三日，中央军事政治学校的宣传队，在汉口讲演。英人调水兵和义勇队干涉。追入华界，用刺刀杀死华人四人。伤者甚多。六日，九江码头工人因要求轮船公司改良待遇，罢工纠察队人员，被英人击伤。其时民气甚为激昂。英人乃将租界的管理权，交还中国。汉口由国民政府组织临时管理会，维持治安。九江亦由中国军队入驻租界。至二月十九、二十日，先后成立《协定》。汉口、九江租界，都由英国交还。镇江则国民军于三月二十四日达到，英人亦即退出，租界由中国警察维持。至十八年十一月十五日，英人亦将镇江租界交还。都是和五卅惨案很有关系的。

第九节　国民革命的经过

当国民党改组后，十三年秋间，即乘北方骚乱之际，出兵北伐。旋因段祺瑞就临时执政职，邀请孙中山先生北上，乃又罢兵，已见第七节。自中山先生卒后，北方的局势，骚乱更甚。北伐之举，乃到底不能不实现。

中山先生北上后，国民政府以十四年四月平东江。旋滇军回据兵工厂，桂军亦附和，政府迁于河南。六月初，党军和粤军还攻。广州于十二日恢复。国民党中央执行委员会，议决改组政府，废元帅，代以委员制，于七月一日成立。军队都改称国民革命军。党军和粤军回攻广州时，东江复为叛党所占。十一月，再把东江打平。十二月，平定高、雷、钦、廉和琼崖等地。广西亦依国民政府所定《省政府组织法》，组织政府。十五年一月，开第二次全国代表大会。六月五日，中央执行委员会召集临时会，通过迅速北伐案。以蒋中正为总司令。

先是国民革命军分为六军。后来广西归附，编为第七军。是时湖南纷扰，唐生智来求援，乃编为第八军。派四、七军往援。七月十二日，七、八两军克长沙。八月十二日，蒋中正到长沙。于是分兵为三：右入江西，左出荆、沙，而中路直攻武汉。二十四日，吴佩孚自至汉口督战。国民革命军北进，破敌于汀泗桥、贺胜桥。九月初六、初七两日，连下汉阳、汉口、武昌亦被包围——后来到十月初十日降伏。正面的兵进展后，左路军亦于九月十五日达到沙市。其右路军，与苏、皖、赣、闽、浙五省联军相持于江西，争战最为剧烈。至十一月七日，南昌陷落，江西平定。

北方的国民军，以是年七月进甘肃。九月十五日，冯玉祥游俄归来，抵五原，诸将仍推为总司令。进甘肃的兵，以十一月入陕。是月杪，遂解西安之围。至十二月初，而到达潼关。留守东江的兵，以十月入福建。至十二月而福建平定。浙江于十月间响应国民军，不克。十二月一日，北方推张作霖为安国军总司令，张宗昌、孙传芳为副司令。孙军撤退江北。张宗昌军复入沪宁线。国民革命军乃以湖南北的兵为西路，进攻河南。出福建的兵为东路，进浙江。江西的兵为中路，复分江左、江右两军，沿江东下。东路军以十六年一月入杭州。分兵为三：一沿沪杭铁路达上海，一出平湖抵苏州，一自宜兴进常、镇。均于二月中到达。而江左军亦于三月初下芜湖，江右军于十六日占当涂。至二十三日，遂入南京。西路军于五月中北上。冯玉祥亦进兵洛阳。是月末，进至郑州、开封，两路兵会合。

当这北伐顺利时，而南方有清党之事起。先是孙中山改组国民党时，第三国际共产党员，声明以个人名义加入。中山先生许之。但其后，共产党员，仍图在国民党中，扩充该党的势力。中山先生逝世后，第一届执行监察委员，就有在山西开会，议决肃清共产分子的。旋在上海别组中央党部。北伐之后，政治会议议决迁都武汉，而中央党部，则在南昌，委员也有前赴武汉的。到三月廿八日，中央监察委员在上海开会，议决清共。四月七日，中央政治会议议决迁都南京。于是宁、汉之间，遂成对立之势。直到七月十五日，武汉方面，亦举行清党，而宁、汉合作，乃渐告成。当宁汉分裂时，北军乘机占扬州和浦口。曾渡江占龙潭，给国民军打退。其时蒋中正辞总司令之职。国民政府乃命何应钦定江北，冯玉祥下徐州。山西亦于九月间出兵攻奉。奉军退守河北。

十七年一月八日，蒋中正再起为北伐军总司令。于是分各军为四集团，再行北伐。四月，北伐军下兖州、泰安。五月一日，入济南。至三日而惨案作。国民军乃绕道攻德州，进下沧州。六月三日，张作霖出关。四日，至皇姑屯车站，遇炸身死。东三省人推张学良继其任。至十二月二十九日，三省通电服从国民政府。于是国民政府的统一告成。其后虽尚不免纷扰，然真正的统一，总不难于不远的期间达到了。

1927年元旦，武汉各界群众集会，庆祝北伐胜利及国民革命政府迁至武汉。

第十节　日本的侵略东北

在中华民国革命造行的程途中，可谓重重魔障，然而其严重，要未有若民国二十年九月十八日，日人侵略东北之甚的。

日人的侵略东北，本系处心积虑之举。近年以来，我国对于东北的开发，颇有进展。其主要的，如吉海、奉海、打通路的衔接，葫芦岛的经营是。盗憎主人，乃更引起日本的猜忌，而促成其积极侵掠之举。是年六月间，因长春附近的朝鲜农民，强毁我国的民田筑坝。该处日本驻军，遂枪杀我无辜民众，酿成所谓万宝山惨案。万宝山，在长春东北。当民国二十年间，有个唤作 郝永德的，租得该处民地五百垧，转租与韩人耕种。其契约，实未经长春县政府批准，而该韩人等，竟导引伊通河水，拦河筑坝，强掘民田，因此遂引起冲突，日人遂借此宣传，谓系华人排斥韩人。在朝鲜境内，造成排华运动。日人又在朝鲜境内，鼓动排华风潮，华人被杀的无算。然仍未能引起我国的衅端。至九月十八日夜，日人乃将南满铁路，自行炸毁一段，诬为我军所为，径向我国沈阳的驻军进击。我军奉命无抵抗退出。日人乃进占沈阳。其在长春、安东等地的驻军，同时发动。不数日间，而辽、吉两省间的要地，悉为所占。

国际公法，不必说了。华府会议《九国条约》，有保持中国领土，行政完整的义务。便是一九二八年八月二十七日在巴黎所立的《非战公约》，日本也与我国共同签字的。日本此举，其为蔑弃国际信义，自不待言。我国因国力悬殊，且为爱护和平起见，不愿诉之武力，乃诉之于国际的信义。除对日本提出抗议外，即电日内瓦代表，要求根据《盟约》第十一条，召集理事会。行政院开会后，一面通知中、日两方，避免事态的扩大。一面通知美国。旋决议：令日兵撤回铁路线内，尽十月十四日撤尽。

而日本悍然不顾。一面派兵进攻黑龙江。一面要求我国在锦州所设的辽宁行署，撤退关内。我黑省的兵，奋力抵抗，日人颇受损失。旋因援绝，于十一月十八日，退出省垣。日军犯锦，我军亦不战而退。至二十一年一月一日，日兵遂陷锦州。我关外仅存的行政机关，遂又被破坏。而日兵又先于二十年十一月间，勾通汉奸，扰乱天津，挟废帝溥仪而去。

先是国联行政院，于十月十三日开会。邀请美国列席。二十四日，以十三票对日本一票议决，令日兵于下次开会，即十一月十六日以前，全行撤退。而日军置若罔闻。及期，行政院在巴黎开会。乃议决：由国际联盟，派遣委员团，到东北调查。及锦州陷落，美国乃照会日本，不承认任何事实上所造成的情势为合法。日人仍置若罔闻。时日本又派兵舰，在我沿江、沿海一带，肆行威胁。二十一年一月十八日，借口该国僧人被殴，要求我上海市政府：惩凶、道歉、抚恤、取缔反日运动。市府业经接受，日领事亦宣称满意了。乃日军于二十八夜，突然进攻。我驻沪的十九路军，奋勇抵抗。日兵大败。乃续调大军，扩大战事。延及吴淞、太仓、嘉定一带，并派飞机，到苏、杭等处轰炸。因我军抵抗甚力，日军累战皆北，乃又续调精锐，拼命进犯。直至三月一日，我军因人少，不敷分布，浏河被袭，乃自动撤至第二道防线。这一役，我军虽未能始终保守阵地，然以少数之兵，抗数倍之众，使日军累次失利，列国评论，多认战事胜利，当属华军。而国民自动接济饷需的，其数亦超过千万，亦足以表示我国的民气，而寒敌人之胆了。

当日兵进攻淞、沪时，我国代表，曾在国联提出援用《盟约》第十条和第十五条，第十条："联合会会员，有尊重并保持各会员领土完全及现有政治上之独立，以防御外来侵犯之义务。如遇此种侵犯，或有任何威胁或危险之虞时，行政院应筹履行此项义务之方法。"第十五条："如联合会会员间，发生足以决裂之争议，而未照第十三条规定提交公断或法律裁判者，应将该案提交行政院。行政院应尽力使此项争议，得以解决。如果有效，须将该争议之事实及解释，并解决条件，酌量公布之。倘争议不能如此解决，则行政院经全体或多数之表决，应缮发《报告书》，说明争议之事实及行政院所认为公允适当之建议。如行政院《报告书》，除相争之一造或一造以上之代表外，该院委员，一致赞成，则联合会会员，约定彼此不得向遵从《报告书》建议之任何一造，从事战争。如除相争之一造或一造以上之代表外，不能使该院会员，一致赞成其《报告书》，则联合会会员，保留权利，施行认为维持公平与正义之必要行动。”国联乃议决：成立上海国际调查团，以英、德、法、意、西领事为委员，并邀美国加入。三月三日，国联大会开会，十一日，通过上海、东北问题，均适用《盟约》第十五条。限日兵于五月十日以前，恢复去年九月十八日以前的原状。此正式决议案，如中国接受，而日本拒绝，则《盟约》第十六条第十六条：“联合会会员，如有不顾本约第十二条、第十三条或第十五条所规定，而从事于战争者，则据此事实，应视为对于所有联合会其他会员有战争行为。其他各会员，应即与之断绝各种商业上或金融上之关系；禁止其人民与破坏盟约国人民之一切交通；并阻止其他任何一国，为联合会会员或非联合会会员之人民，与破坏盟约国之人民有金融、商业或个人之交通。”自然生效。又通过：以十九国的委员，英、法、德、意、西、那、波、捷、爱尔兰、墨西哥、危地马拉、巴拿马，本系理事国。瑞士、瑞典、荷兰、比利时、匈牙利、南斯拉夫、哥伦比亚七国系新选。组织特别委员会，负责处理纠纷，并建议调解方案。十九国委员会于十六日开会。十九日，议决：令日兵撤退。将地方交还中国警察。在上海组织共同委员会证明。其间又屡经顿挫，直到五月五日，《上海停战协定》，方才签字。

日人在上海寻衅时，又派军舰到首都附近，肆行威胁。我政府为保中枢的安全，以便长期抵抗起见，乃于一月三十日，迁都洛阳。四月七日，并在洛阳召开国难会议，至十二月一日，才迁回南京。仍继续长期抵抗的宗旨，努力进行。

日人为遮掩耳目起见，乃肆其掩耳盗铃之技，于三月九日，在长春拥废帝溥仪，建立伪满洲国。以溥仪为终身执政。我国的税关、邮局以及盐务等机关，次第为所攘夺。东北税关被夺后，我国即将各关封闭。应征之税，于运往时在他口岛征收。邮局则暂行停办。寄往欧美的邮件，由苏彝士、太平洋运送。伪国邮票，一概无效。国联会员国，不承认伪国的，都遵守此约。并将直属日皇的关东军司令，受外务、拓殖两省监督的关东长官及派遣伪国的大使，实际上任用一人，使其监督领事。并与伪满签订所谓《议定书》，将前此和中国所订的不平等条约，关涉东北的，勒令承认履行。并借口共同防卫，允许日军驻扎伪国境内。然而东北正式军队和民众，奋起抗日的，所在都是。屡次攻破城邑，击败日、伪军。日人势力所及，实在只是铁路沿线罢了。

是年春间，国联所派调查团东来。英、美、法、德、意各一人。以英李顿爵士（Lord Lytton）为主席。于四月二十一日，开始调查。至六月四日而完毕。在北平制作报告，于九月四日完成。报告书的总括是：

日本的军事行动，不能认为合法的自卫。

伪满洲国，并非由真正自然的民意所产生。

主张召集顾问会议，中、日政府及当地人民代表。设立特殊制度，以治理东北。我国表示不能完全接受。日人则痛诋调查团认识不足，坚持既成事实。到二十二年二月二十四日，国联开非常大会，通过十九国委员会的报告书，决定不承认伪国，而依调查团《报告书》，觅取解决办法，日人老羞成怒，就竟于三月二十七日，退出国际联盟了。

其时日本又一意孤行，宣言热河当属满洲国，以长城为国境。二十二年一月三日，攻陷山海关。二月二十一日，日、伪军入寇热河，至三月一日，而承德陷落。我军分退多伦及长城各口。日伪军又跟踪追击，并进犯滦东。我军在喜峰口等处，亦曾与敌以重创，然因军备之悬殊，至五月间，卒将长城各口放弃，东路亦仅守滦西。至是月三十一日，乃成立《塘沽协定》。我军退至延庆、昌平、通州、香河等地，日军撤至长城。中间地方，定为非武装区域，仅由警察维持治安。热河既陷，则东北的义军，更陷于势孤援绝之境。然而矢志抵抗者仍不绝。

日人既志得意满，乃于二十三年三月一日，拥溥仪僭号于长春。议定所谓满洲经济计划，把东北的利源，要想一网打尽。该计划分作三种：（一）为统制经济，由关东军自办，如交通、通信、矿业、电气事业等。（二）为特许营业，须受关东军监督。（三）为自由企业，人民得以投资经营。吉会铁路，既于二十二年八月完成。中东铁路，又想用非法手段从俄国手里夺取。日人初侵东北时，曾宣言不侵犯苏联的权利。廿二年，又借伪国出面，封锁满洲里，拘捕东路俄员。六月间，苏俄欲将东路售与伪国，我国曾提出抗议。苏俄和伪国谈判，亦未有成。此外添筑铁路、公路，继续经营葫芦港等，还正在计划进行，在日人的意思，以为东北就是如此，算夺到手了。